V&R Academic

Die DDR im Blick der Stasi

Die geheimen Berichte an die SED-Führung

Herausgegeben von Daniela Münkel im Auftrag
des Bundesbeauftragten für die Unterlagen des Staatssicherheitsdienstes
der ehemaligen Deutschen Demokratischen Republik (BStU)

Die DDR im Blick der Stasi 1956

Die geheimen Berichte an die SED-Führung

Bearbeitet von Henrik Bispinck

Vandenhoeck & Ruprecht

Mit 7 Abbildungen

Hinweis:
Der gesamte Berichtsjahrgang 1956 ist unter http://www.ddr-im-blick-1956.de in Form einer elektronischen Datenbank abrufbar, die komfortable Recherchemöglichkeiten bietet.

Umschlagabbildung: Politisch anstößige Schaufensterdekoration
Quelle: © BStU, MfS, BV Leipzig, Ltg., Nr. 946, Bl. 142

Informationen zum BStU und zur Edition:
www.bstu.de und www.ddr-im-blick.de

Bibliografische Information der Deutschen Nationalbibliothek

Die Deutsche Nationalbibliothek verzeichnet diese Publikation in der Deutschen Nationalbibliografie; detaillierte bibliografische Daten sind im Internet über http://dnb.d-nb.de abrufbar.

ISBN 978-3-525-37506-8

Diese Publikation und die Online-Datenbank wurden mit EB.Suite realisiert.
© EasyBrowse GmbH, Schwerin, 2016

Gesamtherstellung: Hubert & Co GmbH & Co. KG,
Robert-Bosch-Breite 6, 37079 Göttingen, www.hubertundco.de

Gedruckt auf alterungsbeständigem Papier.

Inhalt

Vorwort

Daniela Münkel

Die DDR im Blick der Stasi
Die geheimen Berichte an die SED-Führung 1953 bis 1989

Der Jahrgang 1956 ist einer der umfangreichsten, den die »Zentrale Auswertungs- und Informationsgruppe« (ZAIG) des Ministeriums für Staatssicherheit bzw. ihre Vorläufer an die Partei- und Staatsführung der DDR in ihrer langjährigen Geschichte gefertigt haben. Er nimmt en Detail die zentralen Ereignisse des Jahres in den Blick und zeichnet ein Stimmungs- und Lagebild der DDR-Gesellschaft in diesem Krisenjahr.

Die Berichte, die 36 Jahre lang in unterschiedlichen Formen und Frequenzen angefertigt wurden, sind eine zeitgeschichtliche Quelle von hohem historischem Wert. Sie offenbaren den spezifischen Blick der Stasi auf und in die DDR: Hinweise auf vermeintliches oder wirkliches oppositionelles Verhalten sind dort ebenso zu finden wie die Beschreibung von Problemlagen in Wirtschaft und Versorgung, die Wiedergabe von Stimmungen in der Bevölkerung sowie Statistiken zu Devisenumtausch, Ausreise- und Fluchtfällen. Scheinbar Triviales steht hier neben den größeren und kleineren »Schwierigkeiten«, die sich bei der Etablierung und Aufrechterhaltung der SED-Herrschaft und dem Aufbau des »real existierenden Sozialismus« ergaben. Es entfaltet sich ein breit gefächertes Spektrum, eine Art Tiefenbohrung in die DDR-Gesellschaft, geprägt von der geheimpolizeilichen Sicht, die vor allem darauf bedacht war, politisch abweichendes Verhalten und sicherheitsrelevante Probleme aufzudecken und zu neutralisieren. Darüber hinaus mussten die MfS-Verantwortlichen aber auch ihre besondere »Parteiergebenheit« und politisch-ideologische Festigkeit unter Beweis stellen, was ihren Blick trüben konnte und sie zeitweise daran hinderte, über politische Stimmungen und Missstände völlig ungeschminkt zu informieren. Dabei ist jedoch zeitlich zu differenzieren: In der Frühzeit waren die Berichte viel weniger ideologisch überformt und damit authentischer als in den 1970er Jahren. Manche Berichte sind auch als Zeugnisse einer politisch-ideologischen Selbstvergewisserung zu verstehen. Der Wert der hier edierten Quelle ist ambivalent: In den unterschiedlichen Schwerpunkten, die die Staatssicherheit in ihrer Berichterstattung über die Jahrzehnte hinweg setzte, spiegeln sich in komprimierter Form objektive Problemlagen von Gesellschaft, Politik und Ökonomie. Gleichzeitig offenbaren sich der spezifische Tunnelblick und die ideologisch bedingten Wahrnehmungsverzerrungen der Staatssicherheit. All dies schmälert nicht den Wert der Berichte, muss aber bei ihrer Interpretation berücksichtigt werden.[1]

1 Zum Quellenwert von MfS-Unterlagen allgemein vgl. Engelmann, Roger: Zum Quellenwert der Unterlagen des Ministeriums für Staatssicherheit. In: Henke, Klaus-Dietmar; Engel-

Bei den geheimen Berichten des MfS an die SED-Führung handelt es sich, mit Ausnahme der ersten Jahre, nicht in erster Linie um allgemeine Stimmungs- und Lageberichte – diese sind zwar zu finden, aber selten in dichter Abfolge. Bei dem Gros der Texte handelt es sich um Meldungen von Einzelvorkommnissen und deren »Analyse«. Ein direkter Vergleich mit den vom Sicherheitsdienst der SS seit 1938 verfassten »Meldungen aus dem Reich« ist demzufolge nur bedingt möglich.[2]

Das Berichtswesen der DDR-Staatssicherheit an die SED-Führung unterlag zwischen 1953 und 1989 mannigfaltigen Veränderungen. Dies gilt für den Aufbau und den Charakter der Berichte genauso wie für den organisatorischen Rahmen ihrer Entstehung.[3] Auch hier lässt sich wie insgesamt für das Ministerium für Staatssicherheit ein Ausbau- und Professionalisierungsprozess konstatieren.

Am Beginn der regelmäßigen Berichtsserie an die SED-Führung standen der Aufstand vom 17. Juni 1953 und die daraus resultierenden Reaktionen der Partei- und Staatsführung. Um für nachfolgende Zeiten zu gewährleisten, dass die Parteiführung rechtzeitig über »sicherheitsrelevante« Entwicklungen informiert wird, installierte der neue Chef der Staatssicherheit, Ernst Wollweber, im August 1953 ein hierarchisch von unten nach oben organisiertes Informationssystem: vom Kreis über den Bezirk bis hin zur Zentrale in Berlin. In der MfS-Zentrale und in den Bezirksverwaltungen wurden Informationsgruppen gebildet, die aus einer Vielzahl von Einzelinformationen die zur »Lagebeurteilung« relevanten Sachverhalte auswählen sollten. So entstand ein »Informationsdienst zur Beurteilung der Situation« mit einem festen Gliederungsschema, der bis Ende 1954 täglich, phasenweise auch mehrmals täglich, produziert wurde. Danach wurde die Berichtsfrequenz auf zweimal wöchentlich festgelegt und im November 1955 auf einmal alle zwei Wochen reduziert. Außerdem gab es in der Anfangszeit die Serie »Sonderinformationen«, die in der Edition als Vorläufer der Hauptserie »Informationen« behandelt wird, und eine »Analysen« genannte Serie von 14-täglichen Überblicksberichten bzw. ausführlichen, zeitlich übergreifenden Berichten zu Einzelthemen.

Im Jahr 1957 geriet die Informationstätigkeit der Stasi in den Strudel der Auseinandersetzungen zwischen Ernst Wollweber und Walter Ulbricht.[4]

mann, Roger (Hg.): Aktenlage. Die Bedeutung der Unterlagen des Staatssicherheitsdienstes für die Zeitgeschichtsforschung. Berlin 1995, S. 23–55; zu den ZAIG-Berichten vgl. u. a. Münkel, Daniela: Die DDR im Blick der Stasi 1989. In: APuZ 21–22/2009, S. 26–32.

2 Vgl. Boberach, Heinz (Hg.): Meldungen aus dem Reich. Die geheimen Lageberichte des Sicherheitsdienstes der SS. 17 Bde., Herrsching 1984.

3 Zu Veränderungen von Aufbau und Struktur der »Zentralen Auswertungs- und Informationsgruppe« (ZAIG) im MfS sowie zur Entwicklung des Berichtswesens vgl. ausführlich Engelmann, Roger; Joestel, Frank: Die Zentrale Auswertungs- und Informationsgruppe (MfS-Handbuch). Hg. BStU. Berlin 2009.

4 Vgl. Engelmann, Roger; Schumann, Silke: Kurs auf die entwickelte Diktatur. Walter Ul-

Letzterer war insbesondere über die Stimmungsberichte erbost, die er als »Schädigung der Partei« und Instrument, welches die »Hetze des Feindes legal« verbreite, bezeichnete.[5] Der »Informationsdienst« wurde zum Ende des Jahres 1957 eingestellt, das Stimmungs- und Lageberichtswesen der Staatssicherheit stark eingeschränkt. Die Schwerpunkte der Berichterstattung wurden nunmehr auf die sogenannte »Feindtätigkeit« und Mängel in der Produktion gelegt.

Zu einer Neuordnung und Systematisierung des MfS-Berichtswesens kam es dann in den Jahren 1959/60: Die »Zentrale Informationsgruppe« (ZIG) war nun die zuständige Instanz für das gesamte Informationswesen der Staatssicherheit inklusive der HV A (Hauptverwaltung A – Aufklärung). Im Dezember 1960 erließ Erich Mielke, der seit November 1957 an der Spitze des Ministeriums für Staatssicherheit stand, den Befehl 584/60, mit dem die Informationstätigkeit des Ministeriums auf eine neue Grundlage gestellt wurde. Die »Informationsarbeit« wurde wieder als eine Kernaufgabe des MfS festgeschrieben. Hieraus resultierte auch eine personelle Expansion der ZIG. Die Berichte, die jetzt wieder Bevölkerungsstimmungen enthalten sollten, befassten sich darüber hinaus vor allem mit den Themen »Feindtätigkeit«, »Republikflucht« sowie Missständen aller Art in der DDR-Ökonomie. Im Unterschied zur Anfangszeit des Berichtswesens der Staatssicherheit kam der Analyse jetzt ein stärkeres Gewicht im Rahmen der »Informationstätigkeit« zu.[6] Mit dieser Umstrukturierung ging eine besonders strenge Handhabung des Geheimschutzes der Berichterstattung einher, das heißt, die Berichte durften nur an namentlich genannte Adressaten oder deren engste Mitarbeiter ausgehändigt und mussten nach Kenntnisnahme zurückgegeben werden. Außerhalb der Führungshierarchie des MfS bekamen in der Regel Mitglieder des Politbüros, des Sekretariats des ZK der SED sowie des Ministerrates die Informationen zugestellt. Ein analoges Informationswesen bestand in den Bezirken und Kreisen.

Die nächste wichtige Veränderung folgte im Jahr 1965: Mit der Einrichtung eines einheitlichen Auswertungs- und Informationssystems im MfS wurde die ZIG in die »Zentrale Auswertungs- und Informationsgruppe« (ZAIG) umgebildet, was für die Diensteinheit einen bedeutenden Kompetenzzuwachs und längerfristig auch einen Expansionsschub zur Folge hatte. Neu war nun vor allem, dass Bewertung und Zuordnung von Informationen einen zentralen Stellenwert erhielten und die Informationsflüsse innerhalb

bricht, die Entmachtung Ernst Wollwebers und die Neuausrichtung des Staatssicherheitsdienstes 1956/57. Hg. BStU. Berlin 1995.

5 Sitzung des Kollegiums des Ministeriums für Staatssicherheit vom 7. Februar 1957, dokumentiert in: ebenda, S. 357.

6 Insgesamt wurden nun fünf Berichtsformen festgelegt: »Sofortmeldung«, »Ergänzungsmeldung«, »Einzelinformation«, »Bericht«, »Militärische Sonderinformation«. Alle diese Formen sind der Hauptserie der Berichterstattung, den »Informationen« zuzuordnen.

des MfS-Apparates präzise geregelt wurden. Einen weiteren Einschnitt bildete die Zeit von 1969 bis 1974: Die ZAIG expandierte erneut und wurde nun endgültig zu einem »Funktionalorgan des Ministers« ausgebaut. Der Einsatz der EDV professionalisierte das Informations- und Auswertungswesen des MfS in den folgenden Jahren weiter. Im Jahr 1972 wurde das Aufgabenprofil der ZAIG dann nochmals neu konturiert: Zentral blieben die permanente Analyse der »politisch-operativen Lage« sowie die Informationstätigkeit für die Partei- und Staatsführung. Diese Aufgaben wurden im Bereich 1 der ZAIG thematisch spezialisierten Arbeitsgruppen zugeordnet, zu denen im Jahr 1981 noch eine weitere hinzukam, die sich überwiegend um die Themen Kirche, Kultur und politische Dissidenz kümmerte.[7] Nun hatte sich für das Informations- und Auswertungswesen der Staatssicherheit eine Struktur herausgebildet, die bis zu ihrer Auflösung Ende 1989 Bestand haben sollte.

Was die Form der Berichte betrifft, so unterlag auch diese deutlichen Veränderungen. Ab Juni 1956 bildeten die Einzelinformationen eine durchnummerierte Reihe mit lückenlos überlieferten Verteilern, die erkennen lassen, dass der überwiegende Teil dieser Berichte neben den internen Empfängern auch an Vertreter der politischen Führung ging. Aus dieser Berichtsreihe entwickelten sich dann Ende der 1960er und Anfang der 1970er Jahre drei nicht scharf voneinander abzugrenzende Serien: die Serie »Informationen«, die für die politische Führung bestimmt war, sowie die Serien »K« (Verschiedenes, ab 1969) und »O« (Reaktionen der Bevölkerung, ab 1972), in die hochrangige Berichte aufgenommen wurden. Die Reihen erschienen in unregelmäßigen Abständen mit einem Gesamtumfang von ca. 350 Berichten pro Jahr.

Die »Informationen« waren die zentrale Berichtsreihe des MfS, mit der vor allem die Mitglieder des SED-Politbüros über einzelne sicherheitspolitische Ereignisse und Vorgänge in Kenntnis gesetzt wurden. Die O-Reihe entstand möglicherweise deshalb, weil die Berichterstattung über die Bevölkerungsstimmung auch unter Erich Honecker eine heikle Angelegenheit blieb. Das MfS fertigte primär zur Information der eigenen Leitungsebene Berichte mit einem internen Verteiler über die Reaktionen der DDR-Bevölkerung auf bestimmte Ereignisse an. Dennoch gingen einige dieser Dokumente auch an Erich Honecker und andere hochrangige Vertreter der politischen Führung. Die Berichte, die nach der Prüfung durch die Verantwortlichen des MfS nicht als »Information« klassifiziert und ausgefertigt wurden, wurden in der ZAIG-Mappe K zur Ablage gebracht. Die übrigen Adressaten waren im Regelfall die Stellvertreter des Ministers für Staatssicherheit sowie andere hochrangige Leiter von MfS-Diensteinheiten.

7 Die Zuständigkeitsbereiche der Arbeitsgruppen waren daneben u. a. folgende: internationale Themen, Spionage- und Terrorabwehr, Volkswirtschaft und Verkehr, Flucht, Ausreise, grenzüberschreitender Verkehr sowie Militärabwehr.

Die Berichtsreihen, die sich auf das DDR-Inland beziehen, werden vollständig ediert. Nicht erfasst werden die Berichte, die sich mit dem Ausland, in der Regel dem westlichen Ausland – mit einem Schwerpunkt auf der Bundesrepublik – befassen und von der HV A erstellt wurden.[8]

Dazu wird die Edition in zwei unterschiedlichen Publikationsformen zugänglich gemacht: einer Buchversion im Umfang von 320 Seiten, die eine ausführliche Einleitung und im Dokumententeil eine Auswahl des jeweiligen Gesamtjahrganges präsentiert, und einer Datenbank (www.ddr-im-blick-1956.de), in der der komplette Jahrgang hinterlegt ist und die komfortable Recherchemöglichkeiten bietet. Ein Jahr nach Erscheinen eines Bandes wird der jeweilige Jahrgang auch unter www.ddr-im-blick.de frei zugänglich gemacht. Damit werden auch jahrgangsübergreifende Recherchen möglich. Die Datenbank ist jetzt auch als kostenlose App verfügbar.

Die Erstellung jedes einzelnen Jahrganges ist immer aufs Neue eine große Herausforderung, die nur mit einem funktionierenden Team zu leisten ist und jedem Einzelnen viel abfordert dies gilt im Besonderen für einen so umfangreichen Jahrgang wie 1956. Dafür sei allen gedankt. Mein ganz besonderer Dank geht an den Bearbeiter dieses Jahrgangs, Henrik Bispinck. Roger Engelmann danke ich sehr für zahlreiche Hinweise und seine sachkundigen Kommentare. Des Weiteren gilt es meinen Mitarbeitern Heike Thiel, Ronny Kietzmann, Frank Joestel, Bernd Florath, Jörg Hallepape, Petra Hein, Kristina Steinmetz und Ina Herrmanowski für ihr großes Engagement zu danken. Gleiches gilt für das Publikationssachgebiet mit Christiane Neumicke, Ralf Trinks, Sebastian Holzinger und Beate Albrecht sowie für die Kolleginnen und Kollegen der Bibliothek des BStU, die nahezu jedes noch so abseitig erscheinende Buch beschafften. Gedankt sei darüber hinaus den Praktikantinnen und Praktikanten Florian Frederik Manthey, Ulrika Mientus und Sophia Müller für ihre Unterstützung bei den Recherchen.

8 Die Listen der sogenannten Westberichte, die sehr große Überlieferungslücken von knapp 50 % aufweisen, sind mit Titel und Signatur auf der BStU-Homepage recherchierbar (www.bstu.bund.de).

Einleitung 1956

Henrik Bispinck

Am Anfang des Jahres 1956 stand ein Ereignis von welthistorischer Bedeutung: Der XX. Parteitag der KPdSU. Der im Februar abgehaltene Kongress markierte die endgültige Abkehr vom Stalinismus in der Sowjetunion und erschütterte nicht nur die gesamte kommunistische Staatenwelt, sondern hatte auch bedeutende Auswirkungen auf das Verhältnis der beiden globalen Supermächte USA und Sowjetunion. Dramatische Ereignisse in verschiedenen Staaten des Ostblocks, insbesondere die blutig niedergeschlagenen Aufstände in Polen und Ungarn, waren eine direkte Folge dieses Parteitags und seine mittelbaren Auswirkungen reichten weit über das Jahr 1956 hinaus.[1] Für die politische Situation in der DDR hatte der Parteitag ebenfalls gravierende Konsequenzen, auch wenn es hier nicht zu blutigen Auseinandersetzungen kam wie in Polen und Ungarn. Die SED-Führung, insbesondere Walter Ulbricht, der sich bisher als treuer Gefolgsmann Stalins profiliert hatte, bangte um ihre Macht, während an der Basis viele Parteimitglieder stark verunsichert waren. Zugleich weckte die Abkehr von Stalin in weiten Teilen der Gesellschaft die Hoffnung auf eine Liberalisierung.

Die Bedeutung des XX. Parteitags und seiner Folgen für die Geschichte der DDR spiegelt sich auch in den im vorliegenden Band edierten Berichten, die die Abteilung Information des Ministeriums für Staatssicherheit (MfS) im Jahr 1956 an die SED-Führung lieferte. Zahlreiche Berichte dieses Jahrgangs befassen sich unmittelbar mit dem Parteitag und seiner Rezeption durch die SED-Führung, wobei das MfS insbesondere an der Haltung der Bevölkerung zur Frage der Entstalinisierung interessiert war. Auch der Aufstand der Posener Arbeiter im Juni, die Ereignisse des »polnischen Oktober« sowie der Volksaufstand in Ungarn im Oktober und November finden in ihren Auswirkungen auf die innenpolitische Situation der DDR intensive Berücksichtigung. Zieht man noch die in der DDR ebenfalls breit diskutierte Sueskrise

1 Zur welthistorischen Bedeutung des Jahres 1956 vgl. jüngst das Buch von Hall, Simon: 1956. Welt im Aufstand. Stuttgart 2016, in dem der XX. Parteitag, die Aufstände in Polen und Ungarn und der Sueskrieg eine zentrale Rolle spielen. Darüber hinaus befasst sich Hall u. a. mit dem Kampf der Bürgerrechtsbewegung gegen die Rassentrennung in den USA, den Unabhängigkeitskämpfen in Tunesien, Marokko und Algerien, der Landung der Rebellen unter Fidel Castro und Che Guevara auf Kuba sowie mit Elvis Presley und dem Durchbruch des Rock'n'Roll. Grundlegend zu 1956 als Krisenjahr des Kommunismus vgl. auch: Heinemann, Winfried; Wiggershaus, Norbert (Hg.): Das internationale Krisenjahr 1956. München 1999; Foitzik, Jan (Hg.): Entstalinisierungskrise in Ostmitteleuropa 1953–1956. Vom 17. Juni bis zum ungarischen Volksaufstand. Politische, militärische, soziale und nationale Dimensionen. Paderborn 2001; Engelmann, Roger; Großbölting, Thomas; Wentker, Hermann (Hg.): Kommunismus in der Krise. Die Entstalinisierung 1956 und die Folgen. Göttingen 2008.

hinzu, lässt sich festhalten, dass die Berichterstattung der Abteilung Information im Jahr 1956 in besonderem Maße von Ereignissen der internationalen Politik bestimmt war.

Darüber hinaus spielen die Arbeiterschaft und die Sozialpolitik eine wichtige Rolle in diesem Jahr; eine große Zahl der Informationen befasst sich mit Arbeitsniederlegungen sowie mit Lohn-, Prämien- und Normdiskussionen, wobei auch diese nicht losgelöst vom Entstalinisierungsprozess betrachtet werden können. Daneben gilt wie für alle bisher edierten Jahrgänge auch für 1956, dass die zur Information der SED-Führung erstellten Berichte ein breites inhaltliches Spektrum abdecken: Themen wie Republikflucht, Grenzzwischenfälle, Produktions- und Materialschwierigkeiten in volkseigenen Betrieben, Havarien und Unfälle sowie Versorgungsmängel kommen hier ebenso häufig vor wie in anderen Jahren. Typisch für die Hochphase des Kalten Krieges in den 1950er Jahren sind zudem Berichte, in denen westliche Rundfunk- und Pressemeldungen ausgewertet werden (»Feindpropaganda«) sowie Auflistungen von antikommunistischen Propagandaschriften (»Hetzschriftenverbreitung«).

1. Zeitgeschichtlicher Hintergrund

1.1 Der XX. Parteitag der KPdSU und seine Rezeption in der DDR

Die Enthüllungen Chruschtschows über die Verbrechen Stalins auf dem XX. Parteitag der KPdSU im Februar 1956 kamen nicht aus heiterem Himmel. Es hatte Vorboten dieser Entwicklung gegeben, die als »Tauwetter« und »Entstalinisierung« in die Geschichte eingegangen ist. Bereits mit Stalins Tod drei Jahre zuvor schien die Sowjetunion, so Manfred Hildermeier, »aus einer tiefen Erstarrung zu erwachen«.[2] Während in den folgenden Jahren die Diadochen um seine Nachfolge kämpften, zeichnete sich bereits eine Abkehr von dem zuvor vergötterten Diktator ab: Bereits vier Wochen nach Stalins Tod wurden Anfang 1953 einer angeblichen Verschwörung bezichtigte Kreml-Ärzte aus der Haft entlassen und rehabilitiert, im Mai 1954 übte Chruschtschow im Rahmen einer Rede vor dem Parteikomitee der Stadt Leningrad zur »Leningrader Affäre« von 1949/50 indirekt Kritik an Stalin und ein Jahr später wurde sein Todestag in der Presse nur noch beiläufig erwähnt.[3]

Auch auf dem Parteitag selbst hatte es schon früh Anzeichen dafür gegeben, dass eine Abkehr von Stalin und seiner Politik bevorstand. Beim Einzug der Delegierten fand sich kein Bildnis von Stalin im Saal und in seiner Ehrung verstorbener kommunistischer Parteiführer nannte Chruschtschow Stalin in einem Atemzug mit Klement Gottwald und Kyuichi Tokuda, dem tschechi-

2 Hildermeier, Manfred: Geschichte der Sowjetunion 1917–1991. Entstehung und Niedergang des ersten sozialistischen Staates. München 1998, S. 757.

3 Vgl. dazu ausführlich Leonhard, Wolfgang: Kreml ohne Stalin. Köln 1959, S. 100–184.

schen bzw. japanischen Kommunistenführer, ohne ihn besonders herauszuheben.[4] Neben Chruschtschow verurteilte auch Nikolai Bulganin als Vorsitzender des Ministerrats in seinem Rechenschaftsbericht den Personenkult – ohne hierbei allerdings Stalin konkret zu nennen. Chruschtschow kritisierte die Atmosphäre der Gesetzlosigkeit und Willkür, die in den letzten Jahren in der Sowjetunion geherrscht habe.[5] Noch deutlicher wurde Bulganins Stellvertreter Anastas Mikojan, der feststellte, dass in der KPdSU »ungefähr 20 Jahre lang [...] faktisch keine kollektive Leitung bestand, weil der Persönlichkeitskult blühte«, was sich »negativ auf die Lage in der Partei und ihre Tätigkeit« ausgewirkt habe.[6]

Doch nichts hatte die Delegierten auf das vorbereitet, was sie am Vormittag des vorletzten Tages des Kongresses zu hören bekamen. Chruschtschow rechnete in seinem Referat »Über den Personenkult und seine Folgen« schonungslos mit den Verbrechen Stalins ab und legte ihre Ursachen, Hintergründe und Auswirkungen offen. Im Zentrum der Rede standen dabei u. a. Lenins frühe Warnungen vor Stalins Charakter, die massenhaften Verhaftungen, Deportationen und Hinrichtungen von Parteigängern der KPdSU in der Zeit des Großen Terrors der 1930er Jahre sowie Stalins Rolle im Zweiten Weltkrieg, wo er zunächst Warnungen vor Hitlers Angriffsplänen ignoriert und später durch sinnlose Durchhalteparolen den Tod von Hunderttausenden Angehörigen der Roten Armee verschuldet habe. Bei den Zuhörern lösten diese Enthüllungen vollkommenes Entsetzen aus. Es herrschte »Totenstille« im Saal.[7] Die als »Geheimrede« in die Geschichte eingegangene Ansprache war nur insofern geheim, als die Vertreter der ausländischen Delegationen des Parteitags von ihr ausgeschlossen waren. Die DDR-Delegation, bestehend aus Walter Ulbricht, Otto Grotewohl, Karl Schirdewan und Alfred Neumann, wurde aber noch in der Nacht vom 25. auf den 26. Februar über den Inhalt der Rede informiert, den Schirdewan nach eigenen Angaben »wörtlich mitschreiben konnte«.[8]

Wie sollte die SED-Spitze damit umgehen? Insbesondere für Walter Ulbricht war diese Frage brisant.[9] Da der Inhalt der Geheimrede in den folgen-

4 Zum Verlauf des XX. Parteitags der KPdSU vgl. u. a. Taubman, William: Krushchev. The Man and his Era. New York, London 2003, S. 270–289.

5 Vgl. N. S. Chruschtschow auf dem XX. Parteitag der KPdSU: Kräfte des Friedens stark genug, um den Krieg zu verhindern. In: ND v. 15.2.1956, S. 1.

6 Vgl. Den Leninismus konsequent in die Tat umsetzen! Aus der Rede des Genossen A. I. Mikojan. In: ND v. 19.2.1956, S. 3.

7 So der spätere KGB-Chef Wladimir Semitschastny. Zit. nach: Taubman, William: Krushchev. The Man and his Era. New York, London 2003, S. 273.

8 Vgl. Schirdewan, Karl: Aufstand gegen Ulbricht. Berlin 1994, S. 76 f.

9 Zur Rezeption des XX. Parteitags in der DDR vgl. u. a. Hoffmann, Dierk: Die DDR unter Ulbricht. Gewaltsame Neuordnung und gescheiterte Modernisierung. Zürich 2003, S. 64–73; Staritz, Dietrich: Geschichte der DDR. Frankfurt/M. 1996, S. 144–169.

den Wochen durch verschiedene Kanäle immer breiter durchsickerte,[10] war eine Stellungnahme unausweichlich. Am 4. März 1956 veröffentlichte er im »Neuen Deutschland« einen ausführlichen Artikel zum Parteitag der KPdSU.[11] Seine Stellungnahme war eine weitschweifige und affirmative Zusammenfassung der Ergebnisse des XX. Parteitags, wobei er sich zur Übertragung der Ergebnisse auf die DDR denkbar zurückhaltend äußerte: Zwar sollten »die wichtigen Lehren« des Parteitags auf der bevorstehenden III. Parteikonferenz der SED ausgewertet werden, allerdings nur, so die Einschränkung, »soweit sie auf unsere Verhältnisse anwendbar sind«. Die Abkehr von Stalin handelte Ulbricht nur knapp und eher beiläufig ab, indem er auf »bestimmte theoretische Fehler« in dessen Schrift *Die ökonomischen Probleme des Sozialismus in der UdSSR* hinwies und die Missachtung des Prinzips der »kollektiven Leitung« sowie den Personenkult kritisierte. Die Ausführungen mündeten in den viel zitierten Satz: »Zu den Klassikern des Marxismus kann man Stalin nicht rechnen.«

Doch so leicht ließ sich das Thema nicht abhaken. Die Partei war völlig verunsichert. Ulbrichts Ausführungen auf der Berliner Bezirksdelegiertenkonferenz der SED Mitte März 1956, in der er sich über »junge Genossen« mokierte, die lediglich Dogmen und biographische Details zu Stalin auswendig gelernt hätten, war nicht dazu angetan, Klarheit zu schaffen und die Parteibasis zu beruhigen.[12] Auch auf der III. Parteikonferenz der SED Ende März, auf der Schirdewan in geschlossener Sitzung Auszüge aus der Geheimrede vortrug,[13] blieben die politischen Konsequenzen für die DDR, die aus dem XX. Parteitag gezogen wurden, halbherzig. Otto Grotewohl kritisierte die Arbeit der Justiz und der Staatssicherheit, in der es zu Rechtsbrüchen gekommen sei und betonte, »dass es niemandem gestattet ist, Willkürakte zu verüben«.[14] Generalstaatsanwalt Ernst Melsheimer und MfS-Chef Ernst Wollweber übten im Anschluss verhaltene Selbstkritik und gelobten Besserung.[15] Auch wurde eine 32-köpfige »Kommission für Maßnahmen zur breiteren Entfaltung der Demokratie in der Deutschen Demokratischen Repu-

10 Vgl. dazu Foitzik, Jan: Ostmitteleuropa zwischen 1953 und 1956. Sozialer Hintergrund und politischer Kontext der Entstalinisierungskrise. In: Ders. (Hg.): Entstalinisierungskrise in Ostmitteleuropa 1953–1956. Vom 17. Juni bis zum ungarischen Volksaufstand. Politische, militärische, soziale und nationale Dimensionen. Paderborn 2001, S. 21–54, hier 32.

11 Vgl. Ulbricht, Walter: »Über den XX. Parteitag der Kommunistischen Partei der Sowjetunion«. In: ND v. 4.3.1956, S. 4. Hieraus auch die folgenden Zitate.

12 Vgl. Antwort auf Fragen auf der Berliner Bezirksdelegiertenkonferenz der SED. Aus der Diskussionsrede des Genossen Walter Ulbricht, Erster Sekretär des Zentralkomitees der SED. In: ND v. 18.3.1956, S. 3.

13 Vgl. Schirdewan, Karl: Aufstand gegen Ulbricht. Berlin 1994, S. 85.

14 Vgl. Grotewohl, Otto: Die Rolle der Arbeiter- und Bauernmacht in der Deutschen Demokratischen Republik. In: Protokoll der Verhandlungen der 3. Parteikonferenz der Sozialistischen Einheitspartei Deutschlands. Bd. II, Berlin 1956, S. 641–711, hier 683–711.

15 Vgl. die Diskussionsbeiträge von Ernst Melsheimer und Ernst Wollweber. In: ebenda, S. 771–780 bzw. 947–958.

blik« eingesetzt, die in ihrem Beschluss jedoch lediglich die »notwendige Einhaltung der Rechtsprinzipien« betonte.[16] Karl Schirdewan, der sich im Laufe des Jahres zu Ulbrichts schärfstem Rivalen im Politbüro entwickeln sollte, stellte sich in seinem Diskussionsbeitrag ausdrücklich hinter den Ersten Sekretär.[17] Einzig der Schriftsteller Willi Bredel äußerte deutliche Kritik an Ulbricht unter Bezug auf dessen Äußerungen auf der Berliner Bezirksdelegiertenkonferenz: »Wenn unsere jungen Genossen Stalin Seite für Seite und Wort für Wort in sich aufgenommen haben, ist es dann ihre – und zwar ihre alleinige Schuld? Ist es nicht auch und vor allem unsere Schuld, die der älteren Genossen? [...] Wir sollten [...] etwas mehr Selbstkritik üben.«[18] Alles in allem zeigte die Konferenz jedoch, dass die SED-Spitze keineswegs gewillt war, eine grundsätzliche »Fehlerdiskussion« zu führen. Hier wirkten die Erfahrungen von 1953 nach, als das Zurückweichen im Zuge des Neuen Kurses zum Volksaufstand geführt hatte.

1.2 Die Entwicklungen in Polen und Ungarn

In anderen osteuropäischen Staaten hatte der Entstalinisierungsprozess weit gravierendere innenpolitische Folgen als in der DDR. In Polen wurde nach dem plötzlichen Tod des stalinistischen Parteichefs Bolesław Bierut, der zweieinhalb Wochen nach dem Ende des Parteitags noch in Moskau starb, Edward Ochab als gemäßigter Kompromisskandidat zu seinem Nachfolger bestimmt. Ochab leitete eine vorsichtige Öffnung der Politik ein, amnestierte politische Gefangene, rehabilitierte unter seinem Vorgänger verfolgte Parteifunktionäre wie den ehemaligen Parteichef Władysław Gomułka und lockerte die Kontrolle der Presse.[19] In der Bevölkerung wuchs die antisowjetische Stimmung und da sich die wirtschaftliche Situation kaum verbesserte, kam es immer wieder zu lokalen Streiks. In Posen eskalierte Ende Juni 1956, während der internationalen Messe, die Situation: Am 28. Juni traten Zehntausende Arbeiter in den Generalstreik; über 125 000 Menschen demonstrierten für höhere Löhne und Preissenkungen. Innerhalb weniger Stunden schlug der Protest in einen Aufstand gegen das Regime um: Es kam zu bewaffneten Auseinandersetzungen zwischen Demonstranten und Angehörigen von Poli-

16 So Staritz, Dietrich: Geschichte der DDR. Frankfurt/M. 1996, S. 148. Der Beschluss der Kommission ist abgedruckt in: Protokoll der Verhandlungen der 3. Parteikonferenz der Sozialistischen Einheitspartei Deutschlands. Bd. II, Berlin 1956, S. 1115–1124.

17 Vgl. den Diskussionsbeitrag von Schirdewan. In: ebenda, Bd. I, S. 305–320, hier 316–318.

18 Zit. nach: ebenda, S. 542 f.

19 Vgl. hierzu und zum Folgenden Kramer, Mark: Soviet-Polish Relations and the Crises of 1956. Brinkmanship and Intra-Bloc Politics. In: Engelmann, Roger; Großbölting, Thomas; Wentker, Hermann (Hg.): Kommunismus in der Krise. Die Entstalinisierung 1956 und die Folgen. Göttingen 2008, S. 61–126; Hall, Simon: 1956: Welt im Aufstand. Stuttgart 2016, S. 159–174.

zei und Staatssicherheit. Am Nachmittag griff das polnische Militär ein und schlug den Aufstand bis zum Morgen des 30. Juni nieder. 73 Menschen wurden getötet, über 700 verletzt und mehr als 800 verhaftet.

Die blutige Niederschlagung des Aufstands führte jedoch nicht zu einer Beruhigung der Lage. Kritische Stimmen gegen die Regierung wurden lauter. Die Führung der Polnischen Arbeiterpartei PVAP war gespalten in einen moskautreuen und einen reformorientierten Flügel. Für eine Stabilisierung der innenpolitischen Situation schien die Einsetzung des erst im August wieder in die kommunistische Partei aufgenommenen Gomułka in die Parteispitze unausweichlich. Dieser wurde am 21. Oktober schließlich zum Ersten Sekretär der PVAP gewählt; Vertreter des stalinistischen Flügels gelangten nicht mehr ins Politbüro. Die Umbildung der Parteiführung geschah gegen den erklärten Willen der Sowjetführung, die zu einem Blitzbesuch nach Warschau angereist war, um die Wahl Gomułkas zu verhindern, und die bereits Truppen in Richtung Warschau hatte aufmarschieren lassen. Die Wahl Gomułkas und seine Antrittsrede, in der er umfangreiche Reformen ankündigte, stießen auf enthusiastische Reaktionen in der Bevölkerung, die in einer Demonstration mit etwa 500 000 Teilnehmern am 24. Oktober 1956 in Warschau gipfelten. Im Anschluss daran kam es im November 1956 in vielen Städten Polens zu Kundgebungen und zu Angriffen auf sowjetische Einrichtungen.

In Ungarn geriet nach dem XX. Parteitag der bei der Bevölkerung äußerst unbeliebte stalinistische Generalsekretär Mátyás Rákosi unter Druck. Er musste Selbstkritik üben, verkündete im März 1956 die Rehabilitierung des 1949 hingerichteten kommunistischen Parteifunktionärs und ungarischen Außenministers László Rajk und gestand im Mai 1956 seine persönliche Verantwortung für dessen Tod ein. Mitte Juli zwang die Sowjetführung Rákosi zum Rücktritt und ersetzte ihn durch Ernő Gerő.[20] Da Gerő als »treuer Mitstreiter« Rákosis galt,[21] wurde dieser Wechsel in der Bevölkerung jedoch nicht als Neuanfang betrachtet, sodass eine Beruhigung der innenpolitischen Lage in den nächsten Monaten nicht eintrat. Zum Ausgangspunkt für landesweite Demonstrationen wurde schließlich das öffentliche Ehrenbegräbnis für László Rajk und seine Weggefährten am 6. Oktober. Die Trauerfeier, an der 200 000 Menschen teilnahmen, entwickelte sich zu einer Massendemonstra-

20 Vgl. hierzu und zum Folgenden Vida, István: Vorgeschichte der ungarischen Revolution und des Freiheitskampfes von 1956. In: Kipke, Rüdiger (Hg.): Ungarn 1956. Zur Geschichte einer gescheiterten Volkserhebung. Wiesbaden 2006, S. 11–28; Varga, László: Der Fall Ungarn. Revolution, Intervention, Kádárismus. In: Engelmann, Roger; Großbölting, Thomas; Wentker, Hermann (Hg.): Kommunismus in der Krise. Die Entstalinisierung 1956 und die Folgen. Göttingen 2008, S. 127–136; Hall, Simon: 1956: Welt im Aufstand. Stuttgart 2016, S. 271–295 u. 317–332. Ausführlich zum Aufstand vgl. Lendvai, Paul: Der Ungarn-Aufstand 1956. Eine Revolution und ihre Folgen. Gütersloh 2006.

21 So Pronko, Walentin A.: Ungarn – UdSSR: Herbst 1956. In: Heinemann, Winfried; Wiggershaus, Norbert (Hg.): Das internationale Krisenjahr 1956. München 1999, S. 75–94, hier 79.

tion. Der 23. Oktober 1956 markiert schließlich den Zeitpunkt, an dem die Demonstrationen in einen Volksaufstand umschlugen. Ausgehend von Studentenprotesten in Budapest weiteten sich die Demonstrationen in den folgenden Tagen auf das ganze Land aus. Die Ereignisse überschlugen sich nun: Bereits am Abend des 23. Oktober bat Gerő die sowjetische Armee um Hilfe, einen Tag später wurde die Forderung der Demonstranten nach der Berufung des reformorientierten Kommunisten Imre Nagy zum Ministerpräsidenten erfüllt. Am 25. Oktober wurde Parteichef Gerő durch Janos Kádár ersetzt. Parallel dazu kam es in Budapest zu Zerstörungen sowjetischer Symbole und vor dem Parlament zu einer vermutlich von Geheimpolizisten ausgelösten Schießerei. Bei den Angriffen auf die Demonstranten wurden etwa 200 Personen getötet; es kam auch vereinzelt zu Lynchjustiz an Geheimpolizisten und kommunistischen Funktionären durch die Aufständischen, insbesondere während der Erstürmung der Budapester Parteizentrale am 30. Oktober, als über 20 Angehörige des ungarischen Staatssicherheitsdienstes grausam getötet wurden.[22] Nagy stellte sich schließlich an die Spitze der Aufstandsbewegung und kündigte an, deren Forderungen zu erfüllen. Am 30. Oktober bildete er eine Mehrparteienregierung, einen Tag später erklärte er die Neutralität Ungarns und den Austritt aus dem Warschauer Pakt. Am frühen Morgen des 4. November schließlich marschierten sowjetische Truppen in Budapest ein und schlugen den Aufstand gewaltsam nieder. Nagy wurde als Ministerpräsident abgesetzt und durch Kádár ersetzt. Bis Mitte November gab es heftige Kämpfe im Land, denen aufseiten der Aufständischen etwa 2500 Menschen zum Opfer fielen. In den folgenden Wochen wurden Oppositionelle scharf verfolgt, etwa 200000 von ihnen flohen ins westliche Ausland.

Die Ereignisse in Polen und Ungarn wurden in der DDR breit rezipiert. Offiziell als vom Westen gesteuerte »faschistische Putschversuche« bzw. als »Konterrevolution« bezeichnet, führten sie der DDR-Regierung die Risiken eines Liberalisierungskurses deutlich vor Augen. In Teilen der Bevölkerung wurden sie jedoch als Ermutigung zu Veränderungen auch im eigenen Land aufgefasst.

1.3 Ost-West-Konflikt, Kalter Krieg und deutsch-deutsche Beziehungen

Das Jahr 1956 fällt in die Hochphase des Kalten Krieges, die Spaltung der Welt in zwei politisch und ideologisch antagonistische Machtblöcke hatte sich manifestiert. Das geteilte Deutschland mit der geteilten Stadt Berlin bil-

22 Vgl. Lendvai, Paul: Der Ungarn-Aufstand 1956. Eine Revolution und ihre Folgen. Gütersloh 2006, S. 119f. Zu einem anderen Vorfall von Lynchjustiz in Mosonmagyaróvár (Ungarisch-Altenburg) vgl. ebenda, S. 79, sowie Mitter, Armin; Wolle, Stefan: Untergang auf Raten. Unbekannte Kapitel der DDR-Geschichte. München 1993, S. 248.

dete die Nahtstelle dieses Konflikts. Bereits im Jahr zuvor hatten die Bundesrepublik und die DDR sich in die gegnerischen militärischen Bündnisse eingegliedert, womit jeweils auch ein eigener Verteidigungsbeitrag einherging. Im Mai 1955 trat die Bundesrepublik dem 1949 gegründeten westlichen Militärbündnis, der NATO, bei und begann parallel dazu mit dem schrittweisen Aufbau der Bundeswehr; ein Jahr später galt die Wehrpflicht für alle männlichen Staatsbürger vom vollendeten 18. Lebensjahr an. Ebenfalls im Mai 1955 unterzeichneten die Sowjetunion und die kommunistischen Staaten Ostmitteleuropas den Warschauer Vertrag als militärischen Beistandspakt, dem die DDR von Beginn an angehörte. Ein halbes Jahr später, im Januar 1956, erfolgte die Bildung der Nationalen Volksarmee (NVA), wobei es sich dabei in erster Linie um die Umwandlung und Umbenennung der bereits seit 1952 bestehenden Kasernierten Volkspolizei (KVP) handelte und eine allgemeine Wehrpflicht zunächst nicht bestand. So konnte die DDR nun auch dem militärischen Teil des »Warschauer Paktes« beitreten.

Mit der Einbindung der beiden deutschen Staaten in die Militärbündnisse und ihrer Entlassung in die Souveränität durch die jeweiligen Besatzungsmächte im Mai bzw. Oktober 1955 hatte sich die deutsche Spaltung vertieft und verstetigt. Die Verhandlungen der Siegermächte des Zweiten Weltkriegs über eine Wiedervereinigung Deutschlands auf den beiden Genfer Konferenzen im Jahr 1955 waren gescheitert. Zugleich bot die Konsolidierung der beiden Machtblöcke jedoch auch die Chance für eine Entspannung.[23] Entsprechende Signale sendete die Sowjetunion zu Beginn des Jahres auf dem XX. Parteitag der KPdSU. Unter Verweis auf die veränderte weltpolitische Lage rückte die Parteiführung von der These der Unvermeidbarkeit eines Krieges zwischen Kapitalismus und Kommunismus ab und bekannte sich zum Wettbewerb der beiden Systeme und Ideologien im Rahmen einer »friedlichen Koexistenz«.[24]

Während der Arbeiteraufstand in Polen und vor allem die blutige Niederschlagung des ungarischen Volksaufstands durch sowjetische Truppen nicht dazu angetan waren, eine Entspannung zu befördern, zeigte die Sueskrise im Herbst, dass die beiden Supermächte durchaus in der Lage waren, trotz gegensätzlicher Interessen gemeinsam zu handeln.[25] Die Sueskrise ereignete

23 Vgl. Heinemann, Winfried; Wiggershaus, Norbert (Hg.): Das internationale Krisenjahr 1956. München 1999, S. XI.

24 Vgl. Den Leninismus konsequent in die Tat umsetzen! Aus der Rede des Genossen A. I. Mikojan. In: ND v. 19.2.1956, S. 3 f., hier 3.

25 Vgl. Stöver, Bernd: Der Kalte Krieg 1947–1991: Geschichte eines radikalen Zeitalters. München 2007, S. 127–129. Zum Folgenden vgl. auch Moharram, Mohamed Reda: Die Suezkrise 1956. Gründe – Ereignisse – Konsequenzen. In: Heinemann, Winfried; Wiggershaus, Norbert (Hg.): Das internationale Krisenjahr 1956. München 1999, S. 197–217; Orlow, A.: Die Suezkrise: Ihre Rolle in der sowjetisch-amerikanischen Konfrontation. In: ebenda, S. 219–233; Winkler, Heinrich August: Geschichte des Westens. Vom Kalten Krieg zum Mauerfall. München 2014, S. 223–226 u. 231–234.

sich vor dem Hintergrund einer zunehmenden Entfremdung zwischen dem Westen und der Ägyptischen Republik unter Gamal Abdel Nasser, der sich den blockfreien und den kommunistischen Staaten annäherte. Im Juli 1956 zogen die USA, Großbritannien und die Weltbank ihre Zusage zur Finanzierung des Baus des Assuan-Staudamms zurück; Nasser reagierte – unter Bruch internationalen Rechts – mit der Verstaatlichung des Sueskanals, wobei er die Entschädigung der Aktionäre der Kanalgesellschaft sowie die Gewährung der freien Durchfahrt zusicherte. Nachdem eine Einigung auf drei von den USA initiierten Konferenzen nicht zustande kam, griffen Ende Oktober Großbritannien und Frankreich im Bündnis mit Israel militärisch in Ägypten ein. Mithilfe einer gemeinsam vorbereiteten Resolution der UN-Vollversammlung, Sanktionsdrohungen sowie – im Falle der Sowjetunion – der Androhung des Einsatzes von Atomwaffen zwangen die beiden Supermächte die Kriegsparteien binnen weniger Tage zur Einstellung der Kampfhandlungen. Die Sowjetführung konnte auf diese Weise auch von ihrem militärischen Eingreifen in Ungarn ablenken.

Ungeachtet solcher punktueller Zusammenarbeit der beiden Supermächte hielt der Kalte Krieg innerhalb des geteilten Deutschlands mit unverminderter Intensität an. Nach wie vor erkannten sich die beiden deutschen Regierungen gegenseitig nicht an und sprachen nicht mit-, sondern übereinander. Westdeutsche Widerstandsorganisationen wie die Kampfgruppe gegen Unmenschlichkeit, der Untersuchungsausschuss Freiheitlicher Juristen und die Ostbüros der Parteien schleusten massenhaft Propagandamaterial in den östlichen Teil Deutschlands ein; in der DDR wurden angebliche oder tatsächliche »Agenten« eben dieser Organisationen oder westlicher Geheimdienste öffentlichkeitswirksam »entlarvt«.[26] Zu nennen ist in diesem Zusammenhang auch das Verbot der KPD durch das Bundesverfassungsgericht im August 1956, dem zahlreiche Verhaftungen von Funktionären folgten, was wiederum von der DDR-Presse propagandistisch ausgeschlachtet wurde.[27] Geht man von der »Abstimmung mit den Füßen« aus, stand der Sieger in der deutsch-deutschen Systemauseinandersetzung jedoch fest: Bis Ende 1955 hatten bereits rund 1,5 Millionen Menschen – immerhin zehn Prozent der Gesamtbevölkerung – die DDR in Richtung Bundesrepublik verlassen, den umgekehrten Weg waren lediglich etwa 250 000 Personen gegangen.[28] Das Jahr 1956

26 Siehe dazu z. B. Information 65/56.

27 Siehe z. B. Das Ungeheuerliche ist geschehen! In: ND v. 18.8.1956, S. 1; Der Polizeiterror tobt schon durch Westdeutschland. In: ebenda, S. 1 f.; Schwarzer Freitag für Westdeutschland. Bundesverfassungsgericht verbietet KPD. Bonner Polizeiapparat auf Hochtouren. Arbeitervermögen von Adenauer-Regierung geraubt. Massenverhaftungen beginnen. Proteste in allen Städten. In: Berliner Zeitung v. 18.8.1956, S. 1.

28 Zu den – je nach Quelle – unterschiedlichen Zahlen vgl. Effner, Bettina; Heidemeyer, Helge: Flucht in Zahlen. In: Dies. (Hg.): Flucht im geteilten Deutschland. Berlin 2005, S. 27–31, hier 28; Melis, Damian van; Bispinck, Henrik (Hg.): »Republikflucht«. Flucht und Abwanderung aus der SBZ/DDR 1945 bis 1961. München 2006, S. 255–259, sowie Schmelz, Andrea: Migra-

selbst stellte mit – nach DDR-Statistik – über 360000 Flüchtlingen und Abwanderern den Höhepunkt der West-Ost-Wanderung dar. Bis zum Jahr 1989 verließen nie zuvor oder danach so viele Menschen innerhalb eines Jahres den ostdeutschen Teilstaat.

1.4 Sozialpolitik und Arbeiterschaft

Im Schatten der Geheimrede Chruschtschows und der Abkehr von Stalin wird häufig übersehen, dass vom XX. Parteitag der KPdSU auch wirtschafts- und sozialpolitische Impulse ausgingen, die ebenfalls in der DDR rezipiert wurden. So kündigte Chruschtschow in seinem Rechenschaftsbericht nicht nur an, im Rahmen des 6. Fünfjahrplans »die stärkstentwickelten kapitalistischen Länder hinsichtlich der Produktion pro Kopf der Bevölkerung einzuholen und zu überholen«,[29] sondern versprach auch ganz konkret die Einführung des Siebenstundentags für alle Arbeiter und Angestellten – bei vollem Lohnausgleich.[30] Diese Ankündigungen weckten Erwartungen auch in der Arbeiterschaft der DDR. Die SED-Führung reagierte auf der III. Parteikonferenz entsprechend: Sie beschloss – in etwas vorsichtigerer Formulierung –, »die Voraussetzungen zu schaffen, damit in der Zeit des zweiten Fünfjahrplans [1956 bis 1960] in der Industrie der Siebenstunden-Arbeitstag und in bestimmten Industriezweigen die 40-Stunden-Woche ohne Lohneinbuße eingeführt werden kann«.[31]

Die Arbeitszeitverkürzung war indes nur eine von zahlreichen sozialpolitischen Maßnahmen, die im Laufe des Jahres von der SED proklamiert wurden. Ebenfalls auf der III. Parteikonferenz stellte Ulbricht eine Rentenreform (für das Jahr 1957) sowie die Abschaffung der Lebensmittelkarten für Fleisch, Fett und Zucker in Aussicht.[32] Alle diese Ankündigungen wurden ein Vierteljahr später, auf dem 28. Plenum des ZK der SED im Juli, bekräftigt und zum Teil konkretisiert – wobei nun nicht mehr von einer 40-, sondern von ei-

tion und Politik im geteilten Deutschland während des Kalten Krieges. Die West-Ost-Migration in die DDR in den 1950er und 1960er Jahren. Opladen 2002, S. 40.

29 Vgl. Bericht des Zentralkomitees der KPdSU an den XX. Parteitag. Wortlaut des Referats von N. S. Chruschtschow. In: ND v. 17.2.1956, S. 3–12, hier 11.

30 Für Untertage-Beschäftigte und Jugendliche von 16 bis 18 Jahren sollte sogar der Sechsstundentag gelten, ebenso für die übrigen Arbeiter und Angestellten an Samstagen und vor Feiertagen. Vgl. Unsere Sache ist unbesiegbar! Einige Hauptgedanken aus dem Rechenschaftsbericht des Zentralkomitees der KPdSU, erstattet von N. S. Chruschtschow auf dem XX. Parteitag. In: ND v. 15.2.1956, S. 3

31 Direktive der 3. Parteikonferenz der SED für den zweiten Fünfjahrplan 1956–1960. In: Protokoll der Verhandlungen der 3. Parteikonferenz der Sozialistischen Einheitspartei Deutschlands. Bd. II, Berlin 1956, S. 1022–1113, hier 1030 f.

32 Vgl. Ulbricht, Walter: Der zweite Fünfjahrplan und der Aufbau des Sozialismus in der Deutschen Demokratischen Republik. In: ebenda, Bd. I, S. 14–205, hier 154 bzw. 174.

ner 42-Stunden-Woche die Rede war.[33] Konkret umgesetzt wurde von diesen Vorhaben im Jahr 1956 jedoch nur die Rentenerhöhung: Zum 1. Dezember stiegen u. a. die Vollrenten für Arbeiter und Angestellte um 30,00 DM monatlich.[34] Erste Experimente zur Einführung einer 45-Stunden-Woche begannen Anfang 1957 und die Lebensmittelkarten wurden erst im Mai 1958 abgeschafft.[35] Zu diesen sozialpolitischen Erleichterungen traten lohn- und preispolitische Maßnahmen. Ab Mai 1956 wurden die Löhne und Gehälter für Beschäftigte bei der Reichsbahn, der Post sowie im Nahverkehr stufenweise erhöht; im September wurden die niedrigen Ortsklassen C und D abgeschafft.[36] Im Juni wurden die Preise für Textilien, Schuhe, Lederwaren sowie für einige Industriewaren drastisch gesenkt.[37] Diese Maßnahme diente jedoch in erster Linie dazu, Überplanbestände abzubauen und schwer verkäufliche Waren an den Mann zu bringen; in anderen Bereichen, insbesondere bei Lebensmitteln, blieb die Versorgungslage problematisch. Von den sozialpolitischen Maßnahmen profitierten zudem fast ausschließlich abhängig Beschäftigte, insbesondere die Industriearbeiterschaft. Selbstständigen Bauern, Handwerkern und Gewerbetreibenden wurde das Leben dagegen schwerer gemacht. Einen Einschnitt stellte insbesondere die Ausgliederung der selbstständig und freiberuflich Tätigen aus der vom FDGB getragenen Sozialversicherung und ihre Übernahme in die Deutsche Versicherungs-Anstalt dar, mit der zum Teil erhebliche Beitragserhöhungen vor allem für selbstständige Bauern verbunden waren.[38]

Mit den skizzierten sozialpolitischen Erleichterungen wollte die SED-Führung nicht zuletzt von den für ihren Machterhalt brisanten politisch-ideologischen Implikationen des XX. Parteitags ablenken und die Arbeiterschaft beruhigen. Dies gelang jedoch nur bedingt, vielmehr kam es ab Juni 1956 zu einer »rapiden Stimmungsverschlechterung in den Betrieben«.[39] Für Unmut sorgten insbesondere die Disparitäten im Lohngefüge zwischen den einzelnen Industriezweigen sowie die erneute Propagierung sogenannter Technisch begründeter Arbeitsnormen (TAN), durch die die Arbeiter effek-

33 Vgl. Über die Arbeit der SED nach dem XX. Parteitag der KPdSU und die bisherige Durchführung der Beschlüsse der 3. Parteikonferenz. Bericht des Politbüros, gegeben vom Ersten Sekretär des Zentralkomitees, Genossen Walter Ulbricht – Beschluss. Berlin 1956, S. 70–77.

34 Vgl. Gesetz über die Erhöhung der Renten und der Sozialfürsorgeunterstützung v. 16.11.1956. In: GBl. I 1956, S. 1279 f.

35 Vgl. Gesetz über die Abschaffung der Lebensmittelkarten v. 28.5.1958. In: GBl. I 1958, S. 413–415.

36 Vgl. dazu Hübner, Peter: Konsens, Konflikt und Kompromiß. Soziale Arbeiterinteressen und Sozialpolitik in der SBZ/DDR 1945 bis 1970. Berlin 1995, S. 60.

37 Vgl. Neue (17.) große Preissenkung in der Deutschen Demokratischen Republik. In: Dokumentation der Zeit. Informations-Archiv, Jg. 1956, Nr. 122, Sp. 9954–9960

38 Vgl. dazu ausführlich Hoffmann, Dierk: Sozialpolitische Neuordnung in der SBZ/DDR. Der Umbau der Sozialversicherung 1945–1956. München 1996, S. 317–323.

39 So Hübner, Peter: Konsens, Konflikt und Kompromiß. Soziale Arbeiterinteressen und Sozialpolitik in der SBZ/DDR 1945 bis 1970. Berlin 1995, S. 160.

tive Lohnkürzungen befürchteten. In der zweiten Hälfte des Jahres 1956 kam es vor diesem Hintergrund zu zahlreichen kurzfristigen Streiks und Arbeitsniederlegungen.[40] Die SED-Führung versuchte hier gegenzusteuern – insbesondere angesichts des Schreckbilds der Ereignisse in Polen und Ungarn – und den Arbeitern durch erweiterte Mitbestimmungsmöglichkeiten entgegenzukommen. Zu diesem Zweck wurden auf dem 29. Plenum des ZK der SED im November sogenannte Arbeiterkomitees vorgeschlagen. Deren Aufgabe innerhalb der Betriebe blieb jedoch diffus – gewerkschaftliche Funktionen sollten sie ebenso wenig übernehmen wie die eines Betriebsrats. Die Arbeiterkomitees erwiesen sich als rein taktisches Manöver zur Krisenprävention und verschwanden nach einer kurzen Experimentierphase in 20 ausgewählten Betrieben bereits im Frühjahr1957 »sang- und klanglos« in der Versenkung.[41]

2. Ausgewählte Themenfelder der Berichte

Im Hinblick auf die Rezeption des XX. Parteitags in der DDR, die Stimmung der Bevölkerung zu den Ereignissen in Polen und Ungarn sowie die Diskussionen, Proteste und Arbeitsniederlegungen in den Betrieben sind die MfS-Informationen des Jahrgangs 1956 bereits intensiv ausgewertet worden.[42] Dies unterstreicht die außerordentlich große Bedeutung dieser Berichte für die Betrachtung des Entstalinisierungsprozesses in der DDR, sollte aber nicht den Blick auf das breite Spektrum der anderen Themen verstellen, mit denen sich die Abteilung Information in diesem Jahr befasste.

2.1 Die Stimmung zum XX. Parteitag der KPdSU

Allein 25 der rund 130 Stimmungsberichte des Jahres 1956 befassen sich direkt mit dem XX. Parteitag der KPdSU und seiner Rezeption durch die SED-Führung.[43] Diese Berichte sind alle nach einem ähnlichen Schema aufgebaut. Auf eine allgemeine Einschätzung folgen spezifische Analysen zu

40 Vgl. dazu auch Mitter, Armin; Wolle, Stefan: Untergang auf Raten. Unbekannte Kapitel der DDR-Geschichte. München 1993, S. 219–224 u. 249–256; Wolle, Stefan: Das MfS und die Arbeiterproteste im Herbst 1956 in der DDR. In: Aus Politik und Zeitgeschichte 41(1991) B 5, S. 42–51.

41 Vgl. dazu Kleßmann, Christoph: Arbeiter im »Arbeiterstaat« DDR. Deutsche Traditionen, sowjetisches Modell, westdeutsches Magnetfeld (1945 bis 1971). Bonn 2007, S. 404–409, Zitat S. 405. Zur Stimmung der Arbeiterschaft zur Bildung dieser Komitees siehe Informationen 371/56 u. 388/56.

42 Vgl. insbesondere Mitter, Armin; Wolle, Stefan: Untergang auf Raten. Unbekannte Kapitel der DDR-Geschichte. München 1993, S. 163–295; Kleßmann, Christoph: Arbeiter im »Arbeiterstaat« DDR. Deutsche Traditionen, sowjetisches Modell, westdeutsches Magnetfeld (1945 bis 1971). Bonn 2007, S. 398–412.

43 Vgl. dazu mit ausführlichen quellenkritischen Überlegungen auch Bispinck, Henrik: »Was ist denn nun überhaupt mit Stalin los?« Der XX. Parteitag der KPdSU und die Stimmung

einzelnen Unterthemen, im dritten Teil wird zusätzlich nach unterschiedlichen Berufsgruppen sowie nach Mitgliedern der SED und bisweilen anderer Parteien differenziert. Während in den einleitenden Passagen der Berichte noch Floskeln dominieren, nach denen »der weit überwiegende Teil der Bevölkerung positiv zum Parteitag diskutiert«, werden im weiteren Verlauf konkret Unsicherheiten und Kritikpunkte genannt und mit zahlreichen Beispielen aus Betrieben, Produktionsgenossenschaften, Parteiversammlungen oder Universitäten untermauert.

Die Reaktionen der Bevölkerung, so wie sie in den Berichten vermittelt werden, lassen sich in drei Hauptkategorien einteilen. Zum einen ist, insbesondere bei SED-Mitgliedern, eine völlige Verunsicherung zu verzeichnen, die von den Berichterstattern zumeist als »Unklarheiten« etikettiert wird. Die plötzliche Abkehr von Stalin verwirrte viele Menschen, die zudem beklagten, dass die Gründe dafür nicht ausreichend erläutert würden.[44] Eine zweite Strömung, die hauptsächlich von älteren Arbeitern getragen wurde und besonders am Anfang stark war, hielt die Kritik an Stalin für unberechtigt oder zumindest überzogen. Dabei wurde u.a. argumentiert, dass nicht Stalin allein, sondern das gesamte ZK der KPdSU die Verantwortung für gemachte Fehler trügen, zudem wurde auf Stalins Verdienste um die Entwicklung der Sowjetunion, insbesondere seine »Leistungen« im Zweiten Weltkrieg verwiesen.[45] Die dominierende und im zeitlichen Verlauf zunehmende Strömung in den Stimmungsberichten ist aber Zustimmung zur Kritik an Stalin und Unmut darüber, dass man sich nicht schon viel früher von ihm distanziert hatte. Die Menschen fühlten sich in ihrem Urteil bestätigt und sprachen nun aus, was sie schon lange über Stalin dachten: Er sei ein »Diktator« gewesen wie Hitler und das Sowjetvolk habe ihn gehasst.[46]

Mit der Veröffentlichung des Artikels von Walter Ulbricht zum Parteitag am 4. März 1956 entfalteten die Diskussionen eine besondere Dynamik und der Erste Sekretär der SED geriet immer stärker in den Fokus der Kritik. Die Kritik an Ulbrichts Person nahm ab Mitte März so stark zu, dass die Abteilung Information eine eigene Unterserie der Stimmungsberichte zur »Hetze gegen den Genossen Walter Ulbricht« einrichtete, in der bis zum Juni fünf Informationen herausgegeben wurden. Es wurden Vergleiche zwischen Ulbricht und Stalin gezogen, der Erste Sekretär wurde als »Diktator« bezeichnet und sein Rücktritt nicht nur gefordert, sondern auch prognostiziert.[47] Verteiler sind für diese Berichte – wie in der ersten Jahreshälfte fast immer – nicht überliefert, doch spricht nichts dafür, dass der Adressatenkreis hier

der Bevölkerung in der DDR. In: Jahrbuch für historische Kommunismusforschung 2016, S. 253–266.

44 Siehe dazu u. a. die Informationen M49/56 u. M51/56.

45 Siehe Informationen M49/56 u. M41/56.

46 Siehe Information M54/56.

47 Siehe Informationen M90/56, M63/56, M88/56 u. M125/56.

kleiner war als bei den übrigen Berichten des Jahres.[48] Daher ist davon auszugehen, dass die Politbüromitglieder und ZK-Sekretäre auch diese Berichte erhielten. Dies trug wohl erheblich zur Verärgerung Ulbrichts über die Arbeit der Abteilung Information bei: Er urteilte ein Jahr später, mit solcher Stimmungsberichterstattung würde die »Hetze des Feindes legal verbreitet«[49] und unterband diese in der Folge.

Gegenüber den politisch-ideologischen Fragen haben die sozial- und wirtschaftspolitischen Themen, die auf dem XX. Parteitag angesprochen wurden, in der Forschung bisher weniger Beachtung gefunden. Zu ihnen äußerten sich vornehmlich Arbeiter, Bauern und einfache Angestellte. Auf besonderes Interesse stieß die Ankündigung Chruschtschows, im kommenden Planjahrfünft zu einem Sieben-Stunden-Arbeitstag überzugehen, ohne den Verdienst der Arbeiter und Angestellten zu schmälern. Diese Maßnahme wurde – wenig überraschend – überwiegend positiv rezipiert und als Beweis für die Überlegenheit des sozialistischen Wirtschaftssystems interpretiert. Zugleich wurde der Hoffnung Ausdruck verliehen, dass eine solche Arbeitszeitverkürzung auch in der DDR bald verwirklicht würde.[50] Interessant dabei ist, dass nur solche Diskussionen von den Berichterstattern als »positiv« deklariert wurden, in denen die Erwartung, der Siebenstundentag würde auch in der DDR bald eingeführt werden, unbestimmt blieben und an von den Arbeitern selbst zu erfüllende Bedingungen geknüpft waren. Charakteristisch ist dafür das Zitat einer Arbeiterin aus dem Kaliwerk Volkenroda: »Wenn wir in der DDR alle unsere Kräfte einsetzen und die uns gestellten Pläne erfüllen, wird dieses auch bei uns Wirklichkeit werden. Ich selbst werde alle meine Kräfte dafür einsetzen.« Formulierten Arbeiter diese Erwartung hingegen implizit als Forderung an die Regierung, etwa indem sie äußerten, dass der Siebenstundentag »auch bei uns bald eingeführt werden müsste«, so wurde dies als Ausdruck von »Unklarheiten« gekennzeichnet, da nicht berücksichtigt werde, dass »in der DDR erst die Grundlagen des Sozialismus geschaffen« würden.

Ebenso breiten Raum wie positive und hoffnungsvolle Äußerungen nehmen skeptische Reaktionen ein. So äußerten Arbeiter aus dem VEB Metallwarenfabrik Lobenstein, dass die Sowjetunion unter der Einführung des Siebenstundentags »in wirtschaftlicher Hinsicht schwer leiden« würde, und Neubrandenburger Bauern befürchteten, dass bei einer Übertragung auf die DDR »die Planerfüllung nicht gewährleistet« sei.[51] Insbesondere Arbeiter, die sich in sowjetischer Kriegsgefangenschaft befunden hatten, äußerten

48 Siehe dazu den Abschnitt 5 (»Adressaten und Rezeption«) dieser Einleitung.

49 So Ulbricht auf einer Sitzung des MfS-Kollegiums am 7.2.1956, dokumentiert in: Engelmann, Roger; Schumann, Silke: Der Ausbau des Überwachungsstaates. Der Konflikt Ulbricht – Wollweber und die Neuausrichtung des Staatssicherheitsdienstes der DDR 1957. In: Vierteljahrshefte für Zeitgeschichte 43(1995)2, S. 341–378, hier 357 f.

50 Information M41/56. Hieraus auch die folgenden Zitate.

51 Informationen M41/56 bzw. M43/56. Aus letzterer auch das folgende Zitat.

Zweifel. So bekundete ein Fleischereiarbeiter seine Skepsis, dass das »Sowjetvolk« in der Zeit seit seiner Entlassung »zu so einer Bildungsstufe und zu solchem Wohlstand gekommen ist«. Derartige Äußerungen wurden von der Berichterstattung aber noch der Kategorie »Zweifel und Unklarheiten« zugeordnet, während »feindliche« Äußerungen zu diesem Zeitpunkt nur »vereinzelt« bekannt geworden seien.

2.2 Diskussionen in der Arbeiterschaft, Arbeitsniederlegungen und Streiks

Die Situation in den Industriebetrieben und die Stimmung in der Arbeiterschaft gehörten zu den Bereichen, die das MfS im Jahr 1956 besonders genau beobachtete. Hier wirkte die Erfahrung mit dem Volksaufstand vom 17. Juni 1953 nach, der in den Betrieben seinen Ausgang genommen hatte. Über 70 Berichte der Abteilung Information befassen sich mit Lohn-, Norm- und Prämiendiskussionen in der Arbeiterschaft sowie, in der zweiten Jahreshälfte, mit erfolgten und angedrohten Arbeitsniederlegungen.[52] Die Diskussionen der Arbeiter bewegten sich in der ersten Jahreshälfte in dem für die 1950er Jahre typischen Rahmen.[53] Sie beschwerten sich über Normerhöhungen, die für sie effektiv Lohneinbußen bedeuteten, beklagten Ungerechtigkeiten im Lohngefüge sowie Diskrepanzen in der Prämienverteilung zwischen Arbeitern auf der einen und Angestellten, Wirtschaftsfunktionären und der technischen Intelligenz auf der anderen Seite. Häufig kritisiert wurden die Betriebsgewerkschaftsleitungen, von denen die Arbeiter sich nicht gut vertreten fühlten. Die Diskussionen blieben in dieser Zeit überwiegend unpolitisch und auf konkrete Probleme und Missstände konzentriert. Auch Arbeitsniederlegungen oder deren Androhung wurden in der ersten Jahreshälfte kaum verzeichnet, gedroht wurde allenfalls mit dem Austritt aus dem FDGB, mit Kündigung oder – seltener – mit dem Weggang in den Westen. Die Berichte des MfS über diese Diskussionen sind weitgehend deskriptiv, es werden zumeist einige Beispiele kurz vorgestellt und anschließend weitere Betriebe aufgelistet, in denen es zu »ähnlichen Diskussionen« gekommen sei.[54] Die Ursachenforschung beschränkt sich im Wesentlichen auf Floskeln: Schuld seien Betriebsleitungen, die die Normen »administrativ« heraufgesetzt hätten, oder aber »Unklarheiten« aufseiten der Arbeiter.[55] Eine tiefere Analyse erfolgt nicht.

52 Dazu vor allem Mitter, Armin; Wolle, Stefan: Untergang auf Raten. Unbekannte Kapitel der DDR-Geschichte. München 1993; Wolle, Stefan: Das MfS und die Arbeiterproteste im Herbst 1956 in der DDR. In: Aus Politik und Zeitgeschichte 41(1991)B 5, S. 42–51; Kleßmann, Christoph: Arbeiter im »Arbeiterstaat« DDR. Deutsche Traditionen, sowjetisches Modell, westdeutsches Magnetfeld (1945 bis 1971). Bonn 2007.

53 Vgl. dazu grundlegend Hübner, Peter: Konsens, Konflikt und Kompromiß. Soziale Arbeiterinteressen und Sozialpolitik in der SBZ/DDR 1945 bis 1970. Berlin 1995.

54 Idealtypisch etwa in Information M40/56.

55 Siehe z. B. Informationen M40/56, M53/56, M101/56 u. 47/56.

Ab Juni 1956 – noch vor dem Arbeiteraufstand in Posen – kommen zu den skizzierten Berichten solche über Arbeitsniederlegungen bzw. über die Androhungen von Arbeitsniederlegungen hinzu, die im Schnitt einmal pro Woche verteilt wurden – bis Jahresende waren es über 30. Vermutlich gingen diese Berichte auf eine entsprechende Anweisung zurück – auch wenn eine solche nicht ermitteln werden konnte – und waren nicht durch eine plötzliche sprunghafte Zunahme von entsprechenden Vorkommnissen bedingt, zumal der erste dieser Berichte vom 11. Juni Beispiele einbezieht, die bis in die erste Maihälfte zurückreichen.[56] In den ersten Monaten waren diese Arbeitsniederlegungen überwiegend von kurzer Dauer (häufig nur wenige Stunden), es war nur eine geringe Zahl von Arbeitern beteiligt und die Anlässe waren unpolitisch. In der Regel wurden diese Kurzstreiks durch Erfüllung der Forderungen oder durch »Überzeugungsarbeit« vonseiten der Betriebs- oder der Gewerkschaftsleitungen rasch beendet.[57] Seit Anfang Oktober häuften sich die Arbeitsniederlegungen.[58] Die Anlässe blieben zwar weiterhin unpolitisch, doch veränderten sich offenbar der Ton und die Stimmung: Häufig wird nun von »provokatorischen« Äußerungen und Stellungnahmen berichtet[59] und es kam in den Betrieben zu demonstrativen Handlungen wie dem Aufhängen einer Puppe mit der Aufschrift »Schnauze voll«[60] oder zum Anschreiben von kritischen Losungen an Wände und in Schichtbücher.[61] Es häuften sich auch Anspielungen auf den Volksaufstand vom 17. Juni 1953.[62] Das Bekanntwerden von Streiks in Magdeburg, das 1953 ein Zentrum des Aufstands gewesen war, durch Berichte in der Westpresse, verstärkte die Dynamik noch. Als schließlich seit Ende Oktober die Ereignisse in Polen und der Volksaufstand in Ungarn in der DDR bekannt wurden, verbanden sich die Diskussionen um Löhne, Normen und Prämien endgültig mit politischem Protest. Die Ablösung von Walter Ulbricht wurde gefordert und es fielen im Hinblick auf die Vorgänge in den beiden anderen Ostblockstaaten Aussagen wie die, »dass es Zeit wäre, dass es bei uns losginge«.[63] Forderungen und Ankündigungen eines »neuen 17. Juni« waren allgegenwärtig.[64]

56 Siehe Information M129/56.
57 Vom Verlauf her entsprechen sie dem idealtypischen Modell, das Peter Hübner für Arbeitskonflikte in der DDR entwickelt hat. Vgl. Hübner, Peter: Konsens, Konflikt und Kompromiß. Soziale Arbeiterinteressen und Sozialpolitik in der SBZ/DDR 1945 bis 1970. Berlin 1995, S. 195 f.
58 Vgl. dazu Mitter, Armin; Wolle, Stefan: Untergang auf Raten. Unbekannte Kapitel der DDR-Geschichte. München 1993, S. 251–256. Siehe auch die tabellarischen Aufstellungen in den Informationen 239/56 u. 298/56.
59 Siehe z. B. Informationen 254/56, 259/56, 263/56 u. 300/56.
60 Siehe Information 260/56, ähnlich Information 259/56.
61 Siehe z. B. Informationen 231/56 u. 259/56.
62 Siehe z. B. Informationen 260/56 u. 263/56.
63 Information 290/56.
64 Siehe z. B. Informationen 274/56, 284/56, 301/56, 321/56 u. 347/56.

2.3 Die Gründung der Nationalen Volksarmee

Dass die Gründung einer eigenen Armee – kaum mehr als zehn Jahre nach Ende des Zweiten Weltkriegs – von der Bevölkerung nicht mit Begeisterung aufgenommen werden würde, war der SED-Führung bewusst.[65] Um sie als Vollzug des Volkswillen darstellen zu können, wurden daher seit dem 15. Januar 1956 in zahlreichen Betrieben Mitarbeiterversammlungen inszeniert, in denen Entschließungen zur Schaffung einer Armee verabschiedet und an die Volkskammer geschickt wurden. Am 17. Januar berichtete die DDR-Presse darüber.[66] Nur einen Tag später fasste die Volkskammer den entsprechenden Beschluss. Die erwartete kritische Stimmung in der Bevölkerung war Anlass für das MfS, die Bezirksverwaltungen per Fernschreiben anzuweisen, Stimmen zur Gründung der Armee zu sammeln.[67]

Der erste der insgesamt 13 Stimmungsberichte zu diesem Thema befasst sich mit den erwähnten Betriebsversammlungen, wobei deutlich wird, dass in vielen Betrieben keine Mehrheit für eine zustimmende Resolution zustande kam. Um Probleme zu vermeiden, enthielten sich viele Arbeiter der Stimme oder verließen die Versammlungen vorzeitig.[68] Die bis in den März hinein erstellten Berichte zeichnen das Bild einer Entwicklung von anfänglich intensiven Diskussionen mit überwiegend »negativer« Tendenz hin zu zunehmender Zustimmung bei abnehmendem Interesse für das Thema. Diejenigen, die sich positiv zur NVA äußerten, begründeten dies – in Einklang mit der Argumentation der SED – überwiegend mit der Notwendigkeit der Verteidigung der »Errungenschaften« des Sozialismus vor dem Hintergrund der Schaffung der Bundeswehr in Westdeutschland.[69] Darüber hinaus wurde insbesondere von älteren Männern das Argument angeführt, »dass unsere Jugendlichen bei der Nationalen Volksarmee endlich einmal richtig erzogen werden«.[70]

Das Arsenal der Argumente *gegen* die Schaffung der Volksarmee war ungleich größer und reichte von pazifistischen über deutschlandpolitische bis hin zu wirtschaftlichen Argumenten. Die pazifistischen Argumente, häufig in

65 Auch in der Bundesrepublik stand ein großer Teil der Bevölkerung der Wiederbewaffnung kritisch bis ablehnend gegenüber. Vgl. dazu u. a. Werner, Michael: Die »Ohne-mich«-Bewegung. Die bundesdeutsche Friedensbewegung im deutsch-deutschen Kalten Krieg (1949–1955). Münster 2006.

66 Vgl. z. B. Werktätige verlangen in vielen Versammlungen: Schutz unserem friedlichen Aufbau. Zahlreiche Forderungen nach Bildung einer Volksarmee. In: ND v. 17.1.1956, S. 1; Für den Schutz der Heimat. 100 000 demonstrierten in Berlin – Ruf nach der Volksarmee. In: Neue Zeit v. 17.1.1956, S. 1; Werktätige fordern Volksarmee. Hunderte Resolutionen bei der Volkskammer eingegangen. In: Berliner Zeitung v. 18.1.1956, S. 1.

67 Siehe die entsprechenden Einträge im Postausgangsbuch; BStU, MfS, ZAIG 8439, Bl. 66.

68 Siehe Information M10/56.

69 Siehe ebenda. Ähnlich in Informationen M16/56, M17/56 u. M21/56.

70 Information M15/56. Ähnlich in Information M10/56.

der Formulierung »Ich nehme kein Gewehr in die Hand«,[71] wurden insbesondere von jungen Männern und ehemaligen Teilnehmern des Zweiten Weltkriegs vorgebracht. Auch Frauen äußerten sich überdurchschnittlich häufig in diesem Sinne, insbesondere Mütter, deren Männer im Zweiten Weltkrieg gefallen waren. Typisch ist folgende Äußerung: »Wir haben unsere Männer verloren, wir geben die Söhne nicht wieder her.«[72] Weit verbreitet war die Angst vor einem (Bruder-)Krieg, der durch die Schaffung der NVA wahrscheinlicher würde – eine Auffassung, die das MfS als »Zweifel an der Kraft des Weltfriedenslagers« charakterisierte. Häufig hieß es: »Wir schießen nicht auf unsere Brüder in Westdeutschland.«[73] Zudem rücke die Wiedervereinigung Deutschlands dadurch in weite Ferne.[74] In diesem Zusammenhang wurde auch auf die inneren Widersprüche in der SED-Rhetorik hingewiesen: »Wir brauchen keine Volksarmee, denn dadurch wird die Lage nur verschärft. Wir sprechen immer vom Frieden, dabei rüsten wir schon wieder zum Krieg«.[75]

Daneben gab es ganz pragmatische und wirtschaftliche Argumente. Wiederholt wurde darauf verwiesen, dass eine Volksarmee unnötig sei, da es bereits die Volkspolizei, die KVP und die Kampfgruppen der Arbeiterklasse gebe und außerdem die Sowjetarmee präsent sei.[76] Die NVA gefährde aufgrund der zu erwartenden Kosten den Lebensstandard.[77] Als Kronzeuge dafür wurde ausgerechnet Stalin angeführt, der gesagt habe, »dass man nicht den Wohlstand eines Volkes heben und gleichzeitig aufrüsten« könne.[78] Befürchtet wurde, vor allem in der Landwirtschaft, durch die Einziehung junger Männer zum Wehrdienst ein Arbeitskräftemangel, der die Planerfüllung erschweren würde.[79] Auch ein weiterer Anstieg der Republikflucht von Jugendlichen wurde prognostiziert[80] – eine Befürchtung, die vom MfS geteilt wurde, das daher im Januar und Februar die Entwicklung der wegen des Verdachts der

71 Information M10/56.

72 So eine Mitarbeiterin des VEB Bekleidungswerk Leipzig. Vgl. Information M14/56. Hieraus auch das folgende Zitat.

73 Information M10/56. Ähnlich in Information M15/56.

74 Siehe Information M15/56.

75 So ein Jugendleiter aus dem RAW »Einheit« Leipzig-Engelsdorf. Vgl. Information M14/56.

76 Information M10/56. Siehe auch Information M14/56.

77 Siehe Informationen M14/56, M10/56 u. M26/56.

78 Information M21/56. Hier wird Bezug genommen auf ein Interview Stalins mit einem Korrespondenten der »Prawda« (abgedruckt in: ND v. 17.2.1951, S. 1), in dem dieser äußerte, »dass kein einziger Staat, also auch die Sowjetunion nicht, in vollem Umfange die Friedensindustrie entwickeln kann, große Bauvorhaben [...] beginnen kann, die Politik der systematischen Preissenkung für Massenbedarfsartikel [...] fortsetzen kann, Hunderte von Milliarden für den Wiederaufbau der durch die deutschen Okkupanten zerstörten Volkswirtschaft aufwenden und außerdem gleichzeitig seine Streitkräfte vergrößern und seine Kriegsindustrie entfalten kann«.

79 Vgl. Informationen M14/56 u. M26/56. Siehe auch Information M17/56.

80 Siehe Information M10/56.

Republikflucht festgenommenen Jugendlichen genau beobachtete.[81] Ambivalent war die Einstellung zur Einführung einer Wehrpflicht, über die im Gesetz zur Schaffung der NVA noch nichts ausgesagt wurde.[82] Während viele Jugendliche ankündigten, in diesem Falle die DDR verlassen zu wollen,[83] äußerten andere, nicht freiwillig zur Volksarmee zu gehen, »sondern erst dann, wenn es Zwang wird«.[84] Unabhängig davon, ob sie die Schaffung der NVA grundsätzlich begrüßten, forderten viele geradezu die Einführung der Wehrpflicht mit dem Argument, »dass auf freiwilliger Basis doch wieder nur Arbeiter- und Bauernsöhne gehen würden«, während die »Spießbürger« ihre Ausbildung beenden würden.[85] Auch wirkten hier offenbar noch die Erfahrungen des »freiwilligen Zwangs« im Rahmen der Werbung für die KVP nach, als Jugendliche sich endlosen Diskussionen mit »Agitatoren« ausgesetzt sahen. So äußerte ein Jugendlicher: »Dass die Armee für uns kommt, war gewiss, wir müssen unseren Staat schützen. Das man aber freiwillig gehen soll, ist nicht schön, es sollte eingezogen werden wie im Westen. Jetzt wird das Gefrage wieder losgehen, willst du oder willst du nicht. Die Braut und die Eltern sind meistens dagegen und will einer freiwillig gehen, dann gibt es immer zu Hause Auseinandersetzungen.«[86]

Kritisiert wurde ebenso das Vorgehen bei der Schaffung der NVA. Dass die Volkskammer mit ihrem Beschluss auf Forderungen aus der Bevölkerung reagierte, glaubte kaum jemand. So hieß es: »Das glaubt doch kein Mensch, dass die Werktätigen die Volksarmee gefordert haben, das ist wieder einmal eine Sache, die von oben künstlich gelenkt wurde. So ein Schwindel, etwas anderes ist es nicht und in der Presse heißt es dann: Die Werktätigen forderten die Aufstellung einer Volksarmee.«[87] Besonders unglaubwürdig erschien dies vor dem Hintergrund, dass der designierte Verteidigungsminister Willi Stoph bei der Volkskammersitzung am 18. Januar bereits in Generalsuniform erschienen war.[88] Die Uniformen der NVA gaben überhaupt Anlass zu Diskussionen. Nicht nur die damit verbundenen Kos-

81 Siehe Informationen M12/56, M16/56, M18/56, M22/56, M25/56, M27/56, M31/56, M33/56 u. M34/56.

82 Am 26.9.1955 wurde Art. 5 der Verfassung der DDR um einen Abs. 4 mit folgendem Wortlaut ergänzt: »Der Dienst zum Schutze des Vaterlandes und der Errungenschaften der Werktätigen ist eine ehrenvolle nationale Pflicht der Bürger der Deutschen Demokratischen Republik.« (Vgl. Gesetz zur Ergänzung der Verfassung v. 26.9.1955. In: GBl. I 1955, S. 653) Eine verbindliche Einführung der Wehrpflicht war damit jedoch nicht verknüpft und das Gesetz zur Schaffung der NVA traf über die Wehrpflicht keine Aussage.

83 Vgl. z. B. die Äußerung von SED-Mitgliedern in den Buna-Werken in Merseburg, die erklärten, »wenn die Wehrpflicht später doch eingeführt wird, fängt eine allgemeine Rennerei nach dem Westen an«. Vgl. Information M14/56.

84 Information M10/56. Siehe auch Information M17/56.

85 Information M21/56.

86 Information M30/56.

87 Information M15/56. Ähnlich auch in Informationen M17/56 u. M14/56.

88 In diesem Sinne äußerte sich u. a. ein Arbeiter aus Magdeburg. Vgl. Information M26/56.

ten wurden kritisiert,[89] sondern auch das Design. Die kakifarbenen Uniformen der KVP waren am sowjetischen Vorbild orientiert und weckten damit in der Bevölkerung Assoziationen, die der Beliebtheit ihrer Träger nicht zuträglich waren. Nicht zuletzt deshalb setzte man bei der NVA auf traditionelles Feldgrau sowie auf einen stark an die Wehrmachtsuniformen angelehnten Schnitt.[90] Doch nun stieß gerade diese Traditionsbildung auf Kritik, geäußert etwa in der Form, »dass die alten [Wehrmachts-]Offiziere und Soldaten, die ihre Uniform noch zu Hause haben, diese wieder hervorholen könnten«.[91] Auch hier wurde die SED mit den Widersprüchen ihrer eigenen Politik und Rhetorik konfrontiert, gehörte die Abgrenzung von der »faschistischen« Vergangenheit doch zu den Grundpfeilern der Staatsräson der DDR. Da diese Kritik vor allem von »fortschrittlichen« Personen geäußert wurde, wusste sich das MfS nicht anders zu helfen, als sie mit »Unkenntnis über die fortschrittlichen militärischen Traditionen« zu erklären.

2.4 Flucht und Abwanderung

Vor dem Hintergrund, dass die Zahl der aus der DDR geflüchteten und abgewanderten Menschen im Jahr 1956 einen neuen Höchststand erreichten, überrascht die untergeordnete Rolle, die dieses Thema in den Berichten der Abteilung Information dieses Jahres spielt. Schließlich stellte die offene Grenze in Westberlin, über die eine Flucht verhältnismäßig problemlos möglich war, die Achillesferse der DDR dar und zahlreiche Institutionen – nicht zuletzt das MfS selbst – waren in den Kampf gegen die »Republikflucht« eingebunden.[92] Trotzdem befasste sich die Abteilung Information erst im Sommer mit dem Thema.[93] Lediglich für den Zeitraum von Juni bis Oktober wurden Monatsberichte zur Republikflucht erstellt.[94] Darüber hinaus liegen ausführliche Berichte zur Republikflucht von Lehrern sowie zur Republikflucht »auf dem Lande« vor, die jeweils die gesamte erste Jahreshälfte behandeln, sowie ein Bericht über zurückgekehrte Flüchtlinge.[95]

89 U. a. brachten SED-Mitglieder aus Berlin ihr Unverständnis über die neuen Uniformen zum Ausdruck, da diese viel Geld kosten würden. Vgl. Information M14/56.

90 Vgl. dazu Merta, Klaus-Peter: Uniformierung als Mittel der Politik. In: Vorsteher, Dieter (Hg.): Parteiauftrag: Ein neues Deutschland. Bilder, Rituale und Symbole der frühen DDR. Berlin 1996, S. 175–186.

91 Information M17/56. Hieraus auch das folgende Zitat. – Ähnlich in den Informationen M21/56, M24/56, M26/56 u. M32/56.

92 Vgl. dazu Melis, Damian van; Bispinck, Henrik (Hg.): »Republikflucht«. Flucht und Abwanderung aus der SBZ/DDR 1945 bis 1961. München 2006.

93 Abgesehen von der Sammlung von Verdachtsfällen der Republikflucht von Jugendlichen im Zusammenhang mit der Bildung der NVA im Januar. Siehe dazu den vorangegangenen Abschnitt.

94 Siehe Analyse 3/56 sowie Informationen 186/56, 245/56, 340/56 u. 372/56.

95 Siehe Informationen M133/56 (Lehrer), 181/56 (Landwirtschaft) bzw. 373/56 (Rückkehrer).

Die Monatsberichte zur Flucht weisen zwar keine einheitliche Gliederung, wohl aber eine ähnliche Struktur auf: Auf tabellarische statistische Übersichten zu den geflüchteten Personen, aufgeschlüsselt nach Geschlecht, Alter, Beruf und Parteizugehörigkeit, folgen Ausführungen zu den Ursachen. Eigene Zahlen zur Republikflucht erhob das MfS nicht, sie übernahm diese von der zuständigen Abteilung Pass- und Meldewesen der Hauptverwaltung der Volkspolizei und glich sie mit den in der Westpresse veröffentlichten Zahlen aus dem Bundesnotaufnahmeverfahren ab. Bei der Suche nach den Fluchtursachen zeigt sich eine gewisse Ratlosigkeit. Wiederholt stellten die Berichterstatter fest, dass »größtenteils die Gründe für die Republikflucht nicht festgestellt« werden konnten.[96] Überwiegend werden externe Faktoren verantwortlich gemacht, etwa die »Abwerbung« durch Unternehmen und Betriebe bzw. höhere Löhne, Gehälter und Renten in Westdeutschland oder die »Beeinflussung« durch in der Bundesrepublik lebende Verwandte und Bekannte. Dabei kam es jedoch auch zu Missverständnissen: So leitete das MfS aus der Tatsache, dass 90 Prozent aller geflüchteten Mitarbeiter der SDAG Wismut »legal«, das heißt unter offizieller Abmeldung beim Volkspolizeikreisamt, in den Westen gereist und nicht zurückgekehrt waren, ab, es könne »mit ziemlicher Gewissheit die westliche Beeinflussung als Hauptursache für die Republikflucht dieser Personen angenommen werden«.[97] Tatsächlich nutzten viele die Möglichkeit einer legalen Besuchsreise in die Bundesrepublik bewusst aus, da eine Flucht seit der Grenzabriegelung 1952 sonst nur über Westberlin einigermaßen gefahrlos möglich war.

Des Weiteren stellen die Berichte typische Probleme des DDR-Alltags als Gründe heraus wie Unzufriedenheit mit Lohn- und Arbeitsverhältnissen, Nichtzulassung zum Studium oder zur Ausbildung sowie vor allem schlechte Wohnverhältnisse. Hinzu kommt die Kategorie »Verärgerungen aller Art«, worunter etwa willkürliche Versetzungen, Überlastung mit »gesellschaftlicher Arbeit« sowie »bürokratisches« und arrogantes Verhalten von Mitarbeitern staatlicher Einrichtungen subsumiert werden. Demgegenüber betonen die Berichte ausdrücklich, dass im engeren Sinn politische Gründe (»Republikflucht aus negativer Einstellung«) nur selten eine Rolle spielten. Wie für die Berichte dieses Jahrgangs generell typisch, werden unter den einzelnen Kategorien der Fluchtgründe lediglich Fallbeispiele aneinandergereiht; eine eingehendere Analyse erfolgt nicht, ebenso wenig der Versuch, strukturelle Ursachen für die Republikflucht auszumachen oder Handlungsempfehlungen zu ihrer Eindämmung zu geben. Die Berichte unterscheiden sich daher, vom sachlicheren Ton abgesehen, nicht grundsätzlich von denen der Volks-

Hinzu kommt ein knapper Bericht über die Republikflucht von Ärzten, der sich jedoch auf den Bezirk Magdeburg beschränkt. Siehe Information 329/56.

96 Information 245/56, fast wortgleich in Information 186/56.

97 Information 245/56.

polizei, wenngleich letztere durchaus – freilich zumeist hilflose – Vorschläge zur Bekämpfung der Fluchtbewegung machten.[98]

Spezifika des Jahres 1956 treten nur an wenigen Stellen in Erscheinung. So korrespondiert die Auffassung, dass Westreisende durch »Beeinflussung« oder »Abwerbung« zur Republikflucht verleitet würden, mit dem Versuch, Studenten Reisen in die Bundesrepublik während der Semesterferien zu verbieten, der an mehreren Universitäten Protestdemonstrationen nach sich zog.[99] Bei der Republikflucht von Bauern erkannte das MfS, dass das überhöhte und auf Witterungsverhältnisse oder andere ungünstige Umstände keine Rücksicht nehmende Ablieferungssoll, insbesondere bei Kartoffeln, eine wichtige Ursache war.[100] Nicht zuletzt dieser Umstand bewegte die SED-Führung dazu, die Streichung von Sollrückständen unter bestimmten Bedingungen zu ermöglichen.[101] Interessant ist zudem ein in den Oktober-Bericht eingefügter Abschnitt zur »Republikflucht aufgrund der Ereignisse in Ungarn«.[102] Hier wird von Fluchtfällen aus Angst, der Volksaufstand könne auf die DDR übergreifen, berichtet. So begründete ein Parteisekretär seinen Weggang damit, dass er »die gleichen Vorkommnisse erwartet wie in Ungarn und er sich nicht aufhängen lassen möchte«. Hintergrund für diese Angst waren die erwähnten Fälle von Lynchjustiz, zu denen es im Rahmen des Volksaufstands gekommen war. Fotos der Opfer wurden in der DDR-Presse (wie auch in der internationalen Presse) abgedruckt und sollten als Beweis für den »konterrevolutionären« Charakter des Aufstands und den »Terror« der »Horthy-Faschisten« dienen.[103] Aus entgegengesetzten Motiven wiederum flüchteten mehrere Lehrer, da es ihnen »unmöglich [sei], ihren Schülern den Volksaufstand in Ungarn als ›faschistischen Putsch‹ darzustellen«.[104]

Dass die monatliche Berichterstattung zum Thema Republikflucht mit dem Oktober abbricht, könnte damit zusammenhängen, dass die Abteilung Information im November vor allem mit der Zusammenstellung der Tages-

98 Siehe etwa die dokumentierten Beispiele bei Melis, Damian van; Bispinck, Henrik (Hg.): »Republikflucht«. Flucht und Abwanderung aus der SBZ/DDR 1945 bis 1961. München 2006, S. 167–181 u. 187–198.

99 Vgl. dazu den Abschnitt 2.5 dieser Einleitung.

100 Siehe Information 181/56.

101 Vgl. Neue Maßnahmen zur Förderung der Landwirtschaft. Beschluß des Präsidiums des Ministerrats / Vorschläge des 28. Plenums des ZK der SED werden verwirklicht. In: ND v. 4.8.1956, S. 1. Zu entsprechenden Forderungen von Bauern siehe Informationen 121/56 u. 162/56.

102 Vgl. Information 372/56. Der Abschnitt in dem vom 6.12.1956 datierenden Bericht behandelt auch Fälle aus der ersten Novemberhälfte.

103 Vgl. z. B. So wütete der faschistische Terror in Ungarn. In: ND v. 6.11.1956, S. 3; So wütete der geschlagene weiße Terror. In: Berliner Zeitung v. 6.11.1956, S. 3; Woche des Grauens in Ungarn. Konterrevolutionäre wüteten gegen Arbeiterfunktionäre – Unvorstellbare Grausamkeiten. In: Neue Zeit v. 6.11.1956, S. 3; So wüteten die Horthy-Banden. In: Märkische Volksstimme v. 7.11.1956, S. 6.

104 Information 372/56.

bzw. Halbtagesberichte zur »Lage in der DDR« befasst war, die aller Wahrscheinlichkeit nach vor dem Hintergrund der Ereignisse in Polen und Ungarn und der Befürchtung, die Unruhen könnten auch auf die DDR übergreifen, erstellt wurden.[105] Ohnehin ist auffällig, dass die Berichte zur Republikflucht mit großer zeitlicher Verzögerung von über einem Monat herausgegeben wurden, während die Berichterstattung sonst in der Regel sehr aktuell war. Vermutlich sah das MfS – und dies sicherlich zu Recht – im unruhigen Jahr 1956 in Protesten und Streiks von Arbeitern und Studenten *innerhalb* der DDR eine weit größere Gefahr für die SED-Herrschaft als in der massenhaften Flucht ihrer Bürger.

2.5 Intelligenz, Intellektuelle und Studenten

Vor dem Hintergrund der in der Forschung weithin geteilten Auffassung, dass die Entstalinisierung in der DDR in erster Linie die Parteielite und die Akademikerschaft erfasst habe, ja ein »nahezu isoliertes Überbauphänomen« gewesen sei,[106] überrascht auf den ersten Blick, in welch geringem Maße sich Diskussionen unter Intellektuellen in den Berichten der Abteilung Information widerspiegeln. Zwar gibt es eine Handvoll Berichte über »Unzufriedenheiten der Intelligenz«, doch geht es darin um materielle Probleme sowie Fragen der Arbeitsabläufe in Betrieben und der Qualifizierung, nicht aber um politisch-ideologische Themen.[107] Namen, die mit den intellektuellen Auseinandersetzungen des Jahres 1956 verbunden sind, wie Wolfgang Harich, Walter Janka, Ernst Bloch[108] oder Gustav Just sucht man vergeblich;[109] lediglich Robert Havemann und Gerhard Zwerenz finden Erwähnung.[110] Und nur ein einziger Bericht befasst sich mit kritischen Presseartikeln, Satiren und Kabarett-Darbietungen, die sich direkt oder indirekt auf die Entstalinisie-

105 Siehe dazu auch den Abschnitt 4.2 dieser Einleitung.

106 So Staritz, Dietrich: Geschichte der DDR. Frankfurt/M. 1996, S. 153. Ähnlich Hoffmann, Dierk: Von Ulbricht zu Honecker. Die Geschichte der DDR 1949–1989. Berlin 2013, S. 60; Mählert, Ulrich: Kleine Geschichte der DDR. 5., überarb. Aufl., München 2007, S. 85.

107 Siehe Informationen M57/56, M102/56, M120/56 u. 84/56.

108 Ernst Bloch wird immerhin indirekt thematisiert: In Information 394/56 geht es um einen scharfen Artikel des Leipziger marxistischen Philosophen Rugard Otto Gropp gegen Ernst Blochs angeblich »idealistische Auffassungen«.

109 Zu diesen Auseinandersetzungen und ihren Folgen für die Betroffenen vgl. umfassend Herzberg, Guntolf: Anpassung und Aufbegehren. Die Intelligenz der DDR in den Krisenjahren 1956/58. Berlin 2006; zu den Repressionen gegen Oppositionelle im Folgejahr siehe auch die Dokumentation von Kowalczuk, Ilko-Sascha: Frost nach dem kurzen Tauwetter: Opposition, Repressalien und Verfolgungen 1956/57. Eine Dokumentation des Ministeriums für Staatssicherheit. In: Jahrbuch für Historische Kommunismusforschung 1997, S. 167–215.

110 Havemann im Zusammenhang mit den Diskussionen an der Humboldt-Universität zu Berlin Ende Oktober 1956 (siehe Informationen 279/56 u. 285/56), Zwerenz anlässlich eines kritischen Artikels im »Sonntag« ebenfalls Ende Oktober (siehe Information 314/56).

rung beziehen.[111] Größere – wenn auch im Vergleich zu den Arbeitern und zur Situation auf dem Land bescheidene – Aufmerksamkeit finden die Studenten. Ein ausführlicher Lagebericht geht auf ihre Diskussionen zum XX. Parteitag ein, in denen – wenig überraschend – »nicht die politischen und ökonomischen Perspektiven im Mittelpunkt [stünden], sondern die Erklärungen über die Rolle und die Auswirkungen des Personenkultes, besonders in Bezug auf Stalin«.[112] Gegenüber den allgemeinen Stimmungsberichten zum Parteitag tauchen hier jedoch keine neuen Aspekte auf. In den übrigen Berichten über Studenten aus der ersten Jahreshälfte dominiert ein Thema: Der – letztlich gescheiterte – Versuch der SED, Studenten Besuchsreisen in die Bundesrepublik während der Semesterferien zu verbieten. Das Verbot stieß auf massive Proteste an zahlreichen Universitäten und Hochschulen der DDR,[113] die vielerorts von Professoren unterstützt wurden, so an der Karl-Marx-Universität Leipzig von dem Physik-Professor und SED-Mitglied Bernhard Kockel.[114]

Erst im Herbst 1956 rückten die Studenten ins Zentrum der Aufmerksamkeit. Nirgendwo hatten der »Polnische Oktober« und der Volksaufstand in Ungarn so starken Widerhall gefunden wie an den Universitäten.[115] Die ersten in den MfS-Berichten erfassten Diskussionen entzündeten sich an der mangelhaften Berichterstattung der DDR-Presse über die Wahl Gomułkas zum Parteichef in Polen. Auf Kritik stieß insbesondere ein im »Neuen Deutschland« abgedruckter »Prawda«-Artikel,[116] der sich nach Auffassung der Studenten »in die inneren Angelegenheiten Polens« einmische und »keine Auseinandersetzung sondern Schimpferei« darstelle,[117] sowie die Beschlagnahme der Ausgabe der »BZ am Abend«, in der Gomułkas Antrittsrede auszugsweise veröffentlicht worden war.[118] Diese Maßnahme wurde in einem Artikel der Wandzeitung der medizinischen Fakultät der Berliner Humboldt-Universität als »Eingriff in die demokratischen Rechte« kritisiert.[119] Schon wenige Tage später, am 28. Oktober, mussten die MfS-Berichterstatter

111 Siehe Information 314/56.

112 Information M104/56.

113 Siehe Informationen M109/56, M114/56, M115/56, M116/56 u. 9/56. Zur Situation an der TH Dresden, wo die stärksten Proteste auftraten, vgl. Lienert, Matthias: Zwischen Widerstand und Repression. Studenten der TU Dresden 1946–1989. Köln, Weimar, Wien 2011, S. 83–90.

114 Siehe Information M122/56.

115 Vgl. dazu Kowalczuk, Ilko-Sascha: Geist im Dienste der Macht. Hochschulpolitik in der SBZ/DDR 1945 bis 1961. Berlin 2003, S. 536–547; Herzberg, Guntolf: Anpassung und Aufbegehren. Die Intelligenz der DDR in den Krisenjahren 1956/58. Berlin 2006, S. 336–369.

116 Vgl. Antisozialistische Äußerungen in der polnischen Presse. Artikel des Warschauer »Prawda«-Korrespondenten vom 20. Oktober. In: ND v. 21.10.1956, S. 5.

117 Information 275/56.

118 Vgl. Politische und wirtschaftliche Probleme Volkspolens. Aus der Rede Gomułkas auf der 8. Plenartagung des ZK. In: BZ am Abend v. 25.10.1956, S. 2.

119 Information 275/56. Siehe auch Information 285/56.

feststellen, dass die kritischen Diskussionen der Studenten sich ausweiteten und auch von zahlreichen Professoren unterstützt wurden. Die Studenten forderten – universitätsübergreifend – u. a. die Bildung einer unabhängigen Studentenorganisation sowie die Abschaffung des gesellschaftwissenschaftlichen Grundstudiums und des obligatorischen Russischunterrichts. Auch allgemeinpolitische Forderungen bis hin zum Rücktritt von Walter Ulbricht wurden unter Bezugnahme auf die Führungswechsel in Polen und Ungarn gestellt.[120] Die letzten Berichte des MfS zu den Studenten befassen sich mit der Bildung von improvisierten Studentenräten an den medizinischen Fakultäten[121] und weiteren »Gruppenbildungen« an der Humboldt-Universität. Hier werden zum ersten Mal auch »Rädelsführer«, dem MfS zufolge »meist Studenten bürgerlicher Herkunft«, namentlich genannt.[122]

Weitere Schwerpunkte der Berichterstattung

Neben den behandelten Komplexen gab es im Jahr 1956 weitere Themen, über die die Abteilung Information schwerpunktmäßig berichtete. Über das gesamte Jahr verteilt wurden ausführliche Lageberichte zu den Blockparteien sowie zu verschiedenen Massenorganisationen erstellt.[123] Diese entstanden nicht – wie bei den Informationen sonst üblich – aus aktuellem Anlass, sondern zeigten längerfristige Entwicklungen und grundsätzliche Probleme innerhalb dieser Organisationen auf. Die Berichte erlauben tiefe Einblicke in die Haltung der einfachen Mitglieder der jeweiligen Parteien und Organisationen zu aktuellen Problemen, in die – nicht selten desolaten – Verhältnisse auf lokaler und regionaler Ebene sowie in Konflikte, Intrigen und Grabenkämpfe innerhalb der Vorstände. Berichte ähnlichen Charakters liegen auch zu verschiedenen staatlichen Einrichtungen vor.[124]

Über das ganze Jahr hinweg wurden zudem immer wieder Berichte über »Hetzschriften« erstellt, also über von westlichen Organisationen wie den Ostbüros der bundesdeutschen Parteien, dem Untersuchungsausschuss Freiheitlicher Juristen oder der Kampfgruppe gegen Unmenschlichkeit in die DDR eingeschleuste Propagandaflugblätter und -schriften. Diese werden ausführlich und nach Bezirken, Kreisen sowie nach Provenienz sortiert aufgelistet. Innerhalb dieser Kategorie ragen diejenigen über die Tätigkeit des SPD-Ostbüros quantitativ und qualitativ heraus.[125] Neben der überdurchschnittlich hohen Aktivität des SPD-Ostbüros liegt das auch in der Tatsache begründet, dass die SPD die SED in viel grundsätzlicherer Weise her-

120 Siehe Information 285/56.

121 Siehe Informationen 352/56 u. 361/56.

122 Siehe Information 360/56.

123 Siehe v. a. Informationen M62/56 (FDGB), M80/56 (GST) M58/56 (bürgerliche Parteien), 204/56 (kleinbürgerliche Parteien) u. 320/56 (LDPD).

124 Siehe z. B. Informationen 206/56 (Justizorgane), M23/56 (Kommunalverwaltung und Staatsapparat), 75/56 (Volkspolizei) u. 255/56 (Post- und Fernmeldewesen).

125 Siehe Analyse 1/56 sowie Informationen M85/56, 23/56, 57/56 u. 92/56.

ausforderte als die übrigen westdeutschen Parteien, war letztere doch aus der (Zwangs-)Vereinigung von KPD und SPD in der sowjetischen Besatzungszone hervorgegangen. Das MfS interessierte sich zudem für den Berliner Landesverband der SPD (die Partei war in Ostberlin zugelassen) sowie für die Stimmung ehemaliger SPD-Mitglieder innerhalb SED. Vor dem Hintergrund von Ulbrichts Angebot zu einer Zusammenarbeit mit der SPD vom März 1956, das von der bundesdeutschen SPD-Führung zurückgewiesen worden war, versuchte das MfS das Potenzial von Gegensätzen innerhalb der Sozialdemokratie auszuloten.[126]

Ebenfalls häufig und über das ganze Jahr hinweg sind Berichte über »Feindpropaganda« zu finden. Darin sind Zusammenfassungen von Artikeln sowie Einzelzitate aus westdeutschen und Westberliner Zeitungen bzw. Rundfunksendungen zusammengestellt. Solche Informationen liegen in allgemeiner Form vor,[127] häufiger sind sie aber auf konkrete Ereignisse bezogen, etwa auf den XX. Parteitag der KPdSU[128] oder die Schaffung der NVA.[129] Abschnitte zum Thema »Feindpropaganda« finden sich auch am Ende zahlreicher weiterer Informationen. Dem MfS war natürlich bewusst, dass sich die Bevölkerung nicht ausschließlich durch die DDR-Medien informierte, sondern auch durch westliche Rundfunksender und Zeitungen. Zudem produzierten die westlichen Sender, insbesondere der RIAS, zahlreiche Sendungen, die sich direkt an die Bewohner der »Zone« wandten,[130] und auch westliche Tageszeitungen, die in Berlin leicht erhältlich waren, enthielten zum Teil entsprechende Beilagen. Die Berichte über »Feindpropaganda« informierten nicht nur das Politbüro kompakt über die wichtigsten auf die DDR bezogenen Nachrichten aus den Westmedien, sondern erfüllten auch eine Funktion innerhalb die Stimmungsberichterstattung: Sie dienten dem Nachweis, dass viele der »feindlichen Argumente« aus der Bevölkerung auf den »Einfluss der Feindpropaganda« zurückzuführen waren.[131] So heißt es in einem Stimmungsbericht zur III. Parteikonferenz der SED, »in stärkerem Maße« wären wieder »feindliche Äußerungen gegen die Partei sowie führende Funktionäre bekannt« geworden, die aber »auf den Einfluss der Feindpropaganda zurückzuführen« seien.[132] In einem Fall findet sich sogar ein expliziter Hinweis auf diese Funktion: In einer Information über »Feindpropaganda

126 Siehe Analyse 1/56 sowie Informationen 74/56, 63/56, 294/56, M99/56, M93/56 u. 185/56.

127 Siehe z. B. Information M7/56.

128 Siehe Informationen M44/56, M47/56, M52/56, M55/56, M60/56 u. M86/56.

129 Siehe Informationen M11/56 u. M19/56.

130 Zu solchen Sendungen siehe u. a. die Informationen 55/56 u. 93/56 sowie zur »Feindpropaganda« des RIAS zum XX. Parteitag der KPdSU und zur III. Parteikonferenz der SED die Information M100/56.

131 Siehe z. B. Informationen M41/56 u. M87/56.

132 Siehe Information M87/56 v. 18.4.1956. Ähnlich in einem Stimmungsbericht zum XX. Parteitag der KPdSU: »Vereinzelt wurden auch direkte feindliche Argumente bekannt, die auf Einfluss der Feindpropaganda zurückzuführen sind.« Information M41/56 v. 23.2.1956.

zur Schaffung der Nationalen Volksarmee« heißt es am Ende: »Vorstehende Hinweise auf die Feindpropaganda sind bei Analysierung der Stimmung der Bevölkerung zu beachten. Bei Auftreten derartiger Argumente ist dies in den Informationsberichten gleich als Feindargument zu kennzeichnen.«[133]

3. Das MfS und die Abteilung Information im Jahr 1956

Anfang 1956 hatte der Staatssicherheitsdienst, der nach dem Juni-Aufstand von 1953 als Staatssekretariat dem Ministerium des Innern unterstellt worden war, gerade seit zwei Monaten wieder den Status eines Ministeriums erhalten. An seiner Spitze stand seit Juli 1953 Ernst Wollweber.[134] Er galt als Mann Moskaus, ein echtes Vertrauensverhältnis zu Ulbricht bestand nie, und im Gegensatz zu seinem Vorgänger Zaisser erhielt er keinen Sitz im Politbüro. Wollweber gelang es, den durch das Debakel des Juni-Aufstands geschockten und geschwächten Apparat nach innen zu konsolidieren. Den bisher rasanten Mitarbeiterzuwachs bremste er und begann im Jahr 1956 sogar mit dem Abbau des Personals.[135] Während seiner Amtszeit ging das MfS mit großer Härte gegen tatsächliche und vermeintliche »Feinde« und »Agenten« vor. Im Zuge der Strategie der »konzentrierten Schläge« kam es zwischen 1953 und 1955 zu zahlreichen generalstabsmäßig geplanten Verhaftungswellen, die sich vor allem gegen angebliche oder tatsächliche Verbindungsleute westlicher »Feindorganisationen« in der DDR richteten.[136] Begleitet waren diese Verhaftungen von beispiellosen Propagandakampagnen, wie Wollweber überhaupt stärker als sein Vorgänger die Öffentlichkeit suchte. Ab Frühjahr 1955 baute er – auf Geheiß Moskaus – zudem die Westarbeit auf Kosten der Überwachung im Innern massiv aus. Nach dem XX. Parteitag der KPdSU betrieb Wollweber eine »begrenzte Entstalinisierung« der Staatssicherheit.[137] Auf

133 Information M11/56.

134 Zur Biographie vgl. Engelmann, Roger: Ernst Wollweber (1898–1967). Chefsaboteur der Sowjets und Zuchtmeister der Stasi. In: Krüger, Dieter; Wagner, Armin (Hg.): Konspiration als Beruf. Deutsche Geheimdienstchefs im Kalten Krieg. Berlin 2003, S. 179–206.

135 Während sich der Personalbestand zwischen Ende 1950 und Ende 1953 etwa verfünffacht hatte, stieg er in Wollwebers Amtszeit lediglich von 13 000 auf gut 16 000 Mitarbeiter. Vgl. Gieseke, Jens: Die hauptamtlichen Mitarbeiter der Staatssicherheit. Personalstruktur und Lebenswelt 1950–1989/90. Berlin 2000, S. 552 f.

136 Vgl. Fricke, Karl Wilhelm; Engelmann, Roger: »Konzentrierte Schläge«. Staatssicherheitsaktionen und politische Prozesse in der DDR 1953–1956. Berlin 1998; Heidenreich, Ronny; Münkel, Daniela; Stadelmann-Wenz, Elke: Geheimdienstkrieg in Deutschland. Die Konfrontation von DDR-Staatssicherheit und Organisation Gehlen 1953. Berlin 2016. Allgemein zu dieser Phase der Geschichte des MfS vgl. Gieseke, Jens: Die Stasi 1945–1990. München 2011, S. 60–70; Kowalczuk, Ilko-Sascha: Stasi konkret. Überwachung und Repression in der DDR. München 2013, S. 117–139.

137 So Engelmann, Roger: Ernst Wollweber. In: Ders. u. a. (Hg.): Das MfS-Lexikon. Begriffe, Personen und Strukturen der Staatssicherheit der DDR. 3., aktual. Aufl., Berlin 2016, S. 381–383, hier 383.

der III. Parteikonferenz der SED räumte er »Fehler« ein, betonte aber, dass sein Ministerium nach »strengen Richtlinien« arbeite und die »Einhaltung der demokratischen Gesetzlichkeit« für die Mitarbeiter des MfS »ernste Verpflichtung« sei.[138] Das politische Tagesgeschäft überließ Wollweber, wie sein Vorgänger Wilhelm Zaisser, weitgehend seinem ersten Stellvertreter Erich Mielke. In den entscheidenden Monaten des Jahres war er ohnehin außer Gefecht gesetzt: Ende Mai erlitt er einen Herzinfarkt und hielt sich bis Mitte Oktober zur Kur in Polen auf. In dieser Zeit amtierte Mielke als Minister. Der schwelende Konflikt mit Ulbricht brach wohl auch deshalb erst Ende 1956 auf, als letzterer nicht zuletzt aufgrund der Herbstereignisse in Polen und Ungarn gestärkt war.[139]

Die Abteilung Information, die für die regelmäßige Information der SED-Führung zur Stimmung und Lage in der DDR zuständig war, war um die Jahreswende 1955/56 aus der Informationsgruppe in der Zentrale des Staatssicherheitsdienstes hervorgegangen.[140] Wollweber hatte diese im August 1953 ins Leben gerufen, zugleich wurden entsprechende Informationsgruppen auch in den Bezirksverwaltungen gebildet. Während in der zentralen Informationsgruppe anfänglich nur vier Mitarbeiter tätig waren, wuchs sie in den Folgejahren rasch an und verfügte 1956 – nunmehr als Abteilung – bereits über 16 Mitarbeiter, womit sie ihre vorläufig größte Ausdehnung erhielt. Unter der Leitung von Heinz Tilch und seinem Stellvertreter Hans-Georg Filin gliederte sich die Abteilung in drei Referate. Das Referat I unter Leitung von Wolfgang Röhlig war für die Auswertung des Materials der Linien III (Volkswirtschaft), VI (Verteidigungsindustrie) und XIII (Verkehr) verantwortlich, das Referat 2 unter Heinz Seidel für die Linien II (Spionageabwehr), V (Staatsapparat, Blockparteien, Kirchen, Untergrund) und VII (Volkspolizei). Heinz Krusch schließlich leitete das Referat III, das mit der Auswertung von sogenannten Feindmaterialien (im MfS-Jargon auch »Hetzschriften«) betraut war. Gemeint waren damit Propagandaschriften und Flugblätter, die westliche Organisationen per Ballon, Brief oder durch Handverteilung in die DDR einschleusten. Zahlreiche Berichte, in der diese Schriften akribisch nach Fundort, Herkunft und Inhalt aufgelistet bzw. ausgewertet sind, zeugen von der Arbeit dieses Referats.[141]

138 Vgl. den Diskussionsbeitrag von Wollweber in: Protokoll der Verhandlungen der 3. Parteikonferenz der Sozialistischen Einheitspartei Deutschlands. Bd. II, Berlin 1956, S. 947–958, hier 952.

139 Zu dem Konflikt vgl. Engelmann, Roger; Schumann, Silke: Kurs auf die entwickelte Diktatur. Walter Ulbricht, die Entmachtung Ernst Wollwebers und die Neuausrichtung des Staatssicherheitsdienstes 1957. Hg. BStU. Berlin 1995.

140 Das folgende nach Engelmann, Roger; Joestel, Frank: Die Zentrale Auswertungs- und Informationsgruppe (MfS-Handbuch). Hg. BStU. Berlin 2009, S. 18–24.

141 Siehe z. B. Informationen M134/56, 30/56, 33/56, 39/56, 60/56, 77/56, 88/56, 130/56, 151/56, 154/56 u. 215/56.

Die Abteilung Information 1956

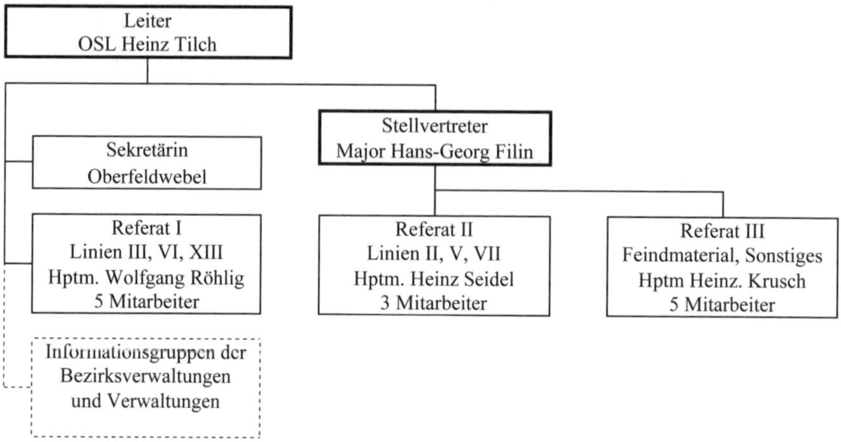

4. Zur Struktur der Berichte

Die Edition umfasst insgesamt 537 Dokumente aus drei unterschiedlichen Berichtsserien, die jeweils aus der Ablage des Sekretariats der Abteilung Information beim MfS stammen. Die bei Weitem größte Gruppe bilden die sogenannten *Informationen*, die sich im Jahr 1956 zur Hauptserie entwickelten, mit 511 Berichten. Hinzu kommen die regelmäßig erstellten *Informationsdienste*, von denen 1956 22 herausgegeben wurden, sowie drei *Analysen*. Alle drei Serien wurden zur Information der politischen Führung der DDR angefertigt. Überliefert sind alle Berichtsreihen jedoch nicht im Bestand der ZAIG, die aus der Abteilung Information hervorging, sondern in der Allgemeinen Sachablage (AS), in der sie – weitgehend ungeordnet – abgelegt wurden. Lediglich die Verteiler sind separat im Bestand ZAIG überliefert.[142] Sowohl was die Zahl der Dokumente als auch was den Gesamtumfang (rund 3 800 Blatt) angeht, liegt der Jahrgang weit über dem Durchschnitt; im Schnitt haben die übrigen Jahrgänge nur etwa ein Drittel dieses Umfangs.

4.1 Reihe Informationsdienste

Die Reihe *Informationsdienste* ist die älteste der Berichtsreihen der Abteilung Information; sie bildete sich bereits im Sommer 1953, kurz nach dem Volksaufstand vom 17. Juni heraus.[143] Die Berichtsfrequenz des Informationsdienstes wechselte: Ursprünglich wurde er täglich, im Jahr 1954 sogar zwei-

142 Die Verteiler finden sich in folgender Akte: BStU, MfS, ZAIG 14381.

143 Zur Genese vgl. Engelmann, Roger: Einleitung. In: Ders. (Bearb.): Die DDR im Blick der Stasi 1953. Die geheimen Berichte an die SED-Führung. Göttingen 2013, S. 57–59.

bis dreimal täglich ausgefertigt, ab Anfang 1955 wurde er nur noch zweimal wöchentlich und ab November 1955 alle zwei Wochen herausgegeben. Im Jahr 1956 wurden insgesamt 22 Informationsdienste erstellt, also zwei pro Monat mit Ausnahme des November. Dass der November übersprungen wurde, ist damit zu erklären, dass zwischen Ende Oktober und Anfang Dezember mindestens einmal täglich ausführliche Lageberichte erstellt wurden, die in die Hauptserie der *Informationen* eingereiht wurden und eine zusätzliche Herausgabe des Informationsdienstes überflüssig machten. Die Informationsdienste des Jahres 1956 sind vollständig überliefert, doch finden sich nicht alle in der Allgemeinen Sachablage der MfS-Zentrale. Daher musste auch auf die Parallelüberlieferung der Bezirksverwaltung Leipzig zurückgegriffen werden, bei manchen Ausgaben wurden auch beide Überlieferungen benutzt, wenn in der einen nur der Bericht selbst und in der anderen nur die Anlage überliefert war.[144]

Die Berichte des *Informationsdienst zur Beurteilung der Situation in der DDR*, so im Jahr 1956 der offizielle Langtitel, haben jeweils einen Umfang von 10 bis 20 Seiten. Sie verfügen über ein gedrucktes Vorblatt und eine von der ursprünglichen Struktur vom Herbst 1953[145] abweichende einheitliche Gliederung, die folgende fünf Punkte umfasst:

1. Die Lage in Industrie und Verkehr
2. Die Versorgung der Bevölkerung
3. Die Lage in der Landwirtschaft
4. Ereignisse von besonderer Bedeutung
5. Anlagen[146]

Unterhalb dieser Gliederungsebene gibt es weitere Rubriken, die regelmäßig wiederkehren, etwa Materialschwierigkeiten und Produktionsstörungen in den volkseigenen Betrieben oder Brände in Industrie und Landwirtschaft. Bis auf einen (Nr. 3) enthalten die Informationsdienste zusätzlich eine Anlage zur »Feindtätigkeit«, in der regierungskritische Losungen und Parolen, die Beschädigung von staatlichen Hoheitszeichen oder Bildern von Funktionären, anonyme Anrufe und ähnliche Vorkommnisse aufgelistet sind.

Die Berichterstattung der Informationsdienste ist weitgehend additiv: Bei den Diskussionen über politische Probleme oder den »besonderen Vorkommnissen« etwa werden hauptsächlich Einzelbeispiele aneinandergereiht; die Abschnitte zu Produktionsstörungen, Bränden usw. sind reine Auflistungen. Eine zusammenfassende Einschätzung oder Analyse erfolgt nur in rudimentären Ansätzen. Häufig wird bei bestimmten Sachverhalten oder Pro-

144 So bei den Informationsdiensten 1/56, 2/56 u. 10/56.

145 Vgl. Engelmann, Roger: Einleitung. In: Ders. (Bearb.): Die DDR im Blick der Stasi 1953. Die geheimen Berichte an die SED-Führung. Göttingen 2013, S. 59.

146 Bis Februar war auf dem Deckblatt an fünfter Stelle zusätzlich noch der Gliederungspunkt »Einschätzung der Situation« notiert, der indes nicht mit Inhalt gefüllt war.

blemen auf eine ausführlichere Behandlung in den entsprechenden Berichten aus der Reihe der *Informationen* verwiesen. Die Informationsdienste dienten mithin dazu, der SED-Führung regelmäßig und nach einheitlichem Schema einen Gesamtüberblick über die Lage in der DDR zu vermitteln.

4.2 Reihe Informationen

Die *Informationen* (in den MfS-Quellen manchmal auch als »Informationsberichte« bezeichnet) stellen die Hauptserie der edierten Berichte dar. Sie bildete sich als solche erst im Jahr 1956 heraus, wobei mit den »Sonderinformationen« schon 1953 Vorläufer dieser Serie existierten;[147] auch die ersten Informationen des Jahres 1956 tragen noch diese Bezeichnung. Im Gegensatz zu den Informations*diensten* verfügen die Informationen weder über ein Vorblatt noch über eine feste Gliederung.

Der Dokumentenkopf ist weitgehend einheitlich gestaltet: Links oben steht »Abteilung Information«, rechts oben »Berlin« und das Datum, darunter der Titel der Information. Ab Mitte des Jahres 1956 findet sich unter dem Datum in der Regel noch die Anzahl der gefertigten Exemplare sowie die Nummer des abgelegten Exemplars; dem Titel ist seitdem ein »Betr.« für »Betrifft« vorangestellt. Die Verteiler sind – wenn vorhanden – anfänglich handschriftlich im Dokumentenkopf vermerkt; ab Mitte des Jahres gibt es dafür eigene vorproduzierte Formulare, in denen die Adressaten handschriftlich eingetragen wurden. Längeren Berichten ist eine Gliederung mit Inhaltsübersicht vorangestellt, die jedoch nicht ediert wird.

Erst ab Mitte Juni 1956 sind die Informationen nummeriert; der erste nummerierte Bericht stammt vom 12. Juni und ist als »Information Nr. 7/56 – Betr.: 17. Juni« ausgewiesen,[148] der zweite stammt vom selben Datum und trägt die Nr. 9;[149] Berichte mit den Nummern 1 bis 6 sowie 8 sind nicht überliefert. Da diese Nummern zudem weder in einer – ansonsten weitgehend vollständigen – Liste mit in der Ablage der Abteilung Information fehlenden Berichten von Ende 1957 verzeichnet sind,[150] noch, wie in anderen Fällen, Verteilerformulare oder Platzhalter in der jeweiligen Akte vorliegen, ist davon auszugehen, dass sie gar nicht erst vergeben wurden; möglicherweise wurden die Nummern für eventuelle, vor dem 12. Juni 1956 zu verteilende Berichte freigehalten. Von diesem Zeitpunkt an jedenfalls sind die Informa-

147 Vgl. Engelmann, Roger: Einleitung. In: Ders. (Bearb.): Die DDR im Blick der Stasi 1953. Die geheimen Berichte an die SED-Führung. Göttingen 2013, S. 58 f. – Diese Sonderinformationen werden in der Edition als Informationen behandelt und der gleichnamigen Serie zugeordnet.

148 Siehe Information 7/56.

149 Siehe Information 9/56 (»Betr. Stimmung unter den Studenten und Oberschülern«).

150 Siehe MfS, Abt. Information, Betr.: Informationsberichte 1956, 31.12.1957; BStU, MfS, ZAIG 14381, Bl. 1.

tionen mit wenigen Ausnahmen[151] durchgehend nummeriert, wobei die Nummerierung wie in anderen Jahrgängen auch zuweilen leicht von der Chronologie abweicht. Offenbar hatte sich die Abteilung Information im Juni 1956 dazu entschieden, die bisher nur zum Teil in Unterreihen zusammengefassten Berichte sehr unterschiedlichen Charakters als »Informationen« in einer einheitlichen, durchgängig nummerierten Serie zusammenzufassen. Um eine eindeutige Zuordnung der nicht nummerierten Informationen zu ermöglichen, wurden diese vom Bearbeiter in chronologischer Reihenfolge durchnummeriert, wobei der Nummer zur Unterscheidung von den vom MfS nummerierten Informationen jeweils ein »M« (für »manuell nummeriert«) vorangestellt ist. Diese selbst generierten Nummern erscheinen in der Edition jeweils in eckigen Klammern hinter dem Titel bzw. der Betreffzeile des jeweiligen Berichts mit dem Zusatz »Information«.

Die Informationen des Jahrgangs 1956 sind in Umfang, Struktur und Inhalt sehr heterogen. Die Länge variiert von wenigen Zeilen bis zu 75 Seiten;[152] in der Regel überschreiten sie jedoch einen Umfang von 20 Seiten nicht. Das thematische Spektrum ist ähnlich breit wie in späteren Jahren und reicht von Verkehrsunfällen und Havarien über Arbeitsniederlegungen und Lohndiskussionen bis hin zur Situation in Parteien oder Massenorganisationen. Einen besonders breiten Raum nehmen im Jahr 1956 Berichte über die Stimmung der Bevölkerung ein. Rund 130 Informationen dieses Jahrgangs sind im engeren Sinn als Stimmungsberichte zu kennzeichnen. Hier, wie auch in einigen anderen Fällen, legte die Abteilung Information noch eigene Unterserien an, innerhalb derer die einzelnen Berichte noch einmal durchnummeriert wurden. So wurden zwischen dem 18. Januar, dem Tag des entsprechenden Volkskammerbeschlusses, und dem 27. März 1956 13 Stimmungs- und Lageberichte zur Gründung der Nationalen Volksarmee (NVA) herausgegeben. Zum XX. Parteitag der KPdSU und zur III. Parteikonferenz der SED wurden acht bzw. zwölf Stimmungsberichte erstellt. Auch die 21 Berichte zu Arbeitsniederlegungen sind chronologisch durchnummeriert, obwohl sie unterschiedliche Betriebe betreffen.

Eine Besonderheit innerhalb der Serie *Informationen* des Jahrgangs 1956 stellen die erwähnten 46 Lageberichte dar, die vom 26. Oktober bis zum 1. Dezember erstellt wurden. Diese Informationen tragen die Betreffzeile »Lage in der Deutschen Demokratischen Republik«, in Klammern ist dahinter je-

151 Dabei handelt es sich um die Informationen M131/56 v. 23.6.1956 (»Betr.: Krankenhaus der Volkspolizei Berlin«), M132/56 v. 11.7.1956 (»Bericht über die ehemaligen Umsiedler in der DDR«), M133/56 v. 13.8.1956 (»Republikfluchten von Lehrern im Jahre 1956«) und M134/56 v. 30.11.1956 (»Information – Betr.: Feindtätigkeit im Gebiet der DDR vom 1. bis 31. Oktober 1956«).

152 Siehe Information 86/56. Dabei handelt es sich um einen Bericht über »Formen und Methoden der Feindtätigkeit gegen die Deutsche Demokratische Republik« vom 21.7.1956, der ausweislich des Verteilers ausschließlich an den amtierenden Stasi-Chef Mielke ging.

weils der Zeitraum des »eingegangenen Materials« genannt, der zwischen fünfeinhalb und 24 Stunden betragen konnte, zumeist aber jeweils zwölf Stunden umfasste, in der Regel von 8.00 bis 20.00 Uhr bzw. von 20.00 Uhr bis 8.00 Uhr des Folgetags. Die Berichte verfügten zwar nicht über eine gänzlich einheitliche Struktur, wohl aber über häufig wiederkehrende Rubriken wie »Lage in der Industrie«, »Lage in der Landwirtschaft«, »Versorgung«, »Besondere Vorkommnisse«, »Feindtätigkeit« usw. Innerhalb dieser Rubriken werden dann die jeweiligen Ereignisse, Stimmungen oder Probleme bezirksweise aufgelistet, ähnlich wie in den zweiwöchentlichen Informationsdiensten.[153] Hintergrund für die rasche Abfolge von Lageberichten waren aller Wahrscheinlichkeit nach der Volksaufstand in Ungarn und die Unruhen in Polen, da man ein Übergreifen auf die DDR befürchtete. Diese tägliche Berichterstattung entsprach auch der Anweisung von Ernst Wollweber vom 12. Januar 1955, nach der vor dem Hintergrund der Reduzierung der Frequenz des Informationsdienstes auf ein zweimaliges wöchentliches Erscheinen »bei Eintreten einer besonderen Lage« vorübergehend täglich Sonderinformationen erstellt werden sollten.[154]

Wie in fast allen anderen Jahrgängen auch sind einige wenige Informationen aus dem Jahr 1956 im Bestand des Archivs des BStU nicht überliefert bzw. ließen sich nicht ermitteln. Da Verzeichnisse der Informationen erst ab dem Jahrgang 1959 vorliegen, lässt sich die Vollständigkeit lediglich für die nummerierten Berichte mit letzter Sicherheit überprüfen. Das MfS selbst hat Ende 1957 die in der Ablage der Abteilung Information fehlenden Berichte (hier als »Informationsberichte« bezeichnet) des Jahres 1956 dokumentiert. Es handelt sich dabei um 17 nummerierte Berichte, von denen aber nur elf tatsächlich nicht überliefert sind,[155] die übrigen finden sich in der Allgemeinen Sachablage.[156] In der Regel ist für diese fehlenden Informationen im Be-

153 Für den November 1956 wurden vermutlich aufgrund dieser strukturellen Ähnlichkeit sowie aufgrund inhaltlicher Überschneidungen keine Informationsdienste erstellt.

154 Zit. nach: Engelmann, Roger; Joestel, Frank: Die Zentrale Auswertungs- und Informationsgruppe (MfS-Handbuch). Hg. BStU. Berlin 2009 S. 20 f.

155 Es sind dies die folgenden: Information Nr. 18/56 betr. »Hetzschriftenverbreitung im Mai 1956«, Information Nr. 26/56 betr. »Maßnahmen zur Verhinderung der Republikfluchten und ihren Auswirkungen«, Information Nr. 80/56 betr. »Ablieferung von vertraglich gebundenen Schweinen«, Information Nr. 247/56 betr. »Die Arbeit der imperialistischen Geheimdienste gegen die DDR«, Information Nr. 305/56 betr. »Westdeutsche Studentendelegationen in der DDR«, Information Nr. 315/56 betr. »Lage in der DDR (7.11. 8.00 Uhr – 20.00 Uhr eingegangenes Material)«, Information Nr. 323/56 betr. »Lage in der DDR (9.11. 8.00–20.00 Uhr)«, Information Nr. 356/56 betr. »Lage in der DDR (23.11. 8.00 Uhr – 24.11. 8.00 Uhr eingegangenes Material)«, Information Nr. 363/56 betr. »Versuche des amerikanischen Geheimdienstes, in das Transport- und Verkehrswesen der DDR einzudringen«, Information Nr. 370/56 betr. »Kapazitätsauslastung und Materiallage der metallverarbeitenden Industrie für das Planjahr 1957« (»nicht rausgegangen«) und Information Nr. 395/56 betr. »Tätigkeit der Staatsanwälte und Gerichte in der DDR«.

156 Dabei handelt es sich um die Informationen 19/56, 221/56, 228/56, 253/56, 258/56 u. 299/56.

stand ZAIG ein Verteiler überliefert, sodass sich zumindest der Betreff sowie der Adressatenkreis eruieren lassen, zumeist findet sich auch in den entsprechenden Akten der Allgemeinen Sachablage ein Platzhalter mit dem Hinweis »Information fehlt«. Bezogen auf die Gesamtzahl der Informationen bewegt sich die Zahl der nicht überlieferten Berichte (Anteil: 1,8%) im Rahmen dessen, was auch für andere Jahrgänge an Überlieferungslücken zu verzeichnen ist.[157]

Nicht ediert wurden Berichte, die sich ausschließlich mit Ereignissen im Ausland befassen und keinen Bezug zur DDR aufweisen. Diese finden sich im Bestand der ZAIG systematisch erst seit den Jahren 1959/60, als die neu geschaffene »Zentrale Informationsgruppe« (ZIG) zur zuständigen Instanz für das gesamte Informationswesen der Staatssicherheit einschließlich der für die Auslandsaufklärung verantwortlichen HV A wurde.[158] Aus dem Jahrgang 1956 mussten daher nur wenige Berichte aussortiert werden. Dazu zählen drei Berichte mit dem Titel »Stimmen und Argumente zur Lage« vom 21. April, 28. April und 5. Mai. Dabei handelt es sich um Zusammenstellungen von Pressemeldungen westdeutscher, westeuropäischer und US-amerikanischer Provenienz, in denen es ausschließlich um innenpolitische Angelegenheiten der Bundesrepublik sowie um Fragen der internationalen Politik geht.[159] Nicht aufgenommen wurde auch eine Information über »Faschistische und militärische Treffen in Westberlin«, die ebenfalls keinerlei Bezug zur DDR aufweist.[160]

4.3 Reihe Analysen

Die Reihe *Analysen* bestand seit dem September 1953. Es handelte sich dabei um 14-täglich erscheinende Berichte, in denen im Wesentlichen die Inhalte der Informationsdienste zusammengefasst wurden.[161] Da die Informations-

157 So sind von den 308 verzeichneten Informationen des Jahrgangs 1965 vier nicht überliefert, was einem Anteil von 1,3 % entspricht. Vgl. Florath, Bernd: Einleitung. In: Ders. (Bearb.): Die DDR im Blick der Stasi 1965. Die geheimen Berichte an die SED-Führung. Göttingen 2014, S. 53; von den 268 Berichten des Jahrgangs 1961 fehlen acht und damit knapp 3 %. Vgl. Münkel, Daniela: Einleitung. In: Dies. (Bearb.): Die DDR im Blick der Stasi 1961. Die geheimen Berichte an die SED-Führung. Göttingen 2011, S. 49. Im Jahrgang 1953 sind mindestens drei Lücken zu verzeichnen. Vgl. Engelmann, Roger: Einleitung. In: Ders. (Bearb.): Die DDR im Blick der Stasi 1953. Die geheimen Berichte an die SED-Führung. Göttingen 2013, S. 66.

158 Vgl. das Vorwort von Daniela Münkel in diesem Band, S. 1.

159 Siehe Stimmen und Argumente zur Lage (Nr. 16/56) v. 21.4.1956; BStU, MfS, AS 79/59, Bd. 1b, Bl. 100–115, Stimmen und Argumente zur Lage (Nr. 17/56) v. 28.4.1956; ebenda, Bl. 143, 158–174, und Stimmen und Argumente zur Lage (Nr. 18/56) v. 5.5.1956; BStU, MfS, AS 80/59, Bd. 1a, Bl. 21–34.

160 Information vom 4.6.1956; BStU, MfS, AS 80/59, Bd. 1a, Bl. 206.

161 Vgl. Engelmann, Roger: Einleitung. In: Ders. (Bearb.): Die DDR im Blick der Stasi 1953. Die geheimen Berichte an die SED-Führung. Göttingen 2013, S. 58 f.

dienste im Jahr 1956 nur noch zweimal im Monat erstellt wurden, waren zusammenfassende Analysen in dieser Form nicht mehr sinnvoll. Die in diesem Jahrgang als *Analysen* bezeichneten Berichte tragen daher einen ganz anderen Charakter. Es handelt sich um überdurchschnittlich ausführliche Berichte zu Einzelthemen, die sich aber im Gegensatz zu den meisten *Informationen* mit Entwicklungen über einen längeren Zeitraum hinweg befassen. Eine klare inhaltliche oder formale Abgrenzung zu den *Informationen* ist indes – außer durch die Bezeichnung selbst – nicht möglich. Im Jahrgang 1956 sind lediglich vier *Analysen* überliefert: Sie befassen sich mit der Tätigkeit und dem Einfluss der SPD und des SPD-Ostbüros in der DDR, mit der Versorgungslage, mit der »Republikflucht« im Monat Juni[162] sowie mit der Lage in den Baubetrieben.[163] Letztere wurde nicht ediert, da sie textlich identisch ist mit der gleichnamigen Information Nr. 242/56[164] – was zugleich die Schwierigkeit der Abgrenzung der Analysen zu den Informationen unterstreicht.

Unabhängig von der Zugehörigkeit zu einer der drei Reihen ist Grundlage für die Edition in der Regel das Ablageexemplar, also das in der Abteilung Information verbliebene Exemplar der jeweiligen Information. Die übrigen Exemplare mussten die Adressaten aus konspirativen Gründen nach Lektüre an das MfS zurückgeben, die Rückgabe wurde sorgfältig kontrolliert und protokolliert und die Exemplare in der Regel vernichtet.[165] Lediglich in 26 Fällen ist das von den Adressaten zurückgegebene Exemplar überliefert. Dabei handelt es sich zumeist um das an den Minister für Staatssicherheit Ernst Wollweber oder seinen Stellvertreter Mielke gerichtete Exemplar (6 bzw. 14 Mal); zweimal ist das Exemplar von Markus Wolf, dem Chef der HVA, und je einmal das Exemplar von Otto Grotewohl, Erich Mückenberger, Kurt Hager sowie der Hauptabteilung Personenschutz des MfS überliefert.

5. Adressaten und Rezeption

Adressaten

Über die Adressaten der Berichte lassen sich genauere Aussagen erst für die zweite Jahreshälfte 1956 treffen, für die fast lückenlos Verteiler überliefert sind. In der ersten Jahreshälfte finden sich nur für gut die Hälfte der Berichte überhaupt Verteiler, von denen überdies ein großer Teil unvollständig zu sein scheint. In der Regel sind die Adressaten in diesem Zeitraum mit Bleistift im Dokumentenkopf vermerkt, zum Teil schwer lesbar und oft in kryptischen

162 Siehe Analysen 1/56, 2/56 bzw. 3/56.

163 Siehe Analyse zur Lage in den Baubetrieben – besonders im ländlichen Bauwesen und Wohnungsbau v. 17.9.1956; BStU, MfS, AS 82/59, Bd. 1a, Bl. 87–105.

164 Siehe Information 242/56.

165 Die – unvollständig – überlieferten Rückgabelisten finden sich in: BStU, MfS, ZAIG 14381, Bl. 2–35.

Abkürzungen. Als häufige Kürzel tauchen »Ia«, »Ib« und »Ic« auf. Trotz intensiver Recherche ließ sich nicht zuverlässig ermitteln, wofür diese Kürzel stehen. Da für einige wenige Informationen aus dem Juni 1956 neben diesen Kürzeln auch Angaben aus einer Rückgabetabelle[166] bzw. aus dem Postausgangsbuch vorliegen,[167] ließ sich ein Abgleich vornehmen, der nahelegt, dass *Ia*, *Ib* und *Ic* für verschiedene Adressaten*gruppen* stehen, und zwar *Ia* für die Vollmitglieder des Politbüros (mit Ausnahme von Wilhelm Pieck),[168] *Ib* für die Führungsspitze des MfS[169] und *Ic* für die Kandidaten des Politbüros[170] sowie die ZK-Sekretäre.[171] Ein exakter Nachweis für diese Zuordnung ist jedoch nicht möglich.

Der Adressatenkreis der Berichte des Jahres 1956 ist im Vergleich mit späteren Jahrgängen sehr groß. Die Verteiler umfassen bis zu 56 Empfänger, wobei sowohl der MfS-interne als auch der externe Adressatenkreis sehr umfangreich waren. Auch sind die Verteiler viel stärker standardisiert als in den anderen Jahrgängen. Ein Großteil der Berichte ging routinemäßig an das gesamte Politbüro (Mitglieder und Kandidaten) und die ZK-Sekretäre sowie MfS-intern an den Minister, sämtliche Stellvertreter und Joseph Gutsche als Mitglied des Kollegiums sowie an die Chefs aller Bezirksverwaltungen und der Verwaltungen von Groß-Berlin und der SDAG Wismut.[172]

Trotzdem lassen sich in der Gesamtschau natürlich Unterschiede zwischen den verschiedenen Adressaten feststellen. Die Liste der häufigsten Adressaten führt mit Abstand die Verbindungsstelle des sowjetischen Geheimdienstes KGB in Ostberlin an, die in den Verteilern als »Freund« auftaucht. An den KGB gingen 317 Berichte und damit fast alle, für die sich überhaupt eine externe Verteilung nachweisen lässt. In 74 Fällen ist der KGB sogar der einzige externe Adressat. Dies unterstreicht die außerordentlich hohe Bedeutung, die der sowjetische Geheimdienst in den 1950er Jahren für die Arbeit

166 Siehe Faksimile der Rückgabetabelle zur Information 7/56.

167 Siehe beispielhaft die Faksimiles aus dem Postausgangsbuch (BStU, MfS, ZAIG 8439, Bl. 71 f.).

168 Dies waren 1956 Friedrich Ebert, Otto Grotewohl, Hermann Matern, Fred Oelßner, Heinrich Rau, Karl Schirdewan, Willi Stoph und Walter Ulbricht.

169 Dazu zählten 1956 Ernst Wollweber als Minister, seine Stellvertreter Erich Mielke, Bruno Beater, Hermann Gartmann, Otto Walter, Martin Weikert und Markus Wolf sowie Joseph Gutsche als Leiter der Kontrollinspektion und Mitglied des Kollegiums des MfS.

170 Dies waren 1956 Erich Mückenberger, Bruno Leuschner, Herbert Warnke und Alfred Neumann sowie Erich Honecker, der sich jedoch von 1955 bis 1957 zu Schulungszwecken in Moskau aufhielt.

171 Dies waren 1956 neben Mückenberger, Oelßner und Schirdewan Kurt Hager, Albert Norden, Paul Wandel und Gerhart Ziller. Siehe auch die Adressatenliste am Ende der Einleitung.

172 Dies ist ein weiteres Indiz dafür, dass die Kürzel »Ia«, »Ib« und »Ic« für Adressatengruppen stehen, zumal nichts dafür spricht, dass die Verteiler in der ersten Jahreshälfte grundsätzlich weniger umfangreich waren als in der zweiten.

des MfS besaß. Zum Vergleich: In den 1970er Jahren lag der Anteil der Berichte, die nach Karlshorst gingen, bei weniger als 10 Prozent.[173]

An zweiter Stelle der externen Adressaten steht mit 238 Berichten – wenig überraschend – Walter Ulbricht als Erster Sekretär des ZK der SED und eigentlicher Machthaber in der DDR. Es folgt Karl Schirdewan mit 226 Berichten. Schirdewan war nach Willi Stoph das jüngste Vollmitglied des Politbüros und hatte eine steile Karriere hinter sich: Erst seit 1953 gehörte er dem höchsten Parteigremium an und verfügte darüber hinaus als ZK-Sekretär für Leitende Organe der Parteien und Massenorganisationen und Mitglied der Sicherheitskommission beim Politbüro über wichtige Schlüsselfunktionen innerhalb der Führungsebene der SED. Er entwickelte sich im Laufe des Jahres 1956, in dem Ulbrichts Stuhl zu wackeln schien, zu einem ernstzunehmenden Konkurrenten für den Ersten Sekretär, verlor aber im Folgejahr den Machtkampf mit Ulbricht und wurde Anfang 1958 aus dem Politbüro und dem ZK ausgeschlossen.[174] Die zahlenmäßigen Unterschiede bei den übrigen SED-Spitzenleuten sind nicht mehr sonderlich signifikant oder sie sind durch längere Abwesenheit bedingt wie bei Erich Honecker, der sich zu Schulungszwecken in Moskau aufhielt. Andere Abweichungen erklären sich durch die fachpolitische Zuständigkeit: So erhielten die ZK-Sekretäre für Wirtschaft (Ziller) und Landwirtschaft (Mückenberger) von den Informationsdiensten zeitweilig nur die in ihren jeweiligen Zuständigkeitsbereich fallenden Abschnitte »Zur Lage in Industrie und Verkehr« bzw. »Die Lage in der Landwirtschaft«.

Dass die Parteifunktionäre wesentlich häufiger bedacht wurden als die Fachminister ist kein Spezifikum des Jahres 1956, sondern Ausdruck der dominierenden Stellung der SED im Herrschaftssystem der DDR und der besonderen Rolle des Staatssicherheitsdienstes, der sich in erster Linie als »Schild und Schwert« der *Partei* verstand.[175] Doch ist die Diskrepanz zwischen hohen Parteifunktionären einerseits und Ministern und rangniedrigeren Parteifunktionären andererseits im Jahr 1956 noch viel größer als in spä-

173 Im Jahr 1976 waren es 25 von 292 Berichten (8,6 %), im Jahr 1977 29 von 298 (9,7 %). Vgl. Suckut, Siegfried: Einleitung. In: Ders. (Hg.): Die DDR im Blick der Stasi 1976. Die geheimen Berichte an die SED-Führung. Göttingen 2009, S. 21, bzw. Bispinck, Henrik: Einleitung. In: Ders. (Bearb.): Die DDR im Blick der Stasi 1977. Die geheimen Berichte an die SED-Führung. Göttingen 2012, S. 47. Noch geringer war der Anteil im letzten Jahrzehnt der DDR: Im Jahr 1981 wurden 15 von 243 Berichten (6,2 %) und im Jahr 1988 13 von 279 Berichten (4,7 %) nach Karlshorst übermittelt. Vgl. Braun, Matthias; Florath, Bernd: Einleitung. In: Dies. (Bearb.): Die DDR im Blick der Stasi 1981. Die geheimen Berichte an die SED-Führung. Göttingen 2015, S. 47, bzw. Joestel, Frank: Einleitung. In: Ders. (Bearb.): Die DDR im Blick der Stasi 1988. Die geheimen Berichte an die SED-Führung. Göttingen 2010, S. 53.

174 Zum Machtkampf zwischen Ulbricht und Schirdewan vgl. Staritz, Dietrich: Geschichte der DDR. Frankfurt/M. 1996, S. 165–168.

175 Vgl. Münkel, Daniela: Einleitung. In: Dies. (Bearb.): Die DDR im Blick der Stasi 1961. Die geheimen Berichte an die SED-Führung. Göttingen 2011, S. 47.

teren Jahrzehnten. Außerhalb der genannten SED-Führungsspitze erhielten nur zwei Personen mehr als einen Bericht: Ernst Lange als Leiter der ZK-Abteilung für Handel und Versorgung und Curt Wach als Minister für diesen Bereich tauchen acht bzw. sieben Mal im Verteiler von Berichten auf. Dabei handelte es sich um solche, die unmittelbar mit ihrem Zuständigkeitsbereich zu tun hatten, wie »Lieferung von Baumwolle aus der Sowjetunion«, »Arbeitskräftefluktuation aus den Handelsbetrieben« oder »Versorgungsschwierigkeiten im Bezirk Schwerin«[176]. Adressatin mit dem formal niedrigsten Rang war Margot Honecker als Abteilungsleiterin in der Hauptabteilung Lehrerbildung des Ministeriums für Volksbildung und Kandidatin des ZK der SED. Ihr wurde ein Bericht über die Streikandrohung eines Professors an der Pädagogischen Hochschule Potsdam zugeleitet.[177]

Aussagen über den Anteil der lediglich intern verteilten Berichte lassen sich wiederum nur für die zweite Jahreshälfte 1956 treffen, in der 47 von 376 Informationen das MfS nicht verließen, also exakt ein Achtel. Dieser Anteil liegt innerhalb der bisher untersuchten Jahrgänge im oberen Mittelfeld.[178] Ein klares Muster hinsichtlich des Inhalts der nicht extern verteilten Berichte ist nicht auszumachen, wohl aber sind bestimmte Schwerpunkte zu beobachten. So wurden Berichte über die Einschleusung von westlichen Propagandaschriften häufig nur intern verteilt, Gleiches gilt für Informationen, die sich mit Zwischenfällen an der innerdeutschen Grenze befassen. Auch drei auf der Auswertung einer ganzen Reihe von bereits erstellten Informationen und Informationsdiensten beruhende Berichte, in denen durchgeführte und angedrohte Arbeitsniederlegungen bzw. Fälle von (vermutlicher) Sabotage und Diversion sowie Brände tabellarisch aufgelistet sind, wurden offenbar nur für den internen Gebrauch erstellt.[179] In einem Fall lässt sich feststellen, dass eine Information für die externe Verteilung abgeändert wurde: Von einem Bericht über das Spielfilmstudio der DEFA, in dem es um die mögliche Abwanderung von Mitarbeitern zur westdeutschen UFA geht, existieren zwei Fassungen: Die Ursprungsfassung, die mehrere Namen von DEFA-Mitarbeitern enthält, wurde nur intern sowie an das Verbindungsbüro des KGB verteilt; für das ZK der SED wurde eine veränderte (Kurz-)Fassung erstellt, in der keine Namen genannt werden.[180] Offenbar legte das MfS hier besonderen Wert auf Konspiration.

Der Hinweis, dass eine Information überhaupt nicht, also weder extern noch intern verteilt wurde, findet sich nur in zwei Fällen: Ein undatierter Be-

176 Siehe Informationen 110/56, 122/56 bzw. 108/56.

177 Siehe Information 257/56.

178 Im Jahrgang 1961 ist für knapp ein Viertel der Informationen keine externe Verteilung nachweisbar, 1965 für gut 13 Prozent, 1976 für knapp 10 Prozent, 1977 für etwa 7 Prozent, 1981 für knapp 5 Prozent und 1988 für weniger als 2 Prozent.

179 Siehe Informationen 239/56, 258/56 u. 298/56.

180 Siehe Information M127/56.

richt – der laufenden Nummer zufolge in der zweiten Novemberhälfte erstellt – über die vom 1. bis 23. September dauernde Internationale Polizeiausstellung in Essen enthält den Vermerk »nicht verteilt, weil zu alt.«[181] Ein Lagebericht aus dem November wurde nicht verteilt, weil die darin aufgelisteten Vorkommnisse im darauffolgenden Bericht mit aufgeführt wurden.[182]

Rezeption
Über die Rezeption der Berichte durch die politischen Entscheidungsträger lassen sich nur wenige Aussagen treffen. Eine diesbezügliche Analyse würde eine systematische Recherche in den entsprechenden Archivbeständen erfordern, die im Rahmen dieser Edition nicht geleistet werden kann. Angesichts der hohen Frequenz und des großen Umfangs der Berichte sowie des zumeist großen Adressatenkreises ist ohnehin nicht davon auszugehen, dass alle Empfänger jeden einzelnen Bericht ausführlich studiert haben.[183]

Lediglich die vereinzelt überlieferten Rückgabe-Exemplare erlauben hier und da Aufschluss zur Frage der Rezeption. So zeugen zahlreiche handschriftliche Randmarkierungen und -bemerkungen in dem überlieferten Exemplar eines immerhin 53 Blatt umfassenden Berichtes »Über die Lage in der Deutschen Demokratischen Republik« vom 1. Oktober 1956 von einer gründlichen Lektüre.[184] Offensichtlich zweifelte der Leser – es handelte sich entweder um Otto Grotewohl oder um Bruno Leuschner[185] – an manchen Aussagen dieser Information, denn mehrfach finden sich Fragezeichen am Rand; an einer Stelle, in der es um zu erwartende Fehlmengen beim Import von Kaffee- und Kakaowaren geht, heißt es sogar »falsch«.

In einem Fall lässt sich die direkte Reaktion eines Politikers auf einen Bericht nachweisen. Dabei handelt es sich um eine Information über die Vorstandswahlen der VdgB vom 9. November 1956, in dem u. a. ein zu starker Einfluss von Großbauern bemängelt wird.[186] Erich Mückenberger nahm den Bericht in seiner Eigenschaft als ZK-Sekretär für Landwirtschaft zum Anlass, die Bezirksleitungen der SED zu einer verstärkten »Anleitung« der Wahlen in den Kreisen und Gemeinden aufzufordern. Auch der Zentralvorstand der VdgB sandte zu diesem Zweck Beauftragte in die Bezirke. Parallel dazu wies

181 Siehe Information 354/56. Obwohl es sich um eine Ausstellung in der Bundesrepublik handelt, wurde der Bericht in die Edition aufgenommen, weil darin am Rande auch Vergleiche zur Ausrüstung der Volkspolizei in der DDR gezogen und Ansichten bundesdeutscher Polizisten über die DDR erwähnt werden.

182 Siehe Information 357/56 bzw. 358/56.

183 Zu einer ähnlichen Einschätzung kommt Roger Engelmann im Hinblick auf die Berichte des Jahrgangs 1953. Vgl. Engelmann, Roger: Einleitung. In: Ders. (Bearb.): Die DDR im Blick der Stasi 1953. Die geheimen Berichte an die SED-Führung. Göttingen 2013, S. 55.

184 Siehe Information 228/56.

185 Da das Exemplar der Information von Grotewohl über Leuschner zurück an die Abteilung Information ging, lässt sich nicht feststellen, ob die Randmarkierungen und -bemerkungen vom Ministerpräsidenten oder vom Vorsitzenden der Staatlichen Plankommission stammen.

186 Siehe Information 322/56.

der stellvertretende Minister für Staatssicherheit Otto Last die Bezirksverwaltungen an, alle »Signale und Vorkommnisse« im Zusammenhang mit den Wahlen über die Informationsgruppen der Bezirke an die Abteilung Information in der MfS-Zentrale zu melden.[187]

Häufiger zu finden ist interne Kritik an Inhalt, Form oder Adressatenkreis der Informationen. So vermerkte der Chef der Auslandsaufklärung, Markus Wolf, auf einer Information über »Gegensätze innerhalb der Berliner SPD« vom 9. Juli 1956:[188] »Solche Inform[ationen] sollten der HV A zur Auswertung zugeleitet werden, da sie als Sonderinform[ation] zu belanglos sind, unsere Inform[ationen] aber ergänzen.« Ob es Wolf hier tatsächlich um die »Entlastung« der Adressaten von »belanglosen« Informationen ging oder ob er sich den exklusiven Zugang zu Informationen, die den Westen betrafen, sichern wollte, kann an dieser Stelle nicht entschieden werden.

In einem Bericht über die Kapazitätsauslastung und Materiallage der metallverarbeitenden Industrie für das Planjahr 1957[189] führten um den Faktor 100 erhöhte Zahlenangaben im Zusammenhang mit der benötigten Menge an Stahl für den Bau einer Brücke zu einer eingehenden internen Untersuchung innerhalb der Abteilung Information. Die Herkunft der falschen Zahlen konnte der mit der Untersuchung beauftragte stellvertretende Leiter der Abteilung Hans Filin nicht genau klären, auch weil die für die Information ausgewerteten Berichte »ohne Registratur von Mann zu Mann an die einsendende HA« zurückgegangen waren. Der zuständige Mitarbeiter hielt einen Schreibfehler für möglich. Filin zog für die Arbeit seiner Abteilung die Schlussfolgerung, »dass die Mitarbeiter die Berichte auch auf die Logik ihres Inhalts noch mehr prüfen müssen und weiterhin auch die Quellenregistratur einer Änderung bedarf«.[190]

Weit gravierender und grundsätzlicher war die Kritik des – wegen Wollwebers krankheitsbedingter Abwesenheit – amtierenden Ministers für Staatssicherheit Erich Mielke an der Informationspolitik der Bezirksverwaltungen im Juli 1956. In der Gemeinde Cotta im sächsischen Kreis Pirna war es seit Anfang Juni auf Bauernversammlungen zu Protesten gekommen, die auch

187 Geht hervor aus einem Schreiben von Otto Last an die Leiter der Bezirksverwaltungen sowie der Verwaltungen »W« und Groß-Berlin vom 12.11.1956, das im Anschluss an die Information 322/56 überliefert ist (BStU, MfS, AS 84/59, Bl. 303).

188 Siehe Information 63/56. Der Vermerk findet sich nicht auf dem edierten Ablageexemplar, sondern auf dem parallel überlieferten Exemplar von Markus Wolf (BStU, MfS, AS 81/59, Bl. 102–105). Der Bericht bezog sich auf West- und Ostberlin, da die SPD bis zum Mauerbau 1961 auch in Ostberlin zugelassen war und die acht Kreisverbände im Osten sowie die zwölf Kreisverbände im Westen gemeinsam den Landesverband Berlin bildeten.

189 Es handelt sich um die Information 370/56, von der lediglich der Verteiler überliefert ist (BStU, MfS, ZAIG 14381, Bl. 67). Die Information wurde nicht extern verteilt.

190 Vermerk von Hans Filin, Abteilung Information, v. 19.12.1956; BStU, MfS, AS 86/59, Bl. 230.

auf benachbarte Gemeinden übergriffen.[191] Die MfS-Zentrale in Berlin hatte davon aber erst gut einen Monat später und nicht durch die MfS-Bezirksverwaltung Dresden, sondern »auf Umwegen« erfahren. Unmittelbar danach erstellte die Abteilung Information dazu einen Bericht, der an alle Stellvertreter sowie an alle Leiter der Hauptabteilungen, der selbstständigen Abteilungen und der Bezirksverwaltungen des MfS ging. Letztere erhielten darüber hinaus ein geharnischtes Anschreiben Mielkes, in der er der Bezirksverwaltung Dresden vorwarf, »in diesem ernsten Fall nicht rechtzeitig erkannt« zu haben, »welche Gefahren politischer und operativer Art sich aus den Ereignissen in Cotta entwickeln können«, und eine Untersuchung dieses »große[n] Verstoß[es] gegen die gültigen Anordnungen« sowie die »Bestrafung der Schuldigen« ankündigte. Warnend fügte er hinzu: »Alle Leitungen der Bezirksverwaltungen wurden schon mehrfach darauf hingewiesen, dass die Nichteinhaltung der Anweisungen disziplinarische Maßnahmen nach sich zieht. Die Leitung des Ministeriums ist der Meinung, dass bisher anscheinend einige leitende Mitarbeiter in den Bezirken diesen Hinweis nicht ernst nehmen. Es werden daher alle verantwortungsvollen Genossen aufgefordert, mit dem für die Partei und die Arbeiterklasse schädlichen Verhalten, wichtige Ereignisse nicht zu melden, Schluss zu machen, damit sich eine gewissenhafte, verantwortungsvolle Meldepflicht und Berichterstattung durchsetzt.«[192]

6. Genese

Über die grundsätzliche Arbeitsweise der Abteilung Information bei der Erstellung der Stimmungs- und Lageberichte sowie der Einzelinformationen[193] hinaus lassen sich für einige Berichte des Jahrgangs 1956 konkretere Hinweise im Hinblick auf ihre Genese ermitteln. Deutlich wird etwa, dass insbesondere die Stimmungsberichterstattung aus den Bezirken konkreten Vorgaben der MfS-Zentrale folgte. Vor bestimmten Anlässen, etwa dem 80. Geburtstag von Staatspräsident Pieck, dem Volkskammerbeschluss zur Bildung der Nationalen Volksarmee oder dem Tag der Arbeit (1. Mai) gingen Fernschreiben an alle Bezirksverwaltungen heraus, sodass diese sich auf die Zusammenstel-

191 Siehe dazu die Informationen 67/56, 103/56 u. 127/56 sowie Mitter, Armin; Wolle, Stefan: Untergang auf Raten. Unbekannte Kapitel der DDR-Geschichte. München 1993, S. 224–228.

192 Siehe Anschreiben Mielkes zur Information 67/56 an die Leiter aller Hauptabteilungen, selbstständigen Abteilungen, Bezirksverwaltungen, der Verwaltungen »W« und Groß-Berlin sowie zur Kenntnis an seine Stellvertreter v. 16.7.1956; BStU, MfS, AS 81/59, Bl. 157–159. In der Edition wird das Schreiben im Apparat zur Information 67/56 vollständig zitiert.

193 Vgl. dazu das Vorwort zu diesem Band sowie Engelmann, Roger; Joestel, Frank: Die Zentrale Auswertungs- und Informationsgruppe (MfS-Handbuch). Hg. BStU. Berlin 2009, S. 6–8 u. 18–24.

lung von Stimmungsberichten vorbereiten konnten.[194] Auch Berichte über »Feindtätigkeit«, etwa zur Leipziger Herbstmesse oder zur Verbreitung von Propagandamaterial aus dem Westen (im MfS-Jargon »Hetzschriftenverbreitung«) wurden auf diese Weise angefordert.[195] Nicht immer erfolgte die Zuarbeit der Bezirksverwaltungen zur Zufriedenheit der Abteilung Information. So beklagte diese im Juni, dass die »Berichterstattung einiger Bezirksverwaltungen über die Verbreitung von Hetzschriften sehr unübersichtlich« sei und eine »ordnungsgemäße Erfassung und Weitermeldung seitens der Abteilung Information« erschwere bzw. »fast unmöglich« mache. Die Abteilung Information präzisierte daher noch einmal ihre Vorgaben und fügte als Anlage ein Muster für die Berichterstattung bei. Diese interne Anweisung an alle Bezirksverwaltungen wurde bemerkenswerterweise als gewöhnliche nummerierte *Information* versandt.[196]

Nachzuvollziehen ist in einigen Fällen auch, dass Erkenntnisse aus bereits verteilten Informationen wenig später Eingang in andere Berichte fanden. Beispielsweise wurden zwischen dem 20. Januar und dem 7. Februar in rascher Folge kurze Berichte über die Festnahme von Jugendlichen geschrieben, die des Versuchs der Republikflucht verdächtigt wurden.[197] Bis auf einen finden diese sich am selben oder am Folgetag in zusammengefasster Form als Punkt »VI. Republikflucht Jugendlicher« in den Stimmungs- und Lageberichten zur Gründung der Nationalen Volksarmee wieder.[198] Ein weiteres Beispiel ist die knappe Information über »Bestrebungen der kleinbürgerlichen Partien – hauptsächlich der CDU – den Einfluss der SED zu mindern«, die aus der wortgleichen Übernahme des entsprechenden Abschnitts einer wenige Tage zuvor erstellten ausführlichen Information über die »kleinbürgerlichen Parteien« insgesamt besteht.[199]

Es finden sich darüber hinaus Vorstufen zu Informationen, die nicht auf den ersten Blick als solche zu erkennen sind, weil sie über eine eigene Nummer innerhalb der Serie verfügen. So enthält die Information Nr. 263/56 über die »Situation in Industrie und Landwirtschaft« vom 20. Oktober zahlreiche

194 Dies geht hervor aus den entsprechenden Einträgen im Postausgangsbuch; BStU, MfS, ZAIG 8439, Bl. 65, 66 bzw. 70.

195 Siehe ebenda, Bl. 76 bzw. 70. Siehe auch das Schreiben Mielkes vom 17.8.1956 an die Leiter aller Bezirksverwaltungen, der Verwaltungen »W« und Groß-Berlin, die Leiter der operativen Hauptabteilungen und der selbstständigen Abteilungen, in dem er diese im Zusammenhang mit dem Verbot der KPD in der Bundesrepublik anweist, alle diesbezüglichen Vorkommnisse »sofort« an den Leiter der Informationsabteilung zu senden. BStU, MfS, AS 82/59, Bd. 1b, Bl. 31, vollständiger Wortlaut auch im Apparat zur Information 159/56.

196 Siehe Information 19/56.

197 Siehe Informationen M12/56, M16/56, M18/56, M22/56, M25/56, M27/56, M31/56, M33/56 u. M34/56.

198 Siehe Informationen M15/56, M17/56, M21/56, M24/56, M26/56, M30/56, M32/56 bzw. M35/56.

199 Siehe Information 207/56 bzw. 204/56.

handschriftliche Streichungen, Korrekturen und Ergänzungen; einzelne Tatbestände sind mit dem Klammerzusatz »noch nicht überprüft« versehen.[200] Fünf Tage später findet sich der gleiche Bericht, in dem die genannten Korrekturen und Ergänzungen umgesetzt sind, mit der Betreffzeile »Situation in der DDR« als Information Nr. 274/56 erneut.[201] Während die erstgenannte Information nur an Mielke ging, wurde letztere auch extern verteilt. Ein ähnlicher Fall findet sich kurze Zeit später bei einem der täglichen Lageberichte vom November.[202] Offenbar wurden manche Informationen schon mit einer Nummer versehen und in die Serie eingereiht, bevor sie intern überprüft waren.

7. Druckauswahl und Formalia

Würden sämtliche ZAIG-Berichte des Jahres 1956 im vorliegenden Buchformat gedruckt, hätten sie insgesamt einen Umfang von fast 3 000 Seiten. Vollständig werden sie in Form einer Datenbank (www.ddr-im-blick-1956.de) zur Verfügung gestellt, die eine Volltextrecherche ermöglicht. Für die Druckfassung des Buches konnte nur eine begrenzte Zahl von Berichten ausgewählt werden. Dabei wurde zum einen angestrebt, einen möglichst repräsentativen Querschnitt aus den Themenfeldern dieses Jahrgangs zu bieten. Zum anderen wurden Berichte ausgewählt, die für das Jahr 1956 – und darüber hinaus – von besonderer Bedeutung sind.

Die Berichte weisen zahlreiche orthografische, grammatikalische und stilistische Mängel auf. Diese sind zwar nicht so gravierend wie im ersten Berichtsjahr 1953, doch ist die Qualität der Berichte noch weit von dem Standard der 1970er und 1980er Jahre entfernt. Einfache Tipp- und Schreibfehler sowie geringfügige Grammatikfehler wie falsche Endungen wurden stillschweigend korrigiert. Größere stilistische Unebenheiten und gravierende Grammatikfehler, insbesondere Satzbaufehler, wurden hingegen aus Gründen der Quellenauthentizität unverändert ediert und gegebenenfalls mit einem »sic!« in eckigen Klammern versehen. Ungebräuchliche Abkürzungen wurden stillschweigend in gebräuchliche umgewandelt oder aufgelöst.

Besonders häufig sind Orts- und Personennamen sowie volkseigene Betriebe falsch geschrieben, vielfach kommt es auch zu falschen geografischen bzw. institutionellen Zuordnungen. Hier wurden auch geringfügige Abweichungen im Fußnotenkommentar nachgewiesen, um die mangelhafte sprachliche Qualität der Berichte der 1950er Jahre und die zahlreichen durch fernmündliche Weitergabe von Informationen entstandenen Falschschreibungen

200 Siehe Information 263/56.

201 Siehe Information 274/56.

202 Siehe Information 308/56 bzw. 309/56. Hier wurden darüber hinaus noch diverse Umstellungen in der Struktur vorgenommen, die in der Ursprungsfassung mit Klammern und Kreuzen gekennzeichnet sind. Siehe auch die Bemerkungen zur Information 328/56.

und Verwechslungen zu dokumentieren. In Fällen, wo die Schreibweise so entstellt ist, dass Personen, Orte, Institutionen und Begriffe nicht oder nicht mit letzter Sicherheit ermittelt werden konnten, werden im Fußnotenkommentar in der Regel eine oder mehrere mögliche Lösungen angeboten. Das bringt es mit sich, dass »vermutlich« eines der am häufigsten verwendeten Wörter in den Fußnoten ist.

Aus Gründen des Datenschutzes mussten zahlreiche Personennamen anonymisiert werden. Da es sich in diesen Fällen fast ausschließlich um völlig unbekannte Personen handelt, die in anderen Zusammenhängen nicht wieder auftauchen, wird die Aussagekraft der betroffenen Quellen dadurch nicht beeinträchtigt. Durch Nummerierung oder anderweitige Kennzeichnung ist zudem gewährleistet, dass die Namen – ggfs. auch dokumentenübergreifend – eindeutig zugeordnet werden können und der Inhalt der Dokumente verständlich bleibt. Nur in einem Fall musste aus Datenschutzgründen auch eine kurze inhaltliche Passage weggelassen werden, da überwiegend schutzwürdige Interessen einer Person betroffen waren, die sich aufgrund bereits veröffentlichter Dokumente zu diesem Fall nicht anonymisieren ließ.

Gemäß Stasi-Unterlagengesetz (§ 32 a) wurden Personen der Zeitgeschichte oder politische Funktionsträger vor der Veröffentlichung von Dokumenten, die Informationen über sie enthalten, benachrichtigt. Darüber hinaus wurden einige Betroffene, die nicht zu diesen Personenkategorien zählen, um Einwilligung zur Offenlegung ihrer Namen bzw. sie betreffender Informationen gebeten. Dieses sehr aufwendige Verfahren dient dem Schutz der Persönlichkeitsrechte und ermöglicht den Betroffenen, zu den in den Dokumenten dargestellten Sachverhalten Stellung zu nehmen, betraf im Jahrgang 1956 aus nachvollziehbaren Gründen indes nur eine überschaubare Anzahl von Personen. Lediglich in einem Fall gab es eine Rückmeldung eines Betroffenen, die die Richtigstellung von Angaben zu seiner Person in einer Fußnote ermöglichte.[203]

8. Schlussbetrachtung

1956 war ein bewegtes Jahr. Der Entstalinisierungsprozess, ausgelöst durch den XX. Parteitag der KPdSU im Februar, hatte in vielen Ländern des kommunistischen Blocks tiefe Spuren hinterlassen: Denkmäler und Regierungen stürzten, alte Gewissheiten gingen über Bord, Politiker, die eben noch im Gefängnis gesessen hatten, kehrten in ihre Ämter zurück. In Polen und Ungarn wurden im Kampf gegen Unterdrückung über 2 000 Menschen getötet,

203 Zum Quellenwert der MfS-Unterlagen grundlegend: Engelmann, Roger: Zu Struktur, Charakter und Bedeutung der Unterlagen des Ministeriums für Staatssicherheit . Hg. BStU. Berlin 1994; Ders.: Zum Quellenwert der Unterlagen des Ministeriums für Staatssicherheit. In: Engelmann, Roger; Henke, Klaus-Dietmar (Hg.): Aktenlage. Die Bedeutung der Unterlagen des Staatssicherheitsdienstes für die Zeitgeschichtsforschung. Berlin 1995, S. 23–39.

die Zahl derjenigen, die ins Exil gingen, geht in die Hunderttausende. Nichts schien mehr zu sein wie zuvor. Schaut man hingegen auf die DDR am Ende des Jahres, hatte sich auf den ersten Blick nichts verändert: Ulbricht saß wieder so fest im Sattel wie vor dem XX. Parteitag, ja im SED-Politbüro hatte es nicht einen einzigen personellen Wechsel gegeben. Reformen blieben in Ansätzen stecken oder verliefen – wie die Arbeiterkomitees – nach wenigen Monaten im Sande.

Trotzdem ging das Krisenjahr des Kommunismus keineswegs spurlos an der DDR vorüber. Die Bevölkerung diskutierte so offen wie noch nie über politische Fragen, in den volkseigenen Betrieben rumorte es, Studenten wehrten sich erfolgreich gegen das Westreiseverbot und solidarisierten sich mit den Aufständischen in Ungarn. All dies spiegelt sich in den in diesem Band versammelten Berichten der Abteilung Information. Doch auch von der besonderen politischen Situation des Jahres 1956 unabhängige Probleme, Sorgen und Nöte, die den Alltag der Menschen prägten, werden sichtbar: Mängel in der Versorgung mit Lebensmitteln und Kohle, Schwierigkeiten mit dem Material und den Arbeitsabläufen in Industriebetrieben, willkürliche Versetzungen und Arbeitskräftemangel, Unfälle und Havarien.

Kaum Resonanz findet in den Informationen jedoch ein anderes Phänomen, das gewöhnlich eng mit dem Jahr 1956 verbunden wird: Die Debatten unter Intellektuellen über die Konsequenzen aus der Entstalinisierung, die kritischen Artikel in Zeitungen und Zeitschriften und die Bestrebungen der SED-Führung, solche Diskussionen zu unterbinden, die in der Verhaftung des Philosophen Wolfgang Harich, des Verlegers Walter Janka und weiterer Intellektueller gipfelten. Diese Leerstelle fällt vor allem im Kontrast zu der intensiven Berichterstattung über die Diskussionen und Arbeitsniederlegungen in den Betrieben auf, während in der Forschung bis heute betont wird, dass sich die Entstalinisierung in der DDR – im Gegensatz zu Ungarn und Polen – fast ausschließlich auf die Intellektuellen und die Parteielite, aber kaum auf die einfachen Arbeiter und Angestellten ausgewirkt habe.[204] Armin Mitter und Stefan Wolle haben schon früh auf diese bei der Betrachtung der Berichte der Abteilung Information augenfällige Diskrepanz hingewiesen und das besondere Interesse des MfS an den »einfachen« Menschen wie folgt erklärt: »Die Unruhe in den eigenen Reihen ließ sich in letzter Konsequenz immer unterdrücken. Auch mit einigen unbotmäßigen Studenten und Künstlern wurde man mühelos fertig. Wenn sich aber der politische Unwille der Massen über die schlechten Lebensbedingungen mit der Forderung nach Demokratie und Freiheit verband, drohte die Situation für den kommunistischen Machtapparat existentiell gefährlich zu werden.«[205]

204 Vgl. Staritz, Dietrich: Geschichte der DDR. Frankfurt/M. 1996, S. 153; Hoffmann, Dierk: Von Ulbricht zu Honecker. Die Geschichte der DDR 1949–1989. Berlin 2013, S. 60; Mählert, Ulrich: Kleine Geschichte der DDR. 5., überarb. Aufl., München 2007, S. 85.

205 Mitter, Armin; Wolle, Stefan: Untergang auf Raten. Unbekannte Kapitel der DDR-Ge-

Dies ist sicher eine plausible Erklärung. Hinsichtlich des weitgehenden Fehlens von Berichten zu den intellektuellen Debatten wäre zu ergänzen, dass diese bis zum Herbst 1956 als legitim galten, da sie die von der SED nach dem XX. Parteitag großzügiger gezogenen Grenzen nicht überschritten. Nach dem 4. November, dem Beginn der militärischen Intervention der Sowjets gegen die Regierung Nagy in Ungarn, wurden diese Grenzen neu definiert und bisher tolerierte Ideen galten nun als »feindlich«, weshalb Harich und Janka im November bzw. Dezember verhaftet wurden. In der MfS-Berichterstattung schlägt sich dieses Thema daher vermutlich erst im Folgejahr nieder, in dem die Prozesse stattfanden. Auch der Machtkampf im Politbüro, der sich an den unterschiedlichen Auffassungen darüber, welche Konsequenzen aus dem XX. Parteitag für die DDR zu ziehen waren, entzündete, kam erst 1957 offen zum Ausbruch und zog sich bis Anfang 1958 hin.

Der Editionsjahrgang 1956 zeigt einmal mehr, dass die Informationen des MfS für die SED-Führung zwar in der Regel die wesentlichen Entwicklungen und Probleme in der DDR des jeweiligen Jahres erfassen, aber eben auch ganz eigene, spezifische Schwerpunkte setzen und manch relevante Themen nur peripher behandeln. Bernd Florath hat in seiner Einleitung zum Editionsjahrgang 1965 konstatiert, dass sich einige für dieses Jahr wichtige politische, ökonomische und soziale Fragen, »nicht unbedingt adäquat in der Berichterstattung des MfS widerspiegeln« und in diesem Zusammenhang die Frage nach dem »Vermögen [des MfS], die Kernprobleme eines Landes, für dessen innere Sicherheit es verantwortlich gemacht wurde, zu erkennen«, aufgeworfen.[206] Für 1956 ist gleichsam komplementär zu konstatieren, dass eine Gesamtschau auf die Berichte eines Jahrgangs den Blick für Ereignisse und Entwicklungen öffnet, die – wie die Proteste und Streiks der Arbeiter – bisher unterbelichtet geblieben sind.

schichte. München 1993, S. 220. Diese Erkenntnisse haben in der Forschung jedoch praktisch keinen Widerhall gefunden.

206 Vgl. Florath, Bernd: Einleitung. In: Ders. (Bearb.): Die DDR im Blick der Stasi 1965. Die geheimen Berichte an die SED-Führung. Göttingen 2014, S. 12 f.

9. Anhang: Adressaten der Berichte 1956

Tabelle 1: Adressaten der Berichte außerhalb des MfS[207]

Name, Vorname, Funktion bzw. Kürzel	Information Nr. bzw. Info-Dienst (ID) Nr. bzw. Analyse (ANA) Nr.	Anzahl
Ia[208]	M89, M91, M93, M95, M96, M98, M99, M101, M102, M104, M105, M107, M109, M113, M114, M115, M116, M120, M121, M123, M128, M129	22
Ic[209]	M89, M91, M93, M95, M96, M98, M99, M101, M102, M104, M105, M107, M109, M113, M114, M115, M116, M120, M121, M123, M129	21
Ebert, Friedrich (Jg. 1894) Mitglied des SED-Politbüros, Oberbürgermeister von Berlin	ID 11, ID 18, ID 19, ID 20, ID 21, ID 22, 7, 13, 14, 17, 20, 21, 23, 24, 25, 28, 29, 31, 32, 34, 63, 65, 66, 67, 72, 73, 74, 75, 81, 82, 83, 84, 87, 90, 92, 93, 209, 214, 217, 219, 221, 222, 225, 226, 229, 230, 231, 232, 233, 234, 235, 236, 237, 238, 240, 241, 244, 248, 250, 254, 256, 259, 260, 267, 277, 281, 282, 284, 285, 286, 287, 288, 289, 290, 292, 293, 295, 296, 297, 299, 300, 301, 304, 307, 309, 311, 313, 314, 316, 317, 319, 322, 324, 326, 328, 330, 332, 333, 334, 336, 339, 342, 345, 346, 347, 348, 351,	131

207 Die Adressatenliste ist nur begrenzt aussagekräftig, da für die erste Jahreshälfte nur sporadisch Verteiler vorliegen. Es ist aber davon auszugehen, dass auch in dieser Zeit das Gros der Berichte an alle Mitglieder und Kandidaten des Politbüros sowie die ZK-Sekretäre ging.

208 Bei »Ia« handelt es sich um ein internes Kürzel für eine Adressatengruppe, das sich nicht eindeutig zuordnen lässt, vermutlich aber die Vollmitglieder des Politbüros (mit Ausnahme von Wilhelm Pieck) meint. Dies waren 1956 Friedrich Ebert, Otto Grotewohl, Hermann Matern, Fred Oelßner, Heinrich Rau, Karl Schirdewan, Willi Stoph und Walter Ulbricht. Vgl. dazu den Abschnitt 5 (»Adressaten und Rezeption«) dieser Einleitung.

209 Bei »Ic« handelt es sich um ein internes Kürzel für eine Adressatengruppe, das sich nicht eindeutig zuordnen lässt, vermutlich aber die Kandidaten des Politbüros und die ZK-Sekretäre meint. Dies waren 1956 Erich Mückenberger, Bruno Leuschner, Herbert Warnke und Alfred Neumann sowie Erich Honecker, der sich jedoch von 1955 bis 1957 zu Schulungszwecken in Moskau aufhielt, bzw. neben den bereits Genannten Kurt Hager, Albert Norden, Paul Wandel und Gerhart Ziller. Vgl. dazu den Abschnitt 5 (»Adressaten und Rezeption«) dieser Einleitung.

Name, Vorname, Funktion bzw. Kürzel	Information Nr. bzw. Info-Dienst (ID) Nr. bzw. Analyse (ANA) Nr.	Anzahl
	352, 355, 358, 361, 362, 364, 365, 366, 367, 369, 371, 374, 375, 376, 377, 378, 379, 387, 388, 390, 391, 392, 393, 394	
Goschütz, Richard (Jg. 1912) Minister für Kohle und Energie	337	1
Grotewohl, Otto (Jg. 1894) Mitglied des SED-Politbüros, Ministerpräsident	ID 11, ID 18, ID 19, ID 20, ID 21, ID 22, ANA 2, M108, M111, 7, 9, 13, 14, 17, 20, 21, 23, 24, 25, 27, 28, 29, 31, 32, 34, 36, 41, 43, 44, 45, 47, 49, 50, 51, 54, 55, 57, 58, 59, 61, 63, 65, 66, 67, 69, 72, 73, 74, 75, 81, 82, 83, 84, 87, 90, 92, 93, 182, 185, 188, 190, 192, 194, 203, 209, 214, 217, 219, 221, 222, 224, 225, 226, 228, 229, 230, 231, 232, 233, 234, 235, 236, 237, 238, 240, 241, 242, 244, 248, 250, 254, 256, 259, 260, 267, 268, 271, 273, 274, 276, 277, 278, 279, 281, 282, 283, 284, 285, 286, 287, 288, 289, 290, 292, 293, 295, 296, 297, 299, 300, 301, 304, 307, 309, 311, 313, 314, 316, 317, 319, 320, 322, 324, 326, 327, 328, 330, 332, 333, 334, 336, 339, 342, 345, 346, 347, 348, 349, 351, 352, 353, 355, 358, 359, 361, 362, 364, 365, 366, 367, 369, 371, 374, 375, 376, 377, 378, 379, 385, 387, 388, 389, 390, 391, 392, 393, 394	177
Hager, Kurt (Jg. 1912) Mitglied des ZK der SED und Sekretär für Wissenschaft und Propaganda	ANA 2, 7, 9, 13, 14, 17, 20, 21, 36, 41, 43, 44, 45, 47, 49, 50, 51, 54, 55, 58, 59, 61, 62, 63, 65, 66, 67, 69, 72, 73, 74, 75, 81, 82, 83, 84, 87, 90, 92, 93, 95, 98, 101, 103, 104, 105, 111, 118, 127, 136, 137, 146, 148, 154, 156, 157, 158, 161, 162, 164, 167, 168, 169, 170, 172, 185, 188, 194, 203, 209, 214, 217, 219, 221, 222, 225, 226, 229, 230, 231, 232, 233, 234, 235, 236, 237, 238, 240, 241, 244, 248, 250, 252, 254, 257, 256, 259, 260, 267, 271, 277, 279, 281, 282, 283, 284, 285, 286, 287, 288, 289, 290, 292, 293, 295, 296, 297, 299, 300, 301, 307, 309, 311, 313, 314, 316, 317, 319,	171

Name, Vorname, Funktion bzw. Kürzel	Information Nr. bzw. Info-Dienst (ID) Nr. bzw. Analyse (ANA) Nr.	Anzahl
	322, 324, 326, 327, 328, 330, 332, 333, 334, 336, 339, 342, 345, 346, 347, 348, 349, 351, 352, 353, 355, 358, 361, 362, 364, 365, 366, 367, 369, 371, 374, 375, 376, 377, 378, 379, 387, 388, 390, 391, 392, 393, 394	
Honecker, Erich (Jg. 1912) Kandidat des SED-Politbüros	ID 21, ID 22, 271, 273, 274, 276, 277, 279, 281, 282, 283, 284, 285, 286, 287, 288, 289, 290, 292, 293, 295, 296, 297, 299, 300, 301, 304, 307, 309, 311, 313, 314, 316, 317, 319, 322, 324, 326, 328, 330, 332, 333, 334, 336, 339, 342, 345, 346, 347, 348, 351, 352, 353, 355, 358, 361, 362, 364, 365, 366, 367, 369, 371, 374, 375, 376, 377, 378, 379, 387, 388, 390, 391, 392, 393, 394	76
Honecker, Margot (Jg. 1927) Kandidatin des ZK der SED, Abteilungsleiterin in der Hauptabteilung Lehrerbildung des Ministeriums für Volksbildung	257	1
KGB (Komitee für Staatssicherheit der Sowjetunion, Berlin-Karlshorst)	ID 15, ID 17, ID 18, ID 19, ID 20, ID 21, ID 22, ANA 1, ANA 2, M16, M23, M27, M28, M29, M31, M67, M80, M94, M103, M106, M110, M111, M124, M126, M127, M133, 10, 13, 14, 17, 20, 21, 23, 24, 25, 27, 28, 29, 31, 32, 34, 36, 37, 40, 41, 43, 44, 45, 46, 47, 48, 49, 50, 51, 53, 54, 55, 56, 57, 59, 60, 61, 62, 63, 64, 65, 66, 67, 69, 70, 72, 73, 74, 75, 76, 78, 81, 82, 83, 84, 87, 88, 90, 92, 93, 95, 96, 97, 98, 99, 100, 101, 102, 103, 104, 105, 107, 110, 111, 112, 113, 114, 115, 116, 117, 118, 119, 120, 121, 122, 123, 126, 127, 128, 130, 131, 132, 134, 136, 137, 138, 139, 141, 142, 143, 145, 146, 147, 148, 151, 152, 153, 154, 155, 156, 157, 158, 161, 162, 163, 164, 167, 168, 169, 170, 171, 172, 177, 178, 179, 180, 181, 182, 184, 185, 186, 188, 189, 190, 191, 193, 194, 196, 198, 203, 204, 205,	317

Name, Vorname, Funktion bzw. Kürzel	Information Nr. bzw. Info-Dienst (ID) Nr. bzw. Analyse (ANA) Nr.	Anzahl
	206, 208, 209, 210, 211, 212, 213, 214, 216, 217, 218, 219, 221, 222, 225, 226, 227, 228, 229, 230, 231, 232, 233, 234, 235, 236, 237, 238, 240, 241, 242, 244, 245, 248, 250, 251, 253, 254, 256, 257, 259, 260, 264, 265, 267, 268, 269, 270, 271, 272, 273, 274, 276, 277, 278, 279, 281, 282, 283, 284, 285, 286, 287, 288, 289, 290, 291, 292, 293, 294, 295, 296, 297, 299, 300, 301, 302, 303, 304, 306, 307, 308, 309, 310, 311, 312, 313, 314, 316, 317, 318, 319, 322, 325, 324, 326, 327, 328, 330, 331, 332, 333, 334, 335, 336, 338, 339, 340, 342, 344, 345, 346, 347, 348, 349, 350, 351, 353, 355, 358, 359, 360, 362, 364, 365, 366, 367, 369, 371, 373, 374, 375, 376, 377, 378, 379, 380, 381, 382, 383, 384, 385, 386, 387, 388, 389, 390, 391, 392, 394	
Kramer, Erwin (Jg. 1902) Mitglied des ZK der SED, Minister für Verkehrswesen, Generaldirektor der Deutschen Reichsbahn	208	1
Lange, Ernst (Jg. 1905) Mitglied des ZK der SED und Leiter der Abteilung für Handel und Versorgung	91, 94, 108, 109, 110, 122, 173, 253, 376, 379	10
Leuschner, Bruno (Jg. 1910) Kandidat des SED-Politbüros, Vorsitzender der Staatlichen Plankommission, stellvertretender Vorsitzender des Ministerrats	ID 11,[210] ID 15, ID 16, ID 17, ID 18, ID 19, ID 20, ID 21, ID 22, ANA 2, 7, 13, 14, 17, 20, 21, 23, 24, 25, 28, 29, 31, 32, 34, 36, 41, 43, 44, 45, 47, 49, 50, 51, 54, 55, 58, 59, 61, 63, 65, 66, 67, 73, 74, 75, 81, 82, 83, 84, 87, 90, 92, 93, 95, 98, 101, 103, 104, 105, 111, 118, 127, 136, 137, 146, 148, 154, 156, 157, 158, 161, 162, 164, 167, 168, 169, 170, 172, 185, 188, 194, 203, 209, 214, 217, 219, 221, 222, 225, 226, 228, 229,	187

210 Ohne Anlage.

Name, Vorname, Funktion bzw. Kürzel	Information Nr. bzw. Info-Dienst (ID) Nr. bzw. Analyse (ANA) Nr.	Anzahl
	230, 231, 232, 233, 234, 235, 236, 237, 238, 240, 241, 244, 248, 250, 254, 256, 259, 260, 267, 269, 271, 273, 276, 277, 278, 279, 281, 282, 283, 284, 285, 286, 287, 288, 289, 290, 292, 293, 295, 296, 297, 299, 300, 301, 304, 307, 309, 311, 313, 314, 316, 317, 319, 322, 324, 326, 328, 330, 332, 333, 334, 336, 339, 342, 345, 346, 347, 348, 351, 352, 355, 358, 361, 362, 364, 365, 366, 367, 369, 371, 374, 375, 376, 377, 378, 379, 385, 387, 388, 389, 390, 391, 392, 393, 394	
Matern, Hermann (Jg. 1893) Mitglied des SED-Politbüros, Vorsitzender der Zentralen Parteikontrollkommission	ID 15, ID 16, ID 17, ID 18, ID 19, ID 20, ID 21, ID 22, ANA 2, 45, 47, 49, 50, 51, 54, 55, 58, 59, 61, 63, 65, 66, 67, 69, 72, 73, 74, 75, 81, 82, 83, 84, 87, 90, 92, 93, 95, 98, 101, 103, 104, 105, 111, 118, 127, 136, 137, 146, 148, 154, 156, 157, 158, 161, 162, 164, 167, 168, 169, 170, 172, 185, 188, 194, 200, 203, 209, 214, 217, 219, 221, 222, 225, 226, 229, 230, 231, 232, 233, 234, 235, 236, 237, 238, 240, 241, 244, 248, 250, 254, 256, 259, 260, 267, 269, 271, 273, 274, 276, 277, 278, 279, 281, 282, 283, 284, 285, 286, 287, 288, 289, 290, 292, 293, 295, 296, 297, 299, 300, 301, 304, 307, 309, 311, 313, 314, 316, 317, 319, 320, 322, 324, 326, 328, 330, 332, 333, 334, 336, 339, 342, 345, 346, 347, 348, 351, 352, 353, 355, 358, 361, 362, 364, 365, 366, 367, 369, 371, 374, 375, 376, 377, 378, 379, 387, 388, 390, 391, 392, 393, 394	171
Mückenberger, Erich (Jg. 1910) Kandidat des SED-Politbüros, Sekretär des ZK der SED für Landwirtschaft	ID 8,*[211] ID 9, ID 11,* ID 15,* ID 16,* ID 17,* ID 18,* ID 19,* ID 20,* ID 21,* ID 22, ANA 2, 7, 14, 17, 20, 21, 23, 24, 25, 28, 29, 31, 32, 34, 36, 41, 43, 44, 45, 47, 49, 50, 51, 54, 55,	196

211 Bei den mit * versehenen Informationsdiensten erhielt Mückenberger jeweils nur den Abschnitt »Die Lage in der Landwirtschaft«.

Name, Vorname, Funktion bzw. Kürzel	Information Nr. bzw. Info-Dienst (ID) Nr. bzw. Analyse (ANA) Nr.	Anzahl
	58, 59, 61, 63, 65, 66, 67, 69, 72, 73, 74, 75, 79, 81, 82, 83, 84, 87, 89, 90, 92, 93, 95, 98, 101, 103, 104, 105, 111, 118, 121, 124, 125, 127, 132, 136, 137, 146, 147, 148, 154, 156, 157, 158, 161, 162, 164, 167, 168, 169, 170, 172, 185, 188, 192, 194, 203, 209, 214, 217, 219, 221, 222, 225, 226, 229, 230, 231, 232, 233, 234, 235, 236, 237, 239, 240, 241, 242, 244, 248, 250, 254, 256, 259, 260, 267, 268, 271, 273, 276, 277, 278, 279, 281, 282, 283, 284, 285, 286, 287, 288, 289, 290, 292, 293, 295, 296, 297, 299, 300, 301, 304, 307, 309, 311, 313, 314, 316, 317, 319, 322, 324, 326, 328, 330, 332, 333, 334, 336, 339, 342, 345, 346, 347, 348, 351, 352, 355, 358, 361, 362, 364, 365, 366, 367, 369, 371, 374, 375, 376, 377, 378, 379, 387, 388, 390, 391, 392, 393, 394	
Neumann, Alfred (Jg. 1909) Kandidat des SED-Politbüros, 1. Sekretär der SED-Bezirksleitung Berlin	ANA 2, M108, 7, 13, 14, 17, 20, 21, 23, 24, 25, 28, 29, 31, 32, 34, 36, 41, 43, 44, 45, 47, 49, 50, 51, 54, 55, 58, 59, 61, 63, 65, 66, 67, 69, 72, 73, 74, 75, 81, 82, 83, 84, 87, 90, 92, 93, 95, 98, 101, 103, 104, 105, 107, 111, 117, 118, 127, 136, 137, 138, 146, 147, 148, 154, 156, 157, 158, 161, 162, 164, 167, 168, 169, 170, 172, 180, 185, 188, 194, 198, 203, 209, 214, 217, 219, 221, 222, 225, 226, 229, 230, 233, 235, 236, 237, 238, 240, 244, 248, 256, 269, 271, 274, 276, 277, 279, 281, 282, 283, 284, 285, 286, 287, 288, 289, 290, 292, 293, 295, 296, 297, 299, 300, 301, 304, 307, 309, 311, 313, 314, 316, 317, 319, 322, 324, 326, 328, 330, 332, 333, 334, 336, 339, 342, 345, 346, 347, 348, 351, 352, 353, 355, 358, 361, 362, 364, 365, 366, 367, 369, 371, 374, 375, 376, 377, 378, 379, 387, 388, 390, 391, 392, 393, 394	175

Name, Vorname, Funktion bzw. Kürzel	Information Nr. bzw. Info-Dienst (ID) Nr. bzw. Analyse (ANA) Nr.	Anzahl
Norden, Albert (Jg. 1904) Mitglied des ZK der SED und Sekretär für Agitation und Propaganda	ANA 2, 7, 13, 14, 17, 20, 21, 36, 41, 43, 44, 45, 47, 49, 50, 51, 54, 55, 58, 59, 61, 63, 65, 66, 67, 69, 72, 73, 74, 75, 81, 82, 83, 84, 87, 90, 92, 93, 95, 98, 101, 103, 104, 105, 107, 111, 117, 118, 127, 136, 137, 138, 146, 148, 154, 156, 157, 158, 161, 162, 164, 167, 168, 169, 170, 172, 180, 185, 188, 194, 198, 203, 209, 214, 217, 219, 221, 222, 225, 226, 229, 230, 231, 232, 233, 234, 235, 236, 237, 238, 240, 241, 244, 248, 250, 254, 256, 259, 260, 267, 271, 273, 276, 277, 278, 279, 281, 282, 283, 284, 285, 286, 287, 288, 289, 290, 292, 293, 295, 296, 297, 299, 300, 301, 307, 309, 311, 313, 314, 316, 317, 319, 322, 324, 326, 328, 330, 332, 333, 334, 336, 339, 342, 345, 346, 347, 348, 351, 352, 353, 355, 358, 361, 362, 364, 365, 366, 367, 369, 371, 374, 375, 376, 377, 378, 379, 387, 388, 390, 391, 392, 393, 394	173
Oelßner, Fred (Jg. 1903) Mitglied des SED-Politbüros, ZK-Sekretär, stellvertretender Vorsitzender des Ministerrats	ID 11, ID 15, ID 16, ID 17, ID 18, ID 19, ID 20, ID 21, ID 22, ANA 2, 7, 13, 14, 17, 20, 21, 24, 25, 28, 29, 31, 32, 34, 36, 41, 43, 44, 45, 47, 49, 50, 51, 54, 55, 58, 59, 61, 63, 65, 66, 67, 72, 73, 74, 75, 81, 82, 83, 84, 87, 90, 92, 93, 95, 98, 101, 103, 104, 105, 108, 109, 111, 118, 122, 127, 136, 137, 146, 148, 154, 156, 157, 158, 161, 162, 163, 164, 167, 168, 169, 170, 172, 173, 185, 188, 189, 194, 203, 209, 214, 217, 219, 221, 222, 225, 226, 229, 230, 231, 232, 233, 234, 235, 236, 237, 238, 240, 241, 244, 248, 250, 252, 254, 256, 259, 260, 267, 269, 271, 273, 276, 277, 278, 279, 281, 282, 283, 284, 285, 286, 287, 288, 289, 290, 292, 293, 295, 296, 297, 299, 300, 301, 304, 307, 309, 311, 313, 314, 316, 317, 319, 322, 324, 326, 328, 330, 332, 333, 334, 336, 339, 342, 345, 346, 347, 348, 351, 352, 355, 358, 361, 362, 364, 365, 366, 367, 369, 371, 374, 375,	191

Name, Vorname, Funktion bzw. Kürzel	Information Nr. bzw. Info-Dienst (ID) Nr. bzw. Analyse (ANA) Nr.	Anzahl
	376, 377, 378, 379, 387, 388, 390, 391, 392, 393, 394	
Rau, Heinrich (Jg. 1899) Mitglied des SED-Politbüros, Minister für Außenhandel und innerdeutschen Handel, stellvertretender Vorsitzender des Ministerrats	ID 11, ID 15, ID 16, ID 17, ID 18, ID 19, ID 20, ID 21, ID 22, 7, 13, 14, 17, 20, 21, 23, 24, 25, 28, 29, 31, 32, 34, 36, 41, 43, 44, 110, 111, 118, 136, 137, 152, 154, 156, 157, 158, 161, 162, 164, 167, 168, 169, 170, 172, 185, 188, 194, 203, 209, 214, 217, 219, 221, 222, 225, 226, 229, 230, 231, 232, 233, 234, 235, 236, 237, 239, 240, 241, 244, 248, 250, 253, 254, 256, 259, 260, 267, 269, 271, 332, 333, 334, 336, 339, 342, 345, 346, 347, 348, 351, 352, 355, 358, 361, 362, 364, 365, 366, 367, 369, 371, 374, 375, 376, 377, 378, 379, 385, 387, 388, 389, 390, 391, 392, 393, 394	117
Röbelen, Gustav (Jg. 1905) Leiter der Abteilung Sicherheitsfragen beim ZK der SED (bis November)	222	1
Schirdewan, Karl (Jg. 1907) Mitglied des SED-Politbüros, ZK-Sekretär für Leitende Organe der Partei und der Massenorganisationen des ZK der SED	ID 11, ID 15, ID 16, ID 17, ID 18, ID 19, ID 20, ID 21, ANA 2, M108, M111, 7, 13, 14, 17, 20, 21, 23, 24, 25, 28, 29, 31, 32, 34, 36, 41, 43, 44, 45, 47, 49, 50, 51, 54, 55, 57, 58, 59, 61, 62, 63, 65, 66, 67, 69, 72, 73, 74, 75, 81, 82, 83, 84, 87, 90, 92, 93, 95, 98, 99, 101, 102, 103, 104, 105, 107, 111, 114, 115, 117, 118, 119, 120, 123, 127, 129, 136, 137, 138, 146, 147, 148, 152, 154, 156, 157, 158, 161, 162, 163, 164, 167, 168, 169, 170, 171, 172, 177, 178, 179, 180, 185, 188, 189, 190, 194, 196, 198, 203, 208, 209, 210, 213, 214, 217, 219, 221, 222, 225, 226, 229, 230, 231, 232, 233, 234, 235, 236, 237, 238, 240, 241, 242, 244, 248, 250, 254, 256, 259, 260, 262, 267, 268, 269, 271, 273, 274, 276, 277, 278, 279, 281, 282, 283, 284, 285, 286, 287, 288, 289, 290, 292, 293, 295, 296, 297, 299, 300, 301, 304, 307,	226

Name, Vorname, Funktion bzw. Kürzel	Information Nr. bzw. Info-Dienst (ID) Nr. bzw. Analyse (ANA) Nr.	Anzahl
	309, 311, 313, 314, 316, 317, 319, 320, 322, 324, 326, 327, 328, 329, 330, 332, 333, 334, 336, 339, 342, 345, 346, 347, 348, 349, 351, 352, 355, 358, 359, 361, 362, 364, 365, 366, 367, 369, 371, 374, 375, 376, 377, 378, 379, 385, 387, 388, 389, 390, 391, 392, 393, 394	
Selbmann, Fritz (Jg. 1899) Mitglied des ZK der SED, stellvertretender Vorsitzender des Ministerrats und Vorsitzender der Kommission für Industrie und Verkehr bei dessen Präsidium	99	1
Steinwand, Rudolf (Jg. 1906) Minister für Berg- und Hüttenwesen	177	1
Stoph, Willi (Jg. 1914) Mitglied des SED-Politbüros, Minister für Nationale Verteidigung, stellvertretender Vorsitzender des Ministerrats	ID 11, ID 15, ID 16, ID 17, ID 18, ID 19, ID 20, ID 21, ID 22, ANA 2, M110, 7, 13, 14, 17, 20, 21, 24, 25, 28, 29, 31, 32, 34, 36, 41, 43, 44, 45, 47, 49, 50, 51, 54, 55, 58, 59, 61, 63, 65, 66, 67, 69, 72, 73, 74, 75, 81, 82, 83, 84, 87, 90, 92, 93, 95, 98, 101, 103, 104, 105, 111, 118, 127, 136, 137, 143, 146, 148, 154, 156, 157, 158, 161, 162, 164, 167, 168, 169, 170, 172, 185, 188, 194, 203, 214, 217, 219, 221, 222, 225, 226, 229, 230, 231, 232, 233, 234, 236, 237, 238, 240, 241, 244, 248, 250, 254, 256, 259, 260, 262, 265, 267, 269, 271, 274, 276, 277, 278, 279, 281, 282, 283, 284, 285, 286, 287, 288, 289, 290, 292, 293, 295, 296, 297, 299, 300, 301, 304, 307, 309, 311, 313, 314, 316, 317, 319, 322, 324, 326, 328, 330, 332, 333, 334, 336, 339, 342, 345, 346, 347, 348, 351, 352, 353, 355, 358, 361, 362, 364, 365, 366, 367, 369, 371, 374, 375, 376, 377, 378, 379, 385, 387, 388, 389, 390, 391, 392, 393, 394	190

Name, Vorname, Funktion bzw. Kürzel	Information Nr. bzw. Info-Dienst (ID) Nr. bzw. Analyse (ANA) Nr.	Anzahl
Ulbricht, Walter (Jg. 1893) Mitglied des SED-Politbüros, 1. Sekretär des ZK der SED, 1. Stellvertreter des Vorsitzenden des Ministerrats	ID 11, ID 15, ID 16, ID 17, ID 18, ID 19, ID 20, ID 21, ANA 2, M124, 7, 9, 11, 13, 14, 17, 20, 21, 23, 24, 25, 27, 28, 29, 31, 32, 34, 36, 41, 43, 44, 45, 47, 49, 50, 51, 54, 55, 56, 57, 58, 59, 61, 62, 63, 65, 66, 67, 69, 72, 73, 74, 75, 81, 82, 83, 84, 87, 90, 92, 93, 95, 98, 99, 101, 102, 103, 104, 105, 107, 111, 114, 117, 118, 119, 123, 126, 127, 129, 135, 136, 137, 138, 139, 143, 146, 147, 148, 151, 152, 154, 156, 157, 158, 161, 162, 163, 164, 167, 168, 169, 170, 171, 172, 173, 177, 178, 180, 182, 185, 187, 188, 190, 194, 196, 198, 203, 204, 208, 209, 210, 213, 214, 216, 217, 219, 221, 222, 224, 225, 226, 229, 230, 231, 232, 233, 234, 235, 236, 237, 238, 240, 241, 242, 244, 248, 250, 253, 254, 256, 259, 260, 267, 268, 269, 271, 273, 274, 276, 277, 278, 279, 281, 282, 283, 284, 285, 286, 287, 288, 289, 290, 292, 293, 295, 296, 297, 299, 300, 301, 304, 307, 309, 311, 313, 314, 316, 317, 319, 320, 322, 325, 324, 326, 327, 328, 330, 332, 333, 334, 336, 339, 342, 345, 346, 347, 348, 349, 351, 352, 353, 355, 358, 359, 361, 362, 364, 365, 366, 367, 369, 371, 374, 375, 376, 377, 378, 379, 385, 387, 388, 389, 390, 391, 392, 393, 394, 397	238
Wach, Curt (Jg. 1906) Minister für Handel und Versorgung, Mitglied des Präsidiums des Ministerrats	91, 106, 108, 109, 122, 140, 173, 376, 379	9
Wandel, Paul (Jg. 1902) Mitglied des ZK der SED und Sekretär für Kultur und Erziehung	ANA 2, 7, 9, 11, 13, 14, 17, 20, 21, 23, 36, 41, 43, 44, 45, 47, 49, 50, 51, 54, 55, 58, 59, 61, 62, 63, 65, 66, 67, 69, 72, 73, 74, 75, 82, 83, 84, 87, 90, 92, 93, 95, 98, 101, 103, 104, 105, 107, 111, 117, 118, 127, 136, 137, 138, 143, 146, 148, 154, 156, 157, 158, 161, 162, 164, 167, 168, 169, 170, 172, 180, 184, 185, 188, 191, 194, 198, 203, 205, 209,	186

Name, Vorname, Funktion bzw. Kürzel	Information Nr. bzw. Info-Dienst (ID) Nr. bzw. Analyse (ANA) Nr.	Anzahl
	214, 217, 219, 221, 222, 225, 226, 229, 230, 231, 232, 233, 234, 235, 236, 237, 238, 240, 241, 244, 248, 250, 252, 254, 256, 257, 259, 260, 267, 269, 271, 273, 276, 277, 278, 279, 281, 282, 283, 284, 285, 286, 287, 288, 289, 290, 292, 293, 295, 296, 297, 299, 300, 301, 307, 309, 311, 313, 314, 316, 317, 319, 322, 324, 326, 327, 328, 329, 330, 332, 333, 334, 336, 339, 342, 345, 346, 347, 348, 349, 351, 352, 353, 355, 358, 361, 362, 364, 365, 366, 367, 369, 371, 374, 375, 376, 377, 378, 379, 387, 388, 390, 391, 392, 393, 394	
Warnke, Herbert (Jg. 1902) Kandidat des SED-Politbüros, Vorsitzender des FDGB	ANA 2, 7, 13, 14, 17, 20, 21, 23, 24, 25, 28, 29, 31, 32, 34, 36, 41, 43, 44, 45, 47, 49, 50, 51, 54, 55, 58, 59, 61, 63, 65, 66, 67, 69, 72, 73, 74, 75, 81, 82, 83, 84, 87, 90, 92, 93, 95, 98, 101, 103, 104, 105, 111, 118, 119, 123, 127, 136, 137, 146, 148, 152, 154, 156, 157, 158, 161, 162, 164, 167, 168, 169, 170, 172, 177, 178, 185, 188, 194, 196, 203, 209, 214, 217, 219, 221, 222, 225, 226, 229, 230, 231, 232, 233, 234, 235, 236, 237, 239, 240, 241, 244, 248, 250, 254, 256, 259, 260, 267, 269, 271, 277, 332, 333, 334, 336, 339, 342, 345, 346, 347, 348, 351, 352, 355, 358, 361, 362, 364, 365, 366, 367, 369, 371, 374, 375, 376, 377, 378, 379, 385, 387, 388, 389, 390, 391, 392, 393, 394	149
Ziller, Gerhart (Jg. 1902) Mitglied des ZK der SED und Sekretär für Wirtschaft	ID 8,*[212] ID 9,* ID 11,* ID 15,* ID 16,* ID 17,* ID 18,* ID 19,* ID 20,* ID 21,* ID 22, ANA 2, M108, 7, 13, 14, 17, 20, 21, 22, 23, 27a, 36, 41, 43, 44, 45, 47, 49, 50, 51, 54, 55, 56, 58, 59, 61, 63, 65, 66, 67, 69, 72, 73, 74, 75, 81, 82, 83, 84, 87, 90, 92, 93, 94,	207

212 Bei den mit * versehenen Informationsdiensten erhielt Ziller jeweils nur den Abschnitt »Zur Lage in Industrie und Verkehr«.

Name, Vorname, Funktion bzw. Kürzel	Information Nr. bzw. Info-Dienst (ID) Nr. bzw. Analyse (ANA) Nr.	Anzahl
	95, 98, 99, 101, 103, 104, 105, 111, 112, 118, 119, 120, 127, 136, 137, 146, 148, 154, 156, 157, 158, 161, 162, 164, 167, 168, 169, 170, 171, 172, 177, 178, 185, 188, 192, 194, 196, 203, 208, 209, 210, 213, 214, 217, 219, 221, 222, 225, 226, 229, 230, 231, 232, 233, 234, 235, 236, 237, 238, 240, 241, 242, 244, 248, 250, 253, 254, 256, 259, 260, 267, 268, 269, 271, 273, 276, 277, 278, 279, 281, 282, 283, 284, 285, 286, 287, 288, 289, 290, 292, 293, 295, 296, 297, 299, 300, 301, 307, 309, 311, 313, 314, 316, 317, 319, 322, 324, 326, 327, 328, 330, 332, 333, 334, 336, 337, 339, 342, 345, 346, 347, 348, 349, 351, 352, 353, 355, 358, 361, 362, 364, 365, 366, 367, 369, 371, 374, 375, 376, 377, 378, 379, 385, 387, 388, 389, 390, 391, 392, 393, 394, 397	

Tabelle 2: Name und Funktion der Adressaten innerhalb des MfS 1956[213]

Name, Vorname	Funktion
Ib	Internes Kürzel für eine Adressatengruppe, vermutlich die Führungsspitze des MfS (Wollweber, Mielke, Beater, Gartmann, Walter, Weikert, Markus Wolf, Joseph Gutsche)[214]
Beater, Bruno	stellvertretender Minister für Staatssicherheit, zuständig für die Anleitung der HA II, HA V und der Abteilung VII
Berger, Helmut	Leiter der Abteilung 2 der HA III
Beyer, Gerhard	Leiter des Referats F (Handel und Versorgung) in der Abteilung 2 der HA III

213 Die Adressatenliste ist nur begrenzt aussagekräftig, da für die erste Jahreshälfte nur sporadisch Verteiler vorliegen. Es ist aber davon auszugehen, dass auch in dieser Zeit das Gros der Berichte an die gesamte Führungsspitze des MfS ging.

214 Vgl. dazu den Abschnitt 5 (»Adressaten und Rezeption«) dieser Einleitung.

Name, Vorname	Funktion
Bilke, Paul	Abteilungsleiter in der Arbeitsgruppe WTA
Borrmann, Gustav	Leiter der Abteilung Agitation
Carlsohn, Hans	persönlicher Referent des 1. stellvertretenden Ministers für Staatssicherheit, Erich Mielke
Filin, Hans	stellvertretender Leiter der Abteilung Information
Fochtmann, Kurt	Hauptsachbearbeiter in der HA III
Gartmann, Hermann	stellvertretender Minister für Staatssicherheit und Leiter der HV Innere Sicherheit (Deutsche Grenzpolizei, Bereitschaftspolizei, Transportpolizei)
Gutsche, Joseph	Leiter der Kontrollinspektion und Mitglied des Kollegiums des MfS
Hennig, Alfred	Hauptsachbearbeiter in der Abteilung Information
Hildebrandt	Mitarbeiter der HA III
Hofmann, Artur	Leiter der HA III
Kleine, Alfred	stellvertretender Leiter der HA III
Kleinjung, Karl	Leiter der HA I
Last, Otto	stellvertretender Minister für Staatssicherheit, zuständig für die Anleitung der HA III, HA XIII und Abteilung VI
Mielke, Erich	1. stellvertretender Minister für Staatssicherheit, zuständig für die Anleitung der HA I, HA IX, HA PS, Abteilung Information und Abteilung Agitation
Reinhardt, Werner	Hauptsachbearbeiter in der Abteilung Information
Schröder, Fritz	Leiter der HA V
Schulz(e), Herbert	Sachbearbeiter in der HA V

Name, Vorname	Funktion
Strauch, Walter	stellvertretender Leiter der Abteilung 3 in der HA II, verantwortlich für das Referat G (Ministerium für Landwirtschaft und Forsten, Staatssekretariat für Erfassung und Aufkauf)
Stupka, Helga	Hauptsachbearbeiterin in der Abteilung Information
Tohde	konnte nicht ermittelt werden
Walter, Otto	stellvertretender Minister für Staatssicherheit, zuständig für die Anleitung der HA Verwaltung und Wirtschaft, Abteilung Finanzen, Abteilung Nachrichtenverbindung und Waffen und Abteilung XIV
Weidauer, Herbert	stellvertretender Leiter der HA III
Weikert, Martin	stellvertretender Minister für Staatssicherheit, bis Mai 1956 zuständig für die Anleitung der HA S, Abteilung M, Abteilung VIII, Abteilung XI und Abteilung XII; ab Mai 1956 Leiter der BV Groß-Berlin
Wolf, Markus	stellvertretender Minister für Staatssicherheit, Leiter der HV A
Wollweber, Ernst	Minister für Staatssicherheit

Editionsgrundsätze

Daniela Münkel

Die geheimen Stasi-Berichte an die SED-Führung über die DDR werden vollständig ediert. Nicht aufgenommen werden die vorwiegend von der Hauptverwaltung A stammenden Berichte über die Bundesrepublik und das Ausland. Eine weitergehende Auswahl findet nicht statt. Die Dokumente sind in der Edition unabhängig von ihrer Zugehörigkeit zu einer Berichtsserie (»Informationsdienst«, »Analysen«, »Informationen«, »O-Reihe« und »K-Reihe«) chronologisch sortiert.[1] Dabei sind Nummerierung und Datum nicht immer kongruent. Sortierkriterium ist das Datum.

Um den Anforderungen einer zeitgemäßen Edition gerecht zu werden und insbesondere eine digitale Volltextrecherche zu ermöglichen, werden – neben der 320-seitigen Auswahledition in Buchform – der gesamte Textkorpus, die Einleitungstexte, die Faksimiles, die Fußnoten, die Dokumentenköpfe und -apparate sowie das Abkürzungs- und Dokumentenverzeichnis in Form einer Datenbank (www.ddr-im-blick-1956.de) und ein Jahr nach Erscheinen des jeweiligen Jahrgangs im Internet publiziert (www.ddr-im-blick.de). Da die gesamte Edition in elektronischer Form vorliegt und durch die Datenbank mit komfortabler Volltextrecherche erschlossen werden kann, wurde auf die Erstellung von Registern verzichtet.

Kommentierung

Die Kommentierung wird möglichst knapp gehalten. Sie soll den historischen Kontext verständlich machen und eine Orientierungshilfe für die Nutzerinnen und Nutzer sein. Der Kommentar erläutert kurz Begriffe, Ereignisse und Sachverhalte, die aus dem Bericht nicht verständlich werden und ergänzt diese u. U. durch Hinweise auf einschlägige Forschungsliteratur. Darüber hinaus werden textkritische Hinweise gegeben sowie erwähntes veröffentlichtes Schriftgut bzw. audio-visuelle Medienprodukte nachgewiesen. Personennamen werden generell erläutert, wobei die Kommentierung sich auf die Angabe des Jahrgangs sowie diejenigen Ämter und Funktionen beschränkt, die die betreffende Person zum jeweiligen Zeitpunkt innehatte. Weitere Angaben erfolgen nur, wenn sie für den historischen Kontext des jeweiligen Dokumentes von Belang sind. Ausgenommen von der Erläuterung sind lediglich Personen von absoluter historischer Bedeutung, wie beispielsweise Stalin oder Hitler, sowie Personen, die für den jeweiligen Jahrgang von herausragender Bedeutung sind und entsprechend häufig vorkommen; für den Jahrgang

1 Zur Erläuterung der diversen Berichtsserien vgl. das Vorwort zu dieser Edition.

1956 sind dies Wilhelm Pieck als Präsident der DDR, Otto Grotewohl als Ministerpräsident, Walter Ulbricht als Erster Sekretär des ZK der SED sowie Nikita Chruschtschow als Chef der KPdSU. Fehlende biographische Angaben bei anderen Personen sind darauf zurückzuführen, dass sie sich nicht mit vertretbarem Aufwand ermitteln ließen. Um jedes Dokument für sich verständlich zu machen und eine Häufung von Querverweisen zu vermeiden, wird jedes Dokument eigenständig kommentiert. Deshalb tauchen manche Fußnoten gleichen Inhalts in mehreren Dokumenten auf. Die Fußnotenzählung beginnt für jedes Dokument neu.

Wiedergabe der Berichte

Die Berichte werden vollständig inklusive Titel, Text, Datumsangabe, Verteiler, Vermerke und Anlagen ediert. Seit Ende der 1950er Jahre wurde für die Berichte ein vorgedrucktes Formblatt verwendet, das den Zusatz »Streng geheim! Um Rückgabe wird gebeten!« im Kopf führt. Der stereotype Text des Formblattes wird in der Edition nicht reproduziert. In der Buchversion werden – aus Platzgründen – Anlagen nur dann mit abgedruckt, wenn sie für das Verständnis des Hauptdokuments gänzlich unverzichtbar sind oder inhaltlich einen eigenständigen Charakter haben. Sofern den Berichten Fotos oder Grafiken als Anlagen beigefügt sind, werden diese in der Regel kurz beschrieben – wenn sie sehr aussagekräftig sind und dies rechtlich möglich ist, auch abgebildet.

Der Text der Berichte wird weitestgehend im Originaltextfluss publiziert. Abgewichen wird davon durch das Ignorieren von Seitenumbrüchen sowie durch die Tilgung von inhaltslosen bzw. inhaltsschwachen Leerzeilen, Zeilenumbrüchen und Trennungen. Die Anlagen werden nach den gleichen Regeln behandelt. Deren Überschrift wird – wenn sie vorliegt – wörtlich übernommen, allenfalls ergänzt um fehlende, aber sprachlich notwendige Bestandteile.

Da die Berichte in ihrer Endfassung archiviert wurden, finden sich in den Originalen nur wenige Streichungen, Zusätze oder Vermerke, die nachzuweisen wären. Die handschriftlichen Notizen am Blattrand sowie bedeutungstragende Unterstreichungen und Hervorhebungen werden in den Fußnoten dokumentiert. In Ausnahmefällen konnten Textteile ermittelt werden, die nicht in die Endfassung eingingen; diese werden am Ende des Berichtes nachgewiesen, um die Genese des Textes für den Benutzer transparent zu machen.

Die Rechtschreibung ist der heute gültigen angepasst. Einfache Tipp- bzw. Schreibfehler werden stillschweigend korrigiert. Stark abweichende fehlerhafte Schreibweisen werden in Fußnoten angezeigt. Vom Bearbeiter vorgenommene Einfügungen und Auslassungen sind mit eckigen Klammern gekennzeichnet. Abkürzungen sind in der elektronischen Version mit ihrer

Bedeutung verlinkt, im Buch steht ein Abkürzungsverzeichnis zur Verfügung.[2]

Fremdsprachliche Begriffe, Namen und Eigennamen werden wie im Original, jedoch unter stillschweigender Korrektur eventueller Schreibfehler, wiedergegeben. Bereits aus dem Russischen in lateinische Buchstaben übertragene Worte werden nach den geltenden Transkriptionsregeln vereinheitlicht. Ebenfalls einheitlich – nach dem derzeit gültigen Duden – wurde die Schreibweise von »Westberlin« und »Ostberlin« festgelegt.

Dokumentenkopf und Dokumentenapparat

Der Dokumentenkopf setzt sich aus Datum und Titel des Berichtes zusammen. Die Datierung bei der Reihe »Informationen« bezieht sich entweder auf die Ausfertigung durch die ZAIG oder die Bestätigung durch Erich Mielke bzw. dessen Stellvertreter. Undatierte Berichte sind in der Datumszeile durch den Zusatz [ohne Datum] kenntlich gemacht. Sofern Erklärungen zum Datum nötig waren, sind diese in der Rubrik »Datum« angemerkt. Dies gilt vor allem, wenn die Datierung fehlt oder unvollständig ist und durch die Bearbeiter festgelegt wurde (»Datierung durch den Bearbeiter«). In diesen Fällen wird zusätzlich ein (genaues) Datum festgeschrieben, welches die chronologische Einordnung des Dokuments in die Datenbank ermöglicht (»Einsortierung«).

Der Titel der »Informationen« wird gleichlautend zum Original wiedergegeben. Da vor allem in den 1950er und 1960er Jahren die Titel der Berichte nicht immer systematisch vergeben wurden, sind diese unter dem Begriff »Information« vereinheitlicht worden. Die Registriernummern der »Informationen« werden in den Titel integriert. Die vom ZAIG-Sekretariat erst bei der Archivierung festgelegten Ablagenummern der Serien O und K werden ebenfalls im Titel nachgewiesen; sie stehen jeweils am Ende in eckigen Klammern. Die Serie »Sonderinformationen« der frühen 1950er Jahre wird der Reihe »Informationen« zugeordnet. Diese wie auch die in den ersten Jahren bestehende Serie »Analysen« erhalten eine vom Bearbeiter vergebene – in eckigen Klammern stehende – technische Nummerierung (bestehend aus laufender Nummer, Schrägstrich und den letzten zwei Ziffern des Jahrgangs), um die Verwaltung der Berichte in der Editionsdatenbank zu ermöglichen. Das Gleiche gilt für die Vorformen der Serie »Informationsdienst« im Juni 1953, die eine – ebenfalls in eckigen Klammern gesetzte – technische Bezeichnung und Nummerierung erhalten (»Meldung«, laufende Nummer, Schrägstrich, letzte zwei Ziffern des Jahrgangs). Die Serie »Informationsdienst« selbst (1953–57) wird unter den vom MfS vergebenen ein- bis vierstelligen Nummern geführt

2 Zu weiterführenden Erklärungen MfS-typischer Abkürzungen siehe www.bstu.bund.de (Service).

– in der Datenbank mit dem Zusatz: Schrägstrich und letzte beide Ziffern des Jahrgangs, um die Zuordnung zum jeweiligen Berichtsjahrgang zu gewährleisten.

Der Dokumentenapparat gliedert sich in folgende Unterpunkte: Quelle, Serie, Verteiler (mit aufgeschlüsselten Namen, sortiert nach MfS-extern und -intern), Datum, Vermerke, Bemerkungen zu allen übrigen Fakten, Nachweis der Anlagen sowie Verweise, die sich auf ein anderes, gesamtes Dokument im direkten Ereigniszusammenhang beziehen. Verweise, die nur auf einzelne Sachverhalte Bezug nehmen, werden in den Fußnoten nachgewiesen. Die Verweise sind in der elektronischen Version verlinkt.

Schutz personenbezogener Daten

Nach dem »Gesetz über die Unterlagen des Staatssicherheitsdienstes der ehemaligen Deutschen Demokratischen Republik« (StUG) notwendige Anonymisierungen werden durch eckige Klammern kenntlich gemacht. Bei der in einigen Fällen unvermeidlichen Streichung längerer Passagen werden die Sachverhalte in eckigen Klammern kurz paraphrasiert. Gemäß § 2a StUG werden Personen der Zeitgeschichte, Inhaber politischer Funktionen und Amtsträger, die in den edierten Berichten vorkommen, vorab darüber informiert, welche Angaben zu ihnen veröffentlicht werden sollen. In der Regel wird in solchen Fällen auch darum gebeten, Anmerkungen oder Ergänzungen zu den Berichten zu machen. Die erhaltenen Rückmeldungen werden bei der Kommentierung berücksichtigt. In den Fällen, für die das StUG die Veröffentlichung von personenbezogenen Daten an die Zustimmung der betroffenen Person knüpft, ist diese erbeten worden.

Immer wiederkehrende MfS-Floskeln

Einige typische verschleiernde MfS-Floskeln tauchen in den Dokumenten immer wieder auf. Diese sollen nachfolgend erläutert werden. Eine sich wiederholende Kommentierung dieser Wendungen in den Fußnoten wird so vermieden. Steht in einem Bericht: dem MfS »wurde intern bekannt«, bedeutet dies in der Regel, dass die Informationen mit nachrichtendienstlichen Mitteln, häufig durch inoffizielle Mitarbeiter, erlangt wurden. Die Formulierung: »Diese Information ist wegen Quellengefährdung nur zur persönlichen Kenntnisnahme bestimmt«, deutet ebenfalls darauf hin, dass die Erkenntnisse aus geheimen Informationen von inoffiziellen Mitarbeitern bzw. mit geheimdienstlichen Mitteln gewonnen wurden.

Funktionen der Datenbank

Das Datenbankprogramm für die Berichte konzentriert sich auf gängige Grundfunktionen. Es bietet zwei unterschiedliche Zugänge zu den Dokumenten an: über den Inhaltsbaum und über die Volltextrecherche. Darüber hinaus gibt es eine Reihe weiterer Servicefunktionen, die die Benutzung und Auswertung der Dokumente für die Nutzerinnen und Nutzer erleichtern.

Das Annähern an die Dokumente mittels navigierender Suche erfolgt über die Funktion »Inhalt«, über den Inhaltsbaum, auf der linken Bildschirmseite. Sie ermöglicht den Zugang zu den einzelnen Einleitungstexten, den Bildern und den Dokumenten auf der rechten Bildschirmseite. Der Ordner »Dokumente« beinhaltet alle erfassten Berichte. Er weist das Datum als Sortierkriterium sowie die Registriernummer und eine Kurzfassung des Dokumententitels aus.

Die Volltextsuche wird über die Funktion »Suche« realisiert. Begriffe können durch eine »UND/ODER«-Verknüpfung verbunden werden, Sonderzeichen können über eine Tabelle in den Suchbegriff eingefügt werden. Mit dem Auswahlfeld »genaues Wort« wird die Suche auf das eingegebene Wort reduziert, Wortvarianten wie flektierte Formen oder Wortzusammensetzungen werden dann nicht ausgewiesen. Eine Phrasensuche einer genauen Wortfolge ist durch die Eingabe der Suchbegriffe in Anführungszeichen möglich.

Zu weiteren Präzisierungen der Suchanfrage bietet das Programm eine Begrenzung auf bestimmte Bereiche innerhalb der Berichte, wie Überschriften oder Fußnoten, auf bestimmte Berichtsserien sowie auf einen tagesgenauen Zeitraum an. Diese Funktionen sind für den Gesamtkorpus der Edition konzipiert.

Um den Anforderungen der Barrierefreiheit gerecht zu werden, werden eine Sprachausgabe, eine veränderbare Schriftgröße und ein Vollbildmodus angeboten. Diese Funktionen sind im Standardlayout verankert.

Ausführliche Erläuterungen zur Benutzung des Datenbankprogramms sind in dessen »Hilfe-Funktion« zu finden.

Deckblatt vom Informationsdienst Nr. 11 vom 7.6.1956

Faksimile des Deckblatts vom Informationsdienst Nr. 11 vom 7.6.1956

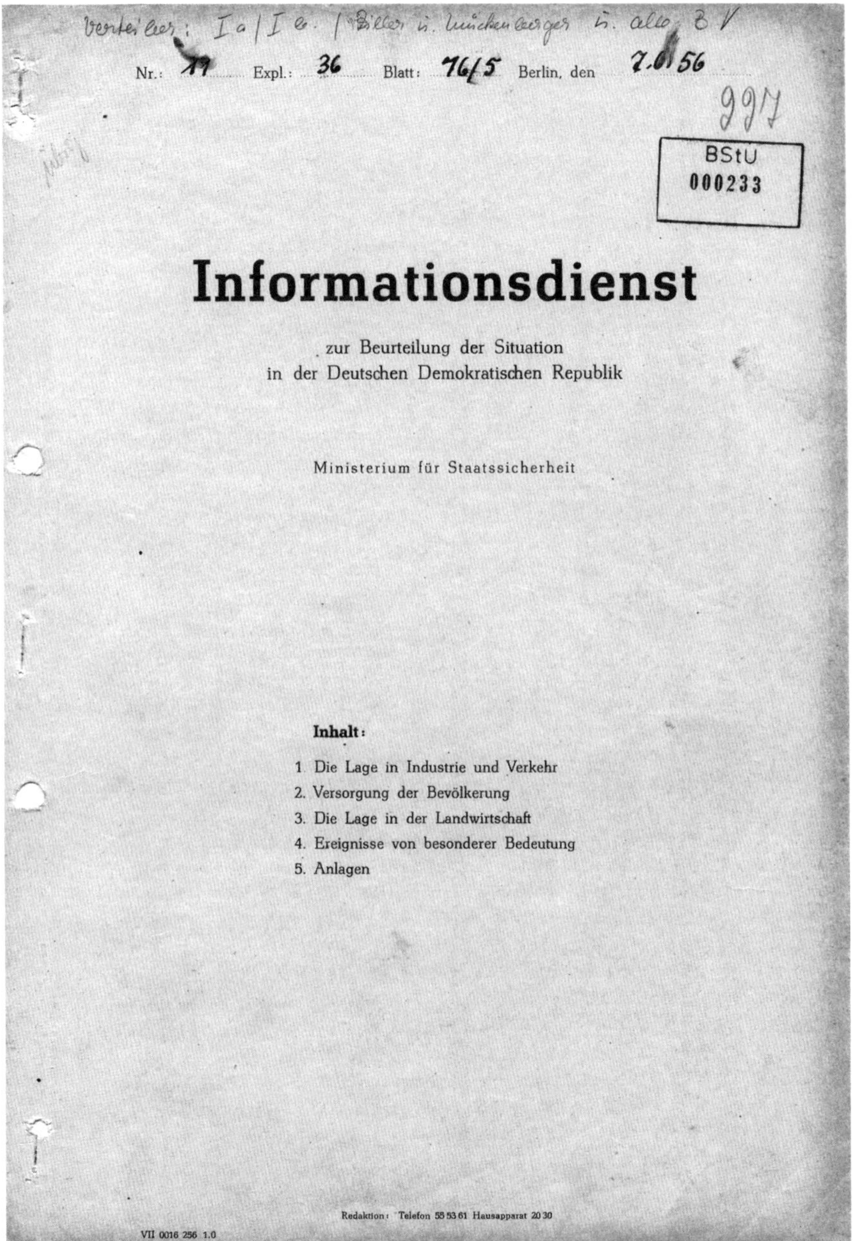

Nr.: 11 Expl.: 36 Blatt: 76/5 Berlin, den 7.6.56

BStU 000233

Informationsdienst

zur Beurteilung der Situation
in der Deutschen Demokratischen Republik

Ministerium für Staatssicherheit

Inhalt:

1. Die Lage in Industrie und Verkehr
2. Versorgung der Bevölkerung
3. Die Lage in der Landwirtschaft
4. Ereignisse von besonderer Bedeutung
5. Anlagen

Redaktion: Telefon 55 53 61 Hausapparat 20 30

VII 0016 256 1.0

Blatt 1 der Information M43/56

Faksimile von Blatt 1 der Information M43/56

Abteilung Information Berlin, den 28.2.56 313

Die Stimmung zum XX. Parteitag der KPdSU

(2. Bericht für d.Zeit v.23.2.-28.2.56)

In der Berichtszeit haben die Diskussionen über den XX. Parteitag der KPdSU unter allen Bevölkerungsschächten wesentlich an Umfang zu genommen. Der überwiegende Teil der Bevölkerung, besonders Arbeiter, Angestellte und die Intelligenz der Industrie sowie Beschäftigte des sozialistischen Sektors der Landwirtschaft und Angestellte der zentralen und örtlichen Verwaltungen, nimmt ausgehend von den wirtschaftlichen Erfolgen sowie der politischen und militärischen Stärke der Sowjetunion, positiv zum XX. Parteitag Stellung. In diesen Stellungnahmen kommt zum Ausdruck, daß die Erfolge der Sowjetunion nicht nur ausschlaggebend für das eigene Land, sondern auch ein Ansporn für die Arbeiterklasse in allen Ländern der Welt sind und ihre Auswirkungen zu gunsten des sozialistischen Lagers haben werden.

Neben diesen positiven Stellungnahmen gibt es jedoch eine ganze Anzahl Unklarheiten bzw. negative Diskussionen. Diese Unklarheiten kommen zum Ausdruck in den Diskussionen zu den Problemen der Vermeidbarkeit von Kriegen, der Übergangsmöglichkeiten vom Kapitalismus zum Sozialismus, der kollektiven Leitung sowie durch Zweifel und Unklarheiten über die sozialen Verbesserungen die in der SU eingeführt werden.

Derartige Diskussionen werden in größerem Umfang unter Angestellten örtlicher und zentraler Verwaltungen, Mitgliedern der SED, Angehörigen der VP, Lehrern und Studenten sowie in geringerem Maße auch von Arbeitern in der Industrie geführt.

Besonders stark im Vordergrund stehen dabei jedoch die Diskussionen zu den Ausführungen des Genossen Mikojan über die Verletzung des Prinzieps der kollektiven Leitung. In den Diskussionen dazu kommt zum Ausdruck, daß Genosse Stalin jetzt nicht mehr gewürdigt, bzw. seine Lehre nicht mehr anerkannt würde. Dabei ist öffensichtlich, daß der größte Teil dieser Diskussionen auf den Einfluß von Feindpropaganda zurückzuführen ist.

-2-

Inhaltsübersicht und Verteiler zu Analyse Nr. 1/56

Faksimile von Blatt 1 und 2 der Analyse Nr. 1/56

18

Abteilung Information Berlin, den 3.3.1956

BStU 000020

A n a l y s e
über die Tätigkeit und den Einfluß der SPD und des SPD-Ostbüro in der DDR

Seite:

-2-

- 2 -

VI. Die Situation im Landesverband der SPD im demokratischen Sektor Berlins und der Einfluß des Ostbüros auf diesem Verband 26

Gefertigt:

6 Exemplare

Verteiler:

1. Exemplar ....
2. " ....
3. " ....
4. " ....
5. " ....
6. " Information

Verteiler zu Information 67/56

Faksimile des Verteilers zu Information 67/56

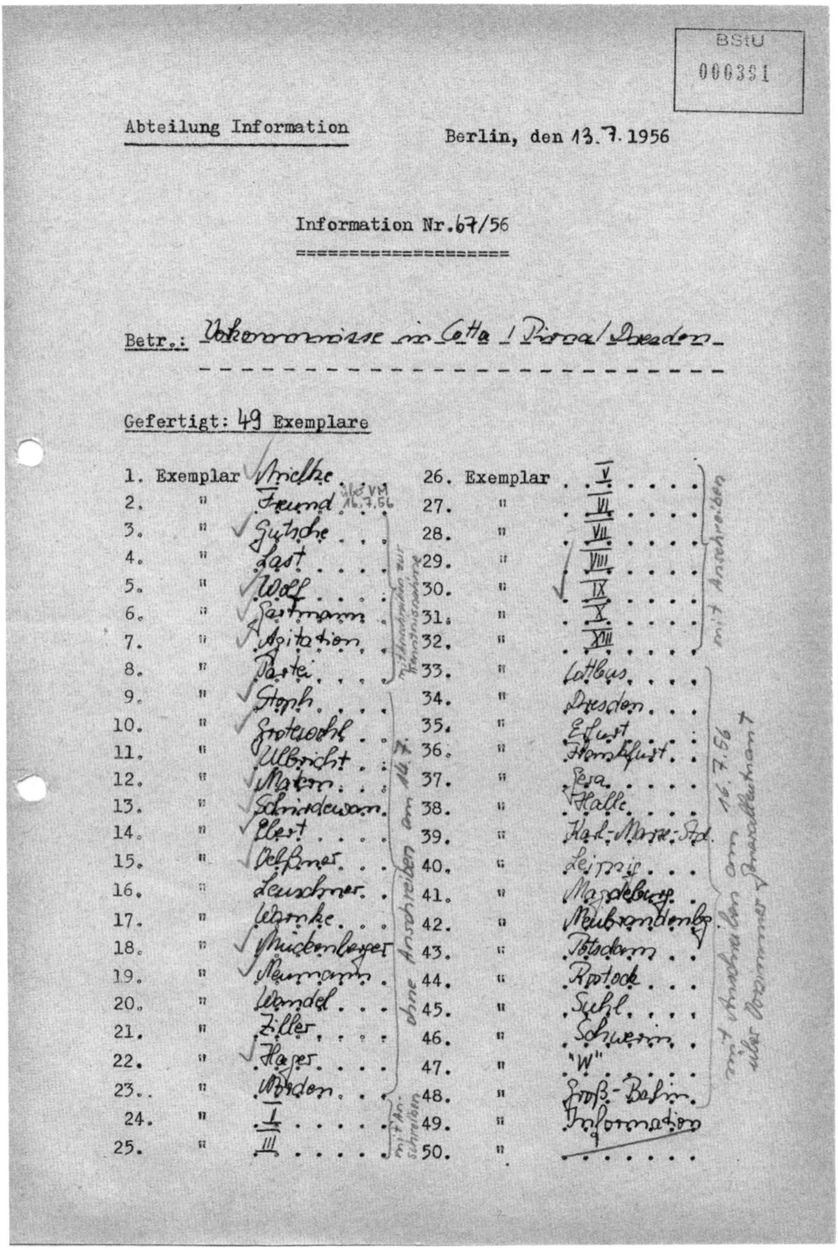

BStU 000391

Abteilung Information

Berlin, den 13.7.1956

Information Nr. 67/56

Betr.: Vorkommnisse in Cotta / Pirna / Dresden

Gefertigt: 49 Exemplare

1. Exemplar	Mielke	26. Exemplar	V
2. "	Freund	27. "	VI
3. "	Gutsche	28. "	VII
4. "	Last	29. "	VIII
5. "	Wolf	30. "	IX
6. "	Gartmann	31. "	X
7. "	Agitation	32. "	XIII
8. "	Partei	33. "	Cottbus
9. "	Stoph	34. "	Dresden
10. "	Grotewohl	35. "	Erfurt
11. "	Ulbricht	36. "	Frankfurt
12. "	Matern	37. "	Gera
13. "	Schirdewan	38. "	Halle
14. "	Ebert	39. "	Karl-Marx-Std.
15. "	Oelßner	40. "	Leipzig
16. "	Leuschner	41. "	Magdeburg
17. "	Warnke	42. "	Neubrandenbg.
18. "	Mückenberger	43. "	Potsdam
19. "	Neumann	44. "	Rostock
20. "	Wandel	45. "	Suhl
21. "	Ziller	46. "	Schwerin
22. "	Hager	47. "	"W"
23. "	Norden	48. "	Groß-Berlin
24. "	I	49. "	Information
25. "	III	50. "	

(Handschriftliche Vermerke: 3.–8. „mit Anschreiben zur Kenntnisnahme"; 9.–23. „ohne Anschreiben am 14.7."; 24.–25. „mit Anschreiben"; 26.–32. „mit Anschreiben"; 33.–48. „mit Anschreiben am 16.7.56 über Generalleutnant")

Verteilertabelle zu Information 7/56

Faksimile der Verteilertabelle zu Information 7/56

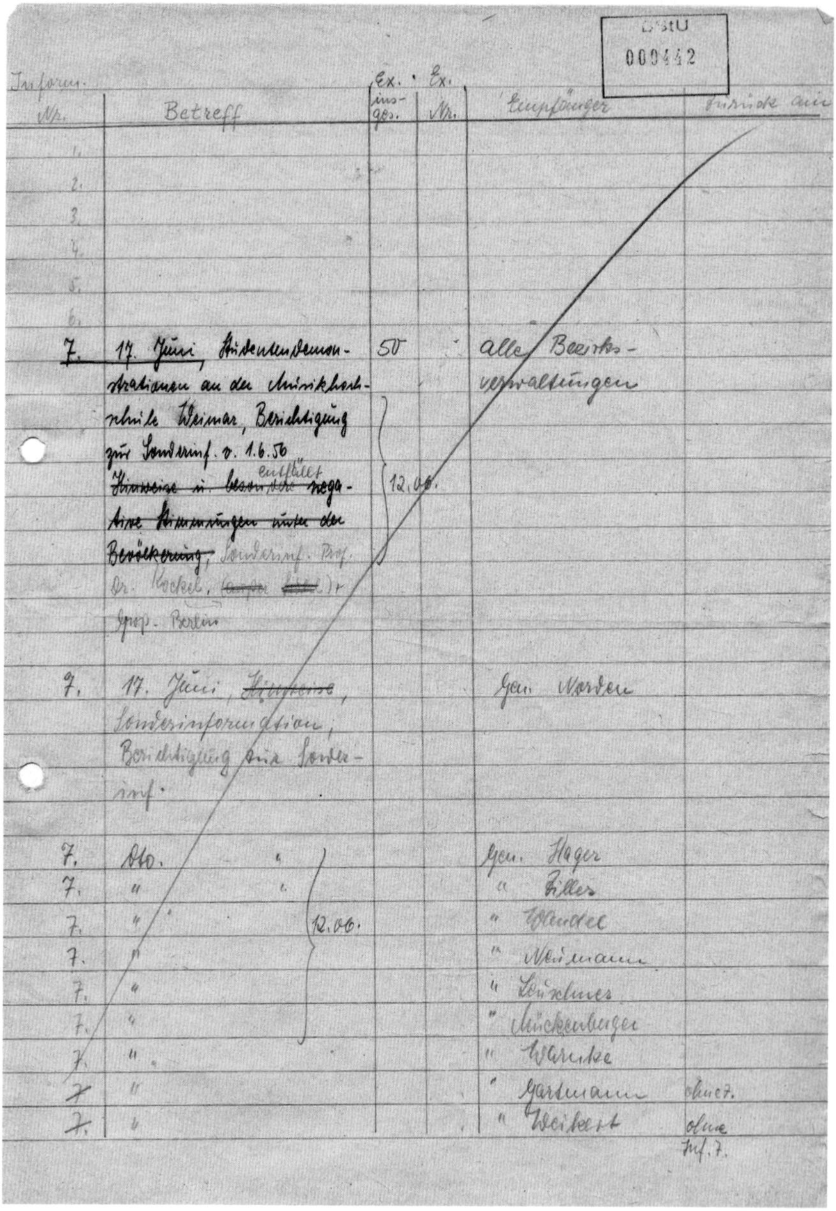

BStU
000442

Inform. Nr.	Betreff	Ex. insges.	Ex. Nr.	Empfänger	zurück am
1.					
2.					
3.					
4.					
5.					
6.					
7.	17. Juni, Studentendemonstrationen an der Musikhochschule Weimar, Berichtigung zur Sonderinf. v. 1.6.56 ~~Hinweise in besonders negative Stimmungen unter der Bevölkerung~~ entfällt, Sonderinf. Prof. Dr. Kockel, [illegible] + Grup. Berlin	50	12.06.	alle Bezirksverwaltungen	
7.	17. Juni, ~~Hinweise~~, Sonderinformation, Berichtigung zur Sonderinf.			Gen. Norden	
7.	Dto.		12.06.	Gen. Hager	
7.	"			" Ziller	
7.	"			" Wandel	
7.	"			" Neumann	
7.	"			" Leuschner	
7.	"			" Mückenberger	
7.	"			" Warnke	
7.	"			" Gartmann	ohne 7.
7.	"			" Weikert	ohne Inf. 7.

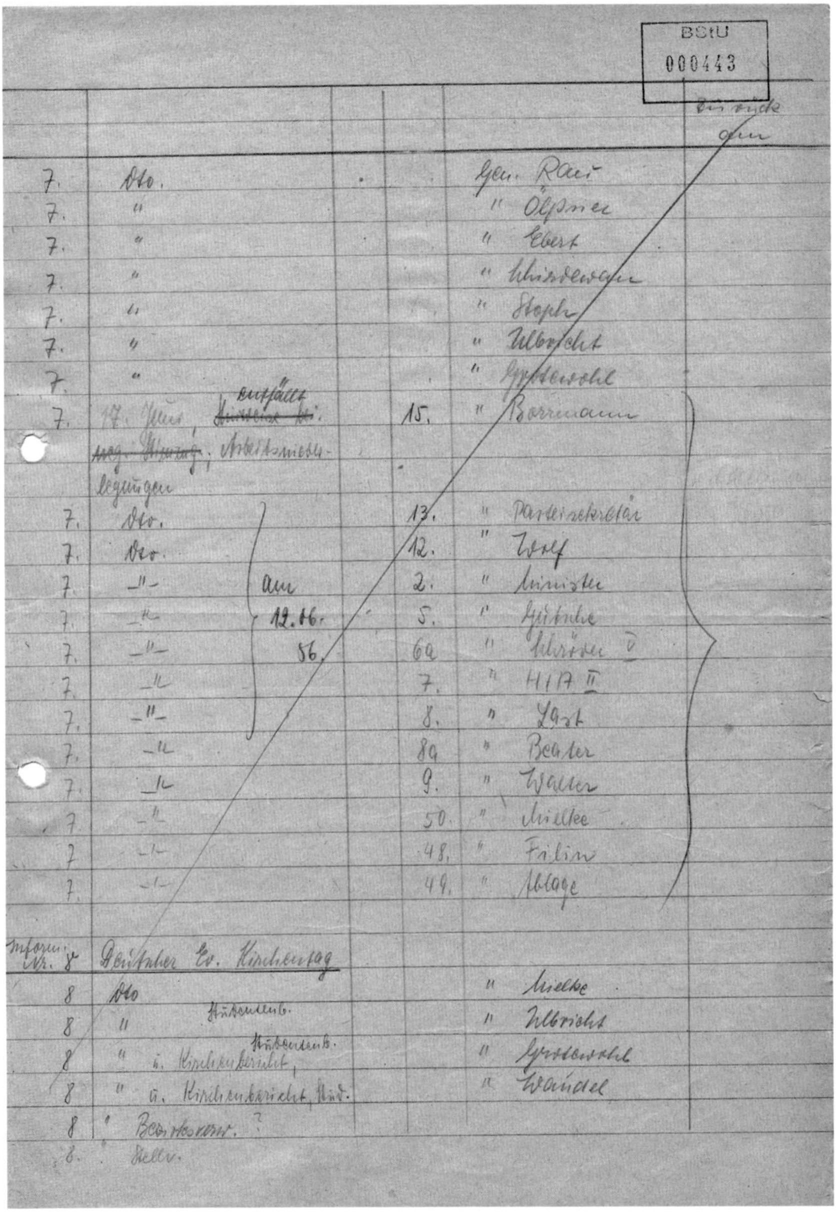

BStU 000443

					zurück gen
7.	Dto.			Gen. Rau	
7.	"			" Ölßner	
7.	"			" Ebert	
7.	"			" Schirdewan	
7.	"			" Stoph	
7.	"			" Ulbricht	
7.	"			" Grotewohl	
7.	17. Juni, ~~Hinweise a.~~ entfällt ~~weg. Umzug~~, Arbeitsniederlegungen		15.	" Borrmann	
7.	Dto.	am 12.16. 56.	13.	" Parteisekretär	
7.	Dto.		12.	" Wolf	
7.	-"-		2.	" Minister	
7.	-"-		5.	" Gutsche	
7.	-"-		6a	" Schröter ?	
7.	-"-		7.	" HA II	
7.	-"-		8.	" Last	
7.	-"-		8a	" Beater	
7.	-"-		9.	" Walter	
7.	-"-		50.	" Mielke	
7.	-"-		48.	" Filin	
7.	-"-		49.	" Ablage	
Inform. Nr. 8	Deutscher Ev. Kirchentag				
8	Dto.			" Mielke	
8	" Stubenrauch			" Ulbricht	
8	" u. Kirchenbericht, Stubenrauch			" Grotewohl	
8	" u. Kirchenbericht, Stud.			" Wandel	
8	" Bezirksverw. ?				
8	" Stellv.				

Ausgewählte Dokumente

28. Februar 1956

Die Stimmung zum XX. Parteitag der KPdSU (2. Bericht für die Zeit vom 23.2. bis 28.2.1956) [Information Nr. M43/56]

Quelle: BStU, MfS, AS 78/59, Bl. 2–11.
Serie: Informationen.
Verteiler: Kein Nachweis für externe oder interne Verteilung.
Verweise: Informationen M41/56, M49/56, M51/56, M54/56 und M65/56.

[Faksimile des ersten Blattes]

In der Berichtszeit haben die Diskussionen über den XX. Parteitag der KPdSU unter allen Bevölkerungsschichten wesentlich an Umfang zugenommen.[1] Der überwiegende Teil der Bevölkerung, besonders Arbeiter, Angestellte und die Intelligenz der Industrie sowie Beschäftigte des sozialistischen Sektors der Landwirtschaft und Angestellte der zentralen und örtlichen Verwaltungen, nehmen ausgehend von den wirtschaftlichen Erfolgen sowie der politischen und militärischen Stärke der Sowjetunion positiv zum XX. Parteitag Stellung. In diesen Stellungnahmen kommt zum Ausdruck, dass die Erfolge der Sowjetunion nicht nur ausschlaggebend für das eigene Land, sondern auch ein Ansporn für die Arbeiterklasse in allen Ländern der Welt sind und ihre Auswirkungen zugunsten des sozialistischen Lagers haben werden.

Neben diesen positiven Stellungnahmen gibt es jedoch eine ganze Anzahl Unklarheiten bzw. negative Diskussionen. Diese Unklarheiten kommen zum Ausdruck in den Diskussionen zu den Problemen der Vermeidbarkeit von Kriegen, der Übergangsmöglichkeiten vom Kapitalismus zum Sozialismus, der kollektiven Leitung sowie durch Zweifel und Unklarheiten über die sozialen Verbesserungen, die in der SU eingeführt werden.

Derartige Diskussionen werden in größerem Umfang unter Angestellten örtlicher und zentraler Verwaltungen, Mitgliedern der SED, Angehörigen der VP, Lehrern und Studenten sowie in geringerem Maße auch von Arbeitern in der Industrie geführt. Besonders stark im Vordergrund stehen dabei jedoch die Diskussionen zu den Ausführungen des Genossen Mikojan[2] über die Verletzung des Prinzips der kollektiven Leitung.[3] In den Diskussionen

1 Der XX. Parteitag der KPdSU fand vom 14. bis 25.2.1956 in Moskau statt. Der Parteitag, auf dem Parteichef Chruschtschow in einer Geheimrede den Personenkult um Stalin kritisierte und Stalins Verbrechen enthüllte, leitete in der Sowjetunion den Prozess der Entstalinisierung ein.

2 Anastas Iwanowitsch Mikojan, Jg. 1895, sowjetischer Politiker, seit 1923 Mitglied des ZK der KPdSU, 1935–66 Mitglied des Politbüros bzw. des Präsidiums der KPdSU, 1955–64 erster Stellvertreter des Vorsitzenden des Ministerrates der Sowjetunion.

3 In seiner Rede auf dem XX. Parteitag hatte Mikojan u. a. gesagt: »Der Grundsatz der kollektiven Leitung ist ein elementares Gesetz für die proletarische Partei, für die Partei Leninschen Typs, und doch muss man diese alte Wahrheit unterstreichen, weil ungefähr 20 Jahre

dazu kommt zum Ausdruck, dass Genosse Stalin jetzt nicht mehr gewürdigt bzw. seine Lehre nicht mehr anerkannt würde. Dabei ist offensichtlich, dass der größte Teil dieser Diskussionen auf den Einfluss von Feindpropaganda zurückzuführen ist.

Für *die positiven Diskussionen* unter allen Bevölkerungsschichten sind folgende Stellungnahmen charakteristisch:

- Ein Arbeiter des Kreisbauhofes Pasewalk, [Bezirk] Neubrandenburg, äußerte, »dass nicht nur der Parteitag für die Sowjetunion von großer Bedeutung ist, sondern für die ganze Welt. Alle Werktätigen müssen hieraus neue Kraft im Kampf um die Völkerverständigung und einen dauerhaften Frieden schöpfen.«
- Im VEB PWS Schmölln, [Bezirk] Leipzig, äußerte ein Arbeiter, Mitglied der SED: »Dies ist ein sehr gutes Zeichen des Fortschrittes für das sozialistische Lager und wird in allen Ländern der Welt Widerhall finden, auch bei den Arbeitern der kapitalistischen Ländern.«
- In der Papierfabrik Grünhainichen, [Bezirk] Karl-Marx-Stadt, erklärte ein Arbeiter: »In der Einführung des 7-Stunden-Tages sieht man wieder,[4] dass die Sowjetunion den kapitalistischen Staaten voraus ist. Das war aufgrund ihrer Erfolge möglich.«
- In der MTS Kletzin, [Bezirk] Neubrandenburg, äußerte ein Werkstattmeister, »dass er der Meinung ist, dass nunmehr noch mehr Staaten aus dem kapitalistischen Block ausbrechen werden und somit die Welt in den nächsten Jahren ein anderes Bild bekommen wird«.
- In der LPG Penkun, [Kreis] Pasewalk, [Bezirk] Neubrandenburg, erklärten mehrere LPG-Bauern, »dass der XX. Parteitag besonders die Erfolge der Landwirtschaft in der SU aufzeigte und darüber hinaus auch zeigt, welche Perspektiven der Landwirtschaft in der SU noch offen stehen«. Gleichzeitig äußerten sie den Wunsch, einmal in die SU fahren zu können.
- Im VEB Zeiss Eisfeld, [Bezirk] Suhl, äußerte ein Ingenieur, Mitglied der CDU: »Ich als christlich organisierter Mensch schaue voll Zuversicht nach Moskau. Mich als Ingenieur beeindrucken vor allem die grandiosen Fünfjahrpläne der SU, was die Überlegenheit des sozialistischen Systems

lang bei uns faktisch keine kollektive Leitung bestand, weil der Persönlichkeitskult blühte, der schon von Marx und später von Lenin verurteilt wurde: das musste sich natürlich negativ auf die Lage in der Partei und ihre Tätigkeit auswirken.« Vgl. Den Leninismus konsequent in die Tat umsetzen! Aus der Rede des Genossen A. I. Mikojan. In: ND v. 19.2.1956, S. 3 f., hier 3.

4 Auf dem XX. Parteitag kündigte das ZK der KPdSU an, im Laufe des 6. Fünfjahrplans für alle Arbeiter und Angestellten den 7-Stunden-Tag einzuführen. Für Untertage-Beschäftigte und Jugendliche von 16 bis 18 Jahren sollte der 6-Stunden-Tag gelten, ebenso für die übrigen Arbeiter und Angestellten an Samstagen und vor Feiertagen. Der Verdienst sollte trotz der Arbeitszeitverkürzung nicht verringert werden. Vgl. Unsere Sache ist unbesiegbar! Einige Hauptgedanken aus dem Rechenschaftsbericht des Zentralkomitees der KPdSU, erstattet von N. S. Chruschtschow auf dem XX. Parteitag. In: ND v. 15.2.1956, S. 3.

gegenüber dem Kapitalismus zum Ausdruck bringt. Ein solcher Staat, der solche Pläne aufstellt, kann nur für den Frieden sein.«

Unklarheiten über politische Probleme gibt es, wie bereits erwähnt, unter allen Bevölkerungsschichten, die sich im Wesentlichen in vier Gruppen zusammenfassen lassen:[5]

1.) Unklarheiten über die Vermeidbarkeiten von Kriegen[6] wurden besonders unter Beschäftigten der Landwirtschaft sowie Angestellten in der Industrie bekannt. Charakteristisch dazu sind folgende Argumente:

- Im Kreis Pasewalk, [Bezirk] Neubrandenburg, vertreten einige Genossenschafts- und werktätige Bauern die Ansicht, »was können wir schon tun, um einen Krieg zu verhindern«.
- Im VEG Neustadt, [Bezirk] Potsdam, erklärte eine Angestellte: »Der XX. Parteitag der KPdSU ist zwar von großer Bedeutung, jedoch dass sich dieser nun so positiv auf die Weltpolitik auswirkt, kann man nicht sagen. Die Länder wie USA und England werden sich nicht von den Richtlinien des XX. Parteitages leiten lassen, sondern sie werden nach ihren Grundsätzen und Zielen ihre eigene Politik weiter verfolgen.«
- Im VEB »7. Oktober« Berlin[7] äußerte eine Angestellte: »Wenn man die Weltpolitik im Ganzen betrachtet, so kann man zu der Überzeugung kommen, dass die SU doch die Überhand bekommen wird. Der Westen verliert doch eine Position nach der anderen. Man braucht sich nur die Unruhen überall anzusehen, wie z. B. in Marokko,[8] das hat doch alles damit zu tun. Es kommt so, dass die SU letzten Endes doch die Weltherrschaft erringt.«
- In Klötze, [Bezirk] Magdeburg, taucht unter der Bevölkerung die Meinung auf, »Stalin habe nachgewiesen, dass im Imperialismus Kriege nicht zu vermeiden seien und nach der neuen Generallinie wäre es genau umgedreht«. Diese Diskussion ist auf den Einfluss alter Sozialdemokraten zurückzuführen.

2.) *Unklarheiten über die Möglichkeiten des Überganges vom Kapitalismus zum Sozialismus*[9] wurden besonders unter Angestellten der Industrie und

5 Es folgen Auflistungen, die mit 1.) bis 5.) überschrieben sind.

6 Chruschtschow hatte in seinem Rechenschaftsbericht die Frage aufgeworfen: »Millionen Menschen in der ganzen Welt fragen: Ist ein neuer Krieg unvermeidlich? Steht der Menschheit, die zwei blutige Weltkriege durchgemacht hat, noch ein dritter bevor?« Diese Frage beantwortete er im weiteren Verlauf der Rede unter Hinweis auf die veränderte weltpolitische Lage wie folgt: »[E]ine verhängnisvolle Unvermeidbarkeit der Kriege gibt es nicht.« Vgl. Bericht des Zentralkomitees der KPdSU an den XX. Parteitag. Wortlaut des Referats von N. S. Chruschtschow. In: ND v. 17.2.1956, S. 3–12, hier 12.

7 Vollständig: VEB Großdrehmaschinenbau »7. Oktober« Berlin.

8 Marokko erlangte am 2.3.1956 seine Unabhängigkeit von Frankreich. Im Vorfeld hatte es Aufstände gegen die französische Kolonialmacht gegeben.

9 Chruschtschow sprach auf dem XX. Parteitag der KPdSU die Möglichkeit an, »auch den

des Handels, der Intelligenz sowie unter parteilosen Arbeitern und Mitgliedern der SED, welche ehemals der SPD angehörten, bekannt. Unter diesen Schichten kommt es zu folgenden Argumenten:

- Im VEB Gubener Wolle, Guben, [Bezirk] Cottbus, äußerte ein Angestellter: »Im Rechenschaftsbericht wird jetzt behauptet, dass man auf parlamentarischem Wege zum Sozialismus gelangen kann. Das widerspricht dem, was wir bisher gelernt haben.«
- In der HO-Lebensmittel Berlin-Köpenick wird von einigen Angestellten die Auffassung vertreten, »dass die SPD mit ihrer Losung des friedlichen Hineinwachsens in den Sozialismus gar nicht unrecht hat«.[10]
- Im Amt für Technik,[11] Abteilung Finanzen, Berlin, bringen die Angestellten zum Ausdruck, »dass man von der Lehre von Karl Marx, nach der die Erringung der Macht durch die Arbeiterklasse nur durch die proletarische Revolution möglich sei, abweiche und sich dem Standpunkt der Sozialdemokratie vom Hineinwachsen in den Sozialismus nähere«. In ähnlicher Weise diskutieren parteilose Arbeiter im Holzwerk Sternberg, [Bezirk] Schwerin, sowie Mitglieder der SED (»ehemalige Mitglieder SPD«) bei den Räten der Bezirke Dresden und Karl-Marx-Stadt, beim Rat des Kreises Brandenburg, in Neustadt, [Bezirk] Potsdam, im Industriebetrieb Zeulenroda,[12] [Bezirk] Gera, sowie Angestellte der Industrie- und Handelskammer Rostock und Lehrer in Schwarzenberg, [Bezirk] Karl-Marx-Stadt. Im Zusammenhang damit vertreten die Mitglieder der Partei im Industriebetrieb Zeulenroda die Meinung, »an dem Zerwürfnis mit Tito[13] trug Stalin die Hauptschuld. Seit dem Ableben Stalins hat sich das bewiesen, da durch Bulganin[14] und Chruschtschow Wege gefunden wurden, um wieder gute Beziehungen zu Jugoslawien aufzunehmen.«[15]

parlamentarischen Weg für den Übergang zum Sozialismus auszunutzen«. Vgl. Bericht des Zentralkomitees der KPdSU an den XX. Parteitag. Wortlaut des Referats von N. S. Chruschtschow. In: ND v. 17.2.1956, S. 3–12, hier 12.

10 Die Idee eines »friedlichen Hineinwachsens in den Sozialismus« geht auf den sozialdemokratischen Theoretiker und Politiker Eduard Bernstein (1850–1932) zurück und geht davon aus, dass der Sozialismus auch ohne Revolution zu erreichen ist.

11 Das Amt für Technik (AfT), gebildet 1955, war für die militärische und militärtechnische Produktion und Ausrüstung in der DDR verantwortlich. Es war zunächst dem MdI und seit März 1956 dem MfNV unterstellt. Dem AfT als zentralem Wirtschaftsorgan im Range eines Ministeriums unterstanden sämtliche Betriebe, die militärische Produkte für die KVP, das MdI, das MfS, für die sowjetischen Streitkräfte, soweit sie nicht aus der Sowjetunion versorgt wurden, sowie für den Export herstellten. Zusätzlich war das AfT für die Anleitung der Forschung und Entwicklung für militärische Zwecke sowie für die geheime kernphysikalische und Luftfahrtforschung verantwortlich. 1958 wurde das AfT aufgelöst.

12 Es gab in Zeulenroda zahlreiche Industriebetriebe; welcher hier gemeint ist, ließ sich nicht ermitteln.

13 Josip Broz Tito, Jg. 1892, 1943–53 als Ministerpräsident und 1953–80 als Staatspräsident kommunistischer Diktator von Jugoslawien.

14 Nikolai Alexandrowitsch Bulganin, Jg. 1895, sowjetischer Politiker, 1948–58 Mitglied des Politbüros der KPdSU, 1955–58 Ministerpräsident der Sowjetunion.

- Im VEB Zeiss Jena äußerte ein parteiloser Ingenieur: »Aus der Rede des 1. Sekretärs Chruschtschow habe ich entnommen, dass ein Sieg des Sozialismus auch ohne Durchführung einer Revolution möglich ist, so auf parlamentarischem Wege. Daraus möchte ich schlussfolgern, dass die Kampfgruppen bei uns bald wieder aufgelöst werden.«[16]
- Im VEB Galvanotechnik Leipzig erklärte ein parteiloser Ingenieur: »Wenn ich vor einem Jahr auf der Hochschule diese Frage mit der Formulierung des Genossen Chruschtschow beantwortet hätte, wäre ich bei der Prüfung durchgefallen.« Jedoch ist zu bemerken, dass die Intelligenz letzteren Betriebes erkannt hat, dass die Ausführungen des Genossen Chruschtschow nicht mit den Auffassungen der rechten SPD-Führer gleichzusetzen sind.
- In Bad Sulza/Suhl[17] äußerte ein Lehrer, Mitglied der NDPD: »Jetzt endlich ist durch die Ausführungen bewiesen, dass man auch ohne Revolution zum Sozialismus kommen kann. Dieser Ansicht bin ich schon immer gewesen. Dadurch rückt auch die geschichtliche Betrachtung der sozialistischen Oktoberrevolution in ein anderes Licht. Man sagt immer, die Arbeiter hätten die Oktoberrevolution durchgeführt. Das stimmt gar nicht, sie ist von den Bauern, die in Russland damals die überwiegende Mehrheit darstellten, gemacht worden. Wenn die Revolution zum Sozialismus nicht notwendig ist, dann ist auch der Klassenkampf nicht mehr notwendig. Für die Errichtung des Sozialismus wird auch der Arbeiter nie am geeignetsten sein. Am besten eignet sich dazu der Mittelstand, der das beste Gefühl für alle hat und auch geschickt vorgehen wird bei der Ausführung von neuen Dingen.«
- In der Verwaltung für Vermessungs- und Kartenwesen Berlin äußerte ein Mitglied der SED, »dass ja damals Ackermann[18] Recht hatte und dass man sich wohl jetzt bei ihm sozusagen entschuldigen müsste«.[19]

15 Im Jahr 1948 war es zum Bruch zwischen Stalin und Tito gekommen; Chruschtschow verfolgte nach 1955 eine Politik der Wiederannäherung an Jugoslawien.

16 Die »Kampfgruppen der Arbeiterklasse« waren eine im Sommer 1953 auf Beschluss der SED gegründete paramilitärische Organisation von Beschäftigten in Großbetrieben, VEG, LPG, MTS und staatlichen Verwaltungen. Vgl. Siebeneichner, Tilmann: Proletarischer Mythos und realer Sozialismus. Die Kampfgruppen der Arbeiterklasse in der DDR. Köln u. a. 2014.

17 Bad Sulza lag nicht im Bezirk Suhl, sondern im Bezirk Erfurt, Kreis Apolda.

18 Anton Ackermann (eigentlich: Eugen Hanisch), Jg. 1905, SED-Politiker, 1946–54 Mitglied des ZK der SED, 1949–53 Kandidat des Politbüros des ZK der SED, 1950–54 Abgeordneter der Volkskammer, 1949–53 Staatssekretär im Ministerium für Auswärtige Angelegenheiten, im September 1953 wegen Unterstützung von Rudolf Herrnstadt und Wilhelm Zaisser aller Ämter enthoben, 1954 Ausschluss aus dem ZK der SED, 1954–58 Leiter der HV Film beim Ministerium für Kultur, im Juli 1956 rehabilitiert.

19 Ackermann hatte in seinem Aufsatz »Gibt es einen besonderen deutschen Weg zum Sozialismus?« die These vertreten, dass der Sozialismus in Deutschland ohne eine vorausgehende Diktatur des Proletariats aufgebaut werden könne. Vgl. Ackermann, Anton: Gibt es einen

– In ähnlicher Weise sprach sich ein Angestellter des Deutschen Bauernverlages Berlin, Mitglied der SED, aus, der erklärte: »Vielleicht muss man die Frage der KPO[20] und der Lenin-Bündler[21] von ganz anderen Gesichtspunkten gesehen werden [sic!]. Auch werden einige Genossen, die in der Versenkung waren, wieder rehabilitiert werden müssen, wie z.B. Dahlem.«[22]

3.) *Unklarheiten zu Fragen der kollektiven Leitung* treten von allen Diskussionen am stärksten in den Vordergrund. Besonders die Ausführungen des Genossen Mikojan über einige ungenügend dargestellte Geschichts- und theoretische Fragen führen unter allen Bevölkerungsschichten zu den Diskussionen, dass die Lehren des Genossen Stalin nicht mehr »aktuell wären« und ähnlichen Auffassungen. Gemutmaßt werden diese Auffassungen noch aus der Tatsache, dass zu den theoretischen Fragen nur Lehren des Genossen Lenin angeführt wurden zur Begründung, und außerdem die Kritik an der Arbeit der Leitung ausschließlich nur auf den Genossen Stalin bezogen wird. Derartige Diskussionen werden in besonders starkem Maße von Angestellten der Industrie, der zentralen und örtlichen Verwaltungen, der Intelligenz, Mitgliedern bürgerlicher Parteien sowie Arbeitern und Mitgliedern der SED in den Betrieben und unter Lehrern geführt. Charakteristisch dafür sind folgende Diskussionen:

– In der elektrischen Werkstatt des VEB ECW Eilenburg, [Bezirk] Leipzig, erklärte ein Meister, »man kann annehmen, dass mit dem Persönlichkeitskult in den vergangenen 20 Jahren Stalin in Verbindung zu bringen ist. Auf den Bildern zum XX. Parteitag, welche in unseren Zeitungen abgebil-

besonderen *deutschen* Weg zum Sozialismus? In: Einheit. Theoretische Monatszeitschrift zur Vorbereitung der Sozialistischen Einheitspartei 1(1946), S. 22–32.

20 Die KPO (Kommunistische Partei-Opposition) war eine Abspaltung der KPD, die Ende 1928 von Heinrich Brandler und August Thalheimer gegründet wurde. Sie war gegen die starke Orientierung der KPD an der KPdSU und trat für eine Zusammenarbeit mit der SPD im Kampf gegen den Nationalsozialismus ein. Die KPO verstand sich zunächst als Strömung innerhalb der KPD, doch wurden ihre Anhänger aus der KPD ausgeschlossen. Vgl. Bois, Marcel: Kommunisten gegen Hitler und Stalin. Die Linke Opposition der KPD in der Weimarer Republik. Eine Gesamtdarstellung. Essen 2014, S. 366–372.

21 Der Leninbund (auch Lenin-Bund) war eine kommunistische Partei in Deutschland, die im April 1928 von aus der KPD ausgeschlossenen linken und ultralinken Kommunisten, darunter Ruth Fischer und Hugo Urbahns, gegründet wurde. Die anfänglich etwa 6 000 Mitglieder umfassende Organisation, die sich am Trotzkismus orientierte, wurde schon bald nach der Gründung durch zahlreiche Austritte sowie durch Abspaltungen stark geschwächt. Nach dem Reichstagsbrand 1933 waren die verbliebenen Mitglieder gezwungen, in den Untergrund zu gehen. Vgl. ebenda, S. 253–292.

22 Franz Dahlem, Jg. 1892, SED-Politiker, seit 1946 Mitglied des Parteivorstandes und des Zentralsekretariats, seit 1950 Mitglied des Politbüros der SED, im Mai 1953 Ausschluss aus dem ZK und Entbindung von allen Funktionen, 1954 Erteilung einer »strengen Rüge« im Parteiverfahren, 1955–57 Leiter der Hauptabteilung Forschung im Staatssekretariat für Hochschulwesen, Ende Juli 1956 Aufhebung der Parteistrafe.

det waren, sieht man keine Bilder von Stalin. Auch im Rechenschaftsbericht wurde der Name Stalin wenig erwähnt.«

- Im VEB Gerätewerk Waldau, [Kreis] Hildburghausen, [Bezirk] Suhl, äußerte ein Oberbuchhalter, »auf dem XX. Parteitag der KPdSU wurde beschlossen, dass einige Bände von Stalin herausgezogen würden, da vieles nicht in Ordnung sei. Man wolle in Zukunft nur noch die Lehren von Lenin verbreiten.«
- Ähnliche Meinungen wie die bereits aufgeführten bestehen im VEB Landmaschinenbau Falkensee, [Bezirk] Potsdam, RAW Brandenburg, der UMF Ruhla, [Bezirk] Erfurt, im VEB Gubener Wolle, Guben, [Bezirk] Cottbus, VEB Bergmann-Borsig Berlin sowie im VEB Papierfabrik Greiz, [Bezirk] Gera.

Charakteristisch für die Meinungen großer Teile der Angestellten in zentralen und örtlichen Verwaltungen aller Bezirke sind folgende Diskussionen:

- Im Hauptpostamt Jena diskutieren Angestellte: »Die Bücher und Bilder vom Genossen Stalin kann man vernichten.«
- Im Rat des Stadtbezirkes Prenzlauer Berg äußerte ein Angestellter: »Während man teilweise schon vom Stalinismus gesprochen hat, wird er heute kritisiert und zur Seite geschoben.«
- Gleiche Ansichten vertreten Studenten der medizinischen Fakultät Leipzig. Im Zusammenhang damit bringen die Studenten zum Ausdruck: »Es ist notwendig, aus dem Diskussionsbeitrag des Genossen Mikojan Schlussfolgerungen für Deutschland zu ziehen, denn Walter Ulbricht war ja der beste Freund Stalins.«
- Für die Intelligenz ist die Meinung zutreffend, die im Entwurfsbüro für Industriebau Berlin vertreten wird, »dass man auf dem XX. Parteitag Stalin totgemacht habe«.
- Zutreffend für die Diskussionen von Mitgliedern der bürgerlichen Parteien ist die Meinung des Geschäftsführers der NDPD in Apolda, [Bezirk] Erfurt, der erklärte: »Meiner Ansicht nach hat Mikojan, wenn er vom Personenkult sprach, lediglich die Person Stalins gemeint. Man merkte ja auch schon, dass Jahr für Jahr weniger zum Todestag Stalins gesprochen wurde. Deshalb hat man in diesem Jahre auch keine Feiern veranstaltet.«

Am stärksten treten derartige Unklarheiten unter Arbeitern und Mitgliedern der SED in den Ortsparteiorganisationen und BPO auf. Charakteristisch dafür sind folgende Beispiele:

- Im VEB Steinkohlenwerk »August Bebel« Zwickau äußerte der 1. Sekretär der BPO: »Bei uns im Werk ist die Hauptdiskussion, dass Stalin revidiert werden muss. Man versteht nicht, wie man jetzt zu dieser Auffassung kommt. Man bezieht sich hierbei auf das Referat des Genossen Mikojan, welches in der Zeitung stand und auch durch den Rundfunk kommentiert wurde. Also diskutieren die Arbeiter gar nicht einmal negativ.«

– Im VEB Gummi- [und] Textilwerk Bad Blankenburg, [Bezirk] Gera, diskutieren Arbeiter und Mitglieder der SED: »Als Stalin noch lebte, wurde eine ganz andere Politik durchgeführt, die nach seinem Tode geändert wurde. Wie ist es mit den Stalinbänden, werden diese eingezogen?«

Derartige Auffassungen führten auch schon dazu, dass in einigen Bezirken Mitglieder der SED, die zur Kreisparteischule delegiert wurden, sich bei der Kreisleitung erkundigten, ob sie die Stalinbände und den kurzen Lehrgang der Geschichte der KPdSU[23] noch mitbringen müssen.

Für die Meinung unter den Lehrern ist folgende Diskussion charakteristisch, die ein Lehrer in Flöha führte: »Mikojan hat Stalin schwer angegriffen, seine Ein-Mann-Politik war schlecht und hat wahrscheinlich auch zum Abfall Jugoslawiens geführt.« Schwerpunkte derartiger Diskussionen unter Angestellten und Lehrern sind: Das Hauptpostamt Jena, Ministerium für Schwermaschinenbau, Zentralvorstand der VdgB, Ministerium für Chemische Industrie, Entwurfsbüro für Typung, Institut [für] Medizin und Biologie Berlin-Buch, Akademie der Wissenschaften Berlin, Amt für Technik Berlin.

Diskussionen ähnlicher Art wie unter den Angestellten gibt es auch unter Angehörigen der VP. Schwerpunkte solcher Diskussionen sind die VPI Berlin-Friedrichshain, Mitte und Prenzlauer Berg, die VP-Bereitschaften Berlin, Geschwister-Scholl-Straße, sowie Frankfurt/O. und die BDVP Dresden, [Abt.] PM.

4.) *Zweifel und Unklarheiten über die Erfolge und die Einführung der sozialen Verbesserungen in der SU* wurden nur in geringem Maße unter Arbeitern, werktätigen Bauern und Mitgliedern bürgerlicher Parteien bekannt. Dabei ist zu erkennen, dass diese Zweifel von ehemaligen Kriegsgefangenen hineingetragen werden. Charakteristisch dafür sind folgende Diskussionen:

– Im VEB Transformatoren- und Röntgenwerk Dresden treten unter den Arbeitern im Zusammenhang mit der Einführung des 6- und 7-stündigen Arbeitstages Meinungen auf,[24] »dass damit eine Verkürzung des Arbeitslohnes eintreten wird«.

23 Das Buch »Geschichte der KPdSU (B), kurzer Lehrgang« erschien 1938 in der Sowjetunion, 1939 auch in deutscher Übersetzung. Der Lehrgang behandelt die Geschichte der kommunistischen Bewegung vom ausgehenden 19. Jahrhundert über die russische Oktoberrevolution 1917 bis zur Annahme der Sowjetverfassung im Jahr 1937. Nach dem Zweiten Weltkrieg bildete das Buch in den Staaten des sozialistischen Lagers die Basis für marxistisch-leninistische Schulungen. Durch die Überbetonung der Rolle Stalins in der Oktoberrevolution und beim Aufbau der Sowjetunion trug es maßgeblich zum Personenkult um Stalin bei.

24 Auf dem XX. Parteitag kündigte das ZK der KPdSU an, im Laufe des 6. Fünfjahrplans für alle Arbeiter und Angestellten den 7-Stunden-Tag einzuführen. Für Untertage-Beschäftigte und Jugendliche von 16 bis 18 Jahren sollte der 6-Stunden-Tag gelten, ebenso für die übrigen Arbeiter und Angestellten an Samstagen und vor Feiertagen. Der Verdienst sollte trotz der Arbeitszeitverkürzung nicht verringert werden. Vgl. Unsere Sache ist unbesiegbar! Einige

- In der Fleischerei der Konsumgenossenschaft Neustrelitz vertritt ein Arbeiter, der in der SU in Kriegsgefangenschaft war, den Standpunkt, »dass er es nicht glauben kann, dass das Sowjetvolk in dieser Zeit zu so einer Bildungsstufe und zu solchem Wohlstand gekommen ist«.
- Im VEB Porzellanwerk Unterweißbach, [Bezirk] Suhl, sind einige Arbeiter der Ansicht, »dass die Automatisierung, Modernisierung sowie Kombinatsbildung zu Arbeitslosigkeit führen müsse. Außerdem wäre es doch auch so, dass sie bei 42 Arbeitsstunden weniger verdienen und wer soll dann den Ausgleich bezahlen.«
- In den Gemeinden Grambow[25] und Krackow, [Bezirk] Neubrandenburg, vertreten werktätige Bauern die Ansicht, »dass durch die Einführung des 6- und 7-stündigen Arbeitstages die Planerfüllung nicht gewährleistet ist und die Arbeitsproduktivität nicht gesteigert werden kann«.
- In Kreisen der CDU in Delitzsch, [Bezirk] Leipzig, bestehen ebenfalls Zweifel an dem guten Lebensstandard der SU. In diesem Zusammenhang bringen sie zum Ausdruck, »dass in der SU der Übergang zum 7-Stunden-Arbeitstag erst getan werden könnte, wenn die Versorgung der Bevölkerung mit Lebensmitteln und Bedarfsgütern restlos gesichert ist«.

5.) *Ein offenes Auftreten feindlicher Elemente* wurde im Zusammenhang mit dem XX. Parteitag nur vereinzelt bekannt.

- Ein selbstständiger Sattler aus Waldau, [Bezirk] Suhl, äußerte: »Man redet dort von Sozialisierung. Auch bei uns redet man davon. Man soll uns doch gleich sagen, dass man uns den Kopf herumdrehen will und soll nicht von Sozialisierung sprechen.«
- Ein Arbeiter im VEB Kaliwerk Bleicherode, Kreis Nordhausen, sagte, »dass man jetzt vonseiten der neuen Regierung eine andere Politik einschlägt und dass man dabei ist, die Werke von Stalin zu vernichten, dass man Straßen und Städte umbenennt und dass man überhaupt die Stalinische Politik vollkommen verwirft«. Dies hätte der Westsender in den Nachrichten gebracht. Dasselbe bekräftigte auch ein Hauer aus Bleicherode.
- Ein werktätiger Einzelbauer, Mitglied der SED, aus Burg Stargard, Kreis Neubrandenburg, äußerte über den XX. Parteitag: »Die SU hat vor, die Ernteerträge für den nächsten Fünfjahrplan um 1,6 Milliarden t Getreide zu erhöhen. Da wollen sie steigern, aber sieh dir mal die Großraumwirtschaften an, es steht bloß alles zu Papier.« Übergehend zu unseren Verhältnissen sagte er: »Wenn wir Neubauern nicht da wären, läge doch alles unbewirtschaftet. 1950 hatten wir wohl den Höhepunkt erreicht. Aber jetzt geht es laufend bergab.«

Hauptgedanken aus dem Rechenschaftsbericht des Zentralkomitees der KPdSU, erstattet von N. S. Chruschtschow auf dem XX. Parteitag. In: ND v. 15.2.1956, S. 3.

25 Im Original: »Grambo«.

- In der LPG Krögis,[26] [Kreis] Meissen, wird das Feindargument verbreitet, dass der Genosse Stalin daran schuld sei, dass Thälmann[27] umgebracht wurde. Diese beiden wären Feinde gewesen. Die Ursache wäre darin zu suchen, dass Stalin den Bolschewismus gelehrt hätte und Thälmann den wahren Kommunismus gewollt habe. Aufgrund dieser Auseinandersetzung hätte man Thälmann nicht aus dem KZ befreit.

26 Im Original: »Grögis«.

27 Ernst Thälmann, Jg. 1886, KPD-Politiker, 1925–33 Vorsitzender der KPD, 1924–33 Abgeordneter des Reichstags, 1933 Verhaftung durch die Gestapo, im August 1944 im KZ Buchenwald ermordet.

3. März 1956

Analyse über die Tätigkeit und den Einfluss der SPD und des SPD-Ostbüros in der DDR [Nr. 1/56]

Quelle: BStU, MfS, AS 79/59, Bd. 1a, Bl. 20–55.
Serie: Analysen.
Verteiler: KGB Berlin-Karlshorst (»Freund«) – MfS: Carlsohn (1.–3. Expl.), Beater, Ablage.
Bemerkungen: Inhaltsübersicht mit Seitenangaben nicht wiedergegeben.
Verweise: Informationen 57/56 und 92/56.

[Faksimiles der Inhaltsübersicht und des Verteilers]

Mit der fortschreitenden Stärkung der DDR und den auf der Grundlage der Beschlüsse der Partei errungenen Erfolgen sowie der Verwirklichung der Forderung auf Reinheit und Einheit in den Reihen der Partei[1] verstärkt die SPD, insbesondere durch ihr Ostbüro,[2] die Feindtätigkeit gegen die Partei und die DDR, um die Erfolge zu schmälern und die Partei zu zersetzen.

I. Die Tätigkeit der SPD und des SPD-Ostbüros gegen die Partei und die DDR

Die Tätigkeit der SPD und ihrer Verbrecherzentrale des SPD-Ostbüros ist darauf gerichtet, insbesondere die Parteiorganisationen der SED als der führenden und leitenden Partei in der Deutschen Demokratischen Republik zu zersetzen und darüber hinaus durch Sabotage, Diversion[3] und Schädlingstätigkeit die ökonomische Basis der DDR zu untergraben. Diese Machenschaften finden ihren Ausdruck in: 1. der Hetze gegen die Partei und die DDR; 2. der direkten Feindtätigkeit und den besonderen Methoden der Feindtätigkeit des SPD-Ostbüros mittels Agenten in der DDR.

1. Die Hetze gegen die Partei und die DDR

Die Hetze gegen die Partei und die DDR durch die SPD wird besonders durch Flugblätter und Hetzschriften des »Ostbüros der SPD« sowie durch Kommentare rechter SPD-Führer über die Feindsender RIAS und »Freies

1 Im ersten Abschnitt des Parteistatuts der SED von 1954 heißt es unter Punkt 2: »Das Parteimitglied ist verpflichtet: a) die Einheit und Reinheit der Partei als die wichtigste Voraussetzung für die Kraft und Stärke der Partei in jeder Weise zu schützen.« Statut der Sozialistischen Einheitspartei Deutschlands. In: Protokoll der Verhandlungen des IV. Parteitages der SED. Bd. II, Berlin 1954, S. 1115–1141, hier 1118.

2 Das Ostbüro der SPD wurde 1946 zur Unterstützung der von der Zwangsvereinigung betroffenen ostdeutschen Sozialdemokraten gegründet. Zu seinen Aufgaben gehörten die Flüchtlingsbetreuung, die Informationsbeschaffung und das Einschleusen von Informations- und Propagandamaterialien in die SBZ/DDR. Vgl. Buschfort, Wolfgang: Das Ostbüro der SPD. Von der Gründung bis zur Berlin-Krise. München 1991.

3 Wort mit Bleistift umrandet.

Berlin«[4] unter den Mitgliedern der SED und der übrigen Bevölkerung in der DDR betrieben. So wurde durch das SPD-Ostbüro in den Hetzschriften eine vollkommen falsche Darstellung der geschichtlichen Entwicklung der SED gegeben, um die Partei zu spalten und die ehemaligen SPD-Mitglieder gegen die Partei aufzuhetzen und zum Handeln gegen die Partei »anzuleiten«. Die SPD wird darin als einzige Massenpartei hingestellt und die KPD als »Sektierer«, als Organ der sowjetischen »Besatzungsbehörden«. Trotzdem sei die SPD von Anfang an »unterdrückt worden«, vor wie auch nach der Vereinigung, die als »Angliederung der SPD an die KPD« bezeichnet wird.

Um zu »beweisen«, dass die SED keine Massenpartei ist und auch keine Unterstützung durch die Massen erfahren würde, führt das »Ostbüro der SPD« in den Hetzschriften ständig den faschistischen Putsch vom 17.6.1953 an. Neben der Hetze, dass alle Menschen Deutschlands »dieses Tages gedenken und auch der Toten«, stellt man weiterhin die »Forderungen des Juniaufstandes: Die Beseitigung des SED-Regimes; Die Durchführung freier Wahlen; Die Wiedervereinigung des Vaterlandes ...« Dazu wird in den Hetzschriften wie auch Rundfunkreden rechter SPD-Führer immer wieder betont, dass »der Widerstand der Bevölkerung« in der DDR ständig wächst, um den Eindruck zu erwecken, als existiere tatsächlich eine breite Widerstandsbewegung.

Gleichzeitig wird damit verbunden aufgefordert, gegen die Partei und die DDR zu arbeiten, was der Wiedervereinigung dienen würde, indem gehetzt wird: »Zum Kampf um die Wiedervereinigung gehört aber ebenso der Widerstand gegen die ausbeuterische und militaristische SED-Diktatur, die ein Haupthindernis für die Wiedervereinigung darstellt und gerade durch ihre totale Aufrüstung die Spaltung zu vertiefen sucht.« In diesem Zusammenhang wendet sich die SPD besonders an die Gewerkschafter, indem sie durch Scharnowski[5] verbreiten ließ, »das erfordert eine stärkere Aktivität der echten Gewerkschafter in der sowjetischen Besatzungszone. Hier gibt es Möglichkeiten der Gegenwirkung für die Betriebsgewerkschaftsleitungen und diese müssen genutzt werden.«

Immer wieder wird betont, dass »die deutsche Arbeiterschaft gegen den Kommunismus« sei und dass »mit kommunistischen Methoden die sozialen Probleme unserer Zeit nicht gelöst werden können. Aus allem ergibt sich klar und deutlich, dass es für Sozialdemokraten keine Aktionseinheit oder überhaupt eine irgendwie geartete Gemeinschaft mit der ZK-Clique geben kann.«[6] Die Hetze richtet sich besonders auch gegen die immer mehr um sich

4 Vollständig: Sender Freies Berlin (SFB).

5 Ernst Scharnowski, Jg. 1896, Gewerkschaftsfunktionär und SPD-Politiker, 1945–48 Landrat im Landkreis Jerichower Land, Bezirk Magdeburg, Flucht nach Westberlin, 1948 Mitbegründer der Unabhängigen Gewerkschaftsopposition (UGO) im FDGB Groß-Berlin, aus der 1950 der Landesverband Berlin des DGB entstand, 1950–60 Vorsitzender des DGB Berlin und Mitglied des Berliner Landesvorstandes der SPD.

6 Walter Ulbricht hatte sich in seinem Referat auf der III. Parteikonferenz der SED (24.–30.3.1956) zu möglichen Formen der Zusammenarbeit mit der SPD geäußert und dabei u. a.

greifende Verständigung der Arbeiter ganz Deutschlands, indem behauptet wird, zu gesamtdeutschen Arbeiterkonferenzen würden nur »einige unbelehrbare KP-Anhänger fahren, was genügen würde, um diesen Konferenzen ein gesamtdeutsches Mäntelchen umzuhängen«.

In dieser Hetze wird die Forderung gestellt der »Nichtbeteiligung an Spenden für Solidaritätsmarken,[7] da diese Gelder nur zu Propagandazwecken verwendet würden«. Um die Partei zu zersetzen wird durch Hetzschriften und Rundfunksendungen verbreitet, »dass sich viele Genossen von der Parteiarbeit zurückziehen, keine Abzeichen mehr tragen und sich in sektiererischen Grüppchen von der Masse absondern sollen, um sich ein Alibi für spätere Zeiten zu besorgen«. Weiter wird gehetzt, dass die Genossen »es müde sind, schlecht ausgerüstet in die Auseinandersetzungen mit der Bevölkerung kommandiert zu werden und sich nicht mehr mit falschen Meinungen auseinandersetzen würden«. An diese Hetze anschließend werden die Parolen verbreitet: »kurz treten, keinem wehtun, Schweigen ist Gold, Koexistenz statt Klassenkampf«.

Um die Mitglieder der Partei und die Arbeiter in den Betrieben von den Kampfgruppen abzuhalten,[8] hetzt das Ostbüro der SPD: »Die Reorganisation der bewaffneten Kader der SED in den Betrieben dient einzig und allein dem Zweck, die rebellierenden Arbeiter in den VEB in Schach zu halten.« Um daran die Weisung anzuschließen, »den Arbeitern der Zone bleibt die Waffe der passiven Resistenz. Der Appell der SED an die linientreuen Elemente wird überall in den VEB zu einer weiteren Stärkung der Arbeiterschaft in ihrem Kampf gegen das Terrorregime führen.«

Um der DDR ökonomisch zu schaden, hetzt das SPD-Ostbüro ständig gegen die Neufestsetzung der Normen, da diese einer verstärkten »Ausbeutung der Arbeiter« dienen würden. Als Weisung für das Verhalten der Arbeiter bei Normenerhöhungen wird in den Hetzschriften von »angeblichen Warnstreiks in VEB« geschrieben, wodurch die Arbeiter dieser Betriebe »ihre Ablehnung ausgedrückt hätten«.

gesagt: »Die SED ist im Interesse der deutschen Arbeiterklasse zur umfassendsten Zusammenarbeit mit der SPD im Kampf gegen die Remilitarisierung und Refaschisierung der Bundesrepublik, für Frieden, Demokratie und die Wiedervereinigung Deutschlands sowie auch zu Verhandlungen mit der SPD über diese Fragen zu einem beliebigen Zeitpunkt bereit.« Ulbricht, Walter: Der zweite Fünfjahrplan und der Aufbau des Sozialismus in der Deutschen Demokratischen Republik. In: Protokoll der Verhandlungen der 3. Parteikonferenz der Sozialistischen Einheitspartei Deutschlands. Bd. I, Berlin 1956, S. 14–205, hier 23–26, Zitat S. 26.

7 Gemeint sind Marken zur Unterstützung der Volkssolidarität, der größten Wohlfahrtsorganisation der DDR.

8 Die »Kampfgruppen der Arbeiterklasse« waren eine im Sommer 1953 auf Beschluss der SED gegründete paramilitärische Organisation von Beschäftigten in Großbetrieben, VEG, LPG, MTS und staatlichen Verwaltungen. Vgl. Siebeneichner, Tilmann: Proletarischer Mythos und realer Sozialismus. Die Kampfgruppen der Arbeiterklasse in der DDR. Köln u. a. 2014.

Die Hetze gegen die SED wird vom »Ostbüro der SPD« durch verstärkte Verbreitung von Hetzmaterial, wie »Einheit«[9] und die Briefe der sogenannten SED-Opposition,[10] organisiert. Dieses Hetzmaterial wird durch Ballons, Postsendungen und Agenten eingeschleust. So wird im Brief Nr. 14 der SED-Opposition[11] aufgerufen, mit der Eroberung der Partei und Massenorganisationen zu beginnen. In der »Einheit« nimmt das »Ostbüro der SPD« dazu Stellung: »Wie das wiedervereinigte Deutschland aussehen soll«, mit der These: »Die SPD erkennt die volkseigenen Betriebe an und die Errungenschaften würden erhalten bleiben«, werden die Werktätigen der DDR bewusst irregeführt.

2. Direkte Feindtätigkeit und besondere Methoden der Feindtätigkeit des SPD-Ostbüros mittels Agenten in der DDR

Die direkte Feindtätigkeit des SPD-Ostbüros erfolgt durch die angeworbenen Agenturen in der DDR sowie durch eingeschleuste Agenten auf allen Gebieten des gesellschaftlichen und politischen Lebens, mit dem Ziel die Partei zu zersetzen und die Macht der Arbeiter und Bauern in der DDR zu untergraben. Im Bezirk Dresden wurde eine Person festgenommen, die seit 1952 mit dem SPD-Ostbüro in Verbindung stand. Sie überbrachte Spionageangaben über die Produktion des Betriebes und über die Stimmung der Arbeiter sowie über ehemalige Funktionäre der SPD. Vom Ostbüro der SPD erhielt diese Person den Auftrag, Untergrundgruppen innerhalb der Wohnparteiorganisation der SED zu bilden und systematisch Zersetzungsarbeit zu treiben. Im Thomas-Müntzer-Schacht im Kreis Sangerhausen wurde ein Zuwanderer aus Westdeutschland festgenommen. Es wurde festgestellt, dass dieser im Auftrage des SPD-Ostbüros die Aufgabe hatte, in den Erzbergbau zu gehen und von dort Gesteinsproben neuerschlossener Strecken in Form eines Geschenkpaketes an eine Adresse nach Westberlin zu schicken.

Außer diesen Beispielen, wo Agenten des Ostbüros der SPD der Spionage und Zersetzungstätigkeit überführt wurden, gibt es eine ganze Anzahl Hinweise auf Feindtätigkeit dieser Agenten mit anderen Methoden.

So sind Untergrundgruppen bekannt, die in direkter Verbindung zum SPD-Ostbüro stehen und solche Aufträge erhalten wie die aktive Flugblatt-

9 »Einheit. Theoretisches Organ des Ostbüros der SPD« war eine Publikationsreihe des SPD-Ostbüros, in der von 1954 bis 1959 50 Hefte erschienen. Der Name wurde analog zur theoretischen Zeitschrift der SED »Einheit« gewählt. Die Publikationsreihe erschien in einer Auflage von etwa 10 000 pro Ausgabe und richtete sich vor allem an Funktionäre und Mitglieder der SED. Vgl. Buschfort, Wolfgang: Parteien im Kalten Krieg. Die Ostbüros von SPD, CDU und FDP. Berlin 2000, S. 123 f.

10 Unter dem Titel »SED-Opposition« gab das Ostbüro der SPD seit November 1953 eine in unregelmäßigen Abständen erscheinende theoretische Schrift heraus, bei der durch die einfache Aufmachung der Eindruck erweckt werden sollte, sie sei illegal in der DDR hergestellt worden. Die Autoren gaben sich als »aufrechte SED-Genossen« aus, die lediglich die politische Praxis des Sozialismus in der DDR kritisierten und konkrete Verbesserungsvorschläge machten. Vgl. dazu ebenda, S. 124 f.

11 Der Brief Nr. 14 der SED-Opposition ließ sich bibliographisch nicht ermitteln.

verbreitung unter der Bevölkerung, die Schulung alter SPD-Mitglieder im Rahmen dieser Untergrundgruppen anhand der Hetzschriften der SPD und des SPD-Ostbüros sowie die Erschleichung von Wirtschaftsfunktionen wie Betriebsleiter und dergleichen, sobald diese Personen keinen Einfluss mehr im Parteiapparat haben.[12] Außerdem gibt es Hinweise, dass diese Untergrundgruppen auch Aufträge erhalten, wie Sabotage in Betrieben zu treiben, Verwirrung und Unzufriedenheit unter den Belegschaften zu stiften, die Parteidisziplin nicht anzuerkennen, sich nicht an Parteiverfahren gegen Mitglieder zu beteiligen sowie Hetzschriften abzuschreiben, die Abschriften zu verteilen und danach die Originale der Hetzschriften der Volkspolizei zu übergeben. So wurden im Konsum Zeitz erst kürzlich zwei Personen festgenommen. Der Verkaufsinstrukteur [Name 1] hatte in Zeitz ein Flugblatt des SPD-Ostbüros gefunden und der Sekretärin zum Abschreiben gegeben. Das Original-Flugblatt wurde durch [Name 1] der Volkspolizei ausgehändigt. Die Abschriften jedoch wurden an die Familienangehörigen und an den Handelsvorstand verteilt.

Außerdem erhielten Agenten des Ostbüros der SPD den Auftrag, Personen, die zur DDR negativ eingestellt sind und in wichtigen wirtschaftlichen Objekten tätig sind, dem Ostbüro der SPD zwecks Anwerbung zuzuführen. Solche Aufträge wurden für die Objekte der Wismut AG, »Schwarze Pumpe« und Verkehrsbetriebe der Deutschen Reichsbahn erteilt. In Bezug auf die Zersetzung der Partei sind die Anweisungen an die Agenten darauf abgestimmt, bei Wahlen zu den Parteileitungen, ehemalige Sozialdemokraten in die Leitungen zu lancieren. Des Weiteren ist das Ostbüro daran interessiert, Informationen über Objekte der KVP sowie der Freunde[13] zu erhalten.

Zur Qualifikation seiner Agenten und zur Verstärkung der Feindtätigkeit gegen die Partei und die DDR führt das »Ostbüro der SPD« Schulungen seiner Agenten in Hannover durch. Die Schulungen finden in zwei Etappen statt. Die erste Etappe soll zum Ziele haben, den »Ballast des Pseudo-Marxismus«, den die Genossen aus der »Ostzone« mitbringen, zu beseitigen. Die erste Etappe dient der ideologischen Vorbereitung zur Agententätigkeit, durch Studium antidemokratischer Hetzliteratur vertraut machen mit der Arbeit, der Organisation, der Struktur und Arbeitsweise der SPD. Die zweite Etappe der Schulung findet im Harz statt. Schulungsorte sind in Bad Harzburg, Goslar, Braunlage und Wieda. Diese Schulungen führt ausschließlich das »Ostbüro« durch. Sie werden mit jedem Mitarbeiter individuell durchgeführt, damit die Sicherheit gewährleistet ist. Die Arbeit der zweiten Etappe soll folgende Gebiete umfassen: 1. Erkundung örtlicher Begebenheiten (geographisch, politisch, militärisch, wirtschaftlich); 2. Auskünfte über bestimmte

12 Satzteil »sobald diese Personen keinen Einfluss mehr im Parteiapparat haben« rot unterstrichen.

13 Mit »Freunde« sind hier die in der DDR stationierten sowjetischen Soldaten gemeint.

Personen, Funktionäre der SED usw.; 3. Arbeitsweise des MfS; 4. Persönliche Aneignung technischer Kenntnisse im Nachrichtenwesen.

Nach wie vor versucht das »Ostbüro der SPD« sein Agentur-Netz in der DDR und im demokratischen Sektor von Berlin zu vergrößern. Eine besondere Methode ist hierbei, dass über republikflüchtige Agenten des »Ostbüros« oder auch über andere republikflüchtige Personen versucht wird, neue Agenten zu werben. Die Flüchtlinge werden von den Hauptagenten des »SPD-Ostbüros« unter Druck gesetzt, dass ihre Anerkennung erst erfolgen würde, wenn sie aus ihrem alten Bekanntenkreis Personen aus der DDR dem »Ostbüro« zuführen. Zu diesem Zweck erhalten Republikflüchtige den Auftrag, ihnen persönlich bekannte Personen im Gebiet der DDR anzuschreiben und sie zu einem Besuch oder einer Aussprache nach Westberlin einzuladen. In den Fällen, wo die Personen der Aufforderung Folge leisten, werden sie in Westberlin mit Agenten vom »Ostbüro der SPD« zusammengebracht und von diesen als Agenten angeworben.

Die direkte Feindtätigkeit des »Ostbüros der SPD« geht aus Folgendem hervor: Der hauptamtliche Mitarbeiter des »SPD-Ostbüros« in Westberlin »Dr. Reinhardt«[14] erteilte an eine Person den Auftrag, die Industrieanlagen im Wismut-Gebiet genau aufzuklären und festzulegen, aus welcher Richtung ein Flugzeug das Wismut-Gebiet am besten anfliegen kann, um Nachtaufnahmen tätigen zu können. Dabei erkundigte er sich, wie die Beleuchtung des Wismut-Gebietes nachts ist. Zur Erläuterung des Auftrages bemerkte »Dr. Reinhardt«, dass bei Ausbruch eines Krieges – wenn dieser um 4.00 Uhr beginnt – das Wismut-Gebiet 4.05 Uhr nicht mehr produktionsfähig sein wird. Des Weiteren gibt er an seine Agenturen Aufträge, Bohrproben aus dem Gebiet zu beschaffen, um die geologische Lage sowie die Güte der Proben feststellen zu können.

Der hauptamtliche Mitarbeiter des »SPD-Ostbüros« in Westberlin »Wallmann«[15] erteilte an eine Agentur den Auftrag, Charakteristiken von verantwortlichen Funktionären anzufertigen, ferner sollte festgestellt werden: die Struktur des Parteiapparates, welche Funktion welcher Funktionär ausübt,

14 »Dr. Reinhardt« war der Deckname von Konstantin Pritzel, Jg. 1913, 1948–51 SED-Mitglied und Funktionär im DDR-Gesundheitswesen, nach Entlassung und Parteiausschluss im Herbst 1951 Übersiedlung nach Westberlin, bis 1961 Leiter eines »Oberhaus« genannten geheimen Stützpunktes der Berliner Zweigstelle des SPD-Ostbüros. Vgl. Buschfort, Wolfgang: Parteien im Kalten Krieg. Die Ostbüros von SPD, CDU und FDP. Berlin 2000, S. 94 u. 98.

15 »Bruno Wallmann« war der Deckname von Robert Bialek, Jg. 1915, ehemaliger KPD/SED-Funktionär und Mitarbeiter des SPD-Ostbüros, in der NS-Zeit als Widerstandskämpfer zu mehrjähriger Zuchthausstrafe verurteilt, nach 1945 FDJ- und SED-Funktionär sowie kurzzeitig Polit-Kultur-Leiter bei der DVdI, nach Auseinandersetzungen mit Walter Ulbricht und mehreren Degradierungen 1952 Parteiausschluss, 1953 Flucht nach Westberlin, dort BBC-Korrespondent und Mitarbeiter des SPD-Ostbüros. Am 4.2.1956 wurde Bialek vom MfS nach Ostberlin entführt, wo er vermutlich wenig später unter ungeklärten Umständen starb. Zur Biographie vgl. Herms, Michael; Noack, Gert: Aufstieg und Fall des Robert Bialek. Berlin 1998.

Personalien, Adressen, Verhalten, welche Mitarbeiter des MfS bekannt sind usw. Dasselbe sollte über die Struktur der GST festgestellt werden. »Wallmann« interessierte sich besonders für die Wahlversammlungen der Partei, Diskussionen, Zusammensetzung der neuen Leitungen sowie für das Protokoll des 25. Plenums,[16] parteiinternes Material. Einer anderen Agentur erteilte »Wallmann« den Auftrag, Bauern- und Dorfversammlungen zu besuchen, um die Stimmung zu erfahren. Diese Agentur soll später mit einer Technik ausgerüstet werden, damit der Ablauf der Diskussion wörtlich vorliegt. Des Weiteren ist »Wallmann« an Informationen aus VP-Dienststellen und Haftanstalten interessiert.

Der Resident »Müller«[17] des »Ostbüros der SPD« unterhält Verbindung zu der Redaktion der Zeitung »Stars und Stripes«.[18] Der Leiter des Ostbüros der SPD in Westberlin »Peter Wandel«[19] unterhält Verbindung zu einem gewissen Herrn Fodor[20] von der Zeitung »Time und Live«.[21] Des Weiteren erhält »Wandel« zur weiteren Information Druckschriften vom »Untersuchungsausschuss freiheitlicher Juristen«.[22]

Die sogenannten »Heimkehrer«, die von Friedland nach Westberlin entlassen wurden,[23] werden vom »Ostbüro der SPD« in Westberlin aufgefordert, nach dort zu kommen. Es handelt sich dabei um solche »Heimkehrer«, die beim »Ostbüro der SPD« schon registriert sind. D. h. diese sogenannten »Heimkehrer« hatten schon früher Verbindung zum »Ostbüro der SPD«. Sie

16 Das 25. Plenum des ZK der SED fand vom 24. bis 27.10.1955 statt. Vgl. Überarbeitetes Protokoll des 25. Plenums des Zentralkomitees der Sozialistischen Einheitspartei Deutschlands vom 24. bis 27. Oktober 1955. Hg. v. ZK der SED. Berlin 1955.

17 Es handelt sich hier vermutlich um Eberhard Zachmann, Deckname »Müller«, Jg. 1912, 1952–63 in leitender Funktion bei der Berliner Zweigstelle des SPD-Ostbüros tätig.

18 Korrekt: »The Stars and Stripes«. Zeitung für die Soldaten der US-amerikanischen Streitkräfte. Die europäische Ausgabe wurde in den 1950er Jahren in Darmstadt herausgegeben.

19 »Peter Wandel« war der Deckname von Alfred Weber, Jg. 1907, 1952–61 Leiter der Berliner Zweigstelle des SPD-Ostbüros.

20 Denis J. Fodor, Jg. 1927, Korrespondent für die US-amerikanischen Magazine »Time« and »Life« in Bonn.

21 Hier liegt ein Missverständnis vor; gemeint sind zwei unterschiedliche Magazine: das seit 1923 wöchentlich erscheinende politische Nachrichtenmagazin »Time« und das seit 1936 wöchentlich erscheinende Magazin »Life«, das vor allem für seine Fotoreportagen bekannt war. Beide Magazine hatten ihren Sitz in New York.

22 Der »Untersuchungsausschuss Freiheitlicher Juristen« (UFJ) wurde im Oktober 1946 in Westberlin gegründet und war wesentlich von aus der SBZ/DDR geflohenen Juristen geprägt. Er widmete sich vor allem der Erfassung von Unrechtshandlungen in der DDR und verarbeitete seine Erkenntnisse in umfangreichen Dokumentationen und in Propagandamaterialien, die teilweise in den Osten eingeschleust wurden. In den frühen 1950er Jahren wurde die Organisation überwiegend vom CIA finanziert. Vgl. Hagemann, Frank: Der Untersuchungsausschuß Freiheitlicher Juristen 1949–1969. Frankfurt/M. u. a. 1994.

23 Gemeint sind hier ehemalige V-Leute des Ostbüros der SPD, die von sowjetischen Militärtribunalen verurteilt wurden und in sowjetischen Straflagern inhaftiert waren. Diese wurden ebenso wie die aus sowjetischer Kriegsgefangenschaft Entlassenen zunächst im Grenzdurchgangslager Friedland bei Göttingen aufgenommen.

erhalten dort Aufträge, über die Zeit, die sie in den Lagern in der SU verbrachten, ausführliche Berichte anzufertigen. Diese sogenannten »Heimkehrer« erhielten eine höhere Geldzuwendung aus dem IW-Fonds,[24] welcher sich differenziert und sich nach dem Wert der ehemaligen V-Leute richtet. Er schwankt zwischen 30,00 und 100 DM-West. Die »Heimkehrer« müssen nach folgenden Schwerpunkten berichten: Stimmung, Beziehungen zu lettischen und baltischen Volksgruppen, wie weit bestehen Kontakte, organisatorische Fragen, allgemeine Berichte über Verkehr, Nachrichten und Militäranlagen in den einzelnen Gebieten. Diese Spionageberichte werden nicht in Westberlin, sondern in Bonn ausgewertet. Bei ihrem zukünftigen Einsatz in Westdeutschland soll davon ausgegangen werden, was sie früher beruflich waren. Aus den bisherigen Informationen ist zu ersehen, dass man versuchen wird, einen Teil für die Agententätigkeit in der DDR wieder zu gewinnen.

Obwohl das Ostbüro der SPD behauptet, nicht zu terroristischen Methoden und Mitteln aufzurufen, wie z. B. in »Aktuelle Fragen«, S. 5, »Wenn das ZK aber behauptet, das Ostbüro der SPD habe in irgendeiner Form die Anwendung terroristischer Methoden und Mittel im Widerstandskampf empfohlen oder angeordnet, dann ist das eine bewusste und infame Lüge!«,[25] stehen demgegenüber folgende Tatsachen: »Der Sozialdemokrat« vom Juli 1953, Nr. 1[26] und andere Nummern schreiben: »Die drei Pfeile ›Einheit‹, ›Frieden‹, ›Freiheit‹ haben am 17. Juni die SED tödlich getroffen. Sie sollen künftig überall in Stadt und Land den Bütteln des SED-Regime ständig vor Augen halten, dass ihre Tage gezählt sind und die Stunde der Abrechnung bevorsteht.« Der »Freie Bauer« IX 1953,[27] S. 4, schreibt: »Liebengabenpakete:

24 Weder konnte die Abkürzung »IW« aufgelöst noch der damit bezeichnete Fonds ermittelt werden. Möglicherweise steht IW für das im Januar 1951 errichtete »Informationsbüro West«, das allerdings üblicherweise »IWE« abgekürzt wurde. Das IWE stand bis 1964 unter der Leitung des ehemaligen ADN-Mitarbeiters Gerhard Bohlmann, der ein Netz privater V-Leute in der DDR unterhielt, sammelte ostdeutsche Presseerzeugnisse und versorgte die Bundesregierung und westdeutsche Medien mit Nachrichten aus der DDR. Es wurde vom Ministerium für Gesamtdeutsche Fragen finanziell unterstützt und arbeitete eng mit diesem zusammen. Vgl. Creuzberger, Stefan: Kampf für die Einheit. Das gesamtdeutsche Ministerium und die politische Kultur des Kalten Krieges 1949–1969. Düsseldorf 2008, S. 145 f.; Rüss, Gisela: Anatomie einer politischen Verwaltung. Das Bundesministerium für gesamtdeutsche Fragen – Innerdeutsche Beziehungen 1949–1970. München 1973, S. 115–117.

25 Vgl. Aktuelle Fragen zur Wiedervereinigung Deutschlands. Offener Brief an alle Mitglieder und Funktionäre der SED. Sonderausgabe der Schriftenreihe »Einheit«. Hg. v. Ostbüro der SPD. Bonn o. J., S. 5.

26 »Der Sozialdemokrat. Für das Volk – gegen seine Unterdrücker!« war eine Zeitung, die von 1953 bis 1961 vom Ostbüro der SPD herausgegeben wurde und sich an Arbeiter in der DDR richtete. Sie erschien anfangs monatlich, später alle zwei bis drei Wochen in einer bis zu sechsstelligen Auflage. Vgl. Buschfort, Wolfgang: Parteien im Kalten Krieg. Die Ostbüros von SPD, CDU und FDP. Berlin 2000, S. 121 f. – Die erste Ausgabe des »Sozialdemokrat« vom Juli 1953 ließ sich bibliographisch nicht ermitteln.

27 Bei dem »Freien Bauern« handelt es sich vermutlich um eine aus dem Westen stammende Tarnschrift, deren Titel sich an die Wochenzeitung der VdgB »Der Freie Bauer« anlehnte. Die betreffende Ausgabe ließ sich bibliographisch nicht ermitteln.

Der SSD[28] fahndet zzt. im ganzen Gebiet der Sowjetzone nach den Absendern von Paketen, die in immer stärker werdendem Maße an prominente SED-Funktionäre gesandt werden. Der einzige vielsagende Inhalt dieser Pakete besteht jeweils aus einem Strick.«

Zur Frage der Sabotage wird in »Aktuelle Fragen zur Wiedervereinigung Deutschlands«, S. 5, zum Ausdruck gebracht: »... lehnen wir jede Sabotagetätigkeit nach kommunistischem Muster ab ... Wir wollen die Lebensbedingungen der arbeitenden Menschen in der Sowjetzone erleichtern ... Es gibt auch tatsächlich in den vorgenannten zehn Jahren keinen einzigen Fall von Sabotage durch Mitarbeiter des Ostbüros der SPD.«[29] Die Tatsachen zeigen aber, dass eine direkte Anweisung zur Sabotage gegeben wird. So schreibt z. B. »Der Telegraf Wochenspiegel« 6. Jahrgang Nr. 19, S. 7: »Die Saboteure werden prämiiert.« Hier rät der TWS allen seinen Lesern in den VEB die Wirtschaft unserer Republik auf eine besondere Art zu schädigen. »Die Form der Sabotage ist die Wirkungsvollste und gefahrloseste zugleich.« Bis ins Einzelne gehend gibt der TWS seine Empfehlungen: »1. Einreichung eines Verbesserungsvorschlages, der den letzten Forderungen irgendeiner Produktionssteigerung oder Einsparungskampagne entgegenspricht und geeignet ist, die Betriebsleitung später in Teufels Küche zu bringen. 2. Ideologische und patriotische Begründung des Vorschlages ... 3. Als Prämie ausgezahlte Anerkennung ... Dem Koreahilfsfonds oder der Finanzierung des FDJ-Pfingsttreffens zu stiften. 4. Bei der nächsten Betriebsversammlung irgendetwas zum Nationalen Aufbauwerk gegen die EVG oder die Wasserstoffbombe sagen ...« Der TWS illustriert an einem Beispiel, was er sich von dieser Methode verspricht. Eine Schädigung der Wirtschaft der DDR und damit »der arbeitenden Menschen in der Sowjetzone«.[30]

Im Flugblatt zur Genfer Konferenz[31] wird gehetzt: »Hauptziel bleibt

28 Die Abkürzung »SSD« für Staatssicherheitsdienst war nur im Westen und in SED-fernen Personenkreisen gebräuchlich.

29 Vgl. Aktuelle Fragen zur Wiedervereinigung Deutschlands. Offener Brief an alle Mitglieder und Funktionäre der SED. Sonderausgabe der Schriftenreihe »Einheit«. Hg. v. Ostbüro der SPD. Bonn o. J., S. 5.

30 Vgl. Die Saboteure werden prämiiert. »Verdiente Erfinder« kosten viel Geld – Unfähigkeit gefährdet die Produktion. In: Telegraf Wochen-Spiegel 6(1954)19, S. 7. Dabei handelt es sich jedoch nicht um eine ernst gemeinte »Anweisung«, sondern vielmehr um eine kritische Ironisierung des Neuerer- und Prämienwesens in der DDR, dessen Schwächen und Mängel im Mittelpunkt des Artikels stehen. – Der »Telegraf Wochen-Spiegel« erschien mit dem Zusatz: »Die Nachrichtenbrücke zwischen Ost und West« und richtete sich speziell an die Bevölkerung der DDR.

31 Im Jahr 1955 fanden in Genf zwei einschlägige Konferenzen statt: Die Genfer Gipfelkonferenz von USA, Sowjetunion, Großbritannien und Frankreich (18.7.–23.7.1955) war das erste Treffen der Staats- und Regierungschefs aller vier Siegermächte des Zweiten Weltkriegs. Auf der Konferenz wurde keine Einigkeit in der Deutschen Frage erzielt; die vier Mächte einigten sich lediglich unverbindlich darauf, die Wiedervereinigung auf der Grundlage freier Wahlen durchzuführen. Auf der Genfer Außenministerkonferenz der vier Mächte (27.10.–

Einheit in Freiheit«. (Am Schluss dieses Flugblattes ist die Rede von den »Formen des Kampfes« der Sozialdemokratie in der »Zone«.) »Die Formen dieses Kampfes haben sich in langen Jahren des Widerstandes herausgebildet und bewährt: Isolierung und Boykott der Staatspartei und ihrer Veranstaltungen. Kampf gegen die volksfeindlichen Wirtschaftspläne. Kampf gegen die im Zeichen des KVP-Militarismus durchgeführte Aufrüstung.«

Im Flugblatt des Ostbüros zum 1. Mai 1955 wird gehetzt: »Der Tag der Freiheit wird kommen. Übrigens ist in den volkseigenen Betrieben ein großer Teil der Arbeiterschaft bereits zur Parole des Langsamarbeitens übergangen, um dem Regime auch die letzte materielle Stütze zu entziehen.« Im Flugblatt des Ostbüros »Stoppt die Normenschraube« heißt es: »Wer für eine Prämie an der kommunistischen Normenschraube dreht, schadet also sich selbst und seinen Kollegen. Deshalb Kollegen, keine Normendurchbrüche bei den sogenannten Wettbewerben! Haltet Solidarität!«

Dass das SPD-Ostbüro auch zzt. seine Feindtätigkeit gegen die DDR durchführt, beweisen die im Februar 1956 erfolgten Festnahmen von 19 Agenten des SPD-Ostbüros wegen Spionage und Verbreitung von Hetzmaterial.[32]

II. Schwerpunkte ehemals starker SPD-Organisationen sowie des Einflusses der Hetze der SPD und des SPD-Ostbüros in der DDR

1.) Schwerpunkte ehemals starker SPD-Organisationen

Als Schwerpunkte ehemaliger starker SPD-Organisationen sind besonders die Industriebezirke der DDR zu nennen, wo in einzelnen Kreisen die SPD vor 1933 sowie nach 1945 die Mehrheit hatte und große Teile die Vereinigung ablehnten bzw. überhaupt nicht mitmachten, während in den ländlichen Bezirken sich diese Entwicklung mehr oder weniger auf die Bezirksstädte beschränkte.

- Im Bezirk Halle bestehen besonders starke Konzentrationen ehemaliger Mitglieder der SPD in den Kreisen Zeitz, Bitterfeld, Bernburg, Köthen, Weißenfels, Roßlau und Coswig.
- Im Bezirk Leipzig sind als Schwerpunkte besonders die Stadt Leipzig sowie die Kreise Altenburg, Schmölln und Döbeln zu nennen, in denen starke SPD-Organisationen bestanden.

16.11.1955) sollten praktische Lösungsansätze für die auf der Gipfelkonferenz vom Juli 1955 behandelten Themen ausgearbeitet werden. Die Sowjetunion lehnte die Vorschläge der Westmächte für eine Wiedervereinigung auf der Grundlage gesamtdeutscher freier Wahlen (überarbeiteter Eden-Plan) jedoch ab und die Konferenz scheiterte. Vgl. dazu Dokumente zur Deutschlandpolitik III/1, S. 148–281 bzw. 483–741.

32 Nach der Entführung von Robert Bialek verhaftete das MfS zahlreiche tatsächliche und mutmaßliche Verbindungsleute des SPD-Ostbüros. Viele von ihnen hatten allerdings nicht mit Bialek in Kontakt gestanden. Vgl. Buschfort, Wolfgang: Parteien im Kalten Krieg. Die Ostbüros von SPD, CDU und FDP. Berlin 2000, S. 181 u. 207.

- Im Bezirk Magdeburg war die SPD besonders stark in der Stadt Magdeburg selbst mit 25 000 SPD-Mitgliedern sowie in den Kreisen Zerbst, Haldensleben, Klötze und Gardelegen. Aus diesem Bezirk gingen hervor bzw. waren tätig die rechten SPD-Führer Ollenhauer,[33] Reuter,[34] Erfurt,[35] Dux[36] und Scharnowski, die heute in Westdeutschland in leitenden Funktionen stehen.
- Ähnlich verhält es sich im Bezirk Karl-Marx-Stadt, wo als Schwerpunkte die Kreise Karl-Marx-Stadt-Land, Klingenthal, Plauen, Oelsnitz, Reichenbach und Zwickau zu nennen sind.
- Im Bezirk Dresden sind als besondere Schwerpunkte ehemaliger starker SPD-Organisationen die Kreise Meißen, Freital, Riesa, Kamenz, Bischofswerda, Löbau, Görlitz, Niesky, Dippoldiswalde, Bautzen, Pirna und Dresden zu verzeichnen.
- Im Bezirk Suhl konzentrierte sich eine starke SPD-Organisation, besonders in den Kreisen Schmalkalden, Sonneberg, Neuhaus, Meiningen, Bad Salzungen sowie Hildburghausen.
- Im Bezirk Potsdam sind es insbesondere die Kreise Belzig, Oranienburg, Königs Wusterhausen, Kyritz, Neuruppin, Zossen, Brandenburg, Rathenow und Jüterbog, in denen die SPD stark organisiert war und heute noch starke Einflüsse zu verzeichnen sind.
- Im Bezirk Neubrandenburg sind die Schwerpunkte die Kreise Neubrandenburg, Malchin und Demmin, während es sich im Bezirk Erfurt besonders auf Erfurt, Sömmerda und Arnstadt konzentriert.
- Im Bezirk Rostock sind besonders die Schiffsbau- und Fischereibetriebe Schwerpunkte, in denen sich ehemalige SPD-Mitglieder konzentrieren.
- Im Bezirk Gera beschränkt sich die Konzentration ehemaliger SPD-Mitglieder auf die Kreise Gera und Lobenstein, während im Bezirk Frankfurt/O. Konzentrationen ehemaliger starker SPD-Organisationen noch im Kreis Angermünde, Bad Freienwalde, Fürstenwalde, Seelow, Strausberg sowie in der Bau-Union Frankfurt/O. vorhanden sind.

In diesen Industriebezirken sowie in einzelnen Gemeinden der Kreise in den ländlichen Bezirken, wo derartige Konzentrationen noch vorhanden sind, ist

33 Erich Ollenhauer, Jg. 1901, SPD-Politiker, 1952–63 Bundesvorsitzender der SPD und Vorsitzender der SPD-Bundestagsfraktion. Ollenhauer war in Magdeburg geboren und aufgewachsen und hatte bei der dortigen sozialdemokratischen Tageszeitung »Volksstimme« ein Volontariat absolviert, bevor er 1920 nach Berlin ging.

34 Ernst Reuter, Jg. 1889, SPD-Politiker, 1948–53 Oberbürgermeister bzw. Regierender Bürgermeister von Westberlin. Reuter war 1931–33 Oberbürgermeister von Magdeburg und 1932–33 Magdeburger Abgeordneter im Reichstag gewesen. Er verstarb allerdings bereits 1953.

35 Ein führender SPD-Politiker dieses oder eines ähnlichen Namens ließ sich nicht ermitteln.

36 Rudolf »Rudi« Dux, Jg. 1908, SPD-Politiker, während der Weimarer Republik sowie nach Kriegsende SPD-Bezirkssekretär in Magdeburg, nach Konflikten mit der SMAD im Februar 1946 Flucht in die Westzonen, 1946/47 Leiter des Ostbüros der SPD in Hannover, seit 1949 Wirtschaftsredakteur des »Sozialdemokratischen Pressedienstes«.

auch ein verstärkter Einfluss der Hetze der SPD und des SPD-Ostbüros zu verzeichnen.

2.) Der Einfluss der Hetze der SPD und des SPD-Ostbüros

Der Einfluss der Hetze der SPD sowie des SPD-Ostbüros kommt besonders in den Diskussionen ehemaliger Mitglieder der SPD in den genannten Schwerpunkten zum Ausdruck, indem diese Diskussionen gleiche oder ähnliche Argumente enthalten, wie sie durch Flugblätter und Feindsender von der SPD verbreitet werden.

Im Hinblick auf die gegenwärtige Lage und die auf der Genfer Konferenz eingebrachten Vorschläge der SU[37] sowie der Erklärung der Regierung der DDR[38] gibt es unter den ehemaligen Mitgliedern der SPD verstärkte Diskussionen und Meinungsäußerungen mit der Forderung, »freie gesamtdeutsche Wahlen sofort durchzuführen«. Diese Diskussion ist besonders stark in der Grube im Kombinat Gölzau, [Kreis] Köthen, zu verzeichnen, tritt jedoch ebenso stark auch in den Bezirken Leipzig, Magdeburg, Karl-Marx-Stadt, Dresden, Potsdam, Erfurt, Rostock und Frankfurt/O. auf.

Im gleichen Maße wie die Forderung nach »freien Wahlen« wird auch die Meinung vertreten, die in Genf erzielte Entspannung mache eine Aufstellung von Kampfgruppen nicht mehr notwendig. Entsprechend der in den Hetzschriften sowie durch die Feindsender verbreiteten Hetze, »sich passiv bei der Aufstellung von Kampfgruppen zu halten«, wird besonders von alten SPD-Mitgliedern den Ausbildungen mit den fadenscheinigsten Begründungen ferngeblieben. Diese Erscheinung tritt besonders stark in den Bezirken Neubrandenburg, Suhl, Karl-Marx-Stadt, Magdeburg, Leipzig und Halle zutage.

Die Parole des SPD-Ostbüros, »von der Parteiarbeit zurückziehen – keine politischen Auseinandersetzungen führen – sektiererische Gruppen bilden«, wird von alten SPD-Mitgliedern wie auch von aus der SED-ausgeschlossenen Personen in allen Bezirken verwirklicht. Bei einer Reihe der noch in der Partei verbliebenen alten SPD-Mitglieder erfolgt das, indem sie schlechte Parteiarbeit leisten, ablehnen Beiträge zu zahlen, nicht am Lehrjahr teilnehmen und ablehnen Parteiverfahren durchzuführen, mit dem Bemerken, »sie möchten

37 Hier geht es um die Vorschläge der Sowjetunion zur Genfer Außenministerkonferenz, die vom 27.10. bis 16.11.1955 stattfand. Die Sowjetunion lehnte die Vorschläge der Westmächte für eine Wiedervereinigung auf der Grundlage gesamtdeutscher freier Wahlen ab und schlug ihrerseits die Bildung eines gesamtdeutschen Rates aus Vertretern der Parlamente der DDR und der Bundesrepublik vor. Vgl. Vorschlag der Regierung der UdSSR für die Bildung eines gesamtdeutschen Rates v. 2.11.1955. In: Dokumente zur Deutschlandpolitik III/1 (1955), S. 571 f.

38 Vgl. Erklärung der Regierung der Deutschen Demokratischen Republik an das deutsche Volk und an die Konferenz der Außenminister der vier Mächte in Genf v. 28.10.1955. In: Dokumente zur Außenpolitik der Deutschen Demokratischen Republik. Hg. v. Deutschen Institut für Zeitgeschichte. Bd. 3, Berlin 1956, S. 59–73.

sich als BPO später keine Vorwürfe machen lassen, dass sie Mitglieder ausgeschlossen hätten«, wie das die BPO der Fa. Fasold und Strauch in Lichte, [Bezirk] Suhl, getan hat. In diesem Zusammenhang werden auch die Argumente des SPD-Ostbüros, »die SED sei keine Arbeiterpartei mehr, – sie habe die Verbindung mit den Massen verloren, – nach der Vereinigung müssten wieder SPD und KPD zugelassen werden«, offen verbreitet.

Der Einfluss der Hetze der SPD und des Ostbüros kommt auch in den Diskussionen über die Normen sowie über die Steigerung der Arbeitsproduktivität und in der Haltung alter SPD-Mitglieder auf ökonomischen Konferenzen zum Ausdruck. Im Hydrierwerk Zeitz VEB erklärte ein altes SPD-Mitglied, »dass die bestehenden Normen oft Ursachen der Unglücksfälle wären« und verbreitete somit die Hetze des SPD-Ostbüros. Ähnliche Diskussionen werden auch in den Bezirken Potsdam, Rostock, Gera, Frankfurt/O., Schwerin und Halle geführt. Im Bezirk Halle ist außerdem noch zu verzeichnen, dass die Hetze des SPD-Ostbüros gegen die Aktionseinheit unterstützt wird, insbesondere die Parole »Nichtbeteiligung an Solidaritätssammlungen«. Besonders im EK Bitterfeld in der Farbenfabrik sowie Agfa-Wolfen ist zu verzeichnen, dass in den Abteilungen, wo alte SPD-Mitglieder arbeiten, bei Sammelaktionen für westdeutsche Streikende wenig oder gar keine Unterstützung gegeben wird. Ähnliche Erscheinungen gibt es auch in der Wismut.

Auch die Parole, dass Gewerkschaften »nur gewerkschaftliche Fragen klären und so gegen die Partei arbeiten sollten«, findet Unterstützung. So wurde im Werkzeugmaschinenwerk Zerbst der bisherige BGL-Vorsitzende, der das »Nurgewerkschaftlertum« propagierte, aufgrund des Einflusses alter SPD-Mitglieder und Anhänger entgegen dem Beschluss der Parteiorganisation wiedergewählt.

III. Anzeichen direkter, im Auftrage oder auf Weisung des SPD-Ostbüros durchgeführter Feindtätigkeit

Als Beweise der Feindtätigkeit folgende Beispiele: Ein im November 1955 aus [sic!] Neukirch festgenommener Agent sagt aus, dass er vom Ostbüro der SPD den Auftrag hatte, aufgrund seiner wirtschaftlichen Verbindungen, Informationen über die Wirtschaft der DDR zu beschaffen. Besonders sollte er feststellen, welche Betriebe in der DDR Exportaufträge durchführen, welche Materialschwierigkeiten bestehen und welche Betriebe mit Westdeutschland in Verbindung stehen.

Im »Ostbüro der SPD«, Langobardenallee 14,[39] arbeitete ein Flüchtling, welcher früher Planungsleiter einer ganzen Industrieleitung bzw. Hauptverwaltung war. Dieser arbeitete eine Analyse über die Planungsmethoden [und

39 In der Langobardenallee 14 im Bezirk Charlottenburg befand sich seit 1949 die Berliner Zweigstelle des SPD-Ostbüros.

die] Lenkungsmethodik in der Industrie der DDR aus. Das ist zum Teil eine theoretische Ausarbeitung, teilweise auch die Personalien und statistische Zahlen. Diese Arbeit wird für die Denkschrift über das Kfz-Wesen benötigt. Der Hauptteil dieser Arbeit wird in einem Kapitel zusammengefasst: »Leitungsmethodik sowjetzonaler Industrie-Planungsmethoden«. Für die von dem Agenten durchgeführte Feindtätigkeit für das SPD-Ostbüro erhielt er 50,00 DM West. Andere Agenten werden oftmals nur mit alter ausgebesserter Wäsche abgefertigt.

Anzeichen direkter, im Auftrage oder auf Weisung des SPD-Ostbüros durchgeführter Feindtätigkeit sind in allen Bezirken der DDR vorhanden, was auf eine illegale Organisation des SPD-Ostbüros schließen lässt. Dabei ist charakteristisch, dass sich die Anzeichen auf Feindtätigkeit auf alle wirtschaftlichen bzw. politischen Gebiete erstrecken.

SPD-Einfluss durch Flugblätter

- In der Gemeinde Wettin, Halle-Saalkreis,[40] werden oft Flugblattfunde festgestellt. Dass eine entsprechende Beeinflussung vorliegt, zeigt sich z.B. in einer schlechten Wirtschaftsführung im Tierzuchtbetrieb Wettin, wo die Feldarbeiten nur langsam und schleppend durchgeführt werden und der Betrieb unrentabel arbeitet. Ein Arbeiter [Name 2] aus diesem Betrieb äußerte sich zur Verbesserung der Arbeit gegenüber einem Genossen, »dass er ein Arbeiterverräter wäre, vor dem man sich in Acht nehmen müsste, aber es käme ja auch mal anders«. Kurz nach diesem Vorfall setzte sich [Name 2] nach dem Westen ab.
- Im Braunkohlenwerk Profen, [Bezirk] Halle, wurden ebenfalls des Öfteren Flugblätter gefunden. Es gibt Beispiele, wo Flugblätter zusammengefaltet unter Schienen und Kabeln gefunden wurden. Außerdem wurde schon ein Paket mit 90 Flugblättern in einem Fahrradschuppen vorgefunden. Diese Flugblätter beinhalteten die Forderung des SPD-Ostbüros: »Isolierung und Zersetzung der SED«. In der folgenden Zeit war dann festzustellen, dass die Veranstaltungen und Versammlungen schlecht besucht wurden. Im Werk wurde beobachtet, dass die negativen Elemente seit einiger Zeit sich ruhig verhielten, was ebenfalls aus den Richtlinien des SPD-Ostbüros hervorging, indem sie schreiben, dass die eigene »Sicherheit der Widerstandskämpfer« vorrangig wäre.
- In Riestedt, [Kreis] Sangerhausen, werden Funktionäre der SED des Öfteren durch Flugblätter belästigt, welche vor das Haus gelegt werden oder durch die Post zugeschickt werden. So bekam der Genosse [Name 3] drei Exemplare »Der Sozialdemokrat« vor die Tür gelegt. Dabei lag ein Zettel mit der Aufschrift, »Otto – Kopf hoch – es lebe die SPD«.[41]

40 Gemeint ist der Saalkreis im Bezirk Halle.

41 Angespielt wird hier vermutlich auf Otto Grotewohl, einer der beiden Vorsitzenden der SED, der bis 1946 der SPD angehörte.

- In der Gemeinde Braunschwende, [Kreis] Hettstedt, wurden wiederholt Hetzflugblätter vom SPD-Ostbüro am Schwarzen Bekanntmachungsbrett der Gemeinde angeheftet.
- Im VEB Motorradwerk Zschopau wurden in den Toiletten Losungen wie »SPD – stärkste Arbeiterpartei« angeschmiert.
- In den Kreisen Karl-Marx-Stadt[-Land] und Schwarzenberg wurde eine neue Methode bekannt, indem Zigarettenpapier mit Hetzlosungen bedruckt wurde mit der Aufschrift: »Die Arbeit geht weiter« – Unterschrift: »SPD-Filiale Chemnitz«. In diesen Kreisen wurden auch Hetzlosungen an Schaufenstern des genossenschaftlichen und staatlichen Handels angebracht. Auf Straßen wurden selbstgefertigte Hetzschriften, mit Matrize abgezogen, mittels Pkw verstreut.
- In Fürstenwalde wurden vor dem Betrieb Kjellberg[42] und in der Heinstraße selbstgefertigte Flugblätter mit der Aufschrift »Kampf gegen SED und KPD« gefunden.
- Im BKW Plessa, Kreis [Bad] Liebenwerda, sind ebenfalls Anzeichen einer SPD-Ostbüro-Feindtätigkeit vorhanden. In den Betriebsteilen wurden vereinzelt bis zu zehn Flugblätter gefunden und nachts beim Kaderleiter und Fahrer des Betriebsleiters des Öfteren Flugblätter des »Ostbüros« der SPD gelegt.
- In mehreren volkseigenen Betrieben des Bezirkes Karl-Marx-Stadt war zu verzeichnen, dass die Genossen der SED, welche für die Wahlen zur BGL vorgeschlagen wurden, von den Belegschaften nicht gewählt wurden. Es ist zu verzeichnen gewesen, dass ehemalige Mitglieder und Funktionäre der SPD in die BGL gewählt wurden.
- Im Kreis Karl-Marx-Stadt[-Land] wird eine aktive Flugblatt-Tätigkeit vonseiten des SPD-Ostbüros durchgeführt. Es besteht eine Untergrund-Gruppe, die diese Feindtätigkeit durchführt. Der Leiter dieser Gruppe ist ein Verwandter eines ehemaligen hauptamtlichen Mitarbeiters des SPD-Ostbüros.
- Im Kreis Meißen, [Bezirk] Dresden, wurde in diesem Jahre ein ehemaliger Funktionär der SPD beerdigt. Daran nahmen ca. 35 ehemalige SPD-Mitglieder teil. Nach der Beerdigung führten sie eine Zusammenkunft in einer Gaststätte durch, wo äußerst negative Diskussionen geführt wurden. Interessant dabei ist, dass vordem am Grabe ein ehemaliger SPD-Funktionär, bis vor wenigen Jahren leitender SED-Funktionär, eine Ansprache hielt, in der kein Wort über die Kämpfe der Arbeiterklasse gesprochen wurde. Seine Aussprache beinhaltete im Gegenteil, dass mit dem Tode der »Alten« auch die deutsche Arbeiterklasse sterbe.
- Im Glaswerk Großbreitenbach, [Bezirk] Suhl, wurden an der Tür des BPO-Sekretärs Flugblätter angebracht. In einer Versammlung wurde dort

42 Die Firma Kjellberg war nicht in Fürstenwalde, sondern in Finsterwalde ansässig und stellte u. a. Elektroden und Schweißgeräte her.

über die Normfrage diskutiert und es gab dabei kein Übereinkommen. Am anderen Tage wurde dann das Flugblatt »Stoppt die Normschraube« in den Türspalt des Sekretärs der BPO gesteckt. Außerdem wurden auch Flugblätter des SPD-Ostbüros bei Funktionären vor die Haustür gelegt, die sie dann früh fanden, wenn sie zur Arbeit gingen.

SPD-Einfluss gegen die Kampfgruppen

- In der Schmiede des VEB Schwermaschinenbau »Heinrich Rau« Wildau, [Bezirk] Potsdam, wurde bekannt, dass eine »Widerstandsgruppe« der SPD besteht, die sich das Ziel gesteckt hat, Sabotage und Zersetzungsarbeit unter den Arbeitern innerhalb des Werkes durchzuführen. Außerdem wurde bekannt, dass Mitglieder dieser Gruppe SPD-Versammlungen in Westberlin besuchen. In der Schmiede sind auch die Republikfluchten stärker als in den anderen Abteilungen. Bei der Rücksprache mit drei Bohrwerkdrehern und einem Anbinder über die Frage der Wettbewerbe und Normen lehnten die Arbeiter jeden Wettbewerb und jede Normenerhöhung ab und erklärten: »Wenn wir streiken könnten, hätten wir es schon längst getan.« Bei dieser Aussprache waren weitere acht Arbeiter zugegen, die die gleiche ablehnende Stellung zeigten. Es ist bekannt, dass sie von älteren, ehemaligen SPD-Mitgliedern dementsprechend beeinflusst werden. In der Schmiede diskutieren die ehemaligen SPD-Mitglieder hauptsächlich gegen die Nationale Volksarmee[43] und die Kampfgruppen, die sie mit dem faschistischen Volkssturm vergleichen.
- Im VEB Förderungsanlagenbau Köthen[44] brachten ehemalige SPD-Mitglieder zum Ausdruck, dass bewaffnete Zivilpersonen laut Genfer Beschlüsse als unreguläre Truppen bezeichnet werden und bei Gefangennahme auch dementsprechend behandelt würden.[45] Sie äußerten sich zu der Ausbildung der Kampfgruppen, dass sie kein Gewehr in die Hand nehmen.

43 Die Nationale Volksarmee (NVA) der DDR wurde am 18.1.1956 gebildet. Vgl. Gesetz über die Schaffung der Nationalen Volksarmee und des Ministeriums für Nationale Verteidigung. In: GBl. I 1956, S. 81.

44 Korrekt: VEB Förderanlagenbau Köthen.

45 Hier wird Bezug genommen auf das III. Genfer Abkommen vom 12.8.1949 über die Behandlung der Kriegsgefangenen, in dem der Schutz der Kriegsgefangenen in bewaffneten Konflikten geregelt ist. Als Kriegsgefangene werden dort folgende Kategorien von »in Feindeshand gefallenen Personen« definiert: Angehörige der regulären Streitkräfte, von Milizen und Freiwilligenkorps, Personen, die den Streitkräften folgen, ohne in sie eingegliedert zu sein, sowie die Bevölkerung, die sich beim Nahen des Feindes aus eigenem Antrieb bewaffnet zur Wehr setzt. Die Bezeichnung »unreguläre« oder »irreguläre« Truppen findet sich in der Konvention nicht; ausdrücklich ausgenommen vom Kriegsgefangenenstatus sind lediglich Spione und Söldner. Vgl. Die Genfer Abkommen und ihre Zusatzprotokolle – Vertragstexte. Hg. v. Deutschen Roten Kreuz. 9. Aufl., Berlin 2007. Die Bundesrepublik trat der Genfer Konvention am 21.8.1954 bei, die DDR am 30.8.1956.

- Im VEB Chemische Werke Buna ist zu verzeichnen, dass besonders unter den Lehrausbildern zur Kampfgruppenausbildung Stellung genommen wird. Der größte Teil erscheint nicht zu den Ausbildungsstunden. Der Meister [Name 4] äußerte, er werde niemals mehr ein Gewehr in die Hand nehmen und rate dies auch anderen.
- Eine ablehnende Haltung zu den Kampfgruppen tritt vor allem im Kreis Neuruppin in Erscheinung. Die Beteiligung an der Ausbildung im Kreis liegt bei 28 %. Der überwiegende Teil der Genossen – vornehmlich alte SPD-Mitglieder – bleiben den Ausbildungsstunden fern.
- Besonders treten pazifistische Tendenzen in [sic!] der Aufstellung einer Nationalen Volksarmee auch im RAW Brandenburg und VEB Bastfaser Fehrbellin im Bezirk Potsdam auf.

SPD-Einfluss zur Ablehnung von Beitragszahlung
In verschiedenen VEB macht sich der SPD-Einfluss dahingehend bemerkbar, dass ein großer Teil der Genossen die Beitragszahlung ablehnt, mit der Begründung, dass sie den Beitrag finanziell nicht tragen könnten. Aber auch andere Begründungen treten auf, die eine gewisse Methode erkennen lassen. Der Genosse [Name 5] im Werk 536 Zwickau[46] lehnt die Zahlung des Beitrages ab mit der Begründung, dass sein Schwager in Bautzen in Haft wäre. Im VEB Braunkohlenwerk Profen sind die gleichen Erscheinungen.[47] Der Genosse [Name 6, Vorname] brachte zum Ausdruck, dass er keine Beiträge mehr bezahlen will, da sein Sohn wegen einer Schlägerei mit einem Sowjetsoldaten verhaftet wurde und bis jetzt noch nicht zurückkehrte.

Als besonderes Beispiel sei hier das Werk 536 Zwickau erwähnt. So nahmen in diesem Werk nur 40 % an der Kampfgruppenausbildung teil. Am 12.1.1956 waren nur acht Personen (Genossen) vom gesamten Betrieb zur Ausbildung anwesend. In der mechanischen Werkstatt und Werkzeugbau des gleichen Betriebes lehnten von 80 Genossen 30 die Zahlung der Parteibeiträge ab. Der Besuch der Parteiveranstaltungen und Versammlungen im Werk 536 Zwickau beläuft sich auf 30 % der Genossen. 28 Genossen verweigern die Teilnahme am Parteilehrjahr. Der Genosse [Name 6] und der Genosse [Name 7] von der mechanischen Werkstatt des Werkes 536 erklärten: »Ich lebe auch ohne Partei gut.« »Es ist nicht notwendig, dass wir in der Partei so viele Funktionäre haben.« In diesem Werk arbeitet noch ein großer Teil von Arbeitern aus den ehemaligen Konzernbetrieben (Horch-Audi),[48] und der überwiegende Teil der Genossen war früher in der SPD organisiert.

46 Das Werk 536 Zwickau gehörte zur SDAG Wismut.
47 Unvollständiger Satz im Original.
48 Gemeint sind der VEB Horch Kraftfahrzeug- und Motorenwerke Zwickau und der VEB Automobilwerk Zwickau (bis 1955 VEB Kraftfahrzeugwerk Audi Zwickau). 1958 fusionierten die beiden Betriebe zum VEB Sachsenring Automobilwerke Zwickau.

SPD-Einfluss gegen die Deutsch-Sowjetische Freundschaft
Im Bezirk Gera macht sich ein verstärkter Austritt aus der DSF bemerkbar. Im VEB Jutewerk und Lederwerk[49] wollten zahlreiche ehemalige SPD-Mitglieder aus der DSF austreten. Nur durch sofortigen Einsatz der Partei und DSF bleib die Mehrzahl Mitglied. In der Konsumbrauerei Watzdorf,[50] Kreis Rudolstadt, wo früher eine starke SPD-Gruppe bestand, traten von den 30 Mitgliedern der BPO 21 aus der DSF aus. Sie gaben als Begründung an, dass sie so lange nicht wieder der DSF beitreten würden, bis die »Russen« gezeigt hätten, dass sie wirkliche Freunde seien.

SPD-Einfluss zur Durchführung »Freier Wahlen« und Einführung der 40-Stunden-Woche
In der Brikettfabrik Witznitz des VEB Großzössen,[51] [Kreis] Borna, werden negative Diskussionen über die Durchführung von »freien Wahlen« geführt. Dieser Betrieb war früher eine Hochburg der SPD. Im Kreisverband der Konsumgenossenschaft Eilenburg macht sich der Einfluss des Ostbüros der SPD wie folgt bemerkbar: So wurden verschiedene Personen mit Hetzschriften vom SPD-Ostbüro angeschrieben, die nicht abgegeben wurden.

Der Konsum erfüllte den Jahresplan für 1955 nicht und der Jahresplan für 1956 wird erst im März 1956 fertiggestellt. Die bevorstehenden Aufgaben werden nur schleppend durchgeführt. Des Weiteren gibt es Diskussionen über die 40-Stunden-Woche.[52] So erklärte der Arbeiter [Name 8]: »In der DDR müsste die 40-Stunden-Woche auch eingeführt werden. In der DDR wird doch nichts für die Arbeiter getan.«

SPD-Einfluss zur Bildung der SPD in der DDR
Das LPG-Mitglied [Name 9] aus Holzhausen, [Kreis] Leipzig[-Land], äußerte: »Die Kommunisten können sich hier nie halten. Eine Einheit Deutschlands unter Kommunisten wird es nie geben. Walter Ulbricht ist verhasst, in den Leuna-Werken wäre er bald gesteinigt worden. Der einzige, der sich von der Regierung eventuell halten kann, wäre Grotewohl, weil er ein alter SPDer ist. Die SPD wird siegen.« Der Generatorenarbeiter [Name 10, Vorname] vom VEB Silikatwerke Bad Lausick, [Kreis] Geithain, vertritt folgende Ansicht: »Die jetzige Regierung der DDR muss abtreten. Es muss eine neue Regierung gebildet werden unter Führung der SPD und des Vorsitzes Ollenhauer.«

49 Gemeint sind der VEB Thüringer Jutewerke Weida und der VEB Lederwerke Weida.

50 Im Original: »Walzdorf«.

51 Vollständig: VEB Braunkohlewerk Großzössen.

52 Auf der III. Parteikonferenz der SED (24.–30.3.1956) wurde beschlossen, »die Voraussetzungen zu schaffen, damit in der Zeit des zweiten Fünfjahrplans in der Industrie der Siebenstunden-Arbeitstag und in bestimmten Industriezweigen die 40-Stunden-Woche ohne Lohneinbuße eingeführt werden kann.« Direktive der 3. Parteikonferenz der SED für den zweiten Fünfjahrplan 1956–1960. In: Protokoll der 3. Parteikonferenz der Sozialistischen Einheitspartei Deutschlands. Bd. II, Berlin 1956, S. 1022–1113, hier 1030 f.

Beim Rat des Kreises Quedlinburg sowie beim Rat des Kreises Thale[53] kommt der Einfluss der SPD in der Form zum Ausdruck, dass versucht wird, besonders treu zur Partei stehende Genossen, die aus der KPD kommen, mit der Begründung, dass sie nicht fachlich qualifiziert wären, aus der Verwaltung abzuschieben. So erklärte u. a. der Leiter der Abteilung Wohnraumlenkung, Genosse [Name 11]: »Bei einer kommenden Wahl wird die SPD als Sieger hervorgehen. Man müsste eine SPD gründen mit W. Wolf[54] an der Spitze, er habe das dortige Vertrauen der Bevölkerung und stehe auf dem Boden von Marx und Engels.« Wolf ist Leiter der Abteilung Arbeit und ehemaliger Spitzenfunktionär der SPD.

Gruppenbildung ehemaliger SPD-Mitglieder

In Bautzen wurde 1950 ein ehemaliges SPD-Mitglied als Parteifeind ausgeschlossen. Er unterhält noch Verbindung zu ehemaligen SPD-Mitgliedern, die früher seine engsten Mitarbeiter waren, republikflüchtig wurden und heute in Westdeutschland in verantwortlichen Funktionen im Staatsapparat tätig sind. Er äußerte, dass nach dem Sturz des jetzigen Regimes genügend Funktionäre vorhanden wären, die jetzt ausharren und dann Funktionen eines Staates in Freiheit übernehmen könnten.

In der Gemeinde Großthiemig,[55] Bezirk Cottbus, besteht eine Gruppe ehemaliger SPD-Mitglieder, welche sich zeitweilig bei einem ehemaligen SPD-Mitglied treffen und negativ über Maßnahmen der Partei und Regierung sprechen. Im VEB Vereinigte Hutwerke Guben ist es ebenfalls einer Gruppe ehemaliger SPDer unter Ausnutzung ihrer fachlichen Kenntnisse gelungen, Einfluss in der Belegschaft und Verwaltung zu erlangen.

Im Bahnbetriebswerk Saßnitz, [Bezirk] Rostock, war der große Teil der Eisenbahner vor 1933 Mitglied der SPD und ging 1933 zur NSDAP. Nach 1945 organisierten sie sich zum Teil in der SPD, wobei beim Zusammenschluss der beiden Arbeiterparteien verschiedene die Zugehörigkeit zur SED ablehnten. Diese traten besonders am 17.6.1953 negativ in Erscheinung. Die Einstellung dieser Personen hat sich auf den größten Teil der Eisenbahner von Saßnitz übertragen. Der größte Teil von ihnen hört Westsender. Zur Zeit der Rückkehr der Kriegsverurteilten stellte ein Eisenbahner sein Radio auf das Fensterbrett eines geöffneten Fensters und ließ dieses so laut spielen, dass das »Deutschlandlied« weit über die Straße zu hören war.[56] Als er von einem VP-See-Offizier auf die Schändlichkeit seiner Handlung hingewiesen wurde,

53 Gemeint ist der Rat der Stadt Thale. Thale gehörte zum Kreis Quedlinburg.

54 Willi Wolf, Jg. 1904, Gewerkschafter und Politiker (SPD/SED), in der NS-Zeit als Widerstandskämpfer mehrere Jahre in Haft, 1945 Mitglied des Landesvorstands Brandenburg der SPD bzw. ab 1946 der SED, bis 1958 Direktor der Sozialversicherung Brandenburg.

55 Im Original: »Groß-Thimig«.

56 Gemeint ist das »Lied der Deutschen« von August Heinrich Hoffmann von Fallersleben, das von 1922 bis 1945 und in der Bundesrepublik wieder seit 1952 (nur die dritte Strophe) als deutsche Nationalhymne dient.

sagte er Folgendes: »In meiner Wohnung kann ich machen was ich will, das geht keinen etwas an, – oder haben wir hier in der Ostzone keine Freiheit mehr?« Anschließend stellte er das Radio noch lauter.

Im Fischkombinat Saßnitz, [Kreis] Rügen, besteht ebenfalls eine Konzentration von alten SPD-Mitgliedern, die zum großen Teil aus der SED wegen Verbreitung sozialdemokratischer Tendenzen ausgeschlossen wurden. Von diesen werden besonders Lohnfragen und die »Verschlechterung« des Lebensstandards in der DDR seit 1953 diskutiert. Zum anderen werden von dieser Gruppe Diskussionen über folgende Fragen geführt: 1. Wer sind überhaupt Walter Ulbricht und Otto Grotewohl? 2. Die Oder-Neiße-Grenze ist nicht rechtmäßig und außerdem wurde sie ja auch nur für die Dauer von zehn Jahren festgelegt.[57] 3. Es steht fest, dass die Regierung der DDR vor dem 17.6.1953 Fehler gemacht hat. Warum wurde sie nicht auch, wie es in Frankreich der Fall ist,[58] abgelöst? Diese Fragen wurden u.a. auch zu einer Gewerkschaftsversammlung von Obengenannten aufgeworfen, sodass das Thema, Auswertung der Beschlüsse des 25. Plenums des ZK der SED, kaum diskutiert wurde.

Weitere Gruppen bestehen im MTS-Bezirk Gademow, [Kreis] Rügen, Rambin, Trent, Zingst, Sagard und Zirkow:

- In Gademow gibt es drei Genossen, die aus der SPD kamen und die weitere ehemalige SPD-Mitglieder um sich scharen. Ihre Argumente richten sich gegen die Jugendweihe.[59] Weiterhin treten sie propagandistisch für »freie Wahlen« ein. Ihre Meinung vertraten sie auch in einer öffentlichen Versammlung, wo sie auch zum Ausdruck brachten, lieber bei einem Privatunternehmer als in einem volkseigenen oder genossenschaftlichen Betrieb zu arbeiten.
- In der Gemeinde Rambin, [Kreis] Rügen, besteht eine Gruppe alter SPDer, die offen gegen die Bildung von LPG auftritt und die Großbauern

57 Am 6.7.1950 erkannte die DDR im Görlitzer Abkommen die Oder-Neiße-Grenze als Grenze zu Polen an. Eine zeitliche Befristung war dabei nicht vorgesehen.

58 Nach den Parlamentswahlen in Frankreich am 2.1.1956 wurde die Regierung unter Ministerpräsident Edgar Faure (Radikale Partei) von einer Koalitionsregierung (»Republikanische Front«) unter Führung des Sozialisten Guy Mollet abgelöst.

59 Die Jugendweihe ist eine freireligiöse oder säkulare Initiationsfeier für Jugendliche, die in der Regel im Alter von 14 Jahren stattfindet. Sie geht in ihren Ursprüngen auf das 19. Jahrhundert zurück und wurde bald von der Arbeiterbewegung aufgegriffen. Nach anfänglicher Ablehnung setzte die SED die Jugendweihe in der DDR ab 1954 als Initiationsfeier neben der christlichen Konfirmation bzw. Firmung mit massivem Druck durch. Die Kirchen erklärten die Jugendweihe dagegen für unvereinbar mit der Teilnahme an der Konfirmation bzw. Firmung. Vgl. Wentker, Hermann: Die Einführung der Jugendweihe in der DDR: Hintergründe, Motive und Probleme. In: Mehringer, Hartmut (Hg.): Von der SBZ zur DDR. Studien zum Herrschaftssystem in der Sowjetischen Besatzungszone und in der Deutschen Demokratischen Republik. München 1995, S. 139–165.

unterstützt. Der Großbauer [Name 12] aus Rambin hat eine Pachtwirtschaft, deren Pacht vor einiger Zeit abgelaufen ist. Das Land sollte der LPG Rothenkirchen,[60] [Kreis] Rügen, angegliedert werden. So fuhr der Genosse [Name 13], ehemalig SPD, mit den Großbauern zum Rat des Bezirkes, Abteilung Landwirtschaft, um für ihn zu bürgen, dass er das Land weiterhin behalten konnte.

– In der Gemeinde Gingst, [Kreis] Rügen, unterhält [sic!] der Bürgermeister, ehemaliger 1. Vorsitzender der SPD, und zwei weitere ehemalige SPD-Vorstandsmitglieder, die heute Mitglied der SED sind, enge Verbindung zu bürgerlichen Kreisen. Fast alle führenden Positionen sind von ehemaligen SPD-Mitgliedern besetzt. Die Parteiarbeit ist sehr schlecht und wird, wie es im Volksmund heißt, von der SPD gemacht. Diese alten SPD-Mitglieder treffen sich des Öfteren zum »Skatspielen«.
– In Zirkow, [Kreis] Rügen, besteht eine Gruppe ehemaliger SPDer, die versucht, Genossen, die eine aktive Arbeit leisten, zu beeinflussen.

Der Aufbauleiter beim Rat des Kreises Rostock äußerte: »Ich bin ein alter Sozialdemokrat und bleibe auch einer.« In Halberstadt wurde eine Gruppe von sieben ehemaligen SPD-Mitgliedern festgestellt, die mit Agenten des Ostbüros der SPD, die ehemals in Halberstadt wohnhaft waren, in Verbindung stehen. Die Tätigkeit dieser Personen besteht vor allem in der Sammlung von Material über Stimmung und Lage, welches an die Agentenzentrale durch Kurier übermittelt wird. Im Rathaus Eichwalde, [Bezirk] Potsdam, ist eine Konzentration von ehemaligen SPD-Mitgliedern zu verzeichnen, die heute Mitglied der SED sind. Diese Personen erkennen die Parteidisziplin nicht an, nehmen nicht am Parteilehrjahr teil, suchen laufend Westberlin auf und tätigen da selbst Einkäufe. Der Genosse [Name 14] verkehrt sogar mit einer republikflüchtig gewordenen weiblichen Person, die Mitglied der CDU ist.

In Gielow, [Bezirk] Neubrandenburg, sind ca. 60 Personen aus der CDU ausgeschlossen worden, die sich mit einem Teil der SPD-Mitglieder in negativer Hinsicht verschmelzen. Unter diesen SPD-Mitgliedern gibt es eine Reihe von Personen, die direkte Verbindung nach Westberlin und Westdeutschland unterhalten. In Weida, [Kreis] Gera[-Land], wurde bekannt, dass sich in einer Gaststätte Personen treffen, welche früher zum größten Teil Mitglieder der SPD waren. Der Wirt dieser Gaststätte war früher ebenfalls Mitglied der SED. In Tiefensee, [Bezirk] Frankfurt/O., wandten sich alle republikflüchtigen Personen an den Lehrer [Name 15], der heute noch stolz darauf ist, dass er vor 1933 Ortsvorsitzender der SPD war, und ließen ihre Angelegenheit durch ihn erledigen. Es ist bisher in dieser Gemeinde nicht gelungen, eine LPG zu gründen.

60 Im Original: »Rotenkirchen«.

SPD-Einfluss zum XX. Parteitag der KPdSU[61]
Am 24.2.1956 fand die 2. Kreisfunktionärskonferenz der SPD des Kreises Berlin-Friedrichshain statt.[62] Hier führte der Referent Neubauer[63] zum XX. Parteitag Folgendes aus: »Interessant erscheint, was Ulbricht nun tun wird, nachdem ihm in Moskau beim Parteikongress seine Felle weggeschwommen sind. Was in Moskau geschah, ist eine sensationelle Wendung in der Geschichte der KPdSU. Auffällig ist vor allem, dass aus den Buchhandlungen der Ostzone und Ostberlins die Werke Stalins verschwunden sind. Dies seien nach Meinung Chruschtschows plumpe Geschichtsfälschungen. Der Initiator der Revolution war weder Stalin noch Lenin, sondern Trotzki.[64] Aber trotzdem sind viele Trotzkisten hingerichtet worden und diese Hinrichtungen müssen nach Ansicht der sowjetischen Partei rehabilitiert worden.«

In den Bezirken treten folgende Äußerungen von ehemaligen SPD-Mitgliedern in Erscheinung:

- Genossen aus Neustadt, [Kreis] Kyritz, äußerten: »Die SPD hat doch recht behalten, weil sie schon seit Jahrzehnten der Meinung ist, dass durch einen parlamentarischen Kampf der Sozialismus auch in einem kapitalistischen Land aufgebaut werden kann.«[65]
- Ein Genosse vom Rat des Bezirkes Dresden sagte: »Da haben die von uns (SPD) doch recht gehabt, dass der Sozialismus über das Parlament zu erreichen ist.«
- Der Angestellte [Name 16] (SED) von der Kreisgeschäftsstelle der Industrie- und Handelskammer Rostock erklärte: »Der XX. Parteitag gibt der Politik der SPD vollkommen recht, denn jetzt hat man erkannt, dass man auch auf dem parlamentarischen Wege zum Sozialismus kommt. Ich bin gespannt, wie man sich nun Ollenhauer gegenüber verhalten wird. Unter

61 Der XX. Parteitag der KPdSU fand vom 14. bis 25.2.1956 in Moskau statt. Der Parteitag, auf dem Parteichef Chruschtschow in einer Geheimrede den Personenkult um Stalin kritisierte und Stalins Verbrechen enthüllte, leitete in der Sowjetunion den Prozess der Entstalinisierung ein.

62 Bis zum Mauerbau am 13.8.1961 war die SPD auch in Ostberlin zugelassen. Die acht Kreisverbände im Osten und die zwölf Kreisverbände im Westen bildeten gemeinsam den Landesverband Berlin. Jedoch wurden die Aktivitäten der SPD in Ostberlin von staatlicher Seite massiv eingeschränkt: Eine Teilnahme an Wahlen war der Partei dort ebenso wenig möglich wie die Veranstaltung öffentlicher Kundgebungen.

63 Kurt Neubauer, Jg. 1922, SPD-Politiker, 1947–61 SPD-Kreisvorsitzender von Berlin-Friedrichshain, seit 1950 Mitglied des SPD-Landesvorstandes Berlin, 1952–63 MdB.

64 Leo Trotzki, Jg. 1879, russischer kommunistischer Politiker und marxistischer Theoretiker. Trotzki vertrat eine von der Parteilinie der KPdSU abweichende marxistische Theorie, geriet in Konflikt mit Stalin und wurde von diesem 1927 entmachtet und 1929 ins Exil getrieben; 1940 wurde Trotzki im Auftrag Stalins im Exil in Mexiko ermordet.

65 Chruschtschow sprach auf dem XX. Parteitag der KPdSU die Möglichkeit an, »auch den parlamentarischen Weg für den Übergang zum Sozialismus auszunutzen«. Vgl. Bericht des Zentralkomitees der KPdSU an den XX. Parteitag. Wortlaut des Referats von N. S. Chruschtschow. In: ND v. 17.2.1956, S. 3–12, hier 12.

meinen bekannten Genossen sind jetzt viele Unklarheiten entstanden, – keiner weiß, was er überhaupt noch glauben soll.«

- Ein ehemaliges Mitglied der SPD aus Zeulenroda, [Bezirk] Gera, äußerte: »Auf dem Parteitag in Moskau wurde von Chruschtschow über neue ökonomische Veränderungen in der SU gesprochen. Auch die Politik Stalins wurde einer scharfen Kritik unterworfen. Aus diesem Grunde sind auch die geschriebenen Werke Stalins überflüssig und der Stalinismus wird durch den Leninismus ersetzt.«
- Ein Genosse im VEB Glaswerk Schwepnitz,[66] [Kreis] Kamenz, sagte zum XX. Parteitag: »Man hört auf dem XX. Parteitag gar nichts von Stalin, es muss doch von Stalin etwas falsch gemacht worden sein. Ich hatte schon immer eine leise Ahnung, dass in der Parteipolitik viele Fehler gemacht werden.«
- Der Fahrdienstleiter vom Bahnhof Annaberg erklärte: »Der XX. Parteitag der KPdSU wird auch eine neue Linie für unsere Partei bringen, denn Genosse Chruschtschow hat erklärt, dass man auf parlamentarischem Wege zum Sozialismus kommen kann.«

IV. Methoden der Tarnung dieser Feindtätigkeit sowie der Einflussnahme auf die Bevölkerung

Die alten SPD-Mitglieder, die nicht aus Überzeugung Mitglied der SED geworden sind, insbesondere aber die wegen parteifeindlichen Verhaltens aus der SED ausgeschlossenen Personen, bedienen sich verschiedener Methoden ihre Feindtätigkeit zu tarnen und Einfluss auf die Bevölkerung zu erlangen.

Aus dem Bezirk Magdeburg wurde bekannt, dass sich die alten SPD-Mitglieder sowie auch ausgeschlossene Personen, insbesondere in den Baugenossenschaften, Konsum und Siedlergenossenschaften, dem Verband der Kleingärtner und Kleintierzüchter sowie besonders in Gardelegen im Geflügelzuchtverein konzentrieren und von da aus ihren Einfluss auf die Bevölkerung geltend machen.

Aus dem Bezirk Leipzig wird bekannt, dass sich ehemalige SPD-Mitglieder in der NDPD organisiert haben und dort ihren Einfluss auf die Mitglieder ausüben. Insbesondere tritt dies in den Kreisen Altenburg und Grimma in Erscheinung. Im Bezirk Dresden ist zu verzeichnen, dass sich die aus der Partei ausgeschlossenen Personen in Privat- und Handwerksbetrieben konzentrieren, wobei es sich in der Mehrzahl um alte SPD-Mitglieder handelt. Außerdem gibt es besonders im Kreise Bischofswerda, [Bezirk] Dresden, Anzeichen, indem sich alte SPD-Mitglieder in Skatklubs und Gesangsvereinen zusammenfinden und so ihren Einfluss auf die Bevölkerung geltend machen. Weiter wird aus Freital, [Bezirk] Dresden, berichtet, dass in einem Betrieb ein Toto-Klub besteht, in dem sich vor allem alte SPD-Angehörige zusammenfinden.

66 Im Original: »Schweppnitz«.

In Zepernick, [Kreis] Bernau, besteht der Gesangsverein »Liederfreunde«, wovon 23 Mitglieder neun ehemalige SPDer und jetzt Genossen der Partei sind. Diese Genossen leisten aber keine Parteiarbeit und diskutieren negativ. Im Bezirk Neubrandenburg ist zu verzeichnen, dass sich alte SPD-Mitglieder in Stadt- und Gemeindeverwaltungen sowie ehemalige aus der SED ausgeschlossene SPD-Mitglieder sich in der DBD organisieren. Im Bezirk Frankfurt/O. wurde bekannt, dass Konzentrationen alter SPD-Mitglieder auch in Sportgemeinschaften erfolgen.

Ähnliche Methoden der Tarnung sowie der Einflussnahme auf die Bevölkerung gibt es auch in anderen Bezirken, wodurch diese Personen die Möglichkeit erhalten, auf legalem Wege ihre feindlichen Ansichten zu verbreiten. Der hauptamtliche Mitarbeiter des »Ostbüros der SPD« »*Wallmann*« erklärte einer zuverlässigen Agentur Folgendes: »Sie haben in der letzten Zeit einen großen Stimmenzuwachs erhalten und haben selbst in der ›Ostzone‹ 750 000 ›Genossen‹ und Nichtparteimitglieder, die für sie arbeiten und in Wirklichkeit die Ziele der SPD vertreten. Sie schätzen in drei bis vier Jahren soweit zu sein, um öffentlich aufzutreten. Das wird folgendermaßen vor sich gehen: Ein von ihnen beauftragter Genosse wird auf einem Bezirkstag der SED öffentlich für die SPD sprechen. Man wird dann eine Entschließung annehmen, die rein den Zielen der SPD entspricht. Daraufhin wird vom ZK ein neuer Bezirkstag einberufen werden, die SPD wird aber so stark sein, dass sie wieder durchkommen. Das wird dann der Anlass zu einem außerordentlichen Parteitag sein. Auf diesem Parteitag wird die SPD so stark vertreten sein, dass das ZK der SED weggefegt wird und sie ihre Ziele durchsetzen können. Die Arbeit in dem Bezirkstag kann sogar auf einmal drei Stellen erfolgen. [sic!] Jedoch werden alle anderen Bezirke und Kreise ruhig bleiben und erst zum Parteitag, wenn das alte ZK abgelöst ist, öffentlich auftreten. Damit, wenn irgendetwas nicht klappen sollte, nicht alle verraten werden.« In seinen weiteren Ausführungen sprach er davon, dass Altenburg und Magdeburg als Hochburgen der SPD anzusehen sind und dass sie dort ihre meisten Leute haben. Ebenfalls erklärte er noch, dass sie auch in jedem Staatssekretariat, Ministerium, im ZK und im Büro des ZK ihre Leute haben.

V. Einige Ursachen der negativen und feindlichen Haltung alter SPD-Mitglieder

Die Ursache der feindlichen Haltung alter SPD-Mitglieder ist darin begründet, dass ein Teil dieser Mitglieder die Vereinigung 1946 nicht aus Überzeugung mitmachte, sondern teilweise nur um ihre Funktionen zu halten bzw. in der Hoffnung, die SED würde den alten Weg der SPD fortsetzen. Diese Erscheinung tritt in allen Bezirken zutage. Eine weitere Ursache für die feindliche und ablehnende Haltung ist die Verbindung, die alte Funktionäre der SPD, welche 1946 und nachdem [sic!] nach Westdeutschland flüchteten, heute noch zu ehemaligen SPD-Mitgliedern in der DDR unterhalten. Diese Erscheinung ist besonders stark in den Bezirken Magdeburg und Dresden zu verzeichnen.

VI. Die Situation im Landesverband der SPD im demokratischen Sektor Berlins und der Einfluss des Ostbüros auf diesen Verband

Nach dem Jahrbuch 1954 des SPD-Landesverbandes Berlin[67] beläuft sich die Mitgliederzahl im demokratischen Sektor auf 6932. Im Einzelnen gliedern diese sich auf die Kreise wie folgt auf:

- Mitte 603,
- Prenzlauer Berg 1580,
- Friedrichshain 909,
- Treptow 603,
- Köpenick 737,
- Lichtenberg 1050,
- Weißensee 476,
- Pankow 974.

Die Zahl der Mitglieder in ganz Berlin hat sich bis 1.1.1955 auf etwa 39000 erhöht. Bei der Einschätzung muss jedoch berücksichtigt werden, dass eine Überalterung der Mitgliedschaft im demokratischen Sektor zu verzeichnen ist.

Die Tatsache, dass die Kreisvorsitzenden von Weißensee und Friedrichshain Mitglied des Bonner Bundestages sind, bleibt nicht ohne Auswirkungen auf den politischen Zustand ihrer Kreisorganisationen. Insbesondere in deren Wohnbereichen befindet sich der größte Teil der SPD-Mitglieder dieser Bezirke. Von der Vorsitzenden in Weißensee, Gretel Heise,[68] wurden bisher alle Vorschläge der SED für eine Zusammenarbeit strikt abgelehnt. Die Heise unterhält engen Kontakt zu den rechten SPD-Führern Suhr,[69] Brandt[70] und Lipschitz[71] in Westberlin. Gegenwärtig hat sich die SPD im demokratischen Sektor Berlins als Hauptaufgabe die Gewinnung neuer Mitglieder gestellt.

Im Durchschnitt führt die SPD innerhalb von zwei Monaten zwei Abteilungsversammlungen durch. Während diese im demokratischen Sektor stattfinden, werden die Mitgliederversammlungen der genannten Kreisorganisationen in Westberlin durchgeführt. Darüber hinaus finden in Westberlin

67 Ein Jahrbuch des SPD-Landesverbandes Berlin gab es nicht, gemeint ist der Jahres*bericht*. Vgl. Jahresbericht der SPD Berlin 1954. Hg. v. Landesverband Berlin der Sozialdemkratischen Partei Deutschlands. Berlin o. J. (1956).

68 Gemeint ist Margarete Heise, Jg. 1911, SPD-Politikerin, 1949–61 Mitglied des SPD-Landesvorstands, 1952–61 Kreisvorsitzende der SPD Weißensee, 1953–69 MdB.

69 Otto Suhr, Jg. 1894, SPD-Politiker, 1955–57 Regierender Bürgermeister von Berlin.

70 Willy Brandt, Jg. 1913, SPD-Politiker, 1955–57 Präsident des Abgeordnetenhauses von Berlin, 1957–66 Regierender Bürgermeister von Berlin, 1964–87 Bundesvorsitzender der SPD, 1969–74 Bundeskanzler.

71 Im Original: »Lippschütz«. Joachim Lipschitz, Jg. 1918, SPD-Politiker, 1950–61 Mitglied des Abgeordnetenhauses von Berlin, 1955–61 Berliner Innensenator.

öffentliche Versammlungen der Kreisorganisationen des demokratischen Sektors statt, die teilweise mit Filmvorführungen verbunden sind. Zu diesen Versammlungen werden sympathisierende Bürger des demokratischen Sektors eingeladen. In fast allen Referaten auf diesen Versammlungen kommt die feindliche Einstellung zur SU und DDR zum Ausdruck. Bei einer am 20.12.1955 in Friedrichshagen stattgefundenen Weihnachtsfeier der SPD äußerte sich ein Funktionär dahingehend, dass es im nächsten Jahr sowieso andersherum kommt. Die DDR wird wirtschaftlich z.B. dadurch kaputtgemacht werden, dass man den Wechselkurs auf einmal ganz niedrig hält. Man wird ihn vielleicht auf 1 : 2 oder 1 : 3 bringen, damit unsere Bevölkerung in Westberlin einkaufen geht. Durch diese beabsichtigte Maßnahme würde man die DDR zu einer Preissenkung zwingen.

Im Mitteilungsblatt des SPD-Kreisvorstandes Köpenick, das jedes SPD-Mitglied des Kreises erhält, wird in der Dezember-Ausgabe u.a. ein Kommentar »Sind die volkseigenen Betriebe eine Errungenschaft« gegeben. In diesem Kommentar wird in aggressiver Form die Feststellung getroffen, dass die volkseigenen Betriebe nach sogenannten staatskapitalistischen Grundsätzen aufgebaut sind und nicht einmal als ein Fortschritt angesehen werden können. Zum Schluss wird in diesem Kommentar wörtlich Folgendes gesagt: »Aus dieser Charakterisierung der sowjetzonalen VEB ergibt sich, dass bei einer Wiedervereinigung entscheidende Veränderungen an der Struktur und im Wesen der VEB notwendig sein werden. Trotzdem wäre eine Reprivatisierung nicht zu verantworten. Allerdings entbehren die sogenannten VEB bis heute einer echten gesetzlichen Grundlage, die ein zukünftiges gesamtdeutsches Parlament erst schaffen müsste.«[72]

Vor einiger Zeit wurden in Berlin-Wannsee Wochenendschulungen durchgeführt, an denen aus jedem Kreis des demokratischen Sektors ca. 30 Mitglieder und Funktionäre teilgenommen haben. Dabei soll es sich um Kommunalpolitische Lehrgänge handeln. Außerdem werden vom Landesvorstand Berlin der SPD für Mitglieder aus dem demokratischen Sektor Fahrten nach Westdeutschland organisiert, die z. T. vom Kaiser-Ministerium[73] finanziert werden.

Bei dem 1. Kommunalpolitischen Lehrgang der SPD des Kreises Weißensee wurde von einem SPD-Funktionär des Kreises Weißensee erklärt, »dass wir uns trotz fehlgeschlagener Konferenz auf den Tag X[74] vorbereiten müssen, damit wir dann in der Lage sind, die Verwaltung des Ostens mit zu übernehmen«.

72 Das Mitteilungsblatt der SPD Köpenick ließ sich bibliographisch nicht ermitteln.

73 Gemeint ist das Bundesministerium für gesamtdeutsche Fragen, das von 1949 bis 1957 von dem CDU-Politiker Jakob Kaiser geleitet wurde.

74 Der Begriff »Tag X« wurde von westlichen Institutionen und Organisationen, die sich mit Wiedervereinigungsfragen und »Ostarbeit« befassten, für den Tag der Wiedervereinigung verwendet.

Auf Kosten des Landesvorstandes der SPD wurden in den letzten Monaten weiterhin Jungsozialisten nach Westdeutschland, Jugoslawien, Italien und Frankreich delegiert, um sich mit den Verhältnissen in diesen Ländern vertraut zu machen. Das August-Bebel-Institut Berlin W 35, Zietenstraße 18,[75] führt mit Herbstbeginn 1955 wiederum Kurse durch, in denen u. a. auch Themen behandelt werden, die einen negativen Inhalt gegenüber der SU und DDR haben. Dabei ist vorgesehen, diese Lehrgänge in mehreren Stadtteilen, besonders in der Nähe der Sektorengrenzen, durchzuführen, um den »Mitbürgern im Ostsektor« die Teilnahme zu erleichtern.

Eine starke Konzentration von SPD-Mitgliedern gibt es im Straßenbahnhof Lichtenberg, wo die Zahl zwischen 80 und 100 Mitgliedern liegt. Schwerpunkte in der Besetzung mit SPD-Mitgliedern sind die verschiedenen Abspannwerke, wo in einigen die Zahl der SPD-Mitglieder höher als die der SED-Mitglieder ist. In den übrigen Betrieben des demokratischen Sektors ist zu verzeichnen, dass der Einfluss der SPD besonders in den Fragen der Norm- und Lebensverhältnisse zum Ausdruck kommt sowie in der Forderung nach »freien Wahlen«.

Im Allgemeinen übt die SPD auf die Bevölkerung keinen großen Einfluss aus. Die Schwerpunkte besonders starker Konzentrationen in den Wohngebieten sind:

- der Bezirk Prenzlauer Berg, insbesondere die Lychener und Glenirstraße,[76]
- der Bezirk Weißensee, besonders die Stadtrandsiedlung und die Niles-Siedlung in Malchow,
- der Bezirk Lichtenberg, besonders die Ortsteile Biesdorf, Kaulsdorf und Mahlsdorf.

Finanziell wird die SPD durch Geschäfts- und Handwerkerkreise unterstützt.

Um Masseneinfluss zu gewinnen, werden von der SPD Eintrittskarten für Veranstaltungen in der Waldbühne in Westberlin verkauft. In letzter Zeit wurden die Kreisvorstände vom Landesvorstand der SPD angewiesen, Ermittlungen über republikflüchtige Personen im demokratischen Sektor einzuholen.

Der aktivste Teil der SPD-Mitglieder im demokratischen Sektor sind die gewählten Funktionäre. Sie nehmen im Allgemeinen regelmäßig an den Versammlungen und Funktionärsbesprechungen teil. Bei den Neuwahlen tritt in Erscheinung, dass ein großer Teil der bisherigen Funktionäre wieder aufgestellt wird und dadurch schon seit Jahren die gleichen Mitglieder zum Funk-

75 Das August Bebel Institut ist eine Einrichtung der politischen Bildung in Berlin, die 1947 von vier der SPD nahestehenden Zeitungsverlegern gegründet wurde.

76 Eine Straße dieses Namens gibt es in Berlin nicht. Gemeint ist vermutlich die Gleimstraße, deren östlicher Teil im Bezirk Prenzlauer Berg liegt.

tionärskörper gehören. An den Abteilungsversammlungen nehmen durchschnittlich 30 bis 50 % der Mitgliedschaft teil.

Die Mitglieder der SPD im demokratischen Sektor erhielten von ihren Kreisvorständen die Anweisung, bei Diskussionen, die SED-Mitglieder mit ihnen führen wollen, sich passiv zu verhalten und die Personen an das betreffende Kreisbüro der SPD zu verweisen. Der Kreis Friedrichshain wirkt in der Form auf seine Mitglieder ein, dass diese bei Diskussionen zwischen »SED- und SSD-Mann« unterscheiden sollen. Wenn sie durch letztere angesprochen werden, dann haben sie dies sofort dem Kreisvorstand mitzuteilen.

Die an den öffentlichen Versammlungen in Westberlin als Gäste teilnehmenden Personen aus dem demokratischen Sektor erhalten beim Einlass einen Zettel, auf dem an sie die Frage gerichtet wird, wie ihnen die Versammlung gefallen hat und ob sie wünschen, zu den nächsten Versammlungen wieder eingeladen zu werden.

Über die Arbeiterwohlfahrt gibt die SPD weiterhin Gutscheine für Lebensmittelpakete an Rentner und minderbemittelte Personen aus, die dann im Haus der Arbeiterwohlfahrt in der Möckernstraße in Westberlin abgeholt werden müssen. Durch diese Maßnahme schafft sich die SPD einen großen Kreis mit ihr sympathisierender Personen.

Zur Gewinnung der Jugend werden Jugendveranstaltungen wie »Jugend-Revue« durchgeführt, bei deren Gestaltung den Interessen der Jugend Rechnung getragen wird und die einen regen Zuspruch finden. Durch SPD-, DGB- und DAG-Mitglieder wurden zu jeder Veranstaltung ca. 22 000 Karten im demokratischen Sektor umgesetzt. Dabei ist von besonderer Bedeutung, dass dieser Einfluss auch auf eine ganze Reihe von Kollegen in den Betrieben ausgeübt wird. So ist die Tatsache zu verzeichnen, dass im VEB TRO »Karl Liebknecht« allein zu einer Veranstaltung in der »Waldbühne« 1 800 Karten verkauft werden konnten.

Um ihren politischen Einfluss zu verstärken, plant die SPD für das Jahr 1956 die Durchführung weiterer Veranstaltungen in Westberlin für Bewohner des demokratischen Sektors. Außer vier »Waldbühnen«-Veranstaltungen im nächsten Jahr 1956 [sic!] sind bereits jetzt für Monat Februar acht Veranstaltungen für Bürger des demokratischen Sektors vorgesehen, bei denen ein Politisches Kabarett gezeigt und leitende Funktionäre der SPD mit den anwesenden Personen sprechen werden. Die Verteilung der Karten erfolgt durch die Kreisvorstände der SPD im demokratischen Sektor. Der Preis der Karte beträgt 1,00 DM. Sechs Veranstaltungen finden im Konzertsaal der Grünthaler Straße statt.

Am 15.1.1956 fand eine außerordentliche Delegiertenkonferenz der »Jungsozialisten«[77] und »Falken«[78] statt. Die Teilnehmer der Konferenz nah-

77 Die Jungsozialisten (»Jusos«) sind der 1946 (wieder-)gegründete Jugendverband der SPD.

78 Die »Sozialistische Jugend Deutschlands – Die Falken« (SJD – Die Falken) sind ein 1904 gegründeter politischer Kinder- und Jugendverband, der der SPD nahesteht.

men eine Resolution an, in der die Forderung erhoben wird, Berlin zum Auffanglager aller jungen Menschen zu machen, die den Kriegsdienst in Ost- und Westdeutschland verweigern.[79] Diese Resolution soll, als Flugblatt gedruckt, über das Gebiet der DDR abgeworfen werden.

Aus dem Kreis Prenzlauer Berg wird uns mitgeteilt, dass gegen die SPD-Mitglieder, die im Dezember v[origen] Jahres an einer Versammlung der SED in der Schule Dunckerstraße, zu der auch der Kreisvorsitzende der SPD eingeladen war, teilgenommen haben, ein Parteiverfahren eingeleitet wird. Die Mitgliedsbücher wurden ihnen bereits abgenommen. Es handelt sich hierbei um acht bis zehn SPD-Mitglieder.

Nach vorliegenden Meldungen wird der 13. Landesparteitag der SPD in Berlin voraussichtlich am 7./8.4.1956 in der »Freien Universität« durchgeführt.[80] Der Landesparteitag soll den Charakter einer Arbeitstagung tragen. Neue Wahlen werden nicht durchgeführt, es werden nur Delegierte zum Parteitag der SPD, der im Mai 1956 in München stattfindet,[81] gewählt.

79 Aufgrund des Viermächte-Status von Berlin gab es in Westberlin keinerlei Präsenz der Bundeswehr und für die Westberliner Bürger bestand keine Wehrpflicht.

80 Die 1. Tagung des 13. Landesparteitags der SPD Berlin fand am 8.4.1956 statt, die 2. Tagung am 27.5.1956 und die 3. Tagung am 5./6.1. sowie am 19.1.1957.

81 Der siebte ordentliche Bundesparteitag der SPD fand vom 10. bis 14.7.1956 in München statt.

30. März 1956

III. Parteikonferenz der SED (8. Bericht) [Information Nr. M77/56]

Quelle: BStU, MfS, AS 79/59, Bd. 1b, Bl. 6–11.
Serie: Informationen.
Verteiler: Kein Nachweis für externe oder interne Verteilung.
Verweise: Informationen M66/56, M67/56, M68/56, M69/56, M72/56, M74/56, M76/56, M78/56, M81/56, M87/56 und M91/56.

Die Diskussionen zur III. Parteikonferenz der SED nehmen in allen Schichten der Bevölkerung weiterhin zu.[1] Diskutiert wird hauptsächlich über die Schaffung besserer Arbeitsbedingungen, die Einführung des 7-Stunden-Tages[2] und die Rentenerhöhung[3] sowie die Verbesserung des Lebensstandards im 2. Fünfjahrplan.[4]

Verschiedentlich äußern die Arbeiter der Industriebetriebe Zweifel darüber, dass die gestellten Aufgaben realisiert werden könnten, während ein großer Teil der Arbeiter in den Diskussionen zum Ausdruck bringt, dass es hierbei auf jeden selbst ankommt, zur Verwirklichung dieser großen Aufgaben beizutragen. Eine positive Haltung gegenüber der III. Parteikonferenz kommt in den Verpflichtungen werktätiger Bauern und landwirtschaftlicher Produktionsbetriebe zu Ehren der III. Parteikonferenz zum Ausdruck. Andererseits werden in der Landwirtschaft Stimmen verlautbar [sic!], die in der Einführung des 7-Stunden-Tages eine Benachteiligung zum Inhalt haben. [sic!] Dergleichen ist auch vereinzelt im Handel festzustellen. Negative und feindliche Äußerungen, die sich gegen den Genossen Walter Ulbricht richten, wurden nur vereinzelt bekannt. Aus der Industrie mehren sich die Diskussionen zur Steigerung der Arbeitsproduktivität, um schneller zur Einführung des 7-Stunden-Tages übergehen zu können. In allen Bevölkerungsschichten ist immer noch eine Skepsis über die Verbesserung des Lebensstandards vor-

1 Die III. Parteikonferenz der SED fand vom 24. bis 30.3.1956 in Berlin statt. Auf ihr wurde der XX. Parteitag der KPdSU ausgewertet.

2 Ulbricht hatte auf der III. Parteikonferenz angekündigt, die Voraussetzungen dafür schaffen zu wollen, dass »in der Zeit des zweiten Fünfjahrplans in der Industrie der Siebenstunden-Arbeitstag und in bestimmten Industriezweigen die 40-Stunden-Woche ohne Lohneinbuße eingeführt werden kann«. Ulbricht, Walter: Der zweite Fünfjahrplan und der Aufbau des Sozialismus in der Deutschen Demokratischen Republik. In: Protokoll der Verhandlungen der 3. Parteikonferenz der Sozialistischen Einheitspartei Deutschlands. Bd. I, Berlin 1956, S. 14–205, hier 152.

3 Ulbricht hatte auf der III. Parteikonferenz eine Rentenerhöhung für das Jahr 1957 in Aussicht gestellt. Vgl. ebenda, S. 154.

4 Vgl. ebenda, S. 170–189. Der zweite Fünfjahrplan der DDR sollte den Zeitraum von 1956 bis 1960 umfassen. Der Entwurf wurde auf der III. Parteikonferenz der SED (24. bis 30.3.1956) beschlossen, das entsprechende Gesetz aber erst im Januar 1958 verabschiedet. Vgl. Steiner, André: Von Plan zu Plan. Eine Wirtschaftsgeschichte der DDR. München 2004, S. 85–94.

handen, indem sie die Ausführungen des Genossen Walter Ulbricht als leere Versprechungen bezeichnen, wobei sie sich auf den 1. Fünfjahrplan berufen.[5] Solche Diskussionen wurden bekannt aus den Bezirken Rostock, Schwerin, Neubrandenburg, Karl-Marx-Stadt, Wismut, Magdeburg, Cottbus und Berlin. Feindliche Diskussionen gegen den Genossen Walter Ulbricht im Zusammenhang mit dem Genossen Stalin wurden aus den Bezirken Frankfurt/O. und Magdeburg bekannt.

In der Bevölkerung traten folgende Diskussionen auf: Noch immer bestehen bei einem großen Teil der Arbeiter Unklarheiten über die Einführung des 7-Stunden-Tages. So fühlt sich vor allem der Handel zurückgesetzt. Mehrere Verkäuferinnen der Konsumgenossenschaft Berlin-Prenzlauer Berg vertreten die Meinung, dass Walter Ulbricht von der Industrie und von Industriezweigen gesprochen hat, aber vom Handel keine Rede sei. Der Handel werde schon am schlechtesten gegenüber den Industriearbeitern bezahlt und bei Vergünstigungen kommt er immer zu kurz. Man wird sich überlegen, nicht auch in die Industrie zu gehen.

Ein Eisenbahner aus dem Kreis Neuruppin, [Bezirk] Potsdam, äußerte: »Ich glaube nicht, dass die Partei ernstlich beabsichtigt, den 7-Stunden-Tag in der Industrie einzuführen, vielmehr bin ich der Ansicht, dass der 12-Stunden-Tag wieder eingeführt wird. Wenn die Jugend zur Volksarmee eingezogen wird,[6] wird sich meine Vermutung bewahrheiten.« Im Kreis Strausberg, [Bezirk] Frankfurt/O., und im VEB Kranbau Eberswalde, [Bezirk] Frankfurt/O., wurden unter den Arbeitern Diskussionen geführt, den 7-Stunden-Tag generell einzuführen, ohne die Ausführungen des Genossen Walter Ulbricht auf der III. Parteikonferenz zu berücksichtigen. Besonders herrschen im Kreis [Bad] Freienwalde, [Bezirk] Frankfurt/O., Zweifel über die Einführung des 7-Stunden-Tages. Ein Maurer aus Hohenfinow, [Kreis] Eberswalde, [Bezirk] Frankfurt/O., äußerte: »Es ist nur alles Reklame der Kommunisten. Durch die Verkürzung der Arbeitszeit werden die Normen erhöht und der Lebensstandard dadurch sinken.« Der Eisenbahner [Vorname Name 1] aus [Bad] Salzungen ist der Meinung: »Mir ist es unbegreiflich, wie das bei uns mit der 40-Stunden-Woche vonstattengehen soll. Jetzt, wo 48 Stunden gearbeitet werden, wird noch nicht genug geschafft, wie soll das erst in 40 Stunden geleistet werden. Man soll sich nur nicht einbilden, dass dies auf die [sic!] Knochen der Arbeiter geschehen soll.« Ähnliche Äußerungen treten auch in den Bezirken Cottbus, Schwerin, Karl-Marx-Stadt und Magdeburg auf.

5 Der erste Fünfjahrplan in der DDR umfasste den Zeitraum 1951 bis 1955.

6 Die Nationale Volksarmee (NVA) der DDR wurde am 18.1.1956 gebildet. Vgl. Gesetz über die Schaffung der Nationalen Volksarmee und des Ministeriums für Nationale Verteidigung. In: GBl. I 1956, S. 81.

In der Landwirtschaft ist man der Meinung, dass »der 7-Stunden-Tag nicht einzuhalten geht, da in den nächsten Jahren nicht genügend Maschinen zur Verfügung gestellt werden können und außerdem Leute in der Landwirtschaft fehlen«. Dazu äußerte ein Werkstattmeister der MTS Proetzel, [Kreis] Strausberg, [Bezirk] Frankfurt/O.: »Bei der Einführung des 7-Stunden-Tages in der Industrie wird eine Abwanderung von der Landwirtschaft zur Industrie einsetzen.« In der MTS Rerik, [Kreis] Bad Doberan, äußerten einige Traktoristen ihren Unwillen, dass nicht auch in der Landwirtschaft der Arbeitstag verkürzt würde. Sie vertreten die Meinung, dass in der Landwirtschaft sich der 7-Stunden-Tag schlecht einführen lassen wird, und weil sie nicht in den Genuss des 7-Stunden-Tages kommen, würden sie Ostern nicht arbeiten.

Diskussionen zur Rentenerhöhung
Ein weiterer Hauptpunkt ist die Diskussion zur Erhöhung der Renten. Neben den meisten positiven Stimmen treten auch einige negative Argumente in Erscheinung, wo zum Ausdruck gebracht wird, dass bisher viele Versprechungen gemacht, aber wenige eingehalten wurden. Weiter wird zum Ausdruck gebracht, dass nicht so schnell eine Rentenerhöhung vorgesehen war, wenn die Regierung und die Partei nicht dazu gezwungen worden wären.

So äußerte z. B. ein Eisenbahner aus Gusow,[7] [Kreis] Seelow, [Bezirk] Frankfurt/O.: »Wir müssen jetzt Maßnahmen zur Erhöhung der Renten treffen, wenn wir mit Westdeutschland Schritt halten wollen. In Westdeutschland wurden die Renten auch erhöht und das ist die Ursache zur Rentenerhöhung in der DDR.« Ein Rentner aus Linum, [Kreis] Neuruppin, [Bezirk] Potsdam, sagte dazu: »Jetzt haben wir 1956 – und 1957 ist schon wieder vergessen was heute gesagt wird. Walter Ulbricht hat vor einigen Jahren auch schon davon gesprochen, dass die Lebensmittelkarten wegfallen sollen und wir haben sie heute noch. Sollten die Renten aber wirklich erhöht werden, so ist es eine begrüßenswerte Sache.« Auch im Konsumverband Potsdam wird von den älteren Mitarbeitern zum Ausdruck gebracht: »Es ist aber auch an der Zeit, dass man hier eine Veränderung schafft, denn was man bis jetzt zahlt, davon kann keiner leben und sterben.«

Zur Frage der Abschaffung der Lebensmittelkarten[8] wird in den Diskussionen noch immer zum Ausdruck gebracht, dass es sich nur um leere Verspre-

7 Im Original: »Gussow«.

8 Ulbricht hatte sich zur Frage der Lebensmittelkarten auf der III. Parteikonferenz wie folgt geäußert: »Was die Frage der Aufhebung der Karten für Fleisch, Fett und Zucker betrifft, so sind wir überzeugt, dass es in der Zeit des zweiten Fünfjahrplans gelingen wird, die notwendigen Reserven und andere Vorbedingungen zu schaffen, um auch diese Reste des Kartensystems aufheben zu können.« Ulbricht, Walter: Der zweite Fünfjahrplan und der Aufbau des Sozialismus in der Deutschen Demokratischen Republik. In: Protokoll der Verhandlungen der 3. Parteikonferenz der Sozialistischen Einheitspartei Deutschlands. Bd. I, Berlin

chungen handelt. Als charakteristisches Beispiel kann die Äußerung eines Kumpels aus Oberschlema genannt werden. »Walter Ulbricht hat schon einmal öffentlich so eine Versprechung gemacht.« Er bringt weiter zum Ausdruck, dass er bezweifelt, dass bis 1960 die Lebensmittelkarten abgeschafft werden.

Negative Diskussionen gegen den Genossen Walter Ulbricht traten auch in den letzten Tagen wieder auf.

- So äußerte der werktätige Bauer [Name 2] aus State,[9] [Bezirk] Schwerin: »Die Parteikonferenz zeigt, dass es mit uns zu Ende geht. Ulbricht macht nur noch den letzten Atemzug.« Ähnliche Diskussionen gab es auch in der Gemeinde Rastow[10] und Leubstorf[11] im Bezirk Schwerin.
- Der Arbeiter Genosse [Vorname Name 3] aus Brotterode, [Bezirk] Suhl, äußerte: »Ich bin gespannt, welche Diskussionen auf der III. Parteikonferenz über die Kritik an Stalin zustande kommen, und neugierig bin ich, ob Walter Ulbricht wieder als 1. Sekretär gewählt wird.«
- Ein Frisörmeister aus dem Kreis Fürstenberg/Oder sagte: »Ulbricht hat nun wieder den Mund zu voll genommen, dass es ihm wieder so geht wie am 17. Juni 1953. Was kann denn die DDR alleine schon aushecken – gar nichts.«
- Im Bezirk Magdeburg äußerte sich vor allem der Gastwirt [Name 4] aus Glindenberg,[12] [Kreis] Wolmirstedt, negativ. Er wunderte sich, dass Genosse Ulbricht auf der III. Parteikonferenz sprach, da er der Meinung war, dass Walter Ulbricht eingesperrt wäre, da er doch den »Stalinschen Kurs« vertreten habe. Er sagte: »Ich möchte bloß wissen, wie lange der Mist noch weitergeht, es findet sich ja kein Schwein mehr raus.«
- Im Sägewerk VEB »Einheit« in Klötze, [Bezirk] Magdeburg, verstehen die Arbeiter noch nicht, dass wir den Sozialismus aufbauen und andererseits der Privatindustrie eine Perspektive geben. So äußerte ein Arbeiter im Werk: »Walter Ulbricht ist ein falscher Fuchs. Im richtigen Moment baut er alle Privatbetriebe ab, aber erst macht er sich noch alles zunutze.«

Zur Erhöhung des Lebensstandards wurden negative Stimmen aus dem Karl-Liebknecht-Werk Magdeburg bekannt, wo drei Arbeiter äußerten: »Von einer Preissenkung wurde bisher nichts erzählt. Es ist Zeit, dass der Lohn den Preisen angeglichen wird, wie es 1936 war. Ulbricht hat uns zum 1. Fünfjahr-

1956, S. 14–205, hier 174. Die Lebensmittelkarten wurden im Mai 1958 abgeschafft. Vgl. Gesetz über die Abschaffung der Lebensmittelkarten v. 28.5.1958. In: GBl. I 1958, S. 413–415.

9 Ein Ort dieses Namens ließ sich im Bezirk Schwerin nicht ermitteln. Möglicherweise ist Plate, Kreis Schwerin-Land, gemeint.

10 Im Original: »Rostow«.

11 Ein Ort dieses Namens ließ sich im Bezirk Schwerin nicht ermitteln. Möglicherweise ist Leussow, Kreis Ludwigslust, gemeint.

12 Im Original: »Geindenberg«.

plan einen Lebensstandard wie 1936 versprochen, aber bisher merkt man nichts.« Ähnliche Diskussionen gibt es im Bezirk Rostock, Neubrandenburg, Cottbus, Frankfurt/O. und Schwerin.

Feindtätigkeit

- In der Nacht vom 27. zum 28.3.1956 wurde in Rostock eine rote Fahne mit Fahnenstange entwendet. Täter noch unbekannt.
- In der Nacht vom 28. zum 29.3.1956 wurden in Klütz, [Kreis] Grevesmühlen, vier rote Fahnen heruntergerissen. Die Täter konnten noch nicht ermittelt werden.
- In Berlin wurden in der Straße Am Friedrichshain verschiedene Plakate, die auf die III. Parteikonferenz hinweisen, von unbekannten Tätern zerrissen und entfernt.
- In der Nacht vom 26. zum 27.3.1956 wurden im VEB Bergmann-Borsig die Buchstaben eines Spruchbandes zur III. Parteikonferenz abgerissen.
- Am 26.3.1956, gegen 20.00 Uhr, wurden vor dem Parteierholungsheim »August Bebel« in Altenhof, [Bezirk] Frankfurt/O., elf Fahnen 20 × 30 cm durch unbekannte Täter abgerissen.

9. April 1956

Stimmung zu Lohnfragen [2. Bericht] [Information Nr. M82/56]

Quelle: BStU, MfS, AS 79/59, Bd. 1b, Bl. 71–73.
Serie: Informationen.
Verteiler: Kein Nachweis für externe oder interne Verteilung.
Verweise: Informationen M59/56, M105/56, M123/56, 36/56, 169/56, 214/56, 277/56 und 346/56.

Die Werktätigen einer Reihe Betriebe befassen sich in ihren Diskussionen über wirtschaftliche und betriebliche Belange wiederholt mit Lohnfragen. Dabei kommt es u. a. zu negativen bzw. unzufriedenen Stimmen über Folgendes:
1.) Zu niedrige Entlohnung und
2.) Neureglung bzw. Änderung im Lohngefüge

1.) Zu niedrige Entlohnung

Unter einem Teil der Beschäftigten der verschiedensten Industriezweige wird die Meinung vertreten, dass ihre Entlohnung zu niedrig sei. Sie bringen ihren Unwillen darüber entweder in negativen Diskussionen zum Ausdruck oder es wird vereinzelt eine bessere Bezahlung als Forderung erhoben. Z. B. sind die Arbeiter des VEB Brauerei Jena, [Bezirk] Gera, die einen Stundenlohn von 1,12 DM bis 1,20 DM erhalten, darüber unzufrieden. In einer Gewerkschaftsversammlung kam es diesbezüglich zu heftigen Diskussionen. Ein parteiloser Arbeiter stellte dabei mit Unterstützung vieler Kollegen die Frage, warum sie denn nicht auch streiken könnten. Einige Kollegen vertraten die Meinung, dass unserer Regierung 30 Millionen DM zur Erhöhung der Löhne in der Leichtindustrie fehlen würden. Andererseits schicke man aber nach befreundeten Ländern, wie Korea und Vietnam, Geldspenden in Höhe von 40 Millionen DM. Außerdem wurde in diesem Zusammenhang erklärt, dass bei uns das Mitbestimmungsrecht nur auf dem Papier stünde.

Unter den Arbeitern in der Abteilung Werkzeugbau des VEB IKA Annaberg, [Bezirk] Karl-Marx-Stadt, herrscht große Unzufriedenheit darüber, dass der neue Lohngruppenkatalog nicht herausgegeben wird, obwohl seit ca. fünf Jahren davon gesprochen würde. Die Arbeiter vertreten die Auffassung, dass es eine große Ungerechtigkeit sei, wenn in anderen Kreisen, wie z. B. in Aue und Schwarzenberg, höhere Löhne als in Annaberg gezahlt werden. Die Arbeiter sind der Meinung, dass ihre Forderungen vom FDGB nicht weitergegeben werden.

Unzufrieden über ihre Entlohnung sind auch die westdeutschen Arbeiter, die im VEB Schiefergruben Lehesten, [Bezirk] Gera, beschäftigt sind. Sie sind der Meinung, dass sie mit dem Westgeld, welches sie bei uns erhalten, nicht mehr auskommen und dass die Löhne der Lohnstufe III[1] unter den Löhnen in Westdeutschland liegen. Aus dem Grunde erheben sie die Forderung nach höherer Entlohnung. Falls ihren Forderungen nicht stattgegeben wird, wollen sie ihr Arbeitsverhältnis in der DDR lösen. Von westlicher Seite wurde ihnen bereits versprochen, dass sie sofort, und nicht wie üblich erst nach sechs Wochen, Arbeitslosenunterstützung erhalten sollen.

Des Weiteren klagen die kaufmännischen Angestellten aus dem VEB Martin-Hoop-Werk Zwickau sowie die Arbeiter der Bauabteilung des Wismutobjektes 177 – Aue – über ihre zu niedrige Bezahlung.

2.) Neureglung bzw. Änderungen im Lohngefüge

Neben der Unzufriedenheit über zu niedrige Entlohnung gibt es noch andere Gründe, die zur Verärgerung der Beschäftigten führen, was nachstehende Beispiele beweisen.

Die Abteilung Arbeit im Fischkombinat Saßnitz, [Kreis] Rügen, geht administrativ dazu über, den Schichtfahrern in der Eisfabrik, in der Fischhalle und im Betriebsschutz keinen 50%igen Sonntagszuschlag zu zahlen. Dies erfolgt ohne vorherige Begründung durch die Partei und Gewerkschaft. Dadurch ist unter den Arbeitern eine negative Stimmung entstanden. Besonders die Angehörigen des Betriebsschutzes drohen damit, aus der Gewerkschaft auszutreten, und wenn sie der Betrieb oder der FDGB nicht unterstützt, wollen sie kündigen. Hierzu ist zu bemerken, dass schon einmal eine Änderung in der Zahlung der 50%igen Zulage erfolgte, was jedoch vom Zentralvorstand rückgängig gemacht wurde.

Im VEB IFA-Werk Gera[2] wurde in der Lohnauszahlung eine Neureglung getroffen, indem nicht mehr wie bisher alle acht Tage, sondern alle zehn Tage die Entlohnung erfolgt. Die Arbeiter erklären in ihren Diskussionen, dass sie damit nicht einverstanden sind und »lieber auf die Straße gehen, als dies mitzumachen«. Im VEB Magnesitwerk Aken, [Bezirk] Halle, sind die Arbeiter aus dem gleichen Grunde verärgert.

Aufgrund von Produktionsumstellungen wird in der Fabrik 95 – Freital – (Wismut) seit August 1955 im Durchschnittslohn gearbeitet. Zur Errechnung des Durchschnittslohnes wurde ein Verdienst von drei Monaten als Grundlage genommen. Die Arbeiter sind nicht damit einverstanden, dass gerade die Monate zur Grundlage genommen worden sind, wo die Planerfüllung schlecht und demzufolge die Entlohnung niedrig war. Die Arbeiter der Zeche V wollen deshalb an die Regierung schreiben, da sie die Partei nicht unterstützen würde.

1 Der Stundenlohn für Arbeiter im Schieferbergbau lag in der Lohngruppe III bei 134 Pfennig (unter Tage) bzw. 117 Pfennig (über Tage) (Ortsklasse I). Vgl. Haas, Gerhard; Leutwein, Alfred: Die rechtliche und soziale Lage der Arbeitnehmer in der Sowjetischen Besatzungszone. Hg. v. Bundesministerium für gesamtdeutsche Fragen. Bd. 2: Anlagenteil, 4., erw. u. erg. Aufl., Bonn 1957, S. 129–151, hier 129.

2 Vollständig: VEB IFA Fahrzeugzubehörwerke Gera.

21. April 1956

Lage und Stimmung zur Versorgung [Information Nr. M89/56]

Quelle: BStU, MfS, AS 79/59, Bd. 1b, Bl. 94–99.
Serie: Informationen.
Verteiler: Ia, Ib, Ic. – Bei diesen Angaben handelt es sich um interne Kürzel für Adressatengruppen, die sich nicht eindeutig zuordnen lassen, vermutlich aber die Mitglieder und Kandidaten des Politbüros, die ZK-Sekretäre sowie die Führungsspitze des MfS umfassen. Vgl. dazu den Abschnitt »Adressaten und Rezeption« der Einleitung.
Bemerkungen: Der Verteiler ist handschriftlich unten auf dem letzten Blatt vermerkt in der Form: »Verteiler: | Ia, Ib, Ic«.

1. Lage zur Versorgung

In allen Bezirken der Deutschen Demokratischen Republik treten in der Versorgung der Bevölkerung mit HO-Fleisch- und -Wurstwaren sowie in HO-Butter größere Schwierigkeiten auf. Obwohl die Planzahlen für diese Positionen in den einzelnen Bezirken ausreichend sind, bestehen im Eigenaufkommen in Fleisch und Milch große Rückstände. In den einzelnen Positionen zeigt sich folgendes Bild:

a) Fleischversorgung
Die größten Schwierigkeiten in der Lebensmittelversorgung bestehen in der Bereitstellung von Frischfleisch, sodass der HO-Verkauf in verschiedenen Bezirken sehr stark eingeschränkt werden musste und zum Teil in verschiedenen Kreisen tagelang kein Fleisch in den HO-Geschäften vorrätig war. Schwerpunkte in der HO-Fleischversorgung [sic!] treten in den Bezirken Magdeburg, Halle, Leipzig, Erfurt, Karl-Marx-Stadt, Schwerin, Potsdam, Rostock und Neubrandenburg auf. Gleichfalls treten in einigen Kreisen der Bezirke Neubrandenburg und Leipzig Schwierigkeiten in der Markenversorgung auf.[1] So kann zurzeit in den Kreisen Demmin und Waren, [Bezirk] Neubrandenburg, nicht die erforderliche Menge an Fleisch- und Fleischwaren für die Markenversorgung sichergestellt werden. Im Bezirk Döbeln,[2] [Bezirk] Leipzig, ist für die Markenversorgung nur eine Bevorratung für zwei Tage vorhanden.

Die Ursachen, die zu diesen Schwierigkeiten führen, liegen hauptsächlich in dem geringen Eigenaufkommen an Schlachtvieh. Weiterhin wirkt sich die

1 In der DDR wurden im Jahr 1956 für den Kauf von Fleisch, Fisch, Eiern, Milch, Fett und Zucker sowie allen daraus hergestellten Erzeugnissen noch Lebensmittelkarten benötigt. Ohne Karten konnten diese Produkte nur zu deutlich höheren Preisen in den Läden der staatlichen Handelsorganisation (HO) erworben werden. Die Lebensmittelkarten wurden im Mai 1958 abgeschafft. Vgl. Gesetz über die Abschaffung der Lebensmittelkarten v. 28.5.1958. In: GBl. I 1958, S. 413–415.

2 Gemeint ist der Kreis Döbeln.

Futtermittelknappheit auf die Schweinemast aus sowie die ungenügende Arbeit der VEAB, indem sie im I. und II. Quartal 1956 nur geringe Verträge zur Ablieferung von Schlachtvieh abgeschlossen haben. Dies wirkte sich so aus, dass der Bezirk Magdeburg im I. Quartal 1956 einen Rückstand von 2 300 t im Eigenaufkommen hat. Weiterhin besteht im Bezirk Leipzig ein Rückstand von 23 t und die VEAB von Schwerin haben einen Rückstand für die Lieferung an Berlin von 34 t. Der Bezirk Erfurt hat für das II. Quartal ein Plansoll von 15 000 t, voraussichtlich wird aber nur ein Aufkommen von 11 000 t möglich sein.

Wie ungleichmäßig die VEAB die Verträge für den freien Aufkauf von Schweinefleisch abschließt, soll das Beispiel aus dem Bezirk Suhl zeigen. So wurden im

- Mai 812,
- Juni 365,
- Juli 11 907,
- August 4 405,
- September 3 464

Verträge abgeschlossen.

Dieses Beispiel, das auch auf andere Bezirke übertragen werden kann zeigt, dass im II. Quartal 1956 noch keine Besserung in der Fleischversorgung zu erwarten ist, es werden sich die Schwierigkeiten – wie bereits schon mehrmals berichtet – noch weiter verschärfen.

Auch in der Tierhaltung sind Anzeichen vorhanden, die schließen lassen, dass auch in der weiteren Perspektive sich ein Mangel an Schweinefleisch bemerkbar macht. So sind in der gesamten Republik ca. 600 000 Sauen nicht gedeckt. Die Ursachen, die dazu führten, liegen darin begründet, dass Ende des Jahres 1955 von dem staatlichen Zucht- und Nutzviehkontor die abgeschlossenen Verträge mit den Bauern nicht eingehalten wurden und die Bauern ihre Tiere nicht loswurden. Wenn nicht unverzüglich Maßnahmen eingeleitet werden, damit die Bauern ihre Sauen decken lassen, wird es im I. und II. Quartal 1957 zu Versorgungsschwierigkeiten in Schweinefleisch kommen. Zu beachten ist noch die Tatsache, dass in der DDR der Stand[3] von Schweinen um ca. zwei Millionen zurückgegangen ist.

b) HO-Butterversorgung

In der HO-Butterversorgung treten in den Bezirken Erfurt, Schwerin, Dresden, Gera, Leipzig, Potsdam, Karl-Marx-Stadt und Rostock Schwierigkeiten in Erscheinung. Dies führt dazu, dass es in verschiedenen Kreisen der Bezirke Karl-Marx-Stadt, Leipzig, Dresden und Gera bei der Lieferung von Butter zu Schlangenbildungen kam. Ebenfalls liegen auch hier die Ursachen wie in

3 Gemeint ist vermutlich »Bestand«.

der Fleischversorgung in der mangelhaften Erfassung von Milch, was gleichzeitig mit auf die mangelhafte Futtergrundlage zurückzuführen ist.

Über die Versorgung mit HO-Margarine, Mehl und Fischwaren wurden uns nur örtliche Schwierigkeiten aus den Bezirken Erfurt, Dresden, Potsdam, Magdeburg, Halle und Karl-Marx-Stadt bekannt, welche jedoch keine größeren Ausmaße annahmen.

In der Belieferung mit Industriewaren treten immer wieder Schwierigkeiten auf, vor allem macht sich ein Mangel an Fahrradersatzteilen sowie Fahrradketten bemerkbar. So wurden uns aus Wittenberge, Boizenburg, [Bezirk] Schwerin, Borna, Torgau, Grimma, [Bezirk] Leipzig, Kamenz, Bautzen, [Bezirk] Dresden, sowie aus den Bezirken Magdeburg, Halle und Karl-Marx-Stadt diese Mängel bekannt.

2. Stimmung unter der Bevölkerung zur Versorgungslage

Die bekannt gewordene Stimmung zur Versorgungslage kann im Allgemeinen als negativ betrachtet werden. Zu der Lebensmittelversorgung nehmen hauptsächlich Hausfrauen Stellung, wogegen zu dem Mangel an Ersatzteilen für Fahrräder Industriearbeiter, die ihre Fahrräder für den Arbeitsweg benötigen, Stellung nehmen.

- So wird z.B. von Hausfrauen aus Zschopau, [Bezirk] Karl-Marx-Stadt, geäußert: »Die Belieferung mit HO-Butter ist zurzeit schlechter als vor zwei Jahren. Die Bildung von Schlangen ist ein schlechtes Zeichen für westdeutsche Besucher.«
- Der Traktorist [Name], beschäftigt auf der MTS Lübbenow, Kreis Strasburg, [Bezirk] Neubrandenburg, sagte: »Man sprach 1950/1952/1954 und auch noch jetzt von der Verbesserung des Lebensstandards bei uns in der DDR. Man sprach sogar von der Abschaffung der Marken, aber wie sieht es denn aus? Man hat uns vieles versprochen, aber nichts hat sich verbessert. Man redet viel und nichts wird gemacht. Ich glaube an nichts mehr.«
- Ein Angestellter der SVK in Karl-Marx-Stadt sagte zur Versorgungslage Folgendes: »Da faseln sie schon von 7-Stunden-Tagen.[4] Der Arbeiter- und Bauernstaat soll erst einmal die Versorgung regeln, damit es nach zehn Jahren nicht mehr solche Schwierigkeiten gibt. Das sind doch auch keine anderen Menschen. Warum tut hier die Partei nichts. Sie hat ja die Macht im Staate.«

4 Ulbricht hatte auf der III. Parteikonferenz angekündigt, die Voraussetzungen dafür schaffen zu wollen, dass »in der Zeit des zweiten Fünfjahrplans in der Industrie der Siebenstunden-Arbeitstag und in bestimmten Industriezweigen die 40-Stunden-Woche ohne Lohneinbuße eingeführt werden kann«. Ulbricht, Walter: Der zweite Fünfjahrplan und der Aufbau des Sozialismus in der Deutschen Demokratischen Republik. In: Protokoll der Verhandlungen der 3. Parteikonferenz der Sozialistischen Einheitspartei Deutschlands. Bd. I, Berlin 1956, S. 14–205, hier 152.

Diese oder gleichlautende Diskussionen wurden noch aus den Bezirken Dresden, Leipzig, Gera, Potsdam und Karl-Marx-Stadt bekannt.

In der Schiffswerft Oderberg im Kreis Eberswalde, [Bezirk] Frankfurt/O., wird unter den Arbeitern und Angestellten besonders darüber diskutiert, dass die Butter nach zehnjähriger Kriegsbeendigung in der HO noch zu teuer ist, ebenso die Preise für Fleisch- und Wurstwaren. Ähnliche Diskussionen treten in fast allen Bevölkerungsschichten dieses Bezirkes auf. In den Diskussionen in der Bevölkerung der Kreise Güstrow, Parchim, Perleberg, [Bezirk] Schwerin, kommt zum Ausdruck, dass der Engpass in der Versorgung in der ungenügenden Arbeit der Erfassungsorgane zu suchen ist.

Von einem Teil von Industriearbeitern wird immer wieder in Betriebsversammlungen und Diskussionen die Forderung erhoben, dass mehr Ersatzteile für Fahrräder und Fahrradketten in den Handel kommen müssen. Dabei treten besonders solche Arbeiter hervor, welche in den Landgemeinden wohnen und ihr Fahrrad für den Arbeitsweg benötigen. Besonders stark treten diese Forderungen in dem VEB Zellwolle,[5] dem Öl- und Nähmaschinenwerk Wittenberge, [Bezirk] Schwerin, der Elbewerft Boizenburg, [Bezirk] Schwerin, und dem Braunkohlenwerk Knappenrode, [Kreis] Kamenz, [Bezirk] Dresden, hervor.

Aus allen Bezirken wird bekannt, dass über die neue Zigarettensorte mit dem Aufdruck »1. Mai« negative Diskussionen geführt werden. Ein großer Teil der Bevölkerung ist damit nicht einverstanden, dass sich auf den Zigarettenschachteln das Symbol des 1. Mai und eine marschierende Kampfgruppe[6] befindet. Sie sehen darin eine Herabwürdigung.

Überplanbestände

Wie bekannt wurde, befinden sich in den einzelnen Großhandelskontoren und Handelsniederlassungen in Berlin beträchtliche Überplanbestände. Dazu wurde Folgendes bekannt:

- GHK Textil: 24,8 Mio. DM,
- GHK Schuhe und Leder: 6,3 Mio. DM,
- Konsum HN Textil: 13,3 Mio. DM,
- Konsum HN Schuhe: 2,5 Mio. DM.

Im VEB Herrenbekleidung »Fortschritt«, Berlin-Lichtenberg, sind Überplanbestände von 5,5 Mio. DM vorhanden, bei denen es sich zum größten Teil um vertragslose Produktion handelt. Im VEB Damenoberbekleidung

5 Vollständig: VEB Zellstoff- und Zellwollewerke Wittenberge.

6 Die »Kampfgruppen der Arbeiterklasse« waren eine im Sommer 1953 auf Beschluss der SED gegründete paramilitärische Organisation von Beschäftigten in Großbetrieben, VEG, LPG, MTS und staatlichen Verwaltungen. Vgl. Siebeneichner, Tilmann: Proletarischer Mythos und realer Sozialismus. Die Kampfgruppen der Arbeiterklasse in der DDR. Köln u. a. 2014.

Berlin-Friedrichshain lagern für ca. 300 000 DM Fertigwaren, die der Handel nicht abnimmt, obwohl es sich hierbei zum überwiegenden Teil um Modelle aus der Produktion 1955 handelt. Außerdem besteht ein Überhang an Stoffen im Werte von ca. 2 Mio. DM, die nicht verarbeitet werden können, da dieselben sehr viele Webfehler aufweisen.

Im VEB Baumwollspinnerei Erdmannsdorf, [Kreis] Flöha, [Bezirk] Karl-Marx-Stadt, lagern wegen Absatzmangel 50 000 kg Fertigwaren. Im VEB Baumwollspinnerei Werk I, Mittweida, [Bezirk] Karl-Marx-Stadt, lagern ebenfalls 300 t Fertigware. Im VEB Baumwollspinnerei Karl-Marx-Stadt lagern 2 500 t Garn und im VEB Baumwolle Adorf,[7] [Kreis] Oelsnitz, [Bezirk] Karl-Marx-Stadt, 60 t.

Ebenfalls befinden sich in einigen Textilbetrieben des Bezirkes Karl-Marx-Stadt größere Überplanbestände. So befinden sich z. B. im

- VEB Trikotagenwerk Limbach für 800 000 DM,
- VEB »Bruno Freitag«[8] für 800 000 DM,
- VEB Trinelli für 1,1 Mio. DM und im
- VEB »Clara Zetkin« Burgstädt[9] für 800 000 DM.

Fertigwaren am Lager, welche nicht abgesetzt werden können.

7 Vollständig: VEB Baumwollspinnerei und Weberei Adorf.
8 Vollständig: VEB Feinwäsche »Bruno Freitag« Limbach-Oberfrohna.
9 Vollständig: VEB Textilwerke »Clara Zetkin« Burgstädt.

22. Mai 1956

Feindpropaganda zu den Problemen des XX. Parteitages der KPdSU und der III. Parteikonferenz der SED [Information Nr. M107/56]

Quelle: BStU, MfS, AS 80/59, Bd. 1a, Bl. 114–117.
Serie: Informationen.
Verteiler: Ia, Ib, Ic. – Bei diesen Angaben handelt es sich um interne Kürzel für Adressatengruppen, die sich nicht eindeutig zuordnen lassen, vermutlich aber die Mitglieder und Kandidaten des Politbüros, die ZK-Sekretäre sowie die Führungsspitze des MfS umfassen. Vgl. dazu den Abschnitt »Adressaten und Rezeption« der Einleitung.
Bemerkungen: Der Verteiler ist handschriftlich im Kopf des Berichtes vermerkt in der Form: »Verteiler: Ia / Ib / Ic/«.

Bei der Hetze gegen den XX. Parteitag[1] und die III. Parteikonferenz[2] spielt in den Artikeln, Kommentaren und Sendungen der westlichen Zeitungen und Rundfunkstationen die Kritik an der Verletzung der leninschen Parteinormen sowie die Nichteinhaltung der demokratischen Gesetzlichkeit eine besondere Rolle. Deutlich zeichnet sich dabei die Linie ab, unter der Bevölkerung und vor allem unter den Parteimitgliedern Misstrauen gegen die Parteiführung und die Justizorgane zu säen, was in der Endkonsequenz zur Ablösung der Genossen Ulbricht, Benjamin[3] und Melsheimer[4] führen soll. Dabei bedient man sich der Meldungen über Rehabilitierungen in den Volksdemokratien und Freilassungen Amnestierter in der DDR.[5] Nachstehende Argumente sind bemerkenswert:

1 Der XX. Parteitag der KPdSU fand vom 14. bis 25.2.1956 in Moskau statt. Der Parteitag, auf dem Parteichef Chruschtschow in einer Geheimrede den Personenkult um Stalin kritisierte und Stalins Verbrechen enthüllte, leitete in der Sowjetunion den Prozess der Entstalinisierung ein.

2 Die III. Parteikonferenz der SED fand vom 24. bis 30.3.1956 in Berlin statt. Auf ihr wurde der XX. Parteitag der KPdSU ausgewertet.

3 Hilde Benjamin, Jg. 1902, Juristin und SED-Politikerin, 1949–53 Vizepräsidentin des Obersten Gerichts der DDR und als solche Vorsitzende Richterin in zahlreichen politischen Schauprozessen, 1953–67 Justizministerin der DDR, 1954–89 Mitglied des ZK der SED.

4 Ernst Melsheimer, Jg. 1897, 1949–60 Generalstaatsanwalt der DDR, als Chefankläger am Obersten Gericht der DDR an zahlreichen politischen Schauprozessen beteiligt.

5 Auf Beschluss des Ministerrats vom 22.12.1955 wurden zwischen Dezember 1955 und Februar 1956 2 616 nach Befehl Nr. 201 der SMAD von Sowjetischen Militärtribunalen verurteilte Häftlinge entlassen. Vgl. Beschluss des Ministerrats. In: ND v. 23.12.1955, S. 1, sowie Werkentin, Falco: Politische Strafjustiz in der Ära Ulbricht. Vom bekennenden Terror zur verdeckten Repression. 2., überarb. Aufl., Berlin 1997, S. 343 f.

1.) Hetze gegen die Parteiführung, besonders gegen den Genossen Walter Ulbricht

– »In den volksdemokratischen Ländern mussten führende Genossen abtreten oder kämpfen um ihre Position.[6] Aber was geschieht in der Sowjetzone. Ist Walter Ulbricht, der Mann aus Moskau, der Mann Stalins, von der allgemeinen Entwicklung völlig unberührt?« (RIAS 8.5.1956)
– »Während die Parteimitgliedschaft, ganz besonders in Polen, in Erscheinung tritt und eine radikale Revision der bisherigen Politik verlangt, haben in der Sowjetzone bis zum heutigen Tage keinerlei personelle Veränderungen in der Führung der Partei oder des Staates stattgefunden.« (SFB 9.5.1956)
– »Das gegenwärtige Politbüro bemüht sich, besonders den Lesern der Parteiorgane deutlich zu machen, dass der Sturz Stalins nicht, wie es offenbar ein großer Teil der SED-Mitgliedschaft erwartet, auch die Ablösung der ›bewährten Arbeiterführer‹ nach sich ziehen müsse.« (»Kurier« 17.5.1956)[7]
– »Die Defensivtaktik der Ostberliner Zentrale wird allerdings dadurch erleichtert, dass die mit Ulbricht unzufriedenen SED-Mitglieder bisher noch keine Namen möglicher Nachfolger genannt haben, um sich nicht dem Verdacht der ›Fraktionsbildung‹ auszusetzen.« (»Die Welt« 18.5.1956)[8]
– Bemerkenswert ist zu diesem Problem die Meinung des Leiters vom Ostbüro der SPD »Stephan Thomas«[9]. Er äußerte: »Es ist gut, dass man auf der III. Parteikonferenz Ulbricht und Grotewohl nicht zum Teufel gejagt hat, denn sonst hätten wir Schwierigkeiten gehabt, wenn die Einheit kommt. Mit neuen Leuten weiß man nie woran man ist, wie z. B. bei Verhandlungen usw. Aber so können wir wenigstens weiter Propaganda treiben.«

6 U. a. wurden im April 1956 der Verteidigungsminister der ČSR Alexej Čepička entlassen und im Mai 1956 Jakub Berman aus dem Politbüro der PVAP ausgeschlossen.

7 Vgl. SED bangt vor »verhängnisvollen Folgen«. Die Parteipresse macht sich Sorgen um die Diskussion über den Personenkult. In: Der Kurier v. 22.5.1956, S. 2.

8 Vgl. Opposition gegen Ulbricht wächst. SED-Mitglieder unzufrieden – Presse verteidigt Parteisekretär. In: Die Welt v. 22.5.1956, S. 2.

9 Stephan G. Thomas (eigentlich Stephan Grzeskowiak), Jg. 1910, 1948–66 Leiter des SPD-Ostbüros.

2.) Hetze gegen die Rehabilitierung und gegen die erfolgte Amnestie in der DDR

- »Zur gleichen Zeit, in der die SED mit einer Teilamnestie[10] ein politisches Geschäft machen will, haben die polnischen Kommunisten eine weitgehende allgemeine Amnestie erlassen, die etwa 30 000 Häftlingen die Freiheit bringen soll.«[11] (RIAS 28.4.1956).
- »Die allgemeine Amnestie für die Politischen bleibt also die Forderung und wir müssen in diesem Zusammenhang wieder das polnische Beispiel nennen, denn in Polen wird offensichtlich ein ernst zu nehmender Anfang in dieser Richtung gemacht.« (RIAS 4.5.1956).
- »Diese unerwartete Amnestie lässt darauf schließen, dass der Anstoß von Moskau bzw. aus London gekommen ist, wo Bulganin[12] und Chruschtschow sich sehr starker Kritik ausgesetzt sahen, als das Thema der politischen Gefangenen dank englischer Initiative zur Sprache gekommen war.«[13] (»Der Tagesspiegel« 28.4.1956)[14]
- »Die SED hat einige ihrer Genossen, die vor Jahren von der Stalinschen Generallinie abgewichen sind und deshalb verurteilt wurden, von Pieck begnadigen lassen. Das ist völlig unbedeutend in Anbetracht der 20 000 unschuldigen Opfer der Stalin-Justiz, die keine SED-Mitglieder waren und noch heute in den Zonenzuchthäusern sitzen.« (»Tagesspiegel« 27.4.1956)[15]
- »Es geht nicht darum, einzelne Personengruppen freizulassen, weil sich die Kommunisten von einer begrenzten Aktion eine bestimmte Propagandawirkung versprechen, sondern es geht um Wiederherstellung des Rech-

10 Auf dem 26. Plenum des ZK der SED im März 1956 hatte Ulbricht die Entlassung von weiteren Häftlingen, darunter auch als Kriegsverbrecher verurteilte, angekündigt. Schlusswort von Walter Ulbricht auf dem 26. Plenum des ZK der SED v. 22.3.1956. In: Hoffmann, Dierk; Schmidt, Karl-Heinz; Skyba, Peter (Hg.): Die DDR vor dem Mauerbau. Dokumente zur Geschichte des anderen deutschen Staates 1949–1961. München 1993, S. 248–250, hier 248.

11 Im April 1956 kündigte die polnische Regierung eine große Amnestie für 35 000 Gefangene an, darunter sämtliche 9 000 politischen Gefangenen. Vgl. Kramer, Mark: Soviet-Polish Relations and the Crises of 1956. Brinkmanship and Intra-Bloc Politics. In: Engelmann, Roger; Großbölting, Thomas; Wentker, Hermann (Hg.): Kommunismus in der Krise. Die Entstalinisierung 1956 und die Folgen. Göttingen 2008, S. 61–126, hier 73.

12 Nikolai Alexandrowitsch Bulganin, Jg. 1895, sowjetischer Politiker, 1948–58 Mitglied des Politbüros der KPdSU, 1955–58 Ministerpräsident der Sowjetunion.

13 Chruschtschow und Bulganin waren vom 18. bis 27.4.1956 zu einem Staatsbesuch in Großbritannien. Die im Rahmen der Reise gehaltenen bzw. verabschiedeten Reden und Erklärungen sind dokumentiert in: Besuch N. A. Bulganins und N. S. Chruschtschows in Großbritannien, 18.–27. April 1956. Moskau 1956.

14 Vgl. Eine überraschende Amnestie. Kam der Wink aus London? In: Der Tagesspiegel v. 28.4.1956, S. 3.

15 Das Zitat ließ sich im »Tagesspiegel« weder wörtlich noch sinngemäß ermitteln, wohl aber andere Artikel zu den Haftentlassungen. Vgl. Pankow entläßt 698 Häftlinge. In: Der Tagesspiegel v. 27.4.1956, S. 1; Pieck ließ Ex-Justizminister Fechner frei. Gnadenakt für den Vorgänger der »Roten Hilde« und 87 weitere Gefangene. In: ebenda, S. 2.

tes an sich, um die Wiedergutmachung des Unrechts, das an allen aus politischen Gründen Festgenommenen begangen wurde.« (RIAS 27.4.1956)

– Arno Scholz:[16] »Bei Gesprächen in der sowjetischen Botschaft und auch mit Politikern aus der Tschechoslowakei und aus Polen habe ich persönlich den Eindruck gewonnen, dass man sich auch in diesen Kreisen sehr wundert, wie saumselig die Sowjetzonenregierung die Opfer des Stalinismus freigibt.« (»Telegraf« 20.5.1956)

3.) Hetze gegen die Genossen Benjamin und Melsheimer

– »Das ist das Werk der roten Hilde«, raunten sich vielsagend die SED-Funktionäre zu, als ihr Justizminister M. Fechner gestürzt wurde und H. Benjamin an seine Stelle trat. Und so fragt man sich jetzt nach der Freilassung Fechners,[17] ob weitere und wirkliche Konsequenzen gezogen werden gegen die Benjamin. (»Der Tag« 27.4.1956)[18]

– »Die Menschen in der Zone wollen nicht wissen, warum Ulbricht, Melsheimer und Benjamin noch in ihren Sesseln sitzen, sondern sie wollen wissen, wann sie verschwinden, wann endlich auch die SED über die eine oder andere Haftentlassung hinaus die personellen Konsequenzen zieht, die in Sofia, Prag und Warschau schon gezogen wurden.« (RIAS 26.4.1956)

– »Melsheimers Verbleiben im Amt, der Verzicht auf einen Personenwechsel im Justizministerium muss eher als eine Garantie für die Aufrechterhaltung der Rechtlosigkeit verstanden werden.« (RIAS 14.5.1956)

16 Arno Scholz, Jg. 1904, Gründer, Herausgeber und Verleger der Tageszeitung »Telegraf«.

17 Max Fechner, Jg. 1892, SED-Politiker, 1949–53 Justizminister der DDR. Fechner hatte kurz nach dem Volksaufstand vom 17. Juni 1953 in einem Interview verkündet, dass »nur solche Personen bestraft« würden, »die sich eines schweren Verbrechens schuldig machten«. Dagegen dürften Angehörige der Streikleitung und »selbst Rädelsführer [...] nicht auf bloßen Verdacht oder schweren Verdacht hin bestraft werden«. (Alle Inhaftierten kommen vor ein ordentliches Gericht. Interview mit dem Minister der Justiz, Max Fechner, über die mit dem 17. Juni in Zusammenhang stehenden Verhaftungen. In: ND v. 30.6.1953) Aufgrund dieses Interviews veranlasste Ulbricht auf sowjetischem Druck am 15.7.1953 seine Verhaftung. 1955 wurde Fechner zu acht Jahren Zuchthaus verurteilt, im April 1956 begnadigt und aus der Haft entlassen.

18 Vgl. Pankow entläßt 698 Häftlinge. Opfer sowjetischer Militärgerichte und der Zonenjustiz endlich in Freiheit. In: Der Tag v. 28.4.1956, S. 1.

25. Mai 1956

Studentendemonstrationen an der Musikhochschule Weimar (2.5.1956) und an der Technischen Hochschule Dresden (24.5.1956) [Information Nr. M109/56]

Quelle: BStU, MfS, AS 80/59, Bd. 1a, Bl. 138–142.
Serie: Informationen.
Verteiler: Ia, Ib, Ic, alle Bezirksverwaltungen (12.6.1956). – Bei den Angaben Ia, Ib und Ic handelt es sich um interne Kürzel für Adressatengruppen, die sich nicht eindeutig zuordnen lassen, vermutlich aber die Mitglieder und Kandidaten des Politbüros, die ZK-Sekretäre sowie die Führungsspitze des MfS umfassen. Vgl. dazu den Abschnitt »Adressaten und Rezeption« der Einleitung.
Bemerkungen: Der Verteiler ist handschriftlich unten auf dem letzten Blatt vermerkt in der Form: »Ia, b, c | am 12.6.56 alle BV erhalten«. – Pseudonymisierungen wurde analog zum Informationsdienst 10 vorgenommen.
Verweise: Informationen M114/56 und M115/56.

Protestdemonstration von Studenten der Musikhochschule Weimar[1] gegen den Komponisten Herbert *Roth*[2] am 2.5.1956.

Die Demonstration hat folgende Vorgeschichte: Von den Professoren und Dozenten der Musikhochschule Weimar wird die Musik H. *Roths* im Unterricht als Beispiel für den »Kitsch in der Volksmusik« angeführt. Auch das Ministerium für Kultur, der Komponistenverband und das ZK der SED sollen die Musik *Roths* als ernste Gefahr für die wahre Volksmusik ablehnen. Entsprechende Artikel erschienen in der musikwissenschaftlichen Zeitschrift der DDR.[3] In diesem Zusammenhang organisierten die Studenten [Name 1, Vorname], [Name 2, Vorname], *Fietz*, Erhard[4] und [Name 3, Vorname] seit ca. 23.4.1956 einen Protestmarsch gegen die Roth'sche Musik.

1 Vollständig: Hochschule für Musik »Franz Liszt« Weimar.

2 Herbert Roth, Jg. 1926, Komponist und Musiker, 1950 Gründer und bis 1983 Leiter des Ensembles »Suhler Volksmusik« (später Instrumentalgruppe Herbert Roth), Komponist zahlreicher volkstümlicher Lieder, darunter das Rennsteiglied. Roths musikalisches Schaffen war in den 1950er Jahren unter Musikwissenschaftlern, Kulturverantwortlichen und Journalisten stark umstritten.

3 Vgl. z. B. Müller, Ludwig Richard: Der Kitsch und die Anpassungsseuche. In: Musik und Gesellschaft 6(1956)3, S. 89–92. Dort heißt es u. a. »Wir lehnen die Schlager von Herbert Roth nicht ab, weil sie zu ›einfach‹, sondern weil sie banal sind, weil sie die echte und tiefe Heimatliebe unserer Menschen nicht erfassen, weil sie ein Ausdruck kleinbürgerlicher Gefühlsduselei sind.« (S. 90) Siehe auch den zustimmenden Leserbrief zu diesem Artikel von Rudolf Stich. In: Musik und Gesellschaft 6(1956)5, S. 184 f.

4 Erhard Fietz, Jg. 1934, Mandolinenspieler, Komponist, Musiktheoretiker und Musiklehrer, 1952–58 Student an der Hochschule für Musik »Franz Liszt« Weimar.

Die Genossen *Slomma*[5] (Prorektor für Studentenangelegenheiten), *Felix*[6] (Direktor) und *Cäsar* (Parteisekretär) merkten zwar einige Tage vorher, dass unter den Studenten Stimmung gegen *Roth* organisiert wurde, schenkten diesen Dingen jedoch keine Beachtung. Erst am 2.5.1956, gegen 16.00 Uhr, erhielten die drei Vorgenannten und der FDJ-Sekretär *Hammer* Kenntnis von der geplanten Demonstration. Bei einer sofortigen Aussprache zwischen Direktor *Felix*, FDJ-Sekretär *Hammer*, den Organisatoren und einigen anderen Studenten verhinderte *Felix* diese Absichten nicht, sondern ermunterte indirekt die Studenten noch dazu, indem er sinngemäß sagte: »Ja, wenn Ihr das vor dem Theater machen wollt – ich dachte im Saal.« Der Parteisekretär *Cäsar* unterrichtete daraufhin den 1. Kreissekretär der SED, Genossen *Lindenlaub*,[7] welcher anwies, auf die Studenten einzuwirken, dass die Demonstration zu unterbleiben hat. Wer trotzdem demonstriert, ist sofort von der Schule zu weisen. Den Genossen *Cäsar* und *Hammer* gelang es nicht, die Studenten von der Demonstration abzuhalten und beide Funktionäre marschierten später an der Spitze der Demonstranten, »damit alles im ›Rahmen‹ verläuft«.

Verlauf der Demonstration

Die Studenten demonstrierten von der Mensa in die Geleitstraße aus in Richtung Theater des Friedens. An der Spitze des Zuges befand sich eine Kapelle, die Roth'sche Lieder parodierte. Es wurden vier Transparente mitgeführt, die Losungen aus Artikeln der musikwissenschaftlichen Zeitschrift trugen. Ein Transparent war mit Notenschlüssel, Fragezeichen (?), Schere und Nadel bemalt (Roth ist von Beruf Friseur). Vor dem Theater des Friedens hatte die Demonstration eine Stärke von ca. 300 Personen, darunter ca. 200 Studenten (auch anderer Hochschulen und der ABF) und ca. 100 »Schaulustige«. Der Aufforderung des Schnellkommandos der VP, die Straße zu räumen, wurde nicht Folge geleistet und die VP nahm den Studenten mit Gewalt die Transparente ab. Dabei kam es zu Tätlichkeiten zwischen Studenten und Volkspolizisten. Das Eingreifen der VP wurde von negativen Elementen – besonders von den Studenten [Vorname Name 4] (Abteilung Volksmusik) und [Vorname Name 5] (Abteilung Tast[en]instrumente) – zur »Stimmungs-Mache« gegen VP und »Demokratie« benutzt. Nach ca. einer Stunde war die Ordnung wieder hergestellt.

Bemerkungen

In den am 3.5.1956 durchgeführten Sitzungen und Versammlungen nahmen die Professoren und Abteilungsleiter klar gegen die Handlungsweise der Stu-

5 Horst Slomma, Jg. 1924, Kulturwissenschaftler, 1953–89 Dozent bzw. Professor (1969) für Marxistisch-Leninistische Ästhetik und 1954–57 Prorektor für Studienangelegenheiten an der Hochschule für Musik »Franz Liszt« Weimar.

6 Werner Felix, Jg. 1927, Musikwissenschaftler, 1955–66 Direktor der Hochschule für Musik »Franz Liszt« Weimar.

7 Helmut Lindenlaub, Jg. 1923, 1954–58 1. Sekretär der SED-Kreisleitung Weimar.

denten Stellung, während bei vielen Studenten selbst Unklarheiten über die politische Auswirkung dieser Demonstration bestanden. Z. B. vertrat der FDJ-Sekretär *Hammer* danach den Standpunkt, dass das Motiv zur Demonstration gut gewesen und die Demonstration nur durch das Eingreifen der VP in politische Bahnen gelenkt worden sei. (H. wurde von der Bezirksleitung der FDJ sofort beurlaubt.)

Eine schlechte Resonanz riefen die am 4.5.1956 erschienenen Zeitungsartikel (Thüringische Landeszeitung »Ungewöhnlicher Auftakt«[8] und Thüringer Neueste Nachrichten »So protestiert man nicht«)[9] hervor, in denen die Studenten als Jugendliche und »Halbstarke« bezeichnet wurden, die »randalierten und lärmten«. Es wurden erneut Stimmungen gegen die VP laut, und drei Studenten ([Name 1], [Name 2] und [Name 3]) versuchten, in der Redaktion der NDP-Zeitung den Artikelschreiber zu ermitteln, wobei es wieder zu negativen Diskussionen kam.

Am 4.5.1956 wurden von unbekannten Tätern zwei selbstgefertigte Flugblätter am Schwarzen Brett der Musikhochschule und der Hochschule für Architektur[10] angebracht. (Inhalt: »So demonstriert man nicht! – Wie? – Plötzlich Wut gegen den Kitsch? – Ohne Voranmeldung?« Dazu gemalt war ein Polizist mit Tschako, langem Säbel und Pistole und erhobenem Zeigefinger, darunter ein kleiner geknickter Student mit Geige und zertrampeltem Transparent mit der Aufschrift »Kampf dem Kitsch«). Danach sah der größte Teil der Studenten die Fehler ein und distanzierte sich von den negativen Elementen.

Einige Angaben über die Organisatoren der Demonstration

- [Name 1, Vorname], Abteilung Volksmusik, arbeitet aktiv in der FDJ und in der GST mit und setzte sich vorbildlich bei der GST-Werbung an der Hochschule ein. Er trat bisher nie negativ in Erscheinung.
- [Name 2, Vorname], Abteilung Streicher, [Name 2] ist zwar Mitglied der FDJ und der GST, aber völlig indifferent. Er verließ am 3.9.1955 die DDR illegal, kehrte aber nach zwei Tagen wieder zurück, weil er angeblich an der Musikhochschule Detmold nicht angenommen wurde.
- *Fietz*, Erhard, Abteilung Volksmusik, aktiv in der FDJ tätig.
- [Name 3, Vorname], Abteilung Volksmusik, indifferent.

Die beiden Letztgenannten sind bisher noch nie feindlich in Erscheinung getreten.

Die vom ZK der SED – Abteilung Wissenschaft und Propaganda – gegebene Anweisung, dass keinerlei Studenten im Alter von 18 bis 25 Jahren in den Se-

8 Vgl. Ungewöhnlicher Auftakt. In: Thüringische Landeszeitung v. 4.5.1956.

9 Vgl. So protestiert man nicht! In: Thüringer Neueste Nachrichten v. 4.5.1956, S. 4. Die Thüringer Neuesten Nachrichten waren ein Organ der NDPD.

10 Vollständig: Hochschule für Architektur und Bauwesen Weimar.

mesterferien Verwandte in Westdeutschland besuchen dürfen,[11] ist am 23.5.1956 durch den Prorektor der Technischen Hochschule Dresden, Genossen *Turski*,[12] vor 300 Seminargruppensekretären in guter politischer Form unterbreitet worden. Dabei kam es bereits hier zu erheblichen Missfallenskundgebungen. Im Laufe des 24.5.1956 war unter einem großen Teil der Studenten eine ziemliche Unruhe wegen dieser Ausführungen festzustellen, die durch einige Chemiestudenten verstärkt wurde, indem sie Plakate mit folgendem Inhalt anfertigten: (Sinngemäß) »Die Chemiestudenten laden zu einer öffentlichen Versammlung ein über das Thema ›Warum dürfen wir nicht nach dem Westen fahren?‹«.

Die Versammlung sollte am 24.5.1956, 16.00 Uhr, im großen Chemiehörsaal, der von Professor *Simon*[13] zu diesem Zweck freigegeben wurde, stattfinden. Die Parteileitung berief deshalb eine Sitzung ein, zu der auch einige Befürworter dieser Angelegenheit eingeladen wurden. Es wurde festgelegt, den dafür vorgesehenen Hörsaal nicht freizugeben. Wie erwartet erschienen 500 bis 600 Studenten zu dieser angekündigten Versammlung. Aufgrund des Verbotes kam es wieder zu erheblichen Tumulten. Es wurde ein Protestschreiben an den Ministerpräsidenten Genossen Grotewohl verfasst, das von den Anwesenden unterschrieben wurde. Von der Partei wurde vorgeschlagen, dass dieses Thema am 25.5.1956 in Form einer öffentlichen Parteiversammlung behandelt wird.[14]

11 Die Direktive des ZK der SED zum Westreiseverbot für Studenten ließ sich nicht ermitteln. Möglicherweise wurde sie mündlich durchgegeben. Matthias Lienert zufolge ging die Direktive nicht auf das ZK, sondern auf das Staatssekretariat für das Hochschulwesen zurück, doch auch in den Verfügungen und Mitteilungen dieses Staatssekretariats ist sie nicht vorhanden. Vgl. dazu und zu den Protesten gegen das Westreiseverbot Lienert, Matthias: Zwischen Widerstand und Repression. Studenten der TU Dresden 1946–1989. Köln, Weimar, Wien 2011, S. 81–90.

12 Werner Turski, Jg. 1918, 1951–58 Prorektor für studentische Angelegenheiten und Dozent für Marxismus-Leninismus an der TH Dresden.

13 Arthur Simon, Jg. 1893, 1932–60 Professor für anorganische und anorganisch-technische Chemie an der TH Dresden, seit 1954 Mitglied der Leopoldina, seit 1956 Mitglied der Akademie der Wissenschaften, 1953 Nationalpreis III. Klasse.

14 Vgl. zu diesen Vorgängen und ihren Folgen auch Lienert, Matthias: Zwischen Widerstand und Repression. Studenten der TU Dresden 1946–1989. Köln, Weimar, Wien 2011, S. 83–90.

6. Juni 1956

Unzufriedenheiten der Intelligenz (3. Bericht) [Information Nr. M120/56]

Quelle: BStU, MfS, AS 80/59, Bd. 1a, Bl. 212–216.
Serie: Informationen.
Verteiler: Ia, Ib, Ic. – Bei diesen Angaben handelt es sich um interne Kürzel für Adressatengruppen, die sich nicht eindeutig zuordnen lassen, vermutlich aber die Mitglieder und Kandidaten des Politbüros, die ZK-Sekretäre sowie die Führungsspitze des MfS umfassen. Vgl. dazu den Abschnitt »Adressaten und Rezeption« der Einleitung.
Bemerkungen: Der Verteiler ist handschriftlich oben auf dem ersten Blatt vermerkt in der Form: »Verteiler: I a / I b. / Ic /«.
Verweise: Informationen M57/56, M102/56 und 84/56.

In der Zeit vom 16.5.1956 bis 4.6.1956 wurden wiederum aus einigen Bezirken Unzufriedenheiten unter Angehörigen der Intelligenz bekannt. Die Unzufriedenheiten bestehen in der Hauptsache zu materiellen Fragen, zu Fragen der Produktion und zu einigen besonderen Fragen, durch die sich die Intelligenz benachteiligt bzw. verletzt fühlt.

I. Zu materiellen Fragen

- Im VEB Zeiss Jena, [Bezirk] Gera, sind die Techniker und Laboringenieure unzufrieden darüber, dass sie gegenüber ihren anderen Berufskollegen in der Entwicklungshauptabteilung um ca. 10 bis 15 % niedriger entlohnt werden sollen und fordern eine Gehaltsregelung, da ihre Einstufung nicht den Realitäten entsprechen würde. Die neuen Gehaltslisten für diese Gruppe von Technikern und Ingenieuren liegen schon ca. zwei bis drei Wochen bei der Werkleitung zur Bestätigung vor, sind jedoch bis jetzt noch nicht bestätigt.
- Im VEB Rohrleitungsbau Bitterfeld ist die Intelligenz darüber unzufrieden, da infolge schlechter Planerfüllung keine Prämien ausgezahlt werden.
- Im *VEB Fernmeldewerk Leipzig* haben große Teile der Intelligenz kein Vertrauen zur Parteileitung, vor allem zum Sekretär. So fand vor einigen Tagen ein öffentliches Forum statt, an dem ca. 90 Angehörige der Intelligenz teilnahmen. Geleitet wurde dieses Forum vom Werkleiter, Parteisekretär und BGL-Vorsitzenden. Die Anwesenden waren jedoch teilweise mit der Leitung, besonders durch den Parteisekretär und BGL-Vorsitzenden, nicht einverstanden. Auf dem Forum wurden folgende Fragen gestellt, die nicht zur Zufriedenheit der Anwesenden geklärt werden konnten:
  1.) Wie die demokratische Entwicklung in der DDR weitergehen wird?
  2.) Warum ist bei uns der sogenannte kleine Grenzverkehr nicht möglich?

3.) Warum gibt es keine Auslandsreisen und eine ständige Erschwernis der Interzonenreisen mit dem eigenen Auto? (Der Einwurf des Parteisekretärs, dass man z. B. nach Polen reisen kann, wurde mit der Antwort: »ja, für 1 200 DM« kann man ins Ausland reisen und [mit] Gelächter unterbrochen.)
4.) Dass es in der DDR keine Fachliteratur über die Entwicklung der Luftfahrt gibt.

– Im 2. Bericht wurde auf die Unzufriedenheit der Intelligenz im VEB Kunstseidenwerk Premnitz, dass sie ihren Urlaub nicht im Ausland verbringen können, hingewiesen.[1] Dazu wurde Folgendes bekannt: »Die BGL hat zwei Ferienplätze in die SU erhalten. Die BGL hat bisher noch gezögert, die Plätze anzubieten, weil der Antragsteller erst drei Fragebögen ausfüllen muss und die BGL und Werkleitung beurteilen muss, wie der Antragsteller sich verhält. Die Mitglieder der BGL erklärten, dass sie sich aus diesen Gründen nicht trauen, die Plätze einem Angehörigen der Intelligenz anzubieten.«
– Prof. Lange,[2] Leiter des Institutes für NE-Metalle[3] in Freiberg brachte bei einer Aussprache Folgendes zum Ausdruck: »In unserem Institut ist ein großer Teil von Wissenschaftlern beschäftigt, aber der Bedarf ist bei Weitem noch nicht gedeckt. Um solche Spezialkräfte nach Freiberg zu holen, ist es erforderlich, ihnen eine entsprechende Wohnung zur Verfügung zu stellen. Die bisherige Wohnraumbereitstellung deckt bei Weitem nicht den Bedarf. Ich sehe in dem Mangel an Wohnraum eine Gefährdung der zu erfüllenden Aufgaben des Instituts, weil nicht die Spezialisten in Freiberg sesshaft gemacht werden können.«
– Im Bergarbeiterkrankenhaus der Wismut in Zwickau herrscht Missstimmung unter der medizinischen Intelligenz und dem technisch-medizinischen Personal. Der Grund dafür ist einmal, dass bei Abordnung zu Kursen, gleich ob kurz- oder langfristig, diese Zeit von der Jahresprämie abgezogen wird. Zum anderen, dass bei Versetzungen innerhalb der Krankenhäuser der Wismut die Personen als neueingestellt geführt werden und ihnen somit die Jahresprämie verringert wird.

II. Zu Fragen der Produktion

Im VEB Werk für Fernmeldewesen Berlin, Abteilung Entwicklung, ist die Intelligenz der Meinung, dass die gesetzliche Regelung über die Einschrän-

1 Vgl. Information M101/56.
2 Werner Lange, Jg. 1913, Ingenieur und Hochschullehrer, 1955–62 Professor für Wissenschaftlich-technische Anwendung radioaktiver Isotope und Direktor des gleichnamigen Instituts an der Fakultät für Kerntechnik der TH Dresden (seit 1961 TU Dresden), 1956–78 Direktor des Forschungsinsituts für NE-Metalle in Freiberg.
3 NE-Metalle sind Nichteisenmetalle, also alle Metalle außer Eisen sowie alle Legierungen, bei denen der Eisenanteil unter 50 % liegt.

kung der Leistung von Überstunden im Prinzip richtig ist, es aber erforderlich sei, eine passende Linie zu finden, um der Wirtschaft den größtmöglichen Nutzen zu bringen. Nach ihrer Meinung wäre es durchaus vertretbar und für den Betrieb von Nutzen, wenn zum Beispiel den Ingenieuren gestattet werden würde, bestimmte vordringliche und wichtige Arbeiten außerhalb der normalen Arbeitszeit durchzuführen.

Die technische Intelligenz der *Fliesenwerke Boizenburg*, [Bezirk] *Schwerin*, erklärt, dass der Wesselkonzern[4] bei Köln ein neues Wandfliesenwerk errichtet, das eine monatliche Kapazität von 2,6 Millionen hat. Des Weiteren, dass die Servais-Werke[5] in Witterschlick[6] bei Bonn ihre Produktion gegenüber den Vorjahren um 1,2 Millionen gesteigert hat [sic!], und dass dadurch die Boizenburger Fliesenwerke vom Weltmarkt verdrängt werden sollen. Das bedingt die Modernisierung des VEB Fliesenwerkes Boizenburg, um auf dem Weltmarkt standzuhalten.

Zu besonderen Fragen
Im Synthesewerk Schwarzheide, [Bezirk] Cottbus, gab es in den Kreisen der Intelligenz erregte Diskussionen. Die Ursache dafür war die Aufführung der Komödie »Das tolle Lamm«,[7] was als eine Kritik an der Intelligenz aufgefasst wurde. Bei der Aufführung dieses Theaterstückes verließ eine Reihe von Angehörigen der Intelligenz das Klubhaus in Schwarzheide. Ein Angehöriger der Intelligenz erklärte dem Parteisekretär, »dass er für solche Einladungen, wo er nur ausgeschmiert wird, für die Zukunft danke«.

Der Werkleiter vom Zementwerk Göschwitz, [Kreis] *Jena*, [Bezirk] *Gera*, erklärte: »Er könne nicht verstehen, dass es Institutionen gibt, die mit allen Mitteln versuchen, aus kleineren Vergehen, die im Werk vorkommen, den Werkleiter mit einer Geldstrafe bzw. mit Prämienentzug zu belegen, sodass es bereits so ist, dass er sich mit dem Gedanken trage, seine Stellung als Werkleiter im VEB Zementwerk Göschwitz aufzugeben.«

4 Gemeint ist die Wessel Keramische Werke AG mit Sitz im Bonner Stadtteil Poppelsdorf.
5 Im Original: »Sevais-Werke«.
6 Im Original: »Wittenschlick«.
7 »Das tolle Lamm« ist eine Komödie des rumänischen Schriftstellers Aurel Baranga, Jg. 1913. In dem Stück kämpft die Hauptfigur, Spiridon Biserică, als Urheber einer industriellen Innovation gegen Bürokratie und kleinliche persönliche Interessen im Betrieb. Das Stück wurde zuerst im benachbarten Senftenberg im Stadttheater aufgeführt. Vgl. Olărescu, Daniela: Die Rezeption der rumänischen Literatur in Deutschland zwischen 1945 und 1989. Frankfurt/M. u. a. 2008, S. 224 f.

Dr. Reintanz,[8] *Dozent für Jura an der Universität in Halle,* nahm am Kulturtag in München teil. Bei seiner Rückreise hatte er Zeitungen aus Westdeutschland mit, welche ihm an der Grenze von der Volkspolizei abgenommen wurden. Auf seine Frage nach der gesetzlichen Grundlage für diese Handlung antwortete ihm ein Volkspolizist, dass es das Gesetz zum Schutz des Friedens und zum Schutze der Jugend sei.[9] Nach seiner Meinung ist erst dann eine Beschlagnahme möglich, wenn der Beschuldigte ordnungsgemäß verurteilt worden ist und eine Quittung ausgestellt wird. Nach seiner Ansicht müsste wenigstens eine solche Verordnung erlassen werden, oder die Beschlagnahme, über die er sehr verärgert ist, solcher und ähnlicher Artikel habe zu unterbleiben.

Dr. Stille aus dem VEB Leunawerk »Walter Ulbricht« erklärte: »Es dürfte nicht allen bekannt sein, dass in Westdeutschland viele neue Werke gebaut werden und ca. 20 000 Akademiker und 40 000 mittlere Berufe sowie Meister, Techniker und Handwerker gebraucht werden. Zum Teil ist dies auch den Akademikern in der DDR und in den Leunawerken bekannt. Berücksichtigt man dabei die hohen Gehälter, die dort gezahlt werden, so muss man vielleicht damit rechnen, dass sich in nächster Zeit verschiedene Intelligenzler nach dem Westen absetzen. Aber es sind oftmals keine finanziellen Ursachen, die diese Personen zur Westflucht veranlassen. Zum Beispiel führe ich die Absetzung des Dr. Legutke[10] an, der in einem Brief zum Ausdruck gebracht hat, dass er niemals zulassen würde, dass seine Kinder Kommunisten werden. Aber auch noch viele andere Gründe gibt es. So werden zum Beispiel verschiedene Kinder von Angehörigen der Intelligenz, die ihr Abitur bestanden haben, nicht zum Studium zugelassen.«

Im Georgi-Dimitroff-Werk Magdeburg besteht unter den Angehörigen der Intelligenz eine Ablehnung gegenüber dem Werkleiter, Genossen Schechter,[11] da dieser ein diktatorisches Verhalten an den Tag lege. Aus diesem Grunde hat vor Kurzem der Hauptproduktionsleiter Reinwald seine

8 Im Original: »Reindanz«. Gerhard Reintanz, Jg. 1914, Völkerrechtler, CDU-Politiker und Hochschullehrer, 1950–53 Tätigkeit im Ministerium für Auswärtige Angelegenheiten, 1953–80 Universitätsdozent bzw. Professor für Völkerrecht, Luftrecht und Weltraumrecht an der Universität Halle.

9 Das Gesetz zum Schutz des Friedens verbot in mehreren sehr dehnbaren Paragaphen »Kriegshetze« jeglicher Art (vgl. Gesetz zum Schutze des Friedens. In: GBl. 1950, S. 1199 f.); die Verordnung zum Schutze der Jugend besagte in § 3 Abs. 1: »Schund- und Schmutzerzeugnisse, insbesondere in Form von Schriften, Abbildungen und Darstellungen, dürfen in der Deutschen Demokratischen Republik weder hergestellt oder in dieses Gebiet eingeführt noch verbreitet werden.« Vgl. Verordnung zum Schutze der Jugend v. 15.9.1955. In: GBl. I 1955, S. 641–643, hier 641.

10 Günter Legutke, Jg. 1915, seit 1942 Tätigkeit bei den Leuna-Werken, am 17.6.1953 Mitglied der zentralen Streikleitung des VEB Leuna-Werke »Walter Ulbricht«, nach 1954 Flucht in die Bundesrepublik.

11 Im Original »Schächter«. Walter Schechter, Jg. 1914, Maschinenbauer, seit 1952 Werkleiter im VEB Schwermaschinenbau »Georgi Dimitroff« Magdeburg.

Funktion niederlegen wollen. Auch der Hauptingenieur äußerte sich, dass er durch die Behandlungsweise das Interesse an der Arbeit verloren habe und kündigen wolle.

Im VEB Ernst-Thälmann-Werk Suhl weilt gegenwärtig ein Genosse Technischer Leiter einer Maschinenfabrik aus Bulgarien, um Erfahrungen auf dem Gebiet der Produktion von Pressluftwerkzeugen zu sammeln. Die Angehörigen der Intelligenz äußerten ihr Unverständnis darüber, dass aufgrund einer Rücksprache mit den Genossen [Name 1] und [Name 2] vom Amt für Technik[12] über den neuen Bohrhammer 9/097 gegenüber dem Genossen aus Bulgarien keine Ausführungen gemacht werden sollen. Es wird die Meinung vertreten, dass das nicht als gut angesehen werden kann, da es doch gegenüber einem anderen sozialistischen Land beim Erfahrungsaustausch keine Geheimnisse gibt, vor allem auch deshalb, weil Bulgarien dringend die Presslufthammer zur Förderung von Uranerzen benötigt.

Feindpropaganda
In einer Sendung am 24.2.1956 hetzte der UfJ[13] über den RIAS, dass sich die Intelligenz der DDR in »politischer Bedrängnis« befände und deshalb »ihren Blick nach Westdeutschland richten würde«. Dabei würde sie »erkennen, dass viele ihrer geflüchteten Kollegen dort in gut bezahlten Stellungen ein auskömmliches Leben ohne politische Bedrängnis führen würden«. Bezugnehmend auf den Prozess vor dem Obersten Gericht wird die Intelligenz aufgefordert,[14] sich beim UfJ beraten zu lassen, wenn sie die Absicht hat, ihren Arbeitsplatz zu wechseln.

12 Das Amt für Technik (AfT), gebildet 1955, war für die militärische und militärtechnische Produktion und Ausrüstung in der DDR verantwortlich. Es war zunächst dem MdI und seit März 1956 dem MfNV unterstellt. Dem AfT als zentralem Wirtschaftsorgan im Range eines Ministeriums unterstanden sämtliche Betriebe, die militärische Produkte für die KVP, das MdI, das MfS, für die sowjetischen Streitkräfte, soweit sie nicht aus der Sowjetunion versorgt wurden, sowie für den Export herstellten. Zusätzlich war das AfT für die Anleitung der Forschung und Entwciklung für militärische Zwecke sowie für die geheime kernphysikalische und Luftfahrtforschung verantwortlich. 1958 wurde das AfT aufgelöst.

13 Der »Untersuchungsausschuss Freiheitlicher Juristen« (UFJ) wurde im Oktober 1946 in Westberlin gegründet und war wesentlich von aus der SBZ/DDR geflohenen Juristen geprägt. Er widmete sich vor allem der Erfassung von Unrechtshandlungen in der DDR und verarbeitete seine Erkenntnisse in umfangreichen Dokumentationen und in Propagandamaterialien, die teilweise in den Osten eingeschleust wurden. In den frühen 1950er Jahren wurde die Organisation überwiegend vom CIA finanziert. Vgl. Hagemann, Frank: Der Untersuchungsausschuß Freiheitlicher Juristen 1949–1969. Frankfurt/M. u. a. 1994.

14 Der UFJ bezog sich hier vermutlich auf den Prozess gegen Werner Rudert, Jg. 1913, Max Held, Jg. 1922, und weitere Personen, denen als angebliche »Agenten des amerikanischen Geheimdienstes« wegen Wirtschafts- und Militärspionage sowie »Abwerbung« von Wissenschaftlern und Spezialisten aus der DDR vor dem Obersten Gericht der DDR der Prozess gemacht wurde. Held und Rudert wurden zum Tode verurteilt; nach scharfem Protest des Westens wurden die Todesurteile in lebenslängliche Zuchthausstrafen umgewandelt. Prozess und Urteil sind dokumentiert in: Marxen, Klaus; Werle, Gerhard (Hg.): Strafjustiz und DDR-Unrecht. Dokumentation. Bd. 5: Rechtsbeugung. Berlin 2007, S. 405–418.

7. Juni 1956

Informationsdienst Nr. 11 zur Beurteilung der Situation in der DDR

Quelle: BStU, MfS, AS 80/59, Bd. 1a, Bl. 233–249, Anlage: Bl. 228–232 (36. Expl.).
Serie: Informationsdienst.
Verteiler: Stoph, Grotewohl, Ulbricht, Schirdewan, Ebert, Oelßner, Rau, Ziller (Abschnitt »Zur Lage in Industrie und Verkehr«), Mückenberger (Abschnitt »Lage in der Landwirtschaft«), Leuschner (ohne Anlage) – MfS: Weikert, alle Bezirksverwaltungen, Verwaltung »W« (SDAG Wismut), Verwaltung Groß-Berlin, Gartmann (Angaben nach ZAIG-Postausgangsbuch, BStU, MfS, ZAIG 8439, Bl. 71 f.).
Datum: Datierung nach Angabe auf dem Vorblatt – Angabe im Kopf des Berichts: 6.6.1956.
Vermerk: Auf Vorblatt: »Verteiler: Ia / Ib / Ziller u. Mückenberger u. alle BV«.
Anlage: »Feindtätigkeit« 21.5.–6.6.1956.

[Faksimile des Deckblatts]

[Faksimiles der Verteiler-Angaben des Postausgangsbuchs → Datenbank/ Web-Ausgabe]

Zur Lage in Industrie und Verkehr

Politische Diskussionen
Im Vordergrund aller Diskussionen stand der Beschluss der Regierung der UdSSR über die *Demobilisierung von 1,2 Millionen Soldaten.*[1] Die Mehrzahl der dazu geführten Diskussionen ist positiv und zeigt, dass das Vertrauen für die Politik der SU damit weiter gefestigt wurde. Gleichzeitig damit wird der Wunsch ausgesprochen, dass die Westmächte und besonders Westdeutschland dem Beispiel folgen sollen, um durch eine allgemeine Abrüstung den Frieden zu erhalten. Nur vereinzelt wurden dazu negative Diskussionen bekannt, die jedoch mehr auf Unklarheiten und Zweifel beruhen. Charakteristisch für die positiven Diskussionen sind folgende Stellungnahmen:

– Im S-Bahn-Betriebswerk Berlin-Nordbahnhof erklärten Arbeiter: »Diese Maßnahme ist durchaus begrüßenswert, aber dieser Beschluss müsste nicht nur von der SU, sondern von allen Staaten gefasst werden. Ich hoffe, dass die kapitalistischen Staaten nach dem Vorbild der UdSSR handeln werden.« Weiter erklärten sie: »Diese Maßnahme hat auch für die DDR große Bedeutung, denn wenn 30 000 Mann der sowjetischen Streitkräfte in der DDR verringert werden, so werden ja auch die Besatzungskosten

1 Am 14.5.1956 kündigte die sowjetische Regierung an, die Streitkräfte der Sowjetunion bis zum 1.5.1957 um 1,2 Mio. Mann zu reduzieren. Aus der DDR sollten bis zu diesem Zeitpunkt 30 000 Soldaten abgezogen werden. Wortlaut der Erklärung in: Dokumentation der Zeit. Informations-Archiv, Jg. 1956, Heft 120, Sp. 9714–9721.

niedriger, was wiederum dem Staatshaushalt und darüber hinaus der gesamten Bevölkerung zugutekommt.«

- Im VEB Süd Hildburghausen,[2] [Bezirk] Suhl, erklärte ein Meister: »Die SU zeigt der Welt, dass sie wirklich für eine Abrüstung der Großmächte ist. Sie beweist damit, dass sie stets für die Erhaltung des Friedens eintritt. Dieses Ereignis wird an den werktätigen Menschen nicht ohne Weiteres vorübergehen. Auch in den kapitalistischen Ländern werden sie, gestützt auf diese Maßnahme, dazu übergehen, von ihren Regierungen zu fordern, auch mit der Abrüstung zu beginnen.«
- Arbeiter im VEB Hydrierwerk Zeitz, [Bezirk] Halle, äußerten: »Wenn die SU auch 30000 Mann aus der DDR demobilisiert, so erwächst daraus zur Sicherung unserer Republik für uns eine große Aufgabe. Jetzt wird man von Westdeutschland aus versuchen, diese Demobilisierung zu verstärkten Provokationen auszunutzen und da müssen wir wachsam sein.«
- Charakteristisch für die unklaren und zweifelnden Diskussionen ist Folgendes: »Na, da lassen sie ja wieder einen Propagandarummel los. Das kann doch keiner kontrollieren und es ist auch alles Schwindel. Die wollen doch nur die Leute verdummen.«
- Ein Arbeiter im VEB Textilveredelungswerk Greiz, [Bezirk] Gera, erklärte: »Ich habe wohl den Abrüstungsvorschlag der SU gelesen, habe aber noch einen gewissen Zweifel, ob das auch alles wahr ist.«
- Im VEB Schuhfabrik Knohoma Schmölln,[3] [Bezirk] Leipzig, erklärten einige Mitglieder der Kampfgruppe:[4] »Angesichts der Abrüstungsmaßnahmen der SU können wir es uns nicht gut erlauben, mit Koppel, Patronentaschen und Gewehr herumzulaufen. Dadurch wird bei indifferenten Menschen und auch im Ausland eine starke Kritik hervorgerufen, weil das dem Abrüstungsgedanken widerspricht.«
- Im VEB Zeiss Jena, [Bezirk] Gera, erklärten Arbeiter: »Dies bedeutet für uns gar nichts, denn solange auf den Kriegsschiffen noch die Kanonen bleiben, sind es immer noch Kriegsschiffe, ob sie außer Dienst gestellt sind oder nicht. Und die Truppenverringerung auf dem Gebiet der DDR muss nur deshalb durchgeführt werden, damit für die Volksarmee Platz gemacht wird.«[5]

2 Gemeint ist vermutlich der Bereich Hildburghausen des VEB (B) Bau Suhl-Süd.

3 Der VEB KnoHoMa Schmölln war keine Schuhfabrik, KnoHoMa steht für Knopf- und Holzbearbeitungsmaschinen.

4 Die »Kampfgruppen der Arbeiterklasse« waren eine im Sommer 1953 auf Beschluss der SED gegründete paramilitärische Organisation von Beschäftigten in Großbetrieben, VEG, LPG, MTS und staatlichen Verwaltungen. Vgl. Siebeneichner, Tilmann: Proletarischer Mythos und realer Sozialismus. Die Kampfgruppen der Arbeiterklasse in der DDR. Köln u. a. 2014.

5 Die Nationale Volksarmee (NVA) der DDR wurde am 18.1.1956 gebildet. Vgl. Gesetz über die Schaffung der Nationalen Volksarmee und des Ministeriums für Nationale Verteidigung. In: GBl. I 1956, S. 81.

Ähnliche positive, wie auch unklare und zweifelhafte Stellungnahmen wurden vereinzelt auch aus der Landwirtschaft und unter den Schichten der übrigen Bevölkerung bekannt.

Die Diskussionen über die *Regierungserklärung vor der Volkskammer*[6] haben nicht den Umfang wie zur Frage der Demobilisierung. Trotzdem ist auch hierzu festzustellen, dass überwiegend positiv Stellung genommen wird und nur vereinzelt unklare oder zweifelnde Meinungen auftauchen. Charakteristisch für die positiven Stellungnahmen sind folgende Beispiele: Im VEB Röhrenwerk Neuhaus, [Bezirk] Suhl, erklärte ein Arbeiter: »Ich begrüße die Vorschläge des Ministerpräsidenten Otto Grotewohl an den Bonner Bundestag, welche die Regelung wichtiger Punkte zwischen beiden Teilen Deutschlands vorsehen. Hervorzuheben ist besonders das Nichteinführen der Wehrpflicht und [das] Verbot der Atom- und Wasserstoffbomben. Gelingt es, die in der Regierungserklärung vorgesehenen Punkte zu verwirklichen, dürfte die beste Voraussetzung zur baldigen Einheit Deutschlands geschaffen sein.« Im Kaliwerk Unterbreizbach, [Bezirk] Suhl, erklärte ein parteiloser Arbeiter: »Wenn Bonn jetzt eine Verhandlung mit der DDR ablehnt, dann hat Bonn kein Interesse an der Wiedervereinigung Deutschlands.«

Unklare und zweifelnde Stellungnahmen wurden Folgende bekannt: Im VEB Werkmaschinenwerk Zeulenroda, [Bezirk] Gera, erklärte ein technischer Angestellter: »Die Regierung der DDR hat in den letzten Jahren schon so viele Noten an die Regierung der Bundesrepublik gesandt und hat keine Antwort darauf erhalten. So ist es auch bei dieser neuen Regierungserklärung und bei der nächsten wird es auch nicht anders sein.« Mehrere Arbeiter sowie ein Meister desselben Betriebes äußerten: »An Verhandlungen zwischen den beiden deutschen Staaten glauben wir nicht mehr, denn die Einheit Deutschlands ist entfernter als je zuvor, dazu hat sich die Politik auf beiden Seiten zu sehr versteift.« In der Mathias-Thesen-Werft Wismar, [Bezirk] Rostock, erklärten zwei Meister: »Es ist alles ganz schön, was unsere Regierung macht, doch Entscheidendes ist nur von den Großmächten zu erwarten. Wenn die sich einig sind, dann werden auch wir bald vereinigt sein.« Ähnliche Stellungnahmen wurden auch aus der Landwirtschaft sowie aus Kreisen des Mittelstandes bekannt.

6 Am 29.5.1956 gab Ministerpräsident Otto Grotewohl vor der Volkskammer eine Regierungserklärung ab, in der er Vorschläge zur innerdeutschen Entspannung machte, darunter eine gegenseitige Verpflichtung der beiden deutschen Staaten, die Wehrpflicht nicht einzuführen, eine Vereinbarung über die Begrenzung der Streitkräfte sowie den Einsatz beider Regierungen für ein Verbot der Stationierung von Atomwaffen auf deutschem Boden. Vgl. Die Festigung des Friedens und die Wiedervereinigung Deutschlands auf demokratischer Grundlage. Erklärung der Regierung der DDR zu den großen nationalen Fragen unseres Volkes, abgegeben durch Ministerpräsident Otto Grotewohl vor der Volkskammer. In: ND v. 30.5.1956, S. 3.

Über die in der DDR *durchgeführte Haftentlassung ehemaliger SPD-Angehöriger* wird weiterhin positiv diskutiert.[7] Wesentlich neue Argumente, wie im letzten Bericht angeführt, wurden nicht bekannt.

Ökonomische Fragen
In der Berichtszeit wurden in stärkerem Maße wieder Materialschwierigkeiten aus den verschiedensten Industriegebieten bekannt, die sich nachteilig auf die Planerfüllung der Betriebe sowie die Stimmung der Beschäftigten auswirken. Besonders sind es wieder – wie schon im letzten Bericht mitgeteilt – die zwei Arten von Materialschwierigkeiten
1.) für die Produktion
2.) für die Instandhaltung des Maschinenparks

Die Hauptursache dafür sind wiederum die schlechte Belieferung durch die Zulieferbetriebe sowie zögernde Importeingänge.

So ist in den VE-Betrieben Draht- und Nagelwerk Wilischthal,[8] [Bezirk] Karl-Marx-Stadt, VTA-Leipzig, Emaillierwerk Geithain, [Bezirk] Leipzig, Turbowerk Meißen, [Bezirk] Dresden, die schlechte Materiallage, die bereits in den Berichten vom 7.5. und 22.5.1956 mitgeteilt wurde,[9] noch nicht behoben. Darüber hinaus gibt es eine Reihe Betriebe, wo neuerdings Materialschwierigkeiten auftreten bzw. entstanden. Darüber erfolgt Sonderinformation.[10]

Als Beispiel der Auswirkung wird der VEB Waggonbau Görlitz, [Bezirk] Dresden, angeführt. Aufgrund dessen, dass der VEB Gaselan Berlin seinen Verpflichtungen nicht nachkommt, können folgende Exportverpflichtungen nicht erfüllt werden:
1.) 13 Vorortzüge an die Volksrepublik Polen – Wert 12 Mio. DM;
2.) ein Salonzug für die Volksrepublik China – Wert 8 Mio. DM;
3.) ein Gliederzug an die Deutsche Reichsbahn – Wert 1,7 Mio. DM;
4.) muss die Mehrzahl der Exportverträge aufgekündigt werden, da der Betrieb die Termine des DIA nicht einhalten kann;
5.) kann der technologische Ablauf nicht mehr eingehalten werden, wodurch dem Betrieb Wartezeiten und Mehrkosten entstehen.

7 Am 19.4.1956 beschloss eine Kommission des ZK der SED unter Vorsitz von Walter Ulbricht die Haftentlassung zahlreicher politischer Gefangener, darunter viele ehemalige Mitglieder der SPD. Protokoll der Sitzung in: Zur Entlassung werden vorgeschlagen … Wirken und Arbeitsergebnisse der Kommission des Zentralkomitees zur Überprüfung von Angelegenheiten von Parteimitgliedern 1956. Dokumente. Mit einem Vorwort von Grabert, Josef. Berlin 1991, S. 14–16.
8 Im Original: »Willischthal«.
9 Siehe Informationsdienste 9/56 und 10/56.
10 Siehe Information 59/56.

Neben Materialschwierigkeiten wurden aus einigen Betrieben auch wieder *Absatzschwierigkeiten* bekannt. Dadurch, dass die Betriebe nicht in der Lage sind, ihre Produkte zur Auslieferung zu bringen, geraten sie in Schwierigkeiten, sowohl mit den Finanzinstitutionen als auch mit ihrer weiteren Produktion. Derartige Schwierigkeiten bestehen in folgenden VE-Betrieben:

- Rathenower Optische Werke, [Bezirk] Potsdam – Theatergläser, Fernglasbrillen, Sportgläser;
- Polierschiefergrube Seifhennersdorf, [Bezirk] Dresden – Polierschiefer;
- VdK Seifenfabrik Riesa, [Bezirk] Dresden – Waschseife;
- Frottier-Taschentuchweberei Großschönau, [Bezirk] Dresden – Frottierhandtücher;
- Grobgarnwerk Kirschau, [Kreis] Bautzen, [Bezirk] Dresden – Scheuertücher;
- Porzellanfabrik Kloster Veilsdorf, [Bezirk] Suhl – Futternäpfe;
- Porzellanfabrik Stadtlengsfeld, [Bezirk] Suhl – Porzellan;
- Bereich Weberei Vacha, [Kreis] Bad Salzungen, [Bezirk] Suhl – [kein Produkt genannt];
- Keksfabrik Bad Liebenstein, [Bezirk] Suhl – Dauergebäck;
- Holzverarbeitungswerk Tangerhütte, [Bezirk] Magdeburg – Stahlmatratzen;
- Hydrierwerk Zeitz, [Bezirk] Halle – Benzin;
- Leunawerke »Walter Ulbricht«, [Bezirk] Halle – Waschmittel;
- EAW »J. W. Stalin«, Berlin-Treptow – Radiogeräte;
- Bekleidungswerke Glauchau,[11] [Bezirk] Karl-Marx-Stadt – [kein Produkt genannt].

Aus dem demokratischen Sektor von Berlin wird bekannt, dass in den meisten Stadtbezirken Schwierigkeiten in der *Unterbringung der Schulentlassenen* in Lehrstellen bestehen. Auch fehlt es an geeigneten Arbeitsplätzen für diejenigen, die das Ziel der Schule nicht erreicht haben und aus der 6. bzw. 7. Klasse entlassen wurden.

Z. B. gibt es im Stadtbezirk Prenzlauer Berg insgesamt 2 826 Schulabgänger 1956; Arbeitsstellen und Lehrstellen konnten 2 324 vermittelt werden. Da bereits noch aus dem Jahre 1955 400 Schulentlassene nicht in Arbeitsverhältnisse untergebracht werden konnten, gibt es also *insgesamt 902 Jugendliche ohne Arbeitsverhältnis*. Im Stadtbezirk Pankow fehlen sogar 1 398 (1956 und 1955) Lehr- und Arbeitsstellen. Ähnliche Schwierigkeiten werden auch vom Rat des Kreises Bad Salzungen, [Bezirk] Suhl, Abteilung Arbeit, berichtet. Dort können im Kreismaßstab 400 Schulentlassene nicht in Arbeits- und Lehrstellen untergebracht werden. Im Kreis Neuruppin, [Bezirk] Potsdam, hat ebenfalls eine große Anzahl Jugendlicher keine Lehrstelle, obwohl der Lehrstellenplan nur zu 70 % ausgelastet ist. Es sind zwar noch Lehrstellen

11 Es gab in Glauchau mehrere volkseigene Bekleidungswerke, sodass nicht zu ermitteln ist, welcher hier gemeint ist.

vorhanden, die aber nicht freigegeben werden, da der Kreis Neuruppin noch Lehrstellen an andere Kreise abgeben soll. In Brieselang, [Bezirk] Potsdam, befindet sich ein Lehrkombinat des Vermessungsdienstes Halle. Obwohl das Kombinat nur zu 60 % ausgelastet ist, werden trotz vorliegender Bewerbungen keine Neueinstellungen vorgenommen. Der Vermessungsdienst Halle hat die Absicht, das Kombinat aufzulösen, was bisher nur an der Verlängerung der Lehrzeit scheiterte. Im Kreis Bautzen, [Bezirk] Dresden, kann ein großer Teil der Schulabgänger (5 000) keine Lehrstellen erhalten. Der VEB Waggonbau Bautzen erhielt seine Einstellungsziffern, die gekürzt wurden und sich um 35 bis 40 % der bisherigen Höhe bewegen.

Aus einigen Bezirken wird aus VE-Betrieben *Arbeitskräftemangel* bekannt, wodurch den Betrieben Schwierigkeiten in der Planerfüllung entstehen. Arbeitskräftemangel besteht nach vorliegenden Berichten:
- auf der Schwerpunktbaustelle Hirschfelde, [Kreis] Zittau, [Bezirk] Dresden, besonders Poliere und Bauarbeiter;
- im EKB Bitterfeld, [Bezirk] Halle, Alu-Werke;
- im VEB Abus Aschersleben, [Bezirk] Halle, besonders Dreher;
- im VEB Eisenwerk Tangerhütte, [Bezirk] Magdeburg – besonders 30 Maschinenformer;
- im RAW Cottbus – Arbeiter;
- im Stahlwerk Silbitz, [Bezirk] Gera – 25 Arbeiter sowie
- im VEB Heimichshall,[12] [Bezirk] Gera – Arbeiter.

Produktionsstörungen in der Zeit vom 20.5. bis 6.6.1956
Durch Schäden an Maschinen und Baggern sowie Havarien im Zugverkehr entstanden in den Braunkohlenbetrieben der Bezirke Halle und Leipzig folgende Ausfälle: 69 670 cbm Abraum, 3 840 t Rohkohle, 435 t Brikett. Der finanzielle Schaden an Geräten, Maschinen und Produktionsausfall beträgt *insgesamt 19 300 DM.* Die Havarien erfolgten in folgenden Tagebauen: Borna, Großröda, Neukirchen, [Bezirk] Leipzig, und Pirkau, [Bezirk] Halle.

In anderen Industriezweigen wurden nachträglich und neuerdings folgende wesentliche Produktionsstörungen bekannt:
- am 17.5.1956 Ausfall des Infrarotofens infolge Festfahrens eines Lagers im VEB Motorradwerk Zschopau, [Bezirk] Karl-Marx-Stadt. Schaden 35 000 DM;
- Am 19.5.1956 Brand im Schacht V des Martin-Hoop-Werkes Zwickau – Ausfall täglich 450 Hunte;[13]
- am 30.5.1956 Störung im Kesselwerk des Kaliwerkes Unterbreizbach, [Bezirk] Suhl; infolge Kabelschadens an der Überlandleitung. Am

12 Ein Ort oder ein VEB dieses oder eines ähnlichen Namens war im Bezirk Gera nicht zu ermitteln.
13 In der Bergmannsprache ist ein Hunt ein offener, kastenförmiger Förderwagen.

17.5.1956 Ausfall der Seilbahnmaschinen im Schacht 1 des Kaliwerkes Dorndorf, [Bezirk] Suhl;

- am 18.5.1956 Fabrik des Kaliwerkes Dorndorf, [Bezirk] Suhl, infolge Wellenbruchs ausgefallen. Zu allen drei Vorkommnissen ist der Schaden noch nicht festgestellt;
- am 23.4.1956 Ausfall eine Raupendrehkranes im VEB Granitwerk Häslich, [Kreis] Kamenz, [Bezirk] Dresden, infolge Bolzenbruchs. Ausfall ca. zehn bis zwölf Tage – Schaden täglich 400 DM;
- vom 18. bis 22.5.1956 Ausfall der Presskohlenanlage infolge Überalterung im BKW Puschwitz, [Kreis] Bautzen, [Bezirk] Dresden. Schaden insgesamt 4 400 DM;
- am 3.5.1956 Ausfall des 40-t-Gegenschlaghammers im VEB »Heinrich Rau« Wildau,[14] [Bezirk] Potsdam, durch einen Riss in der Kolbenstange; am 19.5.1956 Ausfall des 20-t-Gegenschlaghammers aus gleicher Ursache. Schaden insgesamt 1 815 000 DM;
- am 16.5.1956 brach im Schacht 294 der Wismut in Auerbach, 3. Sohle – Querschlag 64a und 65 – das Streckenkreuz zusammen. Der Einsturz ereignete sich durch Schießen im Abbaublock 48. Dadurch fielen für eine Schicht acht Betriebsorte aus.

Brände entstanden
- am 25.5.1956 im Geräteraum des Bahnhofs Joachimsthal, [Kreis] Eberswalde, [Bezirk] Frankfurt/O. Schaden: 10 000 DM;
- am 31.5.1956 ein Kohlenhaldebrand von ca. 60 bis 70 m Länge im Braunkohlenwerk Piskowitz, [Kreis] Kamenz, [Bezirk] Dresden;
- am 25.5.1956 brach im Schwesternheim des Bergbaukrankenhauses Eibenstock, [Bezirk] Karl-Marx-Stadt, ein Brand aus, der das Dachgeschoss und die darunter liegenden Stockwerke vernichtete. Schaden: 60 000 bis 70 000 DM;
- am 30.5.1956 brach im Schacht 352 – Ronneburg – ein Brand aus, wobei ein Schaden am Fahrtenturm und an der Bühne entstand. Der Produktionsausfall betrug 5½ Stunden.

Versorgung der Bevölkerung

Auch in dieser Berichtsperiode sind in der Versorgung der Bevölkerung mit den wichtigsten Lebensmitteln keine wesentlichen Veränderungen aufgetreten. Es mangelt weiterhin in verschiedenen Bezirken vor allem an Fleisch- und Fleischwaren sowie an Butter und Margarine auf HO-Basis.[15]

14 Vollständig: VEB Schwermaschinenbau »Heinrich Rau« Wildau.

15 In der DDR wurden im Jahr 1956 für den Kauf von Fleisch, Fisch, Eiern, Milch, Fett und Zucker sowie allen daraus hergestellten Erzeugnissen noch Lebensmittelkarten benötigt. Ohne Karten konnten diese Produkte nur zu deutlich höheren Preisen in den Läden der staatlichen Handelsorganisation (HO) erworben werden. Die Lebensmittelkarten wurden

Fleisch- und Fleischwaren
Über die Versorgung mit Fleisch und Fleischwaren berichtet der Bezirk Rostock, dass in einigen Kreisen ein Mangel an Frischfleisch besteht. In Grevesmühlen wurden durch die geringe Bereitstellung die HO-Kontingente fast ganz gekürzt. Dem Bezirk Neubrandenburg stehen für das III. Quartal 3412 t Fleisch- und Fleischwaren einschließlich 1620 t aus Importen und Staatsreserve zur Verfügung. Nach Einschätzung der Handelsorgane reicht diese Menge nicht aus, da in diesem Jahr im Bezirk fünf anerkannte Kurort-Versorgungszentren vorhanden sind. Außerdem werden sich in diesem Jahr die Kinderferienaktion und die Zahl der Erntehelfer aus anderen Bezirken erhöhen. Der Anteil der Importe im Plan für das III. Quartal beträgt fast 50 %, was im krassen Widerspruch zum Ministerratsbeschluss vom 14.10.1955 steht, der für die Bezirke mit Eigenaufkommen nur einen Anteil von 10 % Importen vorsieht.[16] Im Bezirk Magdeburg besteht im II. Quartal ein Fleischrückstand von 1200 t.

Besonderheiten im Handel
Im Kreis VEAB Königs Wusterhausen, [Bezirk] Potsdam, lagern zurzeit 280000 Eier. Bei längerer Lagerung besteht Gefahr des Verderbs. Im Kühlhaus des Schlachthofes Neubrandenburg lagern gegenwärtig ca. 1200 kg Importrindfleisch, was nach ärztlichem Gutachten der Tierkörperverwertungsanstalt übergeben werden muss. Es soll sich hierbei um Importe aus Jugoslawien handeln.

Die Lage in der Landwirtschaft

In der Landwirtschaft stehen nach erfolgreichem Abschluss der Frühjahrsbestellung die Pflegearbeiten im Mittelpunkt der jetzigen Tätigkeit. Bei der Durchführung der Pflegearbeiten kommt es in fast allen Bezirken zu Schwierigkeiten, die auf folgende Ursachen zurückzuführen sind:
- mangelhafter Abschluss von Pflegeverträgen mit der MTS;
- Fehlen von Anbaugeräten, welche zu den Pflegearbeiten benötigt werden sowie
- Mangel an Pflanzenschutzmittel.

In den mangelhaften Abschlüssen von Pflegeverträgen zeigt sich, dass die Arbeit von den meisten LPG bzw. werktätigen Bauern unterschätzt wird. Ein

im Mai 1958 abgeschafft. Vgl. Gesetz über die Abschaffung der Lebensmittelkarten v. 28.5.1956. In: GBl. I 1958, S. 413–415.

16 Es handelt sich um den Beschluss des *Präsidiums* des Ministerrats 21/16 »über die Versorgung mit Nahrungsmitteln« v. 14.10.1955. Punkt 6 des Beschlusses lautet: »Ausfuhrbezirke (z. B. Fleisch, Eier, Kartoffeln, Gemüse etc.) decken ihren eigenen Bedarf zu 100 oder zu 90 Prozent (dies z. B. für Fleisch wegen des Sortiments) und erhalten die restlichen 10 Prozent aus Importen.« Anlage 10 zum Protokoll der Sitzung des Präsidiums des Ministerrates v. 14.10.1956; BArch DC 20-I/4/140, Bl. 74–76.

ernster Mangel besteht auch darin, dass von einer großen Anzahl von Räten der Gemeinde keine konkreten Pläne zur Durchführung der Pflegearbeiten erarbeitet wurden, wie z.B. im Bezirk Karl-Marx-Stadt und Suhl. Besondere Schwierigkeiten bestehen darin, dass den MT-Stationen nicht im genügenden Maße die entsprechenden Pflegegeräte zur Verfügung stehen.

Aus fast allen Bezirken wird das Fehlen von Rübenverziehkarren gemeldet, wobei von verschiedenen LPG-Mitgliedern befürchtet wird, dass größere Rückstände in der Rübenernte eintreten werden. Diese Schwierigkeiten treten in den Bezirken Halle, Potsdam, Magdeburg und Gera auf.

Durch das Fehlen von Pflanzenschutzmitteln treten in Bezug der Pflegearbeiten Schwierigkeiten auf. Außerdem macht sich auch ein Arbeitskräftemangel bemerkbar, da die MT-Stationen noch nicht über genügend Großgeräte verfügen. So wird zum Beispiel die chemische Unkrautbekämpfung, welche im Kreis Hildburghausen, [Bezirk] Suhl, durchgeführt werden sollte, dadurch gehemmt, dass die notwendigen Spritzmittel, wie Hormit und Hedolit, nicht zur Verfügung stehen. Außerdem ergeben sich zzt. Schwierigkeiten bei der Beschaffung des Spritzmittels *Cuprat*, welches zur Bekämpfung der Krautfäule bei Kartoffeln notwendig ist. 1000 ha Kartoffeln sind in diesem Kreis zur Bekämpfung vorgesehen.

Im Kreis Marienberg, [Bezirk] Karl-Marx-Stadt, bestehen in Bezug auf die Pflegearbeiten Schwierigkeiten, da das Unkrautbekämpfungsmittel »Stäube-Hormin« nicht zur Verfügung steht, obwohl der VEB Elektrochemisches Kombinat Bitterfeld mit einer Lieferung von 10000 kg bis 30.4.1956 vertragsgebunden war. Zur Verfügung stand lediglich nur Spritz-Hormit. Dabei ist besonders zu beachten, dass »Stäube-Hormin« jeder Bauer selbst ausstäuben kann, während Spritz-Hormit durch die MTS mit Gespannspritzen ausgestäubt werden muss. Ähnliche Mängel gab es diesbezüglich auch im Kreis Rochlitz, da in den MTS zu wenig Bestellungsgeräte für Traktoren vorhanden sind.

Im Kreis Borna, [Bezirk] Leipzig, ist in der Schädlingsbekämpfung (Kartoffelkäferbekämpfung) eine schwierige Situation eingetreten. In diesem Kreis ist für die vorhandenen Pflanzenschutzgeräte kein Bedienungspersonal vorhanden, da keine Gerätewarte mehr eingestellt werden dürfen. Ähnliche Beispiele sind aus dem Kreis Neuruppin, [Bezirk] Potsdam, bekannt.

Da bereits in einigen Bezirken größere Mengen Kartoffelkäfer gefunden wurden, wie im Kreis Meiningen, [Bezirk] Suhl, 7000 bis 8000 Stück, sowie größere Mengen in den Kreisen Meißen und Niesky, [Bezirk] Dresden, ist es unerlässlich, die Schädlingsbekämpfung mit allen Mitteln durchzuführen.

Zur Futtermittelversorgung und Viehhaltung werden weiterhin große Schwierigkeiten gemeldet. Besonders macht sich in der Rinderhaltung der langanhaltende Mangel an Raufutter bemerkbar, da jetzt die Tiere bei dem stark anfallenden Grünfutter häufig an Eiweißvergiftung erkranken. Gleichzeitig erhöht sich laufend die Tiersterblichkeit durch den Futtermangel, sodass teilweise die Tierkörperbeseitigungsanstalten nicht mehr in der Lage sind, den großen Anfall von Tieren zu verarbeiten. So sind z.B. im Kreis Stendal, [Bezirk] Magdeburg, seit Februar 1956 mehr Notschlachtungen durchgeführt worden (Rinder), als gesundes Vieh durch die VEAB abgeliefert wurde. Der größte Teil der notgeschlachteten Rinder wanderte zur Abdeckerei und Freibank. Bei diesen Notschlachtungen handelt es sich ausschließlich um Leberegelkrankheiten und Tuberkulose. Durch die schlechte Ernährung wirkte sich die Krankheit stärker aus. Auch aus dem Kreis Kalbe (Milde) wird ein Anwachsen des Verendens von Rindern gemeldet, was besonders in den LPG in Erscheinung tritt. So verendeten in der Gemeinde Bühne von 380 Rindern im I. Quartal 1956 111 Rinder und 27 mussten notgeschlachtet werden. Die Ursache war die starke Abmagerung sowie das Überfressen bei der ersten Weidefütterung.

Ebenfalls wirkt sich der Futtermangel auf die Milchleistung der Kühe aus. So wird z.B. von der LPG Bölkow, [Kreis] Güstrow, [Bezirk] Schwerin, berichtet, dass von 61 Kühen 37 Kühe eine Gesamtmilchmenge von 40 Liter pro Tag liefern und dass weitere 24 Kühe keine Milch geben.

Brände in der Zeit vom 20.5. bis 5.6.1956
In der Berichtszeit wurden insgesamt 36 Brände bekannt, davon sechs vermutliche Brandstiftungen, fünf durch Fahrlässigkeit, elf durch Kinderhand, acht Brandursache unbekannt, sechs durch Blitzschlag. Die sechs vermutlichen Brandstiftungen sind noch nicht aufgeklärt und werden nach Klärung im nächsten Bericht gemeldet.

Bezirk Potsdam
- ein Stallbrand, Mittelbauer, durch Kinderhand;
- ein Geräteschuppenbrand, Kleinbauer, durch Kinderhand;
- ein Strohmietenbrand, Kleinbauer, Brandursache unbekannt;
- ein Scheunenbrand, Kleinbauer, Brandursache unbekannt;
- ein Schuppenbrand, LPG, durch Fahrlässigkeit.

Bezirk Karl-Marx-Stadt
- zwei Scheunenbrände, Einzelbauern, durch Blitzschlag;
- zwei Scheunenbrände bei zwei Mittelbauern, Brandursache unbekannt;
- ein Strohmietenbrand, Einzelbauer, durch Fahrlässigkeit;
- ein Scheunenbrand, Mittelbauer, durch Kinderhand.

Bezirk Halle
- ein Stallbrand, LPG, durch Kinderhand;
- ein Mühlenbrand, privates Eigentum, durch Kinderhand;
- ein Scheunenbrand, Kleinbauer, durch Kinderhand.

Bezirk Gera
- zwei Scheunenbrände, Klein- und Mittelbauer, durch Blitzschlag;
- ein Scheunenbrand, Forstarbeiter, durch Kinderhand;
- sechs Scheunenbrände, Einzelbauern, vermutlich Brandstiftung.

Bezirk Schwerin
- ein Scheunenbrand, LPG, durch Kinderhand;
- ein Stallbrand, Mittelbauer, Brandursache unbekannt;
- ein Dachstuhlbrand, Kleinbauer, Brandursache unbekannt;
- ein Stall- und Waschhausbrand, Einzelbauer, durch Blitzschlag.

Bezirk Magdeburg
- zwei Scheunenbrände, Großbauer, Altstoffhändler, durch Kinderhand;
- ein Strohmietenbrand, Kleinbauer, durch Fahrlässigkeit.

Bezirk Frankfurt/O.
- zwei Scheunenbrände, LPG, Großbauer, Brandursache unbekannt.

Bezirk Rostock
- ein Scheunenbrand, LPG, durch Kinderhand;
- ein Waschhaus-, Scheunen- und Stallbrand, LPG, Brandursache unbekannt.

Bezirk Leipzig
- ein Scheunenbrand, Mittelbauer, durch Blitzschlag.

Bezirk Suhl
- ein Scheunenbrand, Mittelbauer, durch Fahrlässigkeit.

Ereignisse von besonderer Bedeutung

Industrie und Verkehr
- Am 28.5.1956 brannte im Stahlwerk Gröditz,[17] [Bezirk] Dresden, der 5-t-Elo-Ofen mit 6/12 [sic!] flüssigem Stahl durch, sodass der Stahl in das Getriebe floss. Schaden ist noch nicht bekannt.
- Am 25.5.1956 ereignete sich im VEB Steinkohlenwerk Freital, Schachtanlage Paul-Ernst-Grube, ein Unfall. Der Parteisekretär erlitt eine Beckenfraktur, als beim Zusammenstoß zweier Hunte der eine aus dem Gleis sprang und den Sekretär dabei verletzte.
- Im VEB Motorradwerk Zschopau fiel in der mechanischen Abteilung eine Maschine aus. Die Ursache dazu ist nach bisherigen Feststellungen darin zu suchen, dass durch unbekannte Personen die Drähte umgewechselt wurden.
- Auf der Baustelle Sago,[18] [Kreis] Potsdam[-Land], erkrankten vom 31.5. bis 1.6.1956 ca. 100 Personen der Gerätebewirtschaftung, Ursache sind vermutlich verdorbene Speisen.

17 Vollständig: VEB Stahl- und Walzwerk Gröditz.

18 Gemeint ist die Baustelle zur Errichtung des Eisenbahndamms über den Templiner See und den Bau des Abschnitts des Berliner Außenrings zwischen Saarmund und Golm (kurz: Sago). Für die Bauarbeiter entstand eine Barackensiedlung im Michendorfer Ortsteil Wilhelmshorst.

- Am 12.5.1956 fiel in den Deutschen Solvay-Werken Westeregeln, [Bezirk] Magdeburg, eine Vakuumpumpe aus. Die Ursachen sind Spannungen in den gusseisernen Ständern, die Störungen erzeugen. Dieselben Pumpen werden vom Pumpenwerk Halle für den Export geliefert.
- Am 26.5.1956 fiel bei der DSU in Fürstenberg, [Bezirk] Frankfurt/O. ein Portalkran von VEB Kranbau Eberswalde aus. Nach der Montage stellte sich heraus, dass es eine Fehlkonstruktion sein muss, weil der Drehkranz auf dem Sockel wacklig ist und der Kran schief hängt. Außerdem sind die Nieten nicht 20 mm, sondern nur 16 mm stark.
- Am 17.5.1956 lief der Logger 4334, der bereits der sowjetischen Besatzung übergeben war, wieder in der Volkswerft Stralsund, [Bezirk] Rostock, ein, da sich im Zylinderkopf 7 der Hauptmaschine, im Motor und im Auspuffkrümmer Metallstücke befanden.
- Am 31.5.1956 stießen auf dem Südbahnhof in Gera zwei Güterzüge infolge falscher Weichenstellung zusammen. Sachschaden 60 000 DM.
- Am 19.5.1956 fuhr im Bahnhof Wittenberge, [Bezirk] Schwerin, eine Rangierlok einer Zuglock in die Flanke. Ursache: vorzeitiges Signal durch den Rangierleiter ohne Zustimmung des Weichenwärters. Schaden 8 500 DM.

Übrige Bevölkerung
Am 24.5.1956 wurde in dem Wald von Rastow, [Kreis] Schwerin[-Land], ein Munitionslager entdeckt. Die Untersuchungen sind zzt. noch nicht abgeschlossen. Vermutlich handelt es sich hier um ein Lager der ehemaligen faschistischen Wehrmacht. Die Gegenstände befinden sich zum Teil im guten Zustand. Bis jetzt wurden 200 Panzerfäuste, 15 Karabiner und 40 000 Schuss Munition sichergestellt. Weiter wurden noch Maschinepistolen, Eier- und Stielhandgranaten gefunden.

In der Nacht zum 19.5.1956 wurde auf der Hauptstraße Zeulenroda – Greiz, bei dem Ort Mehla, eine *Straßensperre* aufgebaut, indem Fahnenstangen, Holzklötze und Gartenzäune über die Straße gelegt wurden. Des Weiteren wurden auf der dortigen Straßenbaustelle Warnlampen zerschlagen und in den Dorfteich geworfen.

In den Gemeinden Gehrden und Güterglück, [Kreis] Zerbst, [Bezirk] Magdeburg, sind ca. 50 Personen an E-Ruhr erkrankt, Infektionsquelle ist noch nicht festgestellt.

Anlage vom 7. Juni 1956 zum Informationsdienst Nr. 11

Feindtätigkeit in der Zeit vom 21.5. bis 6.6.1956

In der Berichtszeit trat vorwiegend antidemokratische Tätigkeit und Gerüchteverbreitung in Erscheinung. Nur in einem Fall kam es zu einer Provokation. *Hetzlosungen* gegen Partei, Regierung und deren Funktionäre wurden in mehreren Fällen in Anklam, [Bezirk] Neubrandenburg (darunter auch die

Hetzlosung »Es lebe der 17.6.1953«), Grimma, [Bezirk] Leipzig, und Leipzig selbst angeschmiert. *Hakenkreuze* wurden in Käßlitz, [Kreis] Hildburghausen, [Bezirk] Suhl, Fürstenwalde, [Bezirk] Frankfurt/O., und in Potsdam-Babelsberg (vermutlicher Täter festgenommen) angeschmiert. *Schaukästen* wurden in Pirna, [Bezirk] Dresden, Anklam, [Bezirk] Neubrandenburg, beschädigt bzw. abgerissen. In Barth, [Kreis] Ribnitz[-Damgarten], wurde ein *VdN-Denkmal beschädigt*. In Tharandt, [Kreis] Freital, [Bezirk] Dresden, wurden zwei Fahnen abgerissen. In Lauter, [Kreis] Aue, [Bezirk] Karl-Marx-Stadt, wurde auf der Anschlagtafel Stalinplatz durchgestrichen und »Platz des Irrtums« drübergeschrieben.

Gerüchte

- Unter den Taxifahrern [in] Stendal kursiert das Gerücht, dass aus dem VP-Stützpunkt Klietz 90 Personen entlassen wurden, weil sie die Verteidigung der Nationalen Volksarmee abgelehnt hätten.
- In Kehnert, Kreis Tangerhütte, ist das Gerücht im Umlauf, dass jeder, der aus der Haft entlassen wird (politisch Inhaftierte), einen Menschen angeben muss, der dann auch inhaftiert wird. Diese Verpflichtung werde dem Häftling bei der Entlassung abgenommen.
- Die Geschäftsinhaberin und Hausbesitzerin [Vorname Name 1] aus Tanna, [Kreis] Schleiz, [Bezirk] Gera, verbreitet das Gerücht, dass in Kürze alle schuldenfreien Häuser vom Staate übernommen werden. Sie diskutierte dahingehend, dass jetzt alle Hausbesitzer auf ihre Häuser Schulden machen sollen.
- In der Gemeinde Dobra und Tauscha, [Kreis] Großenhain, [Bezirk] Dresden, kursiert das Gerücht, dass die Dörfer Kleinnaundorf, Dobra und Tauscha geräumt werden müssten, weil dort ein Flugplatzgelände gebaut wird und der Truppenübungsplatz vergrößert werden soll.
- Im Kreis Sonneberg wird unter einem Teil der Bevölkerung das Gerücht verbreitet, wonach jetzt die Sperrzone wegfallen soll und die Menschen sich, ganz gleich, ob im 5-km- oder im 500-m-Gebiet, wieder frei bewegen könnten.[19] Des Weiteren wird davon gesprochen, dass alle Besucher, die aus Westdeutschland kommen, ebenfalls sich in diesem Gebiet aufhalten können.

19 Durch die vom Minister für Staatssicherheit erlassene, am 26.5.1952 in Kraft getretene Polizeiverordnung über die Einführung einer besonderen Ordnung an der Demarkationslinie wurden an der innerdeutschen Grenze eine Fünf-Kilometer-Sperrzone, ein ca. 500 m breiter »Schutzstreifen«, der unter der unmittelbaren Kontrolle der Grenzpolizei stand, sowie ein 10 m breiter »Kontrollstreifen« eingerichtet, dessen Betreten für alle Personen verboten war. Für die Sperrzone galten weitreichende Zugangsbeschränkungen und es bestand eine nächtliche Sperrstunde sowie ein Verbot öffentlicher Versammlungen. Gaststätten, Kinos und Pensionen waren zu schließen. Die Polizeiverordnung ist dokumentiert in: Melis, Damian van; Bispinck, Henrik (Hg.): »Republikflucht«. Flucht und Abwanderung aus der SBZ/DDR 1945 bis 1961. München 2006, S. 153–155.

- Ein Fleischermeister aus Dresden verbreitete das Gerücht, dass in Dresden zur 750-Jahr-Feier sämtliche roten Fahnen sofort von den Häusern zu entfernen seien, weil ausländische Gäste da sind, auf die rote Fahnen abstoßend wirkten.
- Unter einem Teil der Bevölkerung der Gemeinde Heldburg, [Kreis] Hildburghausen, tritt das Gerücht auf, dass die blauen Uniformen der VP und die Uniformen der KVP nach Einführung der neuen Uniformen[20] als Kleidung an die Zuchthäusler ausgegeben werden. Dies soll anstelle der blau-weiß gestreiften Sachen gegeben werden. Ähnliche Diskussionen traten auch unter einem Teil der Belegschaftsmitglieder des VEB Glaswerkes Gießübel,[21] [Kreis] Hildburghausen, auf.
- In der Gemeinde Neurüdnitz, [Kreis] Bad Freienwalde, [Bezirk] Frankfurt/O., wird das Gerücht verbreitet, dass »eine Regelung getroffen wird, dass das Land 50 km östlich der Oder von den Polen geräumt wird, und dass die ehemaligen Bewohner wieder nach dort zurück können«.
- Im Stadtgebiet von Jena-Ost ist ein Gerücht im Umlauf, wonach alle Jugendlichen, welche aus Westdeutschland in die DDR zu Besuch kommen, von der Grenzpolizei festgenommen werden und auf die Insel Rügen verschleppt würden.

Provokation

Ein Müllergeselle aus Hohenseefeld, [Kreis] Jüterbog, [Bezirk] Potsdam, hetzte gegen die Genossen Walter Ulbricht, Otto Grotewohl und Max Reimann,[22] weiterhin beschimpfte er einige LPG-Mitglieder aufs Gröbste. Den Bürgermeister beschimpfte er mit den Worten: »Es ist Zeit, dass ihr Kommunistenschweine verschwindet, ihr Kommunistenhunde seid die, die meinen Vater weggebracht haben.« Nach den Beschimpfungen griff der Müllergeselle den Bürgermeister tätlich an. Täter wurde inhaftiert.

Am 22.5.1956 wurde unter den Telefonistinnen des Fernmeldeamtes Magdeburg ein Zettel mit der Aufforderung »Kolleginnen, werft eure Arbeit nie-

20 Im Zuge der Umwandlung der KVP zur NVA bis Anfang März 1956 erhielten die Angehörigen dieser bewaffneten Einheit neue Uniformen: An die Stelle des khaki-farbenen und am sowjetischen Vorbild orientierten Modells traten Uniformen aus grauem Stoff, die stark denen der Wehrmacht ähnelten. Vgl. Merta, Klaus-Peter: Uniformierung als Mittel der Politik. In: Vorsteher, Dieter (Hg.): Parteiauftrag: Ein neues Deutschland. Bilder, Rituale und Symbole der frühen DDR. Berlin 1996, S. 175–186.

21 Im Original: »Gießhübel«. Die Glashütte Gießübel war ein Werk des VEB Glaswerk Schönbrunn, das zur VVB Westglas gehörte.

22 Max Reimann, Jg. 1898, kommunistischer Politiker (KPD, DKP), seit 1948 Vorsitzender der KPD, 1946–54 MdL Nordrhein-Westfalen, 1949–53 Vorsitzender der KPD-Fraktion im Deutschen Bundestag. 1954 entzog Reimann sich einem Haftbefehl durch die Übersiedlung in die DDR, von wo aus er die KPD bis zu ihrem Verbot 1956 und darüber hinaus weiter leitete.

der und streikt« herumgereicht. Der Schreiber ist bis jetzt noch nicht bekannt.

Feindtätigkeit in der Industrie

In der Berichtszeit wurden in einigen Betrieben wiederum *faschistische Schmierereien* bekannt. Diese Erscheinungen wurden festgestellt in folgenden VE-Betrieben:
- Schwerter-Emaille, Zweigwerk Schwarzenberg, [Bezirk] Karl-Marx-Stadt;
- Weberei Werk 2 Mittweida, [Bezirk] Karl-Marx-Stadt;
- Bahnhof Salzwedel, [Bezirk] Magdeburg;
- August-Bebel-Hütte Eisleben,[23] [Bezirk] Halle;
- Kraftwerk Vockerode, [Bezirk] Halle;
- Fischkombinat Saßnitz, [Kreis] Rügen;
- Objekt 101 Zwickau/Wismut;
- Karriere »IV. Parteitag« Ronneburg/Wismut.

Hetzlosungen

Im VEB Simson Suhl wurde folgende Hetzlosung angeschmiert: »Die Parteimenschen werden alle aufgehangen. [Name 2] ist Verbrecher, hat die Ehrentafel heruntergenommen. Mein Vater.«

Gerüchte
- In der Berichtszeit wurden in besonders starkem Maße Gerüchte über den Sturz Gustav-Adolf Schurs während der Friedensfahrt verbreitet, die in einigen Bezirken bereits den Charakter einer Massenstimmung annahmen.[24] Der Inhalt war reine Antisowjethetze, indem behauptet wurde, die sowjetischen Fahrer hätten Schur absichtlich zu Fall gebracht, um in aussichtsreiche Position zu kommen. Diese Gerüchte ließen erst nach, als im ND die Stellungnahme von Gustav-Adolf Schur veröffentlicht wurde. Ebenso verhält es sich mit den Gerüchten, Schur sei nach Italien, Westdeutschland, Westberlin geflüchtet. Diese Erscheinungen traten auf in fol-

23 Gemeint ist die August-Bebel-Hütte Helbra bei Eisleben.

24 Gustav-Adolf »Täve« Schur, Jg. 1931, populärer Radsportler der DDR, 1956 Bronzemedaillen- und 1960 Silbermedaillengewinner im Mannschaftsfahren bei den Olympischen Spielen in Melbourne bzw. Rom (jeweils als Mitglied der gesamtdeutschen Olympiamannschaft), Sieger der Internationalen Friedensfahrt 1955 und 1959, Sieger bei der Straßenrad-Weltmeisterschaft der Amateure 1958 und 1959, 1958–90 Volkskammerabgeordneter für die SED bzw. PDS. Bei der Internationalen Friedensfahrt des Jahres 1956 stürzte Schur auf der 6. Etappe von Görlitz nach Berlin am 8.5.1956 70 km nach dem Start in Döbern schwer und riss auch seinen Mannschaftskameraden Helmut Stolper mit. Gerüchten, der Sturz sei absichtlich herbeigeführt worden, trat Schur später entgegen. Vgl. Schur, Täve: Mein Sturz. In: ND v. 25.5.1956, S. 8.

genden Bezirken: Suhl, Karl-Marx-Stadt, Wismut, Gera, Dresden, Erfurt, Halle und Potsdam.

- Im Kraftwerk Breitungen, [Bezirk] Suhl, sowie in anderen Großbetrieben des Bezirkes Suhl wird das Gerücht verbreitet, dass Genosse Molotow »seiner Funktion enthoben wurde im Zusammenhang mit seiner stalin'schen Politik.«[25]
- In der Lehrwerkstatt des Kraftwerkes Finkenheerd,[26] [Kreis] Fürstenberg, [Bezirk] Frankfurt/O., wird unter Lehrlingen das Gerücht verbreitet, dass die GST aufgelöst und Werbungen für die Volksarmee nicht mehr durchgeführt würden. Walter Ulbricht habe diese Ausführungen gegenüber einem ADN-Vertreter gemacht, indem er erklärte, die Wehrpflicht wird bei uns nicht eingeführt.

Feindtätigkeit in der Landwirtschaft

In der Nacht vom 30.5.1956 zum 31.5.1956 wurden an der Bekanntmachungstafel in der Gemeinde Retzow, [Kreis] Nauen, [Bezirk] Potsdam, ein handgeschriebener Zettel sowie ein runder Blechstempel (4 cm Durchmesser) angenagelt. Der Blechstempel trägt das Zeichen der NSDAP sowie die Aufschrift: »Landrat des Kreises Westhavelland in Rathenow«.[27] Im Hetzzettel wurde der LPG-Vorsitzende grob beschimpft.

25 Wjatscheslaw Michailowitsch Molotow, Jg. 1890, sowjetischer Politiker, 1926–57 Mitglied im Politbüro der KPdSU, 1939–49 und 1953–56 Außenminister der Sowjetunion. Molotow trat am 1.6.1956 als Außenminister zurück, de facto war er bereits im Juli 1955 entmachtet worden. Hintergrund war u. a. Chruschtschows Politik der Wiederannäherung an Jugoslawien, gegen die Molotow opponierte. Vgl. dazu Zubok, Vladislav M.: A Failed Empire. The Soviet Union in the Cold War from Stalin to Gorbachev. Chapel Hill 2007, S. 99–101.

26 Im Original: »Finkenheer«.

27 Der Landkreis Westhavelland bestand von 1818 bis 1952 und ging mit der Verwaltungsreform von 1952 überwiegend im Kreis Rathenow auf.

7. Juni 1956

Sonderinformation (5. Bericht) – Betrifft: Professor Dr. Kockel (Mitglied der SED), Direktor des Theoretisch-Physikalischen Institutes der Karl-Marx-Universität Leipzig [Information Nr. M122/56]

Quelle: BStU, MfS, AS 80/59, Bd. 1a, Bl. 217–220.
Serie: Informationen.
Verteiler: Kein Nachweis für externe oder interne Verteilung.
Bemerkungen: Zusatz »(5. Bericht)« nachträglich handschriftlich hinzugefügt. Die Nummerierung bezieht sich auf mehrere Berichte zu Schülern und Studenten mit sehr unterschiedlichem Inhalt und Charakter.
Anlage: Zwölf Thesen (Abschrift).

Am 6.6.1956 wurde durch den Genossen [Name], Assistent am Theoretisch-Physikalischen Institut, bekannt, dass Professor Kockel[1] an die Parteileitung des Institutes, an den Rektor der Karl-Marx-Universität, Professor Dr. Mayer,[2] sowie an das ZK der SED ein Schreiben mit einem »12-Punkte-Programm« richtete.

Der Inhalt dieses sogenannten »12-Punkte-Programms« befasst sich im Wesentlichen mit der Frage – Reisen nach Westdeutschland –. Darin wird festgestellt, dass eine Beschränkung der Reisen nach Westdeutschland einer Sabotage an den Wünschen unserer Regierung gleichzusetzen ist. Diejenigen, die die Reisesperren verfügen, werden in dem »Programm« mit dem »3. Reich« gleichgesetzt. Weiter wird für alle Bevölkerungsschichten »das Recht gefordert, sich in ganz Deutschland bewegen zu können«. Begründet wird dies damit, dass 75 % der Bevölkerung Verwandte im Westen haben und eine Beschränkung »ein Vergehen gegen die Menschlichkeit« sei. Ferner werden die Studenten in diesem »Programm« aufgefordert, den Reiseplänen nach der Ostsee und Thüringen keinen Glauben zu schenken und ihr Reiseziel für die Ferien selbst zu bestimmen und die organisierten Reisen der älteren Generation zu überlassen. Man versucht auch die Studenten in der Hinsicht negativ zu beeinflussen, dass die Reise nach Westdeutschland nicht wegen Abwerbung und Agententätigkeit beschränkt wurden, sondern nur deswegen, weil »der Westen Deutschlands gar nicht kennengelernt werden soll«.

Professor Kockel beabsichtigte am Schwarzen Brett das sogenannte »12-Punkte-Programm« zu veröffentlichen, um es allen Genossen des Insti-

1 Bernhard Kockel, Jg. 1909, Physiker, 1952–59 Professor für Theoretische Physik an der Universität Leipzig.

2 Im Original durchgehend: »Meyer«. Georg Mayer, Jg. 1892, Ökonom, 1947–64 Professor für Volkswirtschaftslehre an der Universität Leipzig, 1950–64 Rektor der Universität Leipzig, 1950–67 Abgeordneter der Volkskammer für die SED.

tutes zur Kenntnis zu bringen, was durch den Rektor, Genossen Prof. Dr. Mayer, untersagt wurde. Im Institut selbst wurden noch keine Diskussionen in dieser Hinsicht bekannt. Zu bemerken ist jedoch, dass die zentrale Parteileitung – der 1. Sekretär, Genosse Heinke,[3] – den Ernst eines solchen Schreibens nicht erfasste, und obwohl dieses Schreiben sich schon längere Zeit in seinem Besitz befand, die zentrale Parteileitung noch nicht grundsätzlich dazu Stellung nahm.

Am 7.6.1956 wurde der Genosse Paul Fröhlich[4] davon informiert.

Anlage zur Information Nr. M122/56

Abschrift – Zwölf Thesen wider die, so die Bevölkerung unseres Landes in zwei getrennte Teile spalten wollen

1.) Es sind wieder Sektierer am Werk, die für Teile unserer Bevölkerung praktische oder moralische Sperren für Reisen nach dem Westen unseres Landes einrichten wollen.

2.) Solche Bestrebungen sind Sabotage an den Wünschen unserer Regierung, über Kulturtage, Deutsche Begegnungen, Kongresse der verschiedensten Art, den Sport und von Regierung zu Regierung zum Gespräch mit Westdeutschland zu kommen, weil aus diesen Sperren sofort auf Unehrlichkeit der Bemühungen um solche Gespräche geschlossen werden kann.

3.) Die Reisesperrer müssen sich im Klaren darüber sein, dass sie mit dem Bejahen und Verstärken der deutschen Binnengrenze eine posthume Fehl- und Missgeburt des 3. Reiches unterstützen.

4.) Welche Haltung man gegenüber einer Binnengrenze haben muss, haben die Franzosen von 1940 bis 1944 gezeigt.[5] Es fiel ihnen nicht – der KPF schon gar nicht – ein, Reisen nach der anderen Seite zu erschweren, weil auf dieser anderen Seite die Boches[6] saßen. Von den Franzosen kann man lernen, was vaterländische Haltung gegenüber einer Binnengrenze heißt.

5.) Es ist nicht wahr, dass die Reisen in alle Teile Deutschlands ein besonderer Tick der Studenten sind. Vor unseren Passstellen und beim Ab-

3 Wolfgang Heinke, Jg. 1927, Assistent an der Philosophischen Fakultät der Universität Leipzig, seit 1953 Parteisekretär der Universität Leipzig.

4 Paul Fröhlich, Jg. 1913, SED-Politiker, 1952–70 Erster Sekretär der SED-Bezirksleitung Leipzig, seit 1954 Kandidat, 1958–70 Mitglied des ZK der SED, 1954–70 Abgeordneter der Volkskammer.

5 Hier wird auf die Demarkationslinie zwischen dem von der Deutschen Wehrmacht besetzten nördlichen Teil und dem unbesetzten südlichen Teil Frankreichs (Vichy-Frankreich) angespielt, die von 1940 bis 1944 bestand.

6 »Boche« war in Frankreich seit der zweiten Hälfte des 19. Jahrhunderts eine abwertende Bezeichnung für Deutsche.

suchen Westdeutschlands nach Turf-Rauchern[7] findet man einen Querschnitt durch die gesamte Bevölkerung.

6.) Auch in der Weimarer Zeit reisten Studenten und Schüler, junge Arbeiter und Lehrlinge in gleicher Weise; nur lebten die einen u. U. von 1,00 Mark Alu am Tage (es ging; ich hab's mit 1,25 probiert), die anderen vielleicht mit mehr Geld.

7.) Deshalb ist es abwegig, Reiseseperren damit zu begründen, dass die Studenten vom Geld der Arbeiterschaft studieren. Alle Bevölkerungsschichten müssen eben in gleicher Weise das Recht haben, sich in ganz Deutschland zu bewegen.

8.) 75 % der Bevölkerung hat Verwandte auf beiden Seiten. Sperren sind also auch ein Vergehen gegen die Menschlichkeit.

9.) Glaubt denen nicht, die euch auffordern, mit einem Reiseplan – 1956, 58, 60, 62, 64 … in inf[eriores] festes Quartier a. d. Ostsee; 1957, 59, 61, 63, 65 … in inf[eriores] festes Quartier in Thüringen – zufrieden zu sein. Nur Greise (in kurzen oder langen Hosen) bringen das fertig. Jugend muss sich mit Karte und Fahrplan selbst die Reisepläne suchen und die wohlvorbereiteten, gegängelten und organisierten Reisen der Reisebüros und Organisationen den Älteren überlassen.

10.) Die Reisesperrer begründen ihre sektiererischen Absichten mit Agententätigkeit und Abwerbung. Diese Begründung ist in allen Fällen (und seit Jahren) unehrlich. Die wahre, nie eingestandene Begründung ist: »Der Westen Deutschlands soll gar nicht kennengelernt werden!« Kann mir jemand sagen, warum man ein kapitalistisches Land nicht als abschreckendes Beispiel erleben soll?

11.) Bei Marx findet man keine Stelle, die besagt, dass sozialistische Länder sich mit einer Sperre aus Draht und Formularen umgeben müssen. Es steht auch nicht bei Marx, dass solche Sperren sogar zwischen sozialistischen Ländern existieren müssen, oder gar – wofür es auch ein Beispiel gibt – dass es leichter ist, von einem kapitalistischen in ein sozialistisches Land als von einem anderen sozialistischen Land in dieses sozialistische Land zu reisen.

12.) Auch zu 11.) ist die Agentenbegründung falsch und verlogen. Die Sperren sind ein Ausfluss der viel zu weitgehenden, ständigen, misstrauischen Gängelungs- und Beobachtungssucht der Administrative, die es schrecklich findet, wenn sie nicht auch in den Urlaubsmonaten von Nr. 1[8] bis Nr. N. der Bevölkerung genau weiß, was diese Nummer isst, trinkt, hört, liest, spricht, sieht und tut.

7 Turf war der Name einer in den 1950er Jahren in der DDR verbreiteten Zigarettenmarke.
8 Im Original: »Dr. 1«.

8. Juni 1956

Hetze gegen den Genossen Walter Ulbricht [5. Bericht] [Information Nr. M125/56]

Quelle: BStU, MfS, AS 89/59, Bl. 4–7.
Serie: Informationen.
Verteiler: Kein Nachweis für externe oder interne Verteilung.
Bemerkungen: Im Original ist der Bericht als »4. Bericht« angegeben, dies ist vermutlich auf die falsche Zählung in den vorangegangenen Berichten zu Ulbricht, die dort jeweils handschriftlich korrigiert wurde, zurückzuführen.
Verweise: Informationen M63/56, M88/56, M90/56, M97/56 und 35/56.

In der Zeit vom 5.5. bis 4.6.1956 wurden aus den Bezirken Berlin, Potsdam, Dresden, Halle und Frankfurt/O. erneut Diskussionen bekannt, die sich gegen die Partei und besonders gegen den Genossen Walter Ulbricht richten. Diese Diskussionen wurden hauptsächlich unter parteilosen Arbeitern und Angestellten geführt. Im Einzelnen wurden darüber folgende Argumente bekannt:

Bezirk Berlin

- *Angestellte* im VEB Werk für Fernmeldewesen, Abteilung Arbeit, vertreten den Standpunkt, dass um die Ferienreise des Genossen Walter Ulbricht in die ČSR »zu viel Wesen gemacht wird«. So sei ihrer Meinung nach auch nicht die Verabschiedung auf dem Ostbahnhof notwendig gewesen,[1] zumal diese auch noch Geld gekostet habe, dass man besser für wirtschaftliche Zwecke hätte verwenden sollen.
- Ein Lehrausbilder im VEB »7. Oktober« brachte bei einer Diskussion folgende Ansicht zum Ausdruck: »Wenn Walter Ulbricht nicht wäre, dann wären wir mit der Einheit Deutschlands schon weiter. Der Westen lehnt als einzigen unserer Regierung Walter Ulbricht ab. Als Stalin noch lebte, hat Walter Ulbricht den Personenkult gefördert. Stalin war im Ausland ein Diktator, und dasselbe ist Walter Ulbricht hier.«
- Unter den Angestellten im Metropol-Theater taucht im Zusammenhang mit der Veröffentlichung über die Rolle des Genossen Stalin[2] die Meinung auf, »dass Walter Ulbricht einer der stärksten Vertreter der Politik Stalins gewesen sei und habe in seiner Funktion auch immer dessen Linie durchgesetzt«.

1 Ulbricht fuhr am 12.5.1956 zum Erholungsurlaub in die ČSR. Zu seiner Verabschiedung waren Mitglieder der Regierung und des ZK der SED, darunter Otto Grotewohl, Karl Schirdewan, Gerhart Ziller und Albert Norden sowie der Botschafter der ČSR in Berlin, Lubomir Línhart, zum Berliner Ostbahnhof gekommen. Vgl. Zum Urlaub in die ČSR. In: ND v. 15.5.1956, S. 1.

2 Vgl. Ulbricht, Walter: Über den XX. Parteitag der Kommunistischen Partei der Sowjetunion. In: ND v. 4.3.1956, S. 3 f.

- Beim Rat des Stadtbezirkes Lichtenberg kritisierten *Mitglieder der SED*, dass der Genosse Walter Ulbricht in seinem Referat anlässlich des 10. Jahrestages der Gründung der SED im Namen des ZK allen Parteimitgliedern, »der großen Zahl der einfachen Mitglieder und den Genossen in leitenden Funktionen« den Dank für ihre Arbeit ausspricht.[3] Es wird von ihnen als falsch bezeichnet, dass die Genossen in leitenden Funktionen besonders herausgestellt werden. Ihrer Meinung nach hätte es genügt, wenn an diesem Tage die Mitglieder der Partei insgesamt angesprochen worden wären, andernfalls würde man den Personenkult unterstützen.
- *Unter Arbeitern* im BMHW Berlin-Niederschöneweide wird die Meinung vertreten, »dass Walter Ulbricht derjenige ist, der am meisten gehasst wird, aber Otto Grotewohl der Mann sei, der Verständnis habe, denn Walter Ulbricht hätte die Sachsen nach Berlin geholt, die uns die Wohnungen, die für uns Arbeiter sein sollten, weggenommen haben«.

Bezirk Potsdam
In der Abteilung Montage der Rathenower Optischen Werke diskutiert man erneut über Stalin und versucht mit allerhand Varianten, den Genossen Walter Ulbricht mit dem Genossen Stalin zu vergleichen. So erklärten *Arbeiter* dieser Abteilung, »dass der Genosse Ulbricht genauso ein Diktator ist und es nicht besser macht, wie der Genosse Stalin. Außerdem hätte er schon einige Menschen in der DDR auf dem Gewissen.« Diese Worte fanden Zustimmung bei den übrigen Kollegen.

Während der Durchfahrt der Friedensfahrt[4] im Kreis Königs Wusterhausen wurden unter den dort als Zuschauer anwesenden *Arbeitern* folgende Diskussionen bekannt. Ein Arbeiter aus dem VEB Schwermaschinenbau Wildau sagte: »Ziegenbart[5] wird in 14 Tagen nicht mehr auf seinem Posten sein. Dann wird er genauso arbeiten wie wir alle. Diese Veränderung ist eine Auswirkung der andern Länder, die mit Ulbricht nichts zu tun haben wollen.« Zwei andere Arbeiter, die an der Fahrstrecke Eichwalde – Schmöckwitz standen, diskutierten zusammen in folgender Form: »Man spricht immer von Verständigung. Wie ist das aber möglich, wenn man uns so drangsaliert. Wenn wir von unserer Arbeit ermüdet sind und glauben Feierabend zu haben, dann geht es erst richtig los. Schulung, Aufbauschicht, Sitzung, wieder

3 Vgl. Um die Einigung der ganzen Arbeiterklasse. Rede des Ersten Sekretärs des ZK der SED, Walter Ulbricht, auf der Festveranstaltung anläßlich des 10. Jahrestages der Vereinigung der SPD und der KPD. In: ND v. 22.4.1956, S. 2. Ulbricht sagte wörtlich: »Im Namen des Zentralkomitees der Partei spreche ich allen Parteimitgliedern, der großen Zahl der einfachen Parteimitglieder wie den Genossen in leitenden Funktionen in Partei, Staat und Wirtschaft den herzlichsten Dank aus für die große Arbeit, die sie für die Sache des Friedens, der Demokratie und des Sozialismus geleistet haben.«

4 Die 9. Internationale Friedensfahrt fand vom 2. bis 15.5.1956 statt. Die Fahrt führte von Warschau über Ostberlin nach Prag.

5 Mit »Ziegenbart« ist Walter Ulbricht gemeint.

Schulung, Kampfgruppe[6] u.a. mehr. Dadurch wird der Arbeiter verärgert und abgestumpft. Die Folge davon ist, es [sic!] werden Gegner der Regierung. Gewiss, einiges ist notwendig, aber in einer Woche mehrere Abende spät nach Hause kommen, ist nicht der richtige Weg. Es wäre ein Leichtes für unsere Regierung, die Arbeiterklasse hinter sich zu haben, wenn sie nicht alles mit Zwang verlangen würde. Aber hier liegt es wohl daran, dass die Regierung nicht genügend von allem unterrichtet wird, genau wie vor dem 17. Juni 1953. Wenn sie so weitermachen, sind die auf dem besten Wege, einen zweiten 17. Juni herbeizuführen. Lasst den Arbeiter frei sprechen, ohne dass er Gefahr läuft, für immer zu verschwinden, dann wird unsere Regierung auch einen festen Hinterhalt [sic!] bei der Arbeiterschaft haben. Weiß unsere Regierung wie unbeliebt Ulbricht ist? Ich sage nein. Sie sollten Grotewohl sprechen lassen und der Erfolg wäre ganz groß.«

Bezirk Dresden
In der Eisenbahn zwischen Dohna und Heidenau wurde das Gerücht verbreitet, dass Genosse Walter Ulbricht zzt. in Urlaub ist und nach Ablauf seines Urlaubes nicht wieder als 1. Sekretär der SED fungieren würde. Man hätte erkannt, dass sich seine Politik auf die Entwicklung der DDR hemmend auswirken würde und eine Wendung herbeigeführt werden müsse.

Bezirk Halle
Im VEB Waggonbau Dessau erklärte anlässlich des 8. Mai ein Arbeiter: »Was will man denn von der SED weiter erhoffen, die haben bisher nur alles nachgepfiffen und nachgeplappert. Wie die Arbeiter einverstanden sind, dass zeigte doch der 17. Juni 1953. Wenn die russischen Panzer nicht gekommen wären, wäre die SED längst erledigt.«

Bezirk Frankfurt/O.
Feindliche Äußerungen: Der Rechtsberater der Bau-Union Frankfurt/O., Sitz Stalinstadt, Dr. [Name], äußerte sich über das ZK der SED: »Durch die Nachrichten habe ich gehört, dass im ZK ein wüstes Durcheinander ist. Es haben sich zwei Gruppen gebildet, eine für, eine gegen Walter Ulbricht. Die Gegengruppe soll aber stärker sein. Jetzt beratet [sic!] man im ZK, ob Walter Ulbricht kaltgestellt wird. Aus Moskau hat Walter Ulbricht Anweisung erhalten, sich vorerst zurückzuziehen. Der Gruppe Walter Ulbricht gehört auch die Benjamin[7] an, die man aber auch bald auf Druck der Bevölkerung

6 Die »Kampfgruppen der Arbeiterklasse« waren eine im Sommer 1953 auf Beschluss der SED gegründete paramilitärische Organisation von Beschäftigten in Großbetrieben, VEG, LPG, MTS und staatlichen Verwaltungen. Vgl. Siebeneichner, Tilmann: Proletarischer Mythos und realer Sozialismus. Die Kampfgruppen der Arbeiterklasse in der DDR. Köln u.a. 2014.

7 Hilde Benjamin, Jg. 1902, Juristin und SED-Politikerin, 1949–53 Vizepräsidentin des Obersten Gerichts der DDR und als solche Vorsitzende Richterin in zahlreichen politischen Schauprozessen, 1953–67 Justizministerin der DDR, 1954–89 Mitglied des ZK der SED.

fallen lassen muss.« [Name] äußerte sich noch dahingehend, dass er nur den Sender »Freies Berlin« hört und dass »unsere Sender nur Quatsch bringen«. Weiter vertrat er die Meinung, dass die Aufnahme in die Partei jetzt genau so wäre, als [sic!] 1944 die Aufnahme in die NSDAP. Er begründet dieses damit, dass es sowieso mit der SED bald aus sei.

20. Juni 1956

Information Nr. 27a/56 – Betrifft: Export von Kühlschränken in die Türkei

Quelle: BStU, MfS, AS 80/59, Bd. 1b, Bl. 80 (1. Expl.: zurückgegebenes Mielke-Exemplar).
Serie: Informationen.
Verteiler: Ziller – MfS: Mielke, Last (»beurlaubt«), HA III, Ablage.
Vermerk (am Ende des Berichts): »Verteiler: H.A. III, Gen. Ziller«.
Bemerkungen: Es gibt im Jahrgang 1956 zwei Informationen mit der Nr. 27/56. Der Hinweis, dass es sich bei dieser Information um die Nr. »2.« handelt, findet sich nicht auf dem Bericht, sondern nur auf dem separat überlieferten Verteiler (BStU, MfS, ZAIG 14381, Bl. 434) – Ziller findet sich als Adressat nicht im separat überlieferten Verteiler, sondern lediglich in dem angegebenen handschriftlichen Vermerk.

Zum Export von Kühlschränken des VEB DKK Scharfenstein in die Türkei wird Folgendes bekannt: Sämtliche von der DDR gelieferte Exportkühlschränke werden in der Türkei aufgrund mangelhafter Qualität bzw. verloren gegangener Kondensatoren, die zu diesen Kühlschränken gehören, von den Käufern reklamiert und an die dortige Vertriebsfirma *Grünberg* zurückgegeben.

Grünberg ist eine kapitalistische Firma, die Waren aus der DDR in der Türkei absetzt. G. wies darauf hin, dass z. B. die Nähmaschinen aus der DDR gute deutsche Wertarbeit seien und gerne gekauft würden. Die Kühlschränke könne er aber keinem Kunden mehr anbieten. Selbst die deutsche Handelsvertretung in der Türkei hat keine Kühlschränke in Betrieb, die in der DDR gebaut wurden. Da in der Türkei jetzt die heiße Jahreszeit beginnt, müssen die vorhandenen Kühlschränke unbedingt sofort betriebsfähig gemacht werden. G. ist nicht gewillt, die DKK-Erzeugnisse noch ein weiteres Jahr im Lager stehen zu lassen. In diesem Falle müssten die Kühlschränke wieder von der DDR zurückgenommen werden.

Um das Ansehen der DDR in der Türkei zu gewährleisten, brachte der Vertreter der Handelsdelegation der DDR Ing. Klotzsche, der sich in der Türkei befindet, zum Ausdruck, dass es notwendig ist, sofort einen Ingenieur vom VEB Scharfenstein mit den fehlenden Kondensatoren und einwandfreien Schleifringdichtungen in die Türkei zu entsenden, der die beanstandeten Kühlschränke betriebsfähig macht.

27. Juni 1956

Information Nr. 42/56 – Betrifft: Artikel der Genossin *Kleinke* in der Ostseezeitung

Quelle: BStU, MfS, AS 80/59, Bd. 1b, Bl. 136.
Serie: Informationen.
Verteiler: Kein Nachweis für externe Verteilung – MfS: Mielke, Ablage.

Die stellvertretende Vorsitzende des Rates des Bezirkes (Rostock) Änne *Kleinke*[1] veröffentlichte in der Ostseezeitung einen Artikel, der unter der Bevölkerung Verärgerung hervorgerufen hat.[2] In diesem Artikel erklärte die Genossin *Kleinke*, dass im II. und III. Quartal dieses Jahres noch eine Reihe Schwierigkeiten in der Versorgung der Bevölkerung mit Fleisch, Fett, Kartoffeln und Marmelade eintreten werden. Sie appellierte in diesem Artikel an die Bevölkerung mitzuhelfen, damit diese Schwierigkeiten schnell überwunden werden. Aufgrund dieses Artikels werden im Kreis Grevesmühlen, [Bezirk] Rostock, Hamstereinkäufe in Margarine getätigt.

In einem Artikel in der Westberliner BZ vom 23.6.1956 wurden die Ausführungen der Genossin *Kleinke* zur Grundlage genommen, gegen die DDR zu hetzen und zu erklären, dass bald eine Hungersnot ausbrechen würde.[3]

1 Änne Kleinke, SED-Politikerin, stellvertretende Vorsitzende des Rates des Bezirkes Rostock.

2 Vgl. Zu einigen Fragen der Versorgung im Bezirk. In: Ostsee-Zeitung v. 21.6.1956, S. 2. Wörtlich hieß es dort: »Im zweiten und dritten Quartal wird es eine Reihe von Sorgen in der Versorgung unserer Bevölkerung geben, und zwar bei Fleisch, Fett, Kartoffeln und Marmelade. Wir können diese Tatsache nicht verheimlichen, sondern müssen offen mit unserer Bevölkerung sprechen, um bei ihr die Bereitschaft und die Initiative zu wecken, diese Probleme gemeinsam mit uns zu meistern.«

3 Schon lange waren die Lebensmittel knapp – Jetzt gibt Pankow offen zu – Hunger droht. In: BZ v. 23.6.1956.

10. Juli 1956

Information Nr. 66/56 – Betrifft: Stimmung und Feindpropaganda zu den Provokationen in Poznan (3. Bericht)

Quelle: BStU, MfS, AS 81/59, Bl. 113–121 (29. Expl.).
Serie: Informationen.
Verteiler: Stoph, Grotewohl, Ulbricht, Matern, Schirdewan, Ebert, Oelßner, Leuschner, Warnke, Mückenberger, Neumann, Wandel, Ziller, Hager, Norden, KGB Berlin-Karlshorst (»Freund«) – MfS: Mielke, Filin, Markus Wolf, Weikert, Gartmann, Joseph Gutsche, Beater, Borrmann, HA V, HA III, HA II, SED-KL im MfS (»584 [Postfachnummer des Parteisekretärs]«), Ablage.
Verweise: Informationen 45/56 und 49/56.

Die Ereignisse in Poznan sind in allen Bevölkerungsschichten ein vielbesprochenes Problem,[1] wobei jene Stimmen, die die Ereignisse richtig einschätzen, überwiegen. Die positiven Argumente gleichen sich im Inhalt und bringen meist zum Ausdruck, dass es sich bei den Vorkommnissen in Poznan um die Machenschaften gegnerischer Kräfte handelt, die bestimmte wirtschaftliche Schwierigkeiten für diese Provokation ausgenutzt haben.

Dafür ist folgende Äußerung eines Arbeiters (SED) aus dem VEB Textilveredelungswerk Greiz, [Bezirk] Gera, charakteristisch: »Wenn es in Poznan zu Ausschreitungen gekommen ist, warum dann gerade zu einer Zeit, als dort eine Messe stattfand und zahlreiche ausländische Vertreter und Besucher anwesend waren?[2] Kann man denn sagen, das Volk ist unzufrieden und hat das heraufbeschworen, wenn es sich nur um eine Stadt handelt? Die Schwierigkeiten waren wahrscheinlich in Poznan nicht größer als in anderen Städten. Das ist auch der Beweis, dass dieser Streich von Agenten und Provokateuren erzeugt wurde.«

1 Der Posener Arbeiteraufstand war eine sich aus einem Arbeiterstreik entwickelnde gewaltsame Auseinandersetzung von Demonstranten mit der polnischen Armee im Juni 1956. Nachdem es bereits in den Wochen zuvor zu Streiks und Protesten gekommen war, demonstrierten am 28. Juni über 125 000 Menschen für bessere Löhne und Preissenkungen; im Verlauf der Proteste entwaffneten Demonstranten Polizisten und besetzten Verwaltungsgebäude sowie den Rundfunk. Die Situation eskalierte, als aus dem Gebäude der Staatssicherheit auf die Demonstranten geschossen wurde und diese mit aus staatlichen Depots erbeuteten Waffen zurückschossen. Am Nachmittag griff das polnische Militär ein – motiviert durch den Vorwand, es ginge gegen pro-deutsche Kräfte – und schlug den Aufstand bis zum Morgen des 30. Juni nieder. 73 Menschen wurden bei den Kämpfen getötet, über 700 verletzt und mehr als 800 verhaftet. Vgl. dazu Kramer, Mark: Soviet-Polish Relations and the Crises of 1956. Brinkmanship and Intra-Bloc Politics. In: Engelmann, Roger; Großbölting, Thomas; Wentker, Hermann (Hg.): Kommunismus in der Krise. Die Entstalinisierung 1956 und die Folgen. Göttingen 2008, S. 61–126, hier 81–89.

2 Vom 17.6. bis 1.7.1956, also innerhalb des Zeitraums, in dem der Aufstand stattfand, fand in Posen die 25. Internationale Messe in Posen (IMP) statt.

Unter den Stimmen, die eine richtige Einschätzung der Vorkommnisse in Poznan geben, sind einige, die betonen, dass hier die gleichen Kräfte am Werk waren, wie bei uns am 17. Juni 1953. Hierzu einige Äußerungen, die für die Meinung vieler gilt [sic!]:

- »Bei dem Putschversuch in Poznan waren die Urheber die gleichen Kräfte wie bei uns am 17. Juni 1953.« (Ein Angestellter vom Ministerium für Chemische Industrie Berlin)
- »In Polen versuchten gekaufte Elemente die internationale Messe zu stören, indem sie eine Art 17. Juni inszenierten. Der Putsch konnte nur rechtzeitig zerschlagen werden.« (Der Betriebsleiter des VEB Glaswerkes Waldau, [Bezirk] Suhl)
- »Die das in Poznan organisiert haben, sind die gleichen wie zum 17. Juni 1953 bei uns. Ich sehe zuerst die Toten, diese haben die Organisatoren auf dem Gewissen.« (Ein Geistlicher aus Berlin)

Trotz der zahlreichen richtigen Einschätzungen muss erwähnt werden, dass sehr oft die Ursachen der Ereignisse in Poznan nur in den wirtschaftlichen Schwierigkeiten gesehen werden. Es gibt deshalb in allen Kreisen der Bevölkerung Diskussionen, die beinhalten, dass die Vorkommnisse in Poznan Ausdruck der Unzufriedenheit der Bevölkerung wegen des zu niedrigen Lebensstandards gewesen seien. Vielfach lassen sich diese Äußerungen von den lügnerischen Darstellungen der Westsender und Zeitungen ableiten und es zeigt sich darin eine Beeinflussung durch die Propaganda des Gegners. Hierzu einige Beispiele:

- Ein Schlosser aus dem Bahnbetriebswerk Schwerin: »Diese Provokation ist nur deshalb entstanden, weil die Situation ähnlich wie bei uns am 17. Juni 1953 war. Auch ist dort der Lebensstandard schlechter als bei uns.«
- Unter einem großen Teil der Arbeiter der Zentralwerkstatt des VEB Regis,[3] [Bezirk] Leipzig, besteht folgende Meinung: »Die Ereignisse in Poznan wurden von den Arbeitern herbeigeführt, weil sie mit der schlechten Versorgungslage und den Normen nicht einverstanden sind.«
- Unter einem Teil der Arbeiter des VEB Glaswerkes Schönbrunn, [Bezirk] Suhl, wurde die Ansicht vertreten: »Aufgrund der schlechten Lebenslage ist es in Poznan zu diesen Unruhen gekommen.«
- Ein Angestellter vom RBD Berlin sagte: »Die Arbeiter sind unzufrieden, sonst hätten sie nicht gegen ihre Regierung demonstriert.«
- Eine Hausfrau aus Schwerin: »Die polnischen Arbeiter, die früher schon harte Arbeit gewohnt waren, wären nicht so verbittert, wenn sie mehr zu essen kriegen würden!«
- Ein Klempner aus Eisenach, [Bezirk] Erfurt: »Der in Polen ausgebrochene Aufstand ist auf die gleichen Ursachen wie bei uns zum 17. Juni 1953

3 Vollständig: VEB Braunkohlenwerk Regis.

zurückzuführen. Es ging um höhere Löhne und die Verbesserung des Lebensstandards. Mit Panzern und schweren Waffen hat die Nationale Volksarmee den Streik der polnischen Arbeiter niedergeschlagen.«

Wie die Ereignisse in Poznan von negativen Elementen eingeschätzt werden und welche Argumente bei den Diskussionen eine Rolle spielen, zeigen nachstehende Beispiele:
- Ein Angestellter vom Kommunalen Großhandel in Königs Wusterhausen: »Die Polen hatten den richtigen Zeitpunkt ausgesucht. Leider wurde die Sache nicht richtig organisiert. Wenn der polnische 17. Juni hätte was bringen sollen, dann hätte er schlagartig auf das ganze Land ausgedehnt werden müssen. Wir haben es doch bei uns gesehen. Aus unserer Schlappe müssten doch die anderen Länder gelernt haben.«
- Ein Arbeiter aus Mahlow, [Bezirk] Potsdam: »Das ist wieder ein Beweis dafür, dass es der Bevölkerung in den Volksdemokratien genauso schlecht wie uns geht. Die wollen uns erzählen, dass der Arbeiter hinter ihnen steht, aber unter einer Arbeiter-und-Bauern-Macht haben wir etwas anderes verstanden. Aber dieser Aufstand wird auch nicht der letzte sein. Spitzbart[4] ist auch schon ganz ruhig geworden.«
- Einige Arbeiter aus dem VEB Schlepperwerk Nordhausen, [Bezirk] Erfurt: »Es geht immer mehr dem Ende entgegen. In Polen fängt es an und bei uns hört es auf. Nur unter der Bedingung, dass uns diesmal der Westen mehr unterstützt.«
- Ein Elektriker aus der Kammgarnspinnerei Eisenach, [Bezirk] Erfurt: »Ich habe den RIAS gehört. Donnerwetter, in Polen ist es rund gegangen. Es kämpften bewaffnete Arbeiter gegen Soldaten und Matrosen. Das ist vielleicht für das vielgepriesene Volkspolen eine Pleite.«
- Ein Arbeiter im VEB »Modul« Karl-Marx-Stadt:[5] »Die Preise in Polen müssen ganz enorm hoch sein, was seinen Ausdruck im Aufstand von Poznan findet. Es hat ja dort ganz schön gerumst. In China wird es ebenfalls nicht mehr lange dauern und dann geht es auch dort los.«
- Ein Einwohner aus Ribnitz[-Damgarten],[6] [Bezirk] Rostock: »Ich habe im Rundfunk gehört, dass nicht nur in Posen Unruhen waren. Das Volk will eben nicht länger unter diesem Joch leben und will sich befreien.«

In Gesprächen zwischen Messebesuchern aus der DDR und einigen Personen aus Poznan kam es zu folgenden Äußerungen:
- Ein Provokateur äußerte auf die Frage zweier Messebesucher, wie er die Lage zzt. der Ereignisse einschätzt, Folgendes: »In der Gegend, wo geschossen wird, befindet sich das Gebäude der Staatssicherheit, dieses wol-

4 Mit »Spitzbart« ist Walter Ulbricht gemeint.
5 Vollständig: VEB Zahnschneidemaschinenfabrik »Modul« Karl-Marx-Stadt.
6 Im Original: »Riebnitz«.

len wir auf alle Fälle nehmen. Keiner wird dort lebend herauskommen. Auch halten wir das Rathaus und Parteigebäude besetzt.« In der weiteren Unterhaltung sagten die beiden Messebesucher, dass sie aus der DDR seien, was den Provokateur zu folgender Äußerung veranlasste: »Ihr seid also von Grotewohl, da muss ich mit euch anders sprechen. Es wird nicht mehr lange dauern und dann wird es auch in der Ostzone anders. Bildet euch nicht ein, dass ihr bald nach Hause könnt, denn heute um 16.00 Uhr werden auch die Arbeiter in Berlin losschlagen. Das ist so festgelegt worden.«

- Ein Ingenieur vertrat die Ansicht: »Ich habe 700 Zloty im Monat. Dafür kann ich mir nicht einmal einen Anzug kaufen. Dieses Leben kann nicht mehr so weitergehen. Wir haben den Krieg gewonnen und keine Reparationen erhalten. Die Forderungen der Arbeiter auf Lohnerhöhungen gehen schon seit April dieses Jahres. Der letzte Tag für die Erfüllung dieser Forderungen sollte nach Zusagen von der Regierung der 1.7.1956 sein.«
- Ein Lehrerehepaar vertrat die Meinung, dass »an dem System etwas geändert werden müsste«. Als Begründung gaben sie an, »dass man mit 600 bis 700 Zloty im Monat nicht leben kann«. Mit den Provokateuren erklärten sie sich aber nicht solidarisch.
- Ein Portier sagte: »Das System muss geändert werden, so können wir nicht mehr leben, noch ist es nicht zu Ende.«

Besondere Vorkommnisse und Feindtätigkeit

- Am 30.6.1956 erhielt die SED-Kreisleitung Eilenburg, [Bezirk] Leipzig, eine Postkarte. Die Überschrift des Textes lautete: »Kreisleitung Eilenburg SED zum Aufstand in Posen.« Der Inhalt der Hetze war, dass die Ereignisse in Poznan »der gleiche Schwindel wie am 17. Juni 1953« sei. Es wäre kein Werk von Provokateuren, sondern »der Aufschrei eines geknechteten Volkes«. Unterschrift: »Bund freies Deutschland.«[7]
- In der Männertoilette des VEB Zeiss Jena wurde folgende Hetzlosung angeschmiert: »Poznan das Beispiel für alle. Passt das Beispiel 17. Juni in der DDR zum 28. Juni in Polen? Auf zum Tag X.«[8]
- An die Tafel der Deutsch-Sowjetischen Freundschaft in der HV Mess- und Reglertechnik Berlin wurde ein Zettel mit folgendem hetzerischen Text angeheftet: »Kollegen, auch in Polen hat man auf die Arbeiter geschossen. Wann wird endlich unsere Regierung entwaffnet, die sich selbst eingesetzt hat? Auf zum Generalstreik!«

7 Eine Organisation dieses Namens ließ sich nicht ermitteln. Vermutlich handelte es sich lediglich um eins der zahlreichen verschiedenen Signen, mit denen die westlichen Widerstandsorganisationen ihre Flugblätter versahen.

8 Der Begriff »Tag X« wurde von westlichen Institutionen und Organisationen, die sich mit Wiedervereinigungsfragen und »Ostarbeit« befassten, für den Tag der Wiedervereinigung verwendet.

- Am 29.6.1956 wurde im Speisesaal des Deutschen Fernsehfunks auf einem Tisch ausgebreitet ein Exemplar der Westberliner BZ gefunden. Es handelt sich um eine Ausgabe, in der ausführlich über die Ereignisse in Poznan berichtet wurde.[9]
- Am 29.6.1956 wurde in Görlitz eine männliche Person festgenommen, die aus Westdeutschland kommend im Besitz von polnischen Papieren und Geld war. Der Verdächtige gab sich als Angehöriger der polnischen Kriminalpolizei aus.
- Alle Mitarbeiter des Ostbüros der SPD in Westberlin[10] haben die Anweisung erhalten, alle Flüchtlinge und V-Leute, die das Ostbüro anlaufen, zu befragen, was in der DDR in der Sache Poznan eingeleitet worden ist, insbesondere welche Anweisungen die Kampfgruppen in den Betrieben der DDR erhielten.[11]

Feindpropaganda

In zahlreichen Sendungen des RIAS, SFB und des Londoner Rundfunks[12] sowie in der Westpresse wurden die Ereignisse von Poznan als ein »Volksaufstand« dargestellt. Dazu dienten in erster Linie sogenannte Augenzeugenberichte von »Messebesuchern«, die die Vorkommnisse verfälscht wiedergaben. Als Beweis für die Behauptung, dass die Ereignisse von Poznan auf die »Unterdrückung und Unfreiheit des polnischen Volkes« sowie auf den »schlechten Lebensstandard« zurückzuführen seien, wurden drei Faktoren, die charakteristisch für die Demonstration gewesen seien, angeführt:
1.) der Protest gegen die Hungerlöhne und die hohen Preise,
2.) der Ruf nach Freiheit und
3.) der Wunsch nach völliger nationaler Unabhängigkeit, deshalb der Ruf: raus mit den Russen.

Ganz entschieden wenden sie sich in den Sendungen und Kommentaren gegen die Tatsache, dass die Ereignisse in Poznan von gegnerischen Elementen ausgelöst wurden, die die bestehende Unzufriedenheit unter der Bevölkerung

9 Es handelt sich um die Ausgabe der BZ v. 29.6.1956. Die Schlagzeile auf der Titelseite lautet: »Volksaufstand in Posen. Generalstreik – Straßenkämpfe – Die ersten Todesopfer«.

10 Das Ostbüro der SPD wurde 1946 zur Unterstützung der von der Zwangsvereinigung betroffenen ostdeutschen Sozialdemokraten gegründet. Zu seinen Aufgaben gehörten Flüchtlingsbetreuung, Informationsbeschaffung und das Einschleusen von Informations- und Propagandamaterialien in die SBZ/DDR. Das Ostbüro hatte seinen Hauptsitz seit 1950 in Bonn und verfügte über eine Zweigstelle in Berlin. Vgl. Buschfort, Wolfgang: Das Ostbüro der SPD. Von der Gründung bis zur Berlin-Krise. München 1991.

11 Die »Kampfgruppen der Arbeiterklasse« waren eine im Sommer 1953 auf Beschluss der SED gegründete paramilitärische Organisation von Beschäftigten in Großbetrieben, VEG, LPG, MTS und staatlichen Verwaltungen. Vgl. Siebeneichner, Tilmann: Proletarischer Mythos und realer Sozialismus. Die Kampfgruppen der Arbeiterklasse in der DDR. Köln u. a. 2014.

12 Gemeint ist vermutlich das deutsche Programm der British Broadcasting Corporation (BBC) mit Sitz in London, das seit den 1930er Jahren ausgestrahlt wurde.

zum Anlass der Provokation nahmen. Dazu einige bemerkenswerte Argumente:

- »Aufgrund der Beschuldigung des Westens kann man eine internationale Untersuchung verlangen. Die Arbeiter demonstrierten nicht, weil die Agenten dazu aufgerufen haben, sondern weil man ihnen zu viel versprochen und nicht gehalten hat.« (RIAS 5.7.1956)
- »Ursache: schlechte Lebensbedingungen – es gab kein anderes Ventil, als die öffentliche Demonstration.« (RIAS – Kommentar 5.7.1956)
- »Organisieren kann man in einem totalitären System Massenaktionen wohl kaum. Es gibt aber Situationen, wo die Arbeiter und die breite Masse der Bevölkerung glauben, handeln zu müssen. Deshalb der 28. Juni in Posen und der 17. Juni 1953 in der Sowjetzone.« (RIAS 30.6.1956)
- »Der Aufstand spricht von einer Gemeinsamkeit, die man nicht übersehen darf, die polnischen Arbeiter erwarten deshalb Anteilnahme und Solidarität.« (RIAS 2.7.1956)

Wie der Gegner in seiner Propaganda die Zusammenhänge der Ereignisse in Poznan mit dem XX. Parteitag darstellt,[13] zeigen nachstehende Argumente:

- »Im Juni 1953 war Stalin drei Monate tot.[14] Die Hierarchie des Kommunismus war erschüttert, der neue Kurs lag in der Luft. Im Juni 1956 ist Stalin vor aller Welt als Verbrecher entlarvt, seine Helfershelfer in allen Vasallenstaaten sind zu Mitschuldigen diskrediert. Was nach Stalins Tod angefangen hat, ist jetzt nicht mehr niederzuhalten.« (London 29.6.1956)
- »Schneller und kühner, als die anderen Satelliten-Staaten hatte Polen auf die Thesen des XX. Parteitages reagiert.« (RIAS 29.6.1956)
- »Mit der Anschuldigung, die Amerikaner hätten die Unruhen in Polen angezettelt, verfolgen die Russen einen ganz bestimmten Zweck, und zwar Chruschtschow und Genossen vom Vorwurf der Mitschuld an Stalins Verbrechen zu reinigen. Diese Erklärung soll die verschiedenen kommunistischen Parteien veranlassen, die Reihen wieder zu schließen, sich von Neuem um den Kreml zu scharen und keine Kritik mehr an Chruschtschow zu üben. Die Unruhen in Posen werden deshalb als warnendes Beispiel hingestellt.« (London 3.7.1956)
- »Durch die Flammenzeichen von Posen ist das große Dilemma der neuen sowjetischen Politik vor aller Welt sichtbar geworden. Denn die westlichen Besucher haben keinen Augenblick gezögert, der Aufforderung der polnischen Arbeiter nachzukommen, die ihnen am 28.6.1956 zuriefen: Sagt es dem Ausland, dass wir streiken, damit es nach elf Jahren endlich anders wird.« (RIAS 1.7.1956)

13 Der XX. Parteitag der KPdSU fand vom 14. bis 25.2.1956 in Moskau statt. Der Parteitag, auf dem Parteichef Chruschtschow in einer Geheimrede den Personenkult um Stalin kritisierte und Stalins Verbrechen enthüllte, leitete in der Sowjetunion den Prozess der Entstalinisierung ein.

14 Josef Stalin starb am 5.3.1953.

13. Juli 1956

Information Nr. 67/56 – Betrifft: Vorkommnisse in Cotta, [Kreis] Pirna, [Bezirk] Dresden

Quelle: BStU, MfS, AS 81/59, Bl. 160–164 (7. Expl.).

Serie: Informationen.

Verteiler: Stoph, Grotewohl, Ulbricht, Matern, Schirdewan, Ebert, Oelßner, Leuschner, Warnke, Mückenberger, Neumann, Wandel, Ziller, Hager, Norden, KGB Berlin-Karlshorst (»Freund«, »über VM [Vorzimmer Mielke] 16.7.56«) – MfS: Mielke, Joseph Gutsche, Last, Markus Wolf, Gartmann, Abt. Agitation, SED-KL im MfS, HA I, HA III, HA V, Abt. VI, Abt. VII, Abt. VIII, HA IX, Abt. X, HA XIII, alle Bezirksverwaltungen, Verwaltung »W« (SDAG Wismut), Verwaltung Groß-Berlin, Ablage.

Bemerkungen: In der Akte ist zusätzlich ein Anschreiben mit folgendem Wortlaut überliefert (BStU, MfS, AS 81/59, Bl. 157–159): »Der Leitung der Bezirksverwaltung und dem Sekretär der Parteiorganisation der Bezirksverwaltung wird die Information Nr. 67/56 betreffend der Vorkommnisse in Cotta/Pirna, Bezirk Dresden, zum gründlichen Studium und zur Durchführung der sich daraus ergebenden notwendigen operativen und auch politischen Maßnahmen zugesandt. Die Ereignisse hatten ihren Ausgangspunkt bereits am 7.6.56, wie aus der Information zu ersehen ist. Jedoch hat das Ministerium erst auf Umwegen – nicht über die zuständige Bezirksverwaltung – von den Ereignissen in Cotta, die weit über den Rahmen dieser Gemeinde hinausgehen, am 12.7.1956 Kenntnis bekommen. Die Gründe, die zur Unterlassung dieser Meldung führten, werden durch das Ministerium untersucht. Die Lage, wie sie aus der Information Nr. 67/56 zu ersehen ist, wurde durch nach Cotta entsandte Mitarbeiter des Ministeriums erarbeitet und entsprechende, wirksame, operative Maßnahmen eingeleitet. Das Ministerium hat bereits am 12.6. eindringlichst darauf hingewiesen, dass alle wichtigen Ereignisse – selbst unüberprüfter Art – wenn sie von Bedeutung sind, sofort zu melden sind. Ferner hat die Leitung des Ministeriums in diesem Schreiben alle leitenden Funktionäre und Mitarbeiter darauf hingewiesen, wie der Feind, wenn er auch anfangs nicht der Organisator ist, sich einschalten und aus den Ereignissen eine feindliche Provokation machen kann. Die Bezirksverwaltung Dresden hat in diesem ernsten Fall nicht rechtzeitig erkannt, welche Gefahren politischer und operativer Art sich aus den Ereignissen in Cotta entwickeln können. Es wird daher nochmals darauf aufmerksam gemacht, dass sowohl auf operativer wie auch auf Parteilinie alle Mitarbeiter anhand dieser Vorkommnisse geschult und belehrt werden, damit bei ihnen das Verständnis entwickelt wird, welche Bedeutung einzelne lokale Vorkommnisse bekommen können. Es kann nicht immer dem Sachbearbeiter, auch nicht einmal nur der Leitung der Bezirksverwaltung allein überlassen bleiben, zu beurteilen, welche Bedeutung solche Vorkommnisse haben können. Der große Verstoß gegen die gültigen Anordnungen wird, da alle Hinweise und konkrete Hilfe, wie man operativ und politisch Arbeiten muss, gegeben wurden, zur Bestrafung der Schuldigen führen. Alle Leitungen der Bezirksverwaltungen wurden schon mehrfach darauf hingewiesen, dass die Nichteinhaltung der Anweisungen disziplinarische Maßnahmen nach sich zieht. Die Leitung des Ministeriums ist der Meinung, dass bisher anscheinend einige leitende Mitarbeiter in den Bezirken diesen Hinweis nicht ernst nehmen. Es werden daher alle verantwortungsvollen Genossen aufgefordert, mit dem für die Partei und die Arbeiterklasse schädlichen Verhalten, wichtige Ereignisse nicht zu melden, Schluss zu machen, damit sich eine gewissenhafte, verantwortungsvolle Meldepflicht und Berichterstattung durchsetzt. Die Leitung des Ministeriums macht ferner noch einmal darauf aufmerksam, dass im Zusammenhang mit der Bekämpfung der verschiedenen amerikanischen Geheimdienststellen alle Leiter der Bezirksverwaltungen angewiesen wurden, die größte Wachsamkeit in der Sicherung aller Objekte der Staatssicherheit zu wahren. Die Chefs der Bezirksverwaltungen werden hiermit noch einmal auf ihre Verantwortung hingewiesen, damit diese Anweisung ernsthaft und gewissenhaft erfüllt wird. Die Bekämpfung der amerikanischen Geheimdienststellen kann für die Gegner Veranlassung sein, auch gegen die Staatssicherheit in der einen oder anderen Form Aktionen durchzuführen. Es wird angeordnet, dies allen Mitarbeitern in der notwendigen Form beizubringen, aber dabei zu vermeiden, dass Angst oder Panik hervorgerufen werden. | gez. Mielke | Generalleutnant.« – Joseph Gutsche, Last, Markus Wolf, Gartmann, die Abt. Agitation und die SED-KL im MfS erhielten die Information »mit Anschreiben zur Kenntnisnahme«, die übrigen Abteilungen und Hauptabteilungen in der MfS-Zentrale erhielten die Information »mit Anschreiben«, die Bezirksverwaltungen sowie die Verwaltungen »W« und Groß-Berlin erhielten die Information »mit Anschreiben am 16.7.56 über Vorzimmer Generalleutnant [Mielke]«. Die externen Adressaten erhielten die Information »ohne Anschreiben am 14.7.«.

Verweise: Informationen 103/56 und 127/56.

[Faksimile des Verteilers (Quelle: BStU, MfS, ZAIG 14381, Bl. 391)]

[Faksimile von Blatt 1 der Information → Datenbank/Web-Ausgabe]

Am 7.6.1956 fand in Cotta, [Kreis] Pirna, [Bezirk] Dresden, eine Bauernversammlung statt, die von der VdgB/BHG angesetzt und auch durchgeführt wurde. Der Versammlung war am 6.6.1956 eine Blaufahrt vorausgegangen, auf der von den Bauern in Cotta in provokatorischer Art und Weise auf die DDR geschimpft wurde. Hierbei taten sich u. a. folgende Bauern besonders hervor: [Name 1], [Name 2], [Name 3], [Name 4], [Name 5], [Name 6], [Name 7] (Mühlenbesitzer), [Name 8] (Ofensetzer).

Als Anführer kann der Bauer [Name 1] bezeichnet werden, der während der Fahrt am stärksten gegen die Regierung hetzte. Als er u. a. einen Brief des republikflüchtigen Bauern [Name 9] verlas, in dem dieser »sein schönes Leben in der Schweiz pries«, erklärte [Name 1], man müsse Forderungen bezüglich Erlassung der Sollrückstände von 1955 erheben. Würde dieser Forderung nicht stattgegeben, so erklärte er, »müssen wir es wie im Bauernkrieg machen. Jeder Bauer muss ein Gewehr in die Hand bekommen. Sobald es wieder einmal zu einem 17. Juni kommt, müssen wir Bauern zusammenhalten.« Zu erwähnen ist noch, dass [Name 1] bei den darauffolgenden Geschehnissen ebenfalls der Wortführer war.

Aufgrund der eben geschilderten Ereignisse nahm an der am 7.6.1956 einberufenen Versammlung ein Genosse der Kreisleitung teil. Während des Referates »Die Aufgaben des 2. Fünfjahrplanes in der Landwirtschaft«[1] kam es bereits zu Zwischenrufen und Gelächter. Zu Beginn der Diskussion sprach dann auch gleich wieder [Name 1], der erklärte, dass er schon drei Mal an das ZK wegen Streichung des Solls geschrieben hätte und noch keine Antwort erhalten habe. Er schlug weiterhin vor, ein Schreiben an die Volkskammer zu schicken und forderte alle Bauern auf, dieses zu unterschreiben. Zu bemerken ist hierzu, dass er einen bereits fertig entworfenen Brief verlas, in dem die Forderung bezüglich des Solls erhoben wurde. Der Brief wurde von 42 anwesenden Personen unterschrieben. Im Verlaufe der Diskussionen wurden noch weitere Forderungen erhoben, die zum Teil im Kreismaßstab gelöst werden können und ihre Ursache in der teilweise schlechten Arbeit der VdgB/BHG und des Staatsapparates haben.

Am 21.6.1956 fand die nächste Bauernversammlung in der Konsumschule Cotta statt. An dieser Versammlung nahm der Genosse *Schmidtke*[2] vom ZK teil. Sie war von 250 Personen aus Cotta und Umgegend besucht. [Name 1] lud die Bauern persönlich ein.

Zu dieser Versammlung ist zu bemerken, dass die gleichen Forderungen erhoben wurden und der Genosse vom ZK die Bauern zu beruhigen versuchte, indem er mitteilte, dass sich die Regierung mit dieser Frage beschäftigte. Als der Genosse *Schmidtke* in seinem Diskussionsbeitrag erwähnte, dass es eine Schande sei, dass die Bauern das Heu noch auf den Feldern hätten, protestierten die Bauern so stark, dass er Mühe hatte, die Ruhe wiederherzustellen. In der weiteren Diskussion war [Name 1] wiederum Hauptsprecher und stellte die Forderung, bis zum 15.7.1956 vom ZK über Folgendes Bescheid zu haben:

1.) Streichung der Kartoffelschulden für 1955 im ganzen Kreis;
2.) Zuteilung für Butter- und Zuckermarken für Bauernkinder;
3.) SVK-Beiträge auf den alten Stand herabzusetzen und Krankengeld für Bauern;[3]

1 Der zweite Fünfjahrplan der DDR sollte den Zeitraum von 1956 bis 1960 umfassen. Der Entwurf wurde auf der III. Parteikonferenz der SED (24.–30.3.1956) beschlossen, das entsprechende Gesetz aber erst im Januar 1958 verabschiedet. Vgl. Steiner, André: Von Plan zu Plan. Eine Wirtschaftsgeschichte der DDR. München 2004, S. 85–94.

2 Im Original durchgehend: »Schmidtken«. Heinz Schmidtke, Jg. 1921, SED-Politiker, 1953–69 politischer Mitarbeiter der Abteilung Landwirtschaft des ZK der SED.

3 Rückwirkend zum 1.1.1956 wurden Bauern, Handwerker, Unternehmer sowie selbstständig und freiberuflich Erwerbstätige aus der vom FDGB getragenen Sozialversicherung ausgegliedert und bei der Deutschen Versicherungs-Anstalt (DVA) versichert. Mit dieser Reorganisation gingen Beitragserhöhungen einher, die insbesondere für selbstständige Bauern hoch ausfielen. Vgl. Verordnung zur Übertragung der Sozialversicherung für Bauern, Handwerker, selbstständig Erwerbstätige und Unternehmer sowie freiberuflich Tätige auf die Deutsche Versicherungs-Anstalt v. 2.3.1956, die dazugehörige Erste Durchführungsbestimmung v. 7.3.1956 sowie die Anordnung über die Beiträge zur Sozialversicherung bei der Deutschen Versicherungs-Anstalt v. 7.3.1956. In: GBl. I 1956, S. 257–260. Siehe auch Frerich, Johannes;

4.) bei Abgabe von freien Spitzen Rücklieferung von Frischfleisch in Form von Marken;[4]
5.) Senkung und Neueinschätzung der Bodenwertzahlen;[5]
6.) Absetzung sämtlicher Sollschulden der letzten zwei Jahre.

Außerdem wurde von den Bauern ein *Kreisbauerntag* gefordert.

Die Forderung zwecks Absetzung der Kartoffelschulden von 1955 wurde auch von Bauern aus umliegenden Gemeinden erhoben.

Zur Versammlung ist zu bemerken, dass bei Eröffnung derselben durch den Parteisekretär vom ehemaligen Ortsbauernführer[6] [Name 10] dazwischen gerufen wurde, dass diese Versammlung keine Parteiversammlung, sondern eine Bauernversammlung sei und deshalb von der VdgB geleitet werden müsste. Um die dadurch im Saal entstandene Unruhe wieder zu beseitigen wurde die Versammlung vom Vorsitzenden der VdgB eröffnet. Zu [Name 10] ist zu sagen, dass dieser sich am 23.6.1956 in der Gaststätte »Tankstelle« Pirna negativ über die Ablieferung der LPG und die Arbeit derselben äußerte.

Am 28.6.1956 fand eine Bauernversammlung in Struppen statt, zu der [Name 1] erschien und versuchte, die gleichen Forderungen zu stellen. Er fand hier jedoch mit seinen Forderungen keinen Anklang und musste unverrichteter Dinge wieder abziehen.

Am 9.7.1956 fand eine Versammlung in der Gemeinde Naundorf statt, an der 25 Bauern teilnahmen. Hier wurde von den Bauern [Name 11], [Name 12] und dem VdgB-Vorsitzenden [Name 13] der Antrag erhoben, die Forderungen von Cotta zu unterstützen. Weiterhin wurde gefordert:
1.) einen Kreisbauerntag durchzuführen;
2.) Zuckerzuteilung an die Bauern;
3.) Bereitstellung von Kleinstmaschinen;
4.) Bereitstellung von Arbeitskräften;
5.) eventuelle Einführung des Arbeitsdienstes.

Frey, Martin: Handbuch der Geschichte der Sozialpolitik in Deutschland. Bd. 2: Sozialpolitik in der Deutschen Demokratischen Republik, München, Wien 1993, S. 275 f. Zur Genese des Gesetzes vgl. Hoffmann, Dierk: Sozialpolitische Neuordnung in der SBZ/DDR. Der Umbau der Sozialversicherung 1945–1956. München 1996, S. 317–323.

4 Als »freie Spitzen« wurden diejenigen landwirtschaftlichen Erträge bezeichnet, die ein Betrieb über das Ablieferungssoll hinaus erzielte und die daher frei, d. h. in der Regel zu einem höheren Preis verkauft werden konnten.

5 Bodenklassen oder Bodenwertzahlen dienten der Einstufung der Bodengüte von landwirtschaftlichen Nutzflächen. Von dieser Einstufung hing die Höhe des Ablieferungssolls landwirtschaftlicher Betriebe ab.

6 Der Ortsbauernführer (OBF) war in der NS-Zeit der Leiter der kleinsten Einheit im Aufbau des Reichsnährstandes. Er vertrat die Ortsbauernschaft, in der Regel ein Dorf oder eine Gemeinde.

Der Gastwirt erklärte dem Genossen [Name 14] vom Rat des Kreises Pirna, »dass die Stimmung unter den Bauern wie vor dem 17. Juni 1953 sei«.

Am 7.7.1956 wurden von unbekannten Personen 23 anonyme Briefe an die Ortsvorsitzenden der VdgB/BHG im Kreis Pirna verschickt, in denen die Bauern aufgefordert werden, auf dem bevorstehenden Kreisbauerntag ihre Forderungen frei zu erheben. Einen solchen Brief erhielt ebenfalls der Bauer [Name 1], der erklärte, den Brief dem zuständigen ABV zu geben.

Am 10.7.1956 fand in Cotta eine weitere Bauernversammlung statt, in der die Gründung einer Weidegemeinschaft auf der Tagesordnung stand. Auf dieser Versammlung erklärte [Name 1] wiederum: »Wir sind nicht gewillt, einen 17. Juni oder ein Poznan[7] zu einer Provokation zu machen, indem wir uns vor die Panzer stellen; wir haben dann andere Mittel.« Weiterhin gab er bekannt, wenn bis zum 21.7.1956 von Berlin noch keine Klärung der Frage in Cotta eingehen sollte und keine Bauernversammlung einberufen wurde, würden die Bauern nach Pirna marschieren und auf dem Thälmann-Platz eine Versammlung durchführen.

Am 11.7.1956 fand bei [Name 1] unter Anwesenheit von [Name 10], [Name 3] und [Name 2] eine Versammlung statt, in der ein Mitarbeiter des ZK als VdgB-Mitglied vorgestellt wurde. Das Auftreten des ZK-Mitarbeiters *Bauer* war nicht befriedigend, da dieser auf die Fragen der Bauern keine konkreten Antworten gab. An den stellvertretenden Ministerpräsidenten Paul *Scholz*[8] wurde nochmals ein Schreiben mit den gleichen Forderungen gesandt.

Da eine Beruhigung unter den Bauern noch nicht eingetreten ist, wird auf folgende Umstände hingewiesen:

1. Es scheint eine Prüfung erforderlich zu sein, ob die Streichung der Ablieferungsschulden in Kartoffeln gestattet werden kann.

7 Hier wird auf den nur knapp zwei Wochen zurückliegenden Posener Arbeiteraufstand angespielt. Dabei handelte es sich um eine sich aus einem Arbeiterstreik entwickelnde gewaltsame Auseinandersetzung von Demonstranten mit der polnischen Armee im Juni 1956. Nachdem es bereits in den Wochen zuvor zu Streiks und Protesten gekommen war, demonstrierten am 28. Juni über 125 000 Menschen für bessere Löhne und Preissenkungen; im Verlauf der Proteste entwaffneten Demonstranten Polizisten und besetzten Verwaltungsgebäude sowie den Rundfunk. Die Situation eskalierte, als aus dem Gebäude der Staatssicherheit auf die Demonstranten geschossen wurde und diese mit aus staatlichen Depots erbeuteten Waffen zurückschossen. Am Nachmittag griff das polnische Militär ein – motiviert durch den Vorwand, es ginge gegen pro-deutsche Kräfte – und schlug den Aufstand bis zum Morgen des 30. Juni nieder. 73 Menschen wurden bei den Kämpfen getötet, über 700 verletzt und mehr als 800 verhaftet. Vgl. dazu Kramer, Mark: Soviet-Polish Relations and the Crises of 1956. Brinkmanship and Intra-Bloc Politics. In: Engelmann, Roger; Großbölting, Thomas; Wentker, Hermann (Hg.): Kommunismus in der Krise. Die Entstalinisierung 1956 und die Folgen. Göttingen 2008, S. 61–126, hier 81–89.

8 Paul Scholz, Jg. 1902, Politiker (KPD/DBD), 1950–52 und 1953–55 Minister für Land- und Forstwirtschaft, 1952–67 stellvertretender Vorsitzender des Ministerrates der DDR, 1956–61 Vorsitzender des Zentralen Beirats für LPG beim Ministerrat.

2. Eine persönliche Rücksprache mit den einflussreichen positiv eingestellten Bauern würde zur Beruhigung der Bauern beitragen und der Gefahr illegaler Aktionen entgegenwirken.
3. Die Möglichkeit, dass der geforderte Kreisbauerntag illegal durchgeführt und demonstrativ ausgenutzt wird, besteht noch.
4. Dieses würde sich besonders schädlich auswirken, weil der Kreis Pirna (Teil der Sächsischen Schweiz) zurzeit von vielen Feriengästen besucht wird und weiter viele Ausflugsorte besitzt, die täglich Ziel von Exkursionen verschiedener Art sind.
5. Die Umliegerkreise des jetzigen Kreises Pirna – Dippoldiswalde, Freital, Sebnitz, Bischofswerda – haben bei der Bezirksaufteilung 1952 Gebiete des damaligen Kreises Pirna in sich aufgenommen. Es bestehen daher noch eine Reihe traditioneller Verbindungen, die ein Übergreifen von Provokationen auf die gesamten Kreise erleichtern.
6. Seitens des Ministeriums für Staatssicherheit wurden bereits operative Maßnahmen eingeleitet.

26. Juli 1956

Information Nr. 97/56 [Betrifft: – Besondere Vorkommnisse (Bericht der BV Potsdam)]

Quelle: BStU, MfS, AS 81/59, Bl. 335–336 (2. Expl.).
Serie: Informationen.
Verteiler: KGB Berlin-Karlshorst (»Freund«) – MfS: Ablage.
Bemerkungen: Die Information selbst enthält keinen Titel, der Titel geht lediglich aus dem separat überlieferten Verteiler hervor (BStU, MfS, ZAIG 14381, Bl. 361).

Am 11.7.1956 fand in Pritzwalk anlässlich der 700-Jahrfeier ein Fußballspiel zwischen der DDR-Oberligamannschaft »Empor« Rostock[1] und der sowjetischen Auswahl Wünsdorf[2] statt.

Beide Mannschaften wurden zu Beginn des Spieles von dem Bürgermeister der Stadt Pritzwalk begrüßt und es wurden ihnen Geschenke überreicht. Nach Anpfiff des Spieles, welches ein gutes spielerisches Niveau hatte, verliefen die ersten 20 bis 30 Minuten ohne besondere Zwischenfälle. Danach schlug die Stimmung offensichtlich um. Bei den geringsten Vorkommnissen vonseiten der sowjetischen Spieler ertönten Pfui-Rufe, Pfiffe und sonstige Äußerungen, des Weiteren wurde die russische Sprache verhöhnt. Dieses verschärfte sich nach Beginn der zweiten Spielhälfte. Jetzt wurden Rufe laut wie: »Haut die Russenstrolche vom Platz – haut ihnen die Beine weg.« In der 60. Spielminute hatte ein Angehöriger der sowjetischen Fußballmannschaft einen Zusammenstoß im Spiel mit einem Spieler der Rostocker Mannschaft, wobei der Spieler der sowjetischen Mannschaft den Rostocker Spieler mit dem Wort »Faschist« bezeichnete.

Diese geschilderten Äußerungen und Vorkommnisse waren hauptsächlich unter den Zuschauern der linken Platzseite zu verzeichnen. Es waren dies zum größten Teil Zuschauer aus den umliegenden Dörfern von Pritzwalk. Einige diesbezüglich zur Rede gestellte Personen verließen vor Beendigung des Spieles den Platz. Nach Beendigung des Spieles wurden beide Mannschaften vonseiten der Mannschaftsführung zu einer Aussprache eingeladen. Dort wurden die Unklarheiten und Meinungsverschiedenheiten während des Spielablaufs geklärt. Weiterhin entschuldigte sich der sowjetische Spieler, der die Äußerung »Faschist« getan hatte, bei dem Spieler der Rostocker Mannschaft. Die beiden Mannschaften gingen danach im guten Einvernehmen auseinander.

1 Die Fußballabteilung des 1954 gegründeten Sportclubs (SC) Empor Rostock spielte von 1954 bis 1956 und von 1958 bis 1965 in der DDR-Oberliga. Ende 1965 wurde die Fußballabteilung als FC Hansa Rostock aus dem Gesamtverein Empor herausgelöst.

2 In Wünsdorf, Kreis Zossen, Bezirk Potsdam, befand sich zu DDR-Zeiten der Sitz des Oberkommandos der Gruppe der Sowjetischen Streitkräfte in Deutschland (GSSD). Es lebten dort bis zu 75 000 Menschen aus der Sowjetunion.

13. August 1956

Information Nr. 146/56 – Betrifft: Stimmung zu Prämienfragen (5. Bericht)

Quelle: BStU, MfS, AS 82/59, Bd. 1b, Bl. 3–7 (24. Expl.).
Serie: Informationen.
Verteiler: Stoph, Ulbricht, Matern, Schirdewan, Oelßner, Leuschner, Warnke, Mückenberger, Neumann, Wandel, Ziller, Hager, Norden, KGB Berlin-Karlshorst (»Freund«) – MfS: Mielke, Joseph Gutsche, Markus Wolf, Borrmann, SED-KL im MfS, HA II, HA III, HA V, HA XIII, Ablage.
Verweise: Informationen M61/56, M83/56, M96/56, 14/56, 209/56, 333/56, 364/56 und 390/56.

In der Zeit vom 14.6.1956 bis 8.8.1956 wurden wiederum in einer Reihe von Industrie- und Verkehrsbetrieben unzufriedene Diskussionen über das Prämiensystem bekannt. Im Besonderen wurden die Diskussionen zu folgenden Fragen geführt:
1.) Auszahlung von Quartalsprämien
2.) Prämien zum 10. Jahrestag der VE-Betriebe

1.) Auszahlung von Quartalsprämien
Wie schon mehrfach berichtet, löst die Auszahlung von Quartalsprämien unter den Produktionsarbeitern in den verschiedensten Industriebetrieben große Unzufriedenheit aus. Die Unzufriedenheit richtet sich besonders dagegen, dass Wirtschaftsfunktionäre und Angestellte in den Genuss von hohen Prämien kommen, wogegen die Produktionsarbeiter nur mit geringen Mitteln bedacht werden.

So besteht im VEB Spinnstoffwerk »Otto Buchwitz« in Glauchau, [Bezirk] Karl-Marx-Stadt, unter den Arbeitern in den Abteilungen Faserhalle und technische Werkstätten große Empörung über die Höhe der ausgezahlten Prämien an die Intelligenz, die sich auf 2 000 bis 3 000 DM belaufen. Die Arbeiter diskutieren dazu in folgender Form: »Wir bekommen 20,00 DM und die Intelligenz 200 mal mehr, das will eine Arbeiter- und Bauern-Regierung sein.«

Im Kaliwerk Bernburg-Gröna, [Bezirk] Halle, sind Angehörige der Belegschaft mit der hohen Prämienzahlung an die Werkleitung und an die Lenkungskräfte unzufrieden und äußern: »Wenn der Arbeiter mal 20,00 DM bekommt, wird ein Anschlag usw. gemacht. Wenn aber die Lenkungskräfte Prämien von 1 000 DM erhalten, wird alles schön verschwiegen. Jedes Mal, wenn die Lenkungskräfte die Prämien bekommen, geht die Arbeit im Betrieb zurück.«

Im VEB Mälzerei- und Speicherbau Erfurt wurde am 31.7.1956 die Quartalsprämie in Höhe von 91 000 DM gezahlt. Durch die unterschiedliche Zahlung im Verwaltungsapparat wurden Prämien bis über 2 000 DM gezahlt, dagegen betrug im Betrieb die Höchstprämie nur 100 DM, worüber unter den Arbeitern heftige Diskussionen in negativer Art entbrannten. Dabei wurde von den Arbeitern zum Ausdruck gebracht, dass man von keinem Arbeiter- und Bauernstaat sprechen könnte, sondern von einem Staat der Intelligenz sprechen müsste, da sie so sehr gefördert würde. Des Weiteren vertraten die Kollegen den Standpunkt, dass man wohl Prämien zahlen sollte, aber nicht in dieser Höhe und nicht an Angestellte, sondern an Produktionsarbeiter, die die Werte schaffen.

Charakteristisch für die Prämienverteilung ist die Äußerung eines Arbeiters aus dem Kraftwerk Harbke, [Bezirk] Magdeburg, der seine Stimmung mit folgenden Worten ausdrückte: »Überall gibt es Unfrieden wegen der Prämien. Die Werkleiter und Techniker schlucken Tausende von Mark, der Arbeiter wischt sich aber nur die Nase. So etwas nennt sich nun Arbeiterregierung.«

Unstimmigkeiten und ähnliche Erscheinungen über die Auszahlung der Quartalsprämien wurden noch aus folgenden Betrieben (VE-Betrieben) bekannt:

- Blechverformungswerk Aue,[1] [Bezirk] Karl-Marx-Stadt,
- Stahl- und Walzwerk Brandenburg, [Bezirk] Potsdam,
- Blechwalzwerk Olbernhau, [Bezirk] Karl-Marx-Stadt,
- Flachsspinnerei Wiesenbad, [Kreis] Annaberg, [Bezirk] Karl-Marx-Stadt,
- Werkzeug-Ring Suhl,
- Chemische Werke Buna, Merseburg, [Bezirk] Halle,
- Möbelwerk Zeulenroda, [Bezirk] Gera,
- Berliner Druckhaus,
- Schott Jena, [Bezirk] Gera,
- Kunstfaserwerk »Wilhelm Pieck« Rudolstadt, [Bezirk] Gera,
- Jenapharm Jena, [Bezirk] Gera,
- Zellwollbetrieb Blankenstein,[2] Lobenstein, [Bezirk] Gera,
- »Hammerschuh« Roßwein, [Kreis] Döbeln, [Bezirk] Leipzig,
- Entwicklungsbau Dresden,
- Holzbau Goldberg, [Kreis] Lübz,[3] [Bezirk] Schwerin,
- Phönix Rudolstadt,[4] [Bezirk] Gera,
- Tewa Neustadt [an der] Orla, [Kreis] Pößneck, [Bezirk] Gera,
- Bahnwerk Magdeburg-Rothensee
- und im Press- und Schmiedewerk »Hein Fink« in Wismar, [Bezirk] Rostock.

2.) Prämien zum 10. Jahrestag der VE-Betriebe

In verschiedenen Betrieben hat die Prämierung anlässlich des 10-jährigen Be-

1 Gemeint ist vermutlich der VEB Blechbearbeitungsmaschinenwerk Aue.

2 Gemeint ist vermutlich der VEB Zellstoff- und Papierfabrik Rosenthal mit Sitz in Blankenstein.

3 Im Original: »Lübs«.

4 Vollständig: VEB Phönix Röntgenröhrenwerk Rudolstadt.

stehens volkseigener Betriebe große Unzufriedenheit hervorgerufen. Vielfach taucht unter den Beschäftigten die Meinung auf, dass die Verteilung der Prämien nicht gerecht erfolgt sei, da wiederum – wie bei den Quartalsprämien – die Leitungskräfte bevorzugt worden sind. Verschiedentlich gingen die Arbeiter auch davon aus, dass alle Beschäftigten, die zehn Jahre in einem volkseigenen Betrieb tätig sind, eine Prämie erhalten werden. So brachte z.B. im VEB Falkenruf in Oelsnitz,[5] [Bezirk] Karl-Marx-Stadt, die Belegschaft in Diskussionen zum Ausdruck, dass sie an diesem Tage eine Gesamtprämie erwartet hätten, welche unter allen Arbeitern gleichmäßig aufgeteilt würde.

Ebenfalls hat die Prämierung unter den Arbeitern des VEB Werk für Fernmeldewesen Berlin große Unzufriedenheit hervorgerufen. Die Kollegen bezeichnen es als ungerecht, dass fast ausschließlich nur die Wirtschaftsfunktionäre des Betriebes – und diese mit einer verhältnismäßig hohen Prämie – berücksichtigt worden sind. Ihrer Meinung nach wäre es richtiger gewesen, die Mitarbeiter aller Beschäftigten [sic!], die schon zehn Jahre dem Betrieb angehören, in irgendeiner Form anzuerkennen. Die Verärgerung über die Prämierung hat bei den alten Kollegen die Meinung aufkommen lassen, dass in den kapitalistischen Betrieben die Prämien gerechter verteilt worden sind, da hätte z.B. bei Dienstjubiläum jeder Beschäftigte die gleiche Summe als Anerkennung für seine Arbeit ausgezahlt erhalten.

In der Zuckerfabrik Friedland, [Kreis] Neubrandenburg[-Land], war festzustellen, dass die Angestellten der Zuckerfabrik Geldprämien erhielten und die Arbeiter nur Buchprämien bekamen. Von den Arbeitern des Betriebes wurde dieses Verhalten mit Verärgerung zur Kenntnis genommen. Sie brachten zum Ausdruck, dass scheinbar die Angestellten bessere Menschen wären als die Arbeiter, da solche Unterschiede gemacht werden.

Auch unter den Kollegen des VEB Funkwerk Berlin-Köpenick tauchte die Meinung auf, dass bei der Verteilung der Prämien Ungerechtigkeiten vorgekommen sind. So sei es falsch, dass eine Angestellte prämiert worden ist, die im Jahre 1950 die Arbeit aufgenommen hat, einige Zeit später in einen anderen Betrieb überwechselte und jetzt wieder beim Funkwerk arbeitet. Diese Angestellte könnte nach Ansicht der Kollegen bei einer anderen Gelegenheit, nicht aber zum 10. Jahrestag der volkseigenen Betriebe prämiert werden. Im Betrieb ging im Juni das Gerücht herum, dass alle Kollegen, die seit 1946 im Funkwerk arbeiten, prämiert werden. Die Enttäuschung war groß, als sich herausstellte, dass diese Annahme nicht stimmte.

Ähnliche Diskussionen wurden noch geführt im Kabelwerk Köpenick, Städtisches Werk Berlin-Buch,[6] »Aktivist« Berlin,[7] Zwirnereimaschinenbau Karl-Marx-Stadt, Schott Jena und Sprengstoffwerk Schönebeck, [Bezirk] Magdeburg.

5 Im Original: »Oelßnitz«.
6 Vollständig: Städtisches Elektrizitätswerk Berlin-Buch.
7 Vollständig: VEB Nahrungsmittelwerk »Aktivist« Berlin.

13. August 1956

Information Nr. 147/56 – Betrifft: Arbeitsniederlegung

Quelle: BStU, MfS, AS 82/59, Bd. 1b, Bl. 8–9 (10. Expl.).
Serie: Informationen.
Verteiler: Ulbricht, Schirdewan, Mückenberger, Neumann, KGB Berlin-Karlshorst (»Freund«) – MfS: Mielke, Last, HA II (2x), Ablage.

Am 10.8.1956 legten in der Dreherei des VEB Kälte Berlin, in der Zeit von 14.15 Uhr bis 16.15 Uhr, 20 Kollegen die Arbeit nieder. Ursache der Arbeitsniederlegung: Im Verlaufe der Reorganisation der Verwaltungskräfte des Betriebes sollte der Meister der Dreherei, Kollege [Name 1], entlassen werden und an seiner Stelle der Genosse [Name 2] als Meister in der Dreherei eingesetzt werden. Man machte [Name 1] den Vorwurf, dass er mit seinen Kollegen ein Kumpelverhältnis habe, was sich negativ auf die Arbeit auswirkt. Dieser Beschluss wurde von einer Kommission gefasst, welche aus zwölf Kollegen bestand, darunter der Parteisekretär, der BGL-Vorsitzende, der Werkleiter und der Kaderleiter.

Als den Kollegen der Dreherei am Mittwoch, dem 8.8.1956, der Beschluss bekannt gegeben wurde, erklärten sie, dass sie mit dem Meister [Name 2] nicht einverstanden wären, da dieser nicht die fachlichen Voraussetzungen mitbringe. Am 10.8.1956, in der Zeit von 14.00 Uhr [an], wurde daraufhin vonseiten der Werkleitung und der BGL und der Parteiorganisation mit dem Meister [Name 1] und ca. zwölf gewerkschaftlich organisierten Kollegen der Dreherei eine Aussprache geführt. Während dieser Zeit bis 16.15 Uhr standen die restlichen Dreher (20) herum, ohne zu arbeiten. Nach der Aussprache wurde die Entlassung des Meisters [Name 1] zurückgezogen, da man zu dem Vorwurf kein konkretes Material vorlegen konnte.

Am Morgen des 11.8.1956 wurde im VdgB (BHG), Auslieferungslager Meißen, Brauhausstraße 13, von acht Kollegen für ca. 15 bis 20 Minuten die Arbeit niedergelegt. Ursachen waren Unstimmigkeiten in der Bezahlung. 1955 wurde durch eine Kommission beim Rat des Kreises festgestellt, dass die Norm für das Ausladen von Kohlen zu niedrig ist. Im April 1956 wurde auf Anraten der Kreiskommission der Betrag von 1,00 DM pro t auf 0,55 DM herabgesetzt. Da die Kollegen sich weigerten, für dieses Geld die Kohlen auszuladen, wurde der Betrag wieder auf DM 1,00 DM erhöht und versprochen, für April und Mai einen Ausgleich zu zahlen. Bisher ist das jedoch noch nicht restlos gezahlt, der Lohnbuchhalter gab den Arbeitern immer nur etwas Abschlag.

Diese Tatsache wurde von den Arbeitern als Anlass zur Arbeitsniederlegung genommen. Als Hauptinitiator muss der Parteisekretär des Auslieferungslagers angesehen werden, der an diesem Morgen zu den Arbeitern sagte, dass nicht gearbeitet würde, bis die Frage der Abschlagzahlung geklärt ist und bis der Betrag von 0,55 DM auf 0,80 DM pro t am Tag heraufgesetzt würde.

Androhung von Arbeitsniederlegung

Im Stahl- und Walzwerk Gröditz, [Bezirk] Dresden, besteht unter den Kollegen in der Gießgrube im Stahlwerk II große Unzufriedenheit wegen Arbeitskräftemangel. Die Arbeiter einer Schicht brachten zum Ausdruck, dass jetzt drei Arbeiter die Arbeit für sechs Personen erledigen müssen und anstatt mehr Geld weniger Geld verdienen. Vor der Lohnzahlung am 9.8.1956 haben unter diesen Kollegen wegen der schlechten Entlohnung Diskussionen stattgefunden, indem sie die Arbeit niederlegen wollten. Nach der Lohnzahlung am 9.8.1956 sind die Kollegen zu der Meinung gekommen, dass eine weitere Arbeit unter diesen Bedingungen keinen Zweck mehr habe.

13. August 1956

Information Nr. 148/56 – Betrifft: Hetzschriftenverbreitung im Juli 1956

Quelle: BStU, MfS, AS 82/59, Bd. 1b, Bl. 10–15 (40. Expl.).
Serie: Informationen.
Verteiler: Stoph, Ulbricht, Matern, Schirdewan, Oelßner, Leuschner, Warnke, Mückenberger, Neumann, Wandel, Ziller, Hager, Norden, KGB Berlin-Karlshorst (»Freund«) – MfS: Mielke, Joseph Gutsche, Gartmann, Markus Wolf, Borrmann, SED-KL im MfS, HA II, HA III, HA V, HA XIII, alle Bezirksverwaltungen, Verwaltung »W« (SDAG Wismut), Ablage.

Im Monat Juli 1956 wurden insgesamt 133 618 Hetzschriften auf dem Postwege (davon gelangten 1 118 in die Hände der Empfänger) und 646 469 Hetzschriften durch Ballon festgestellt. Außerdem wurden 601 Ballons gefunden bzw. gesichtet. Im Vergleich zum Vormonat mit 1 236 Ballons sind es im Monat Juli um die Hälfte weniger.

Die Verbreitung in den einzelnen Bezirken ergibt folgendes Bild:[1]

Bezirk	auf dem Postwege	durch Ballon u. a.
Berlin	12 837	44 594
Cottbus	6 198	22 503
Dresden	15 539	6 511
Erfurt	7 433	12 110
Frankfurt/O.	5 005	18 050
Gera	12 080	89 537
Halle	12 002	12 210
Karl-Marx-Stadt	8 078	133 242
Leipzig	8 428	9 651
Magdeburg	13 175	28 956
Neubrandenburg	3 779	10 698

1 Die im vorangegangenen Absatz genannten Gesamtzahlen stimmen nicht exakt mit den Summen der Bezirksdaten in der Tabelle überein – siehe hinzugefügte Tabellen-Summe.

Bezirk	auf dem Postwege	durch Ballon u. a.
Potsdam	8170	189549
Rostock	10843	435
Schwerin	6956	15869
Suhl	1977	56954
[gesamt]	[132500]	[650869]

Die einzelnen Feindzentralen sind wie folgt an der Verbreitung der Hetzschriften beteiligt:

[Absender]	auf dem Postwege	durch Ballon u. a.
UfJ[2]	24782	31966
KgU[3]	18868	80003
NTS[4]/ZOPE[5]	1978	245873

2 Der »Untersuchungsausschuss Freiheitlicher Juristen« (UFJ) wurde im Oktober 1946 in Westberlin gegründet und war wesentlich von aus der SBZ/DDR geflohenen Juristen geprägt. Er widmete sich vor allem der Erfassung von Unrechtshandlungen in der DDR und verarbeitete seine Erkenntnisse in umfangreichen Dokumentationen und in Propagandamaterialien, die teilweise in den Osten eingeschleust wurden. In den frühen 1950er Jahren wurde die Organisation überwiegend vom CIA finanziert. Vgl. Hagemann, Frank: Der Untersuchungsausschuß Freiheitlicher Juristen 1949–1969. Frankfurt/M. u. a. 1994.

3 Die »Kampfgruppe gegen Unmenschlichkeit« (KgU) war eine u. a. von US-amerikanischen Geheimdienststellen finanzierte und angeleitete antikommunistische Organisation, die von Westberlin aus mittels Propaganda und zeitweise auch mit militanten Aktionen den Widerstand gegen das SED-Regime unterstützte. Sie wurde 1949 u. a. von Rainer Hildebrandt gegründet, 1951 übernahm Ernst Tillich die Leitung. 1959 wurde die KgU aufgelöst. Heitzer, Enrico: Die Kampfgruppe gegen Unmenschlichkeit (KgU). Widerstand und Spionage im Kalten Krieg 1948–1959. Köln 2015.

4 Der Narodno-Trudowoj Sojus (NTS), deutsch: Volksarbeitsbund, war eine seit 1930 bestehende russische Emigrantenorganisation, deren »geschlossener Sektor« streng konspirativ organisiert gegen die Sowjetunion arbeitete. Dabei ging es vor allem um die Verbreitung von antikommunistischem Propagandamaterial. Zur Zielgruppe dieser Aktivitäten gehörten in der SBZ/DDR vor allem die Angehörigen der sowjetischen Truppen. Ab Ende der 1940er Jahre wurde der NTS insbesondere von US-amerikanischen Geheimdienststellen unterstützt und angeleitet. Vgl. Stöver, Bernd: Die Befreiung vom Kommunismus: Amerikanische »Liberation Policy« im Kalten Krieg 1947–1991. Köln u. a. 2002, S. 318–331.

5 Die ZOPE (Zentralnoje Objedinjenije Poslewoennych Emigrantow, deutsch etwa: Zentralverband der Nachkriegsemigranten) war eine im November 1952 in München durch das US-amerikanische Office of Policy Coordination (OPC) gegründete russische Exilgruppe. Die ZOPE unterhielt enge Kontakte zum NTS, zu den Ostbüros der westdeutschen Parteien

[Absender]	auf dem Postwege	durch Ballon u. a.
SPD[6]	8 163	149 269
CDU	49 193	36
DGB	141	1 675
FDP	425	3 854
Colloquium[7]	10 035	–
verschiedene	18 915	119 818
Der Tag[8]	–	3 200
Tarantel[9]	–	149

und zur Vereinigung politischer Ostflüchtlinge (VPO). Hauptaktivität der ZOPE, die u. a. vom Gesamtdeutschen Ministerium der Bundesrepublik Deutschland finanziert wurde, war die Verbreitung von Flugblättern, die mittels Ballons in die DDR geschickt wurden. Vgl. Stöver, Bernd: Die Befreiung vom Kommunismus. Amerikanische »Liberation Policy« im Kalten Krieg 1947–1991. Köln u. a. 2002, S. 331–334.

6 Hier und bei den folgenden genannten westdeutschen Parteien und dem DGB sind nicht die Parteien bzw. die Gewerkschaft selbst gemeint, sondern die von diesen zwischen 1946 und 1951 eingerichteten Ostbüros. Diese unterstützten verfolgte und SED-kritische Mitglieder bzw. ehemalige Mitglieder ihrer Schwesterparteien bzw. -organisationen in der DDR. Zu ihren weiteren Aufgaben gehörten die Flüchtlingsbetreuung, die Informationsbeschaffung und das Einschleusen von Informations- und Propagandamaterialien in die SBZ/DDR. Vgl. Buschfort, Wolfgang: Parteien im Kalten Krieg. Die Ostbüros von SPD, CDU und FDP. Berlin 2000.

7 Gemeint ist der Colloquium-Verlag, der ursprünglich für die seit 1947 erscheinende unabhängige Berliner Studentenzeitschrift »Colloquium« gegründet wurde. Die Zeitschrift erschien von 1948 bis 1971 mit unterschiedlichen Untertiteln sowie mit US-amerikanischer Unterstützung als offizielles Organ der Studentenschaft der Freien Universität und setzte sich u. a. kritisch mit den Verhältnissen an den Universitäten in der DDR und in Ostberlin auseinander; für die Studenten in der DDR wurden zeitweilig eigene Sonderausgaben herausgebracht. Seit Anfang der 1950er Jahre wurden auch Bücher verlegt. Der Colloquium-Verlag arbeitete eng mit dem 1949 gegründeten Amt für gesamtdeutsche Studentenfragen (später: Gesamtdeutsches Referat) beim Verband Deutscher Studenten (VDS), einer Art Ostbüro des VDS, zusammen, weshalb er vom MfS vermutlich mit diesem identifiziert wurde. Vgl. Körner, Klaus: »Stürmt die Festung Wissenschaft!« Otto H. Hesse und der Colloquium Verlag 1947–1992. In: Aus dem Antiquariat 62(2006)6, S. 415–431.

8 »Der Tag« war eine im britischen Sektor von Berlin gegründete Tageszeitung, die von 1948 bis 1963 erschien. Sie stand dem Ostbüro der CDU nahe. Zusätzlich zur Tageszeitung erschien eine »Wochenausgabe für die Sowjetzone«.

9 Die »Tarantel. Satirische Monatsschrift der Sowjetzone« war eine von Heinz W. Wenzel (Pseudonym: Heinrich Bär) in Westberlin herausgegebene und von den USA finanzierte Zeitschrift, die sich satirisch-kritisch mit den Verhältnissen in der DDR auseinandersetzte. Sie wurde 1950 bis 1962 in Großauflagen von bis zu 300 000 Stück von Westberlin aus in die DDR geschleust. Vgl. Körner, Klaus: Ein »Phänomen« wird entlarvt. Antikommunistische

[Absender]	auf dem Postwege	durch Ballon u. a.
Freies Europa[10]	–	10 006

Inhalt der Hetzschriften

In der Berichtsperiode wurden zum überwiegenden Teil alte Exemplare verschickt, die Hetze gegen den XX. *Parteitag* beinhalten,[11] sich auf den 17. Juni 1953 und den Vorkommnissen [sic!] in Poznan bezogen.[12]

In verfälschter Form gibt die KgU erstmalig das Organ für Nationale Verteidigung »Der Kämpfer« heraus.[13] Inhalt: Hetze gegen den Personenkult und gegen die Volksarmee. Des Weiteren wird die »militärische Stärke und Überlegenheit der USA« herausgestellt. Eine andere Hetzschrift der KgU wirbt um neue Agenten. Zum Anlass nimmt sie den Einsturz eines einstöckigen Wohnhauses in Senftenberg, [Bezirk] Cottbus in der Grünstraße, dass am 27. Mai 1956 durch Erdrutsch einstürzte,[14] wobei das darin wohnende Rentnerehepaar tödlich verunglückte. Dazu heißt es: »Wir bitten alle am

Schriften gegen die DDR aus der Frühzeit der Bundesrepublik. In: Lokatis, Siegfried; Sonntag, Ingrid (Hg.): Heimliche Leser in der DDR. Kontrolle und Verbreitung unerlaubter Literatur. Berlin 2008, S. 156–167, hier 161. Siehe auch: Schulz-Heidorf, Walter: Preis unbezahlbar – Die ›Tarantel‹. Heiße Lektüre im Kalten Krieg. Berlin 1997.

10 Hierbei handelt es sich vermutlich um vom Nationalkomitee Freies Europa herausgegebene Flugschriften. Das Nationalkomitee war eine 1949 in den USA gegründete antikommunistische Organisation, deren Ziel die Befreiung der unter sowjetischem Einfluss stehenden Länder Europas war. Das Komitee betrieb u. a. den Rundfunksender Radio Free Europe mit Sitz in München.

11 Der XX. Parteitag der KPdSU fand vom 14. bis 25.2.1956 in Moskau statt. Der Parteitag, auf dem Parteichef Chruschtschow in einer Geheimrede den Personenkult um Stalin kritisierte und Stalins Verbrechen enthüllte, leitete in der Sowjetunion den Prozess der Entstalinisierung ein.

12 Nachdem es bereits in den Wochen zuvor zu Streiks und Protesten gekommen war, demonstrierten am 28. Juni über 125 000 Menschen für bessere Löhne und Preissenkungen; im Verlauf der Proteste entwaffneten Demonstranten Polizisten und besetzten Verwaltungsgebäude sowie den Rundfunk. Die Situation eskalierte, als aus dem Gebäude der Staatssicherheit auf die Demonstranten geschossen wurde und diese mit aus staatlichen Depots erbeuteten Waffen zurückschossen. Am Nachmittag griff das polnische Militär ein – motiviert durch den Vorwand, es ginge gegen pro-deutsche Kräfte – und schlug den Aufstand bis zum Morgen des 30. Juni nieder. 73 Menschen wurden bei den Kämpfen getötet, über 700 verletzt und mehr als 800 verhaftet. Vgl. dazu Kramer, Mark: Soviet-Polish Relations and the Crises of 1956. Brinkmanship and Intra-Bloc Politics. In: Engelmann, Roger; Großbölting, Thomas; Wentker, Hermann (Hg.): Kommunismus in der Krise. Die Entstalinisierung 1956 und die Folgen. Göttingen 2008, S. 61–126, hier 81–89.

13 »Der Kämpfer. Organ für die nationale Verteidigung« war eine Flugzeitschrift der KgU, die von 1956 bis 1959 herausgegeben wurde und sich an die Angehörigen der »Kampfgruppen der Arbeiterklasse« richtete. Ihr Titel war an die gleichnamige DDR-Zeitschrift angelehnt, die von 1953 bis 1956 als »Organ der Kasernierten Volkspolizei« diente.

14 Wegen des örtlichen Braunkohletagebaus kam es in Senftenberg häufiger zu Erdrutschen.

Kampf gegen das SED-Regime Interessierten um baldige zweckdienliche Angaben, – auch dann, wenn nur scheinbar zusammenhanglose Einzelheiten, Vermutungen oder Gerüchte bekannt sind.«

Wie der Gegner unzufriedene Stimmung unter den Beschäftigten der VEB für seine Hetze ausnutzt, beweist eine neue Hetzschrift (unbekannter Herkunft), die sich mit dem Prämiensystem in der DDR beschäftigt. Diese neue Hetzschrift wendet sich direkt an die Beschäftigten des VEB Kunstseidenwerk Premnitz,[15] [Bezirk] Potsdam. In diesem Betrieb löste die Auszahlung der Quartalsprämien im Juli unter den Beschäftigten unzufriedene Stimmung aus. Daraufhin erhielten mehrere Angestellte und Arbeiter dieses Betriebes auf dem Postwege genannte Hetzschrift. Inhaltlich geht es darum, die Mitarbeiter grundsätzlich gegen das Prämiensystem zu beeinflussen, in dem es heißt, dass »Ansprüche auf Prämien nur das leitende Personal habe«.

In der neuesten Ausgabe des Luftpostbriefes der FDP »Liebe Familie Jedermann«[16] geht es um die Beeinflussung der Partei- und Staatsfunktionäre. Zwei verschiedene Hetzschriften (Herausgeber unbekannt) befassen sich mit der Ablehnung des Personenkults und behandeln Parteifragen. Eine andere Hetzschrift (Herausgeber unbekannt) mit der Überschrift »Was Frau Lotte meint« hetzt gegen das Prämien- und Aufbausparen.[17] Diese Gelder würden nicht »dem Aufbau, sondern hauptsächlich für die Finanzierung der Nationalen Volksarmee und dem erweiterten Aufbau des Apparates des MfS dienen«. »Deshalb wäre es ratsam in die eigene Tasche zu sparen.«

Verbreitung von Hetzschriften durch Auslegen, Ankleben usw.

Im Monat Juli wurden 64 Fälle gemeldet (Vormonat 56 Fälle). Die Fälle verteilen sich wie folgt auf die Bezirke:
- Berlin: 5 Fälle,
- Dresden: 14 Fälle,
- Erfurt: 1 Fall,
- Frankfurt: 8 Fälle,

15 Vollständig: VEB Kunstseidenwerk »Friedrich Engels« Premnitz.

16 In den 1950er Jahren verschickte das Ostbüro der FDP »Luftpost«-Briefe, adressiert »An Familie Jedermann, Sowjetisch besetzte Zone Deutschlands«, in Auflagen von 150 000 Exemplaren per Ballon in die DDR. Vgl. Buschfort, Wolfgang: Parteien im Kalten Krieg. Die Ostbüros von SPD, CDU und FDP. Berlin 2000, S. 122 u. 127.

17 Eine Flugschrift mit dem Titel »Was Frau Lotte meint« ließ sich bibliographisch nicht ermitteln. – Mit dem Aufbausparen bzw. der Aufbaulotterie sollten durch freiwillige Zeichnungen der DDR-Bürger finanzielle Mittel für das »Nationale Aufbauprogramm Berlin« von 1952 aufgebracht werden. Die Rückzahlung und Verzinsung der gezeichneten Beträge garantierte die Deutsche Notenbank. Zugleich bestand die Chance auf den Gewinn einer Wohnung oder eines Geldbtrags in Höhe von 50,00 bis 10 000 DM. Vgl. Gesetz über die Rückzahlung und Verzinsung der Beträge der Aufbaulotterie für das Nationale Aufbauprogramm Berlin 1952 v. 7.2.1952 sowie die Anordnung über die Auslosung der Aufbaulotterie des Nationalen Aufbauprogramms Berlin 1952 v. 26.11.1952. In: GBl. 1952, S. 109 bzw. 1241 f.

- Gera: 9 Fälle,
- Karl-Marx-Stadt: 3 Fälle,
- Leipzig: 1 Fall,
- Magdeburg: 2 Fälle,
- Potsdam: 12 Fälle,
- Schwerin: 1 Fall,
- Suhl: 10 Fälle.

Im Bezirk Potsdam konnten zwei Täter festgenommen werden, die Hetzschriften verbreiteten.

Selbstgefertigte Hetzschriften wurden in den Bezirken Frankfurt/O., Gera, Leipzig, Magdeburg, Neubrandenburg, Potsdam, Rostock, Schwerin und Suhl aufgefunden.
- *Frankfurt/O.:* 2.7.1956: vier handgeschriebene Hetzschriften in der Gemeinde Schwedt, [Kreis] Angermünde. Inhalt: Hetze gegen Funktionäre unserer Regierung und Aufforderung zum Streik.
- *Gera:* 7.7.1956: zwei selbstgefertigte Hetzschriften (Druckschrift) in Jena an zwei Schaufenstern von Privatgeschäften. Inhalt: Hetze gegen Funktionäre unserer Regierung und der Staatssicherheit.
- *Leipzig:* 19.7.1956: zwei handgeschriebene Hetzschriften im Hausbriefkasten des Postamtes Meuselwitz, [Kreis] Altenburg. Inhalt: Hetze gegen die Friedenspolitik der Freunde.
- *Magdeburg:* 24.7.1956: 14 selbstgefertigte Hetzzettel, Größe 8 × 2 cm, in Zerbst in der Karl-Marx-Straße. Inhalt: »Freie Wahlen und fort mit Ulbricht«.
- *Neubrandenburg:* 31.7.1956: eine selbstgefertigte Hetzschrift in Neustrelitz in der Bernhard-Goering-Straße auf dem Treppenaufgang des Radiogeschäftes Stratonowitsch.[18] Größe DIN A4, beschriftet mit Rotstift (Druckschrift). Inhalt: Hetze gegen unsere Regierung und den Lebensstandard, Aufruf zum Streik am 7. August früh 6.00 Uhr.
- *Potsdam:* 10.7.1956: ein Hetzbrief mit zehn handgeschriebenen Hetzzetteln an die SED-Kreisleitung in Luckenwalde. Inhalt: Hetze gegen unseren Lebensstandard. Auf den Hetzzetteln standen folgende Losungen: »Nieder mit den Kommunisten – Nieder mit Grotewohl, Ulbricht und Pieck – Nieder mit der Volksarmee – Nieder mit den Kriegstreibern Grotewohl, Ulbricht und Pieck.« Es handelt sich um die gleichen Hetzschriften wie im Monat Juni gemeldet.
- *Rostock:* 16.7.1956: vier selbstgefertigte Hetzschriften (handgeschrieben) auf der Strandpromenade in Ahlbeck, [Kreis] Wolgast. Inhalt: »Wir wollen geheime Wahlen und freie Diskussionen – die Ostgebiete den Deutschen.«

18 Im Original: »Strantonowitsch«.

- *Schwerin:* 27.7.1956: ein selbstgefertigter Hetzzettel (Schreibmaschine) im VEB Lederwerk Neustadt-Glewe, [Kreis] Ludwigslust, an dem Schalterkasten der Kupferschmiede. Text: »Adenauer, du armer Konrad,[19] und du hast doch gesiegt.«
- *Suhl:* 23.7.1956: eine selbstgefertigte Hetzschrift (handgeschrieben) an der Anschlagtafel der Gemeinde Truckendorf, [Kreis] Sonneberg, Größe DIN A4. Inhalt: Hetze gegen die MTS, Forderung nach eigenem Maschinenpark, Gewährleistung des 8-Stunden-Tages.

19 Konrad Adenauer, Jg. 1876, CDU-Politiker, 1949–63 Bundeskanzler der Bundesrepublik Deutschland, 1950–66 Bundesvorsitzender der CDU.

18. August 1956

Information Nr. 160/56 – Betrifft: Lage und Vorkommnisse nach dem Verbot der KPD

Quelle: BStU, MfS, AS 82/59, Bd. 1b, Bl. 41–42.
Serie: Informationen.
Verteiler: Kein Nachweis für externe Verteilung – MfS: Mielke, Last, Beater, SED-KL im MfS, Ablage.
Verweise: Informationen 166/56 und 175/56.

I. Übertritte von KPD-Mitgliedern in die DDR

Nach der Verkündung des KPD-Verbots in Westdeutschland[1] meldeten sich an den Grenzkontrollpunkten der DDR folgende KPD-Mitglieder:

Am 17.8.1956 trafen ein:
- *Fink*, Hein,[2] 1. Sekretär der Landesleitung Hamburg. Genosse F. hatte den Auftrag von der Partei sich dem Haftbefehl zu entziehen.
- *Hagen*, Hans, 2. Sekretär Bezirk Lauenburg. Genosse H. war am 17.8.1956 bereits zwei Mal von der Kripo vernommen worden und kam aus diesem Grunde in die DDR.
- *Schmidt*, Hans, 2. Sekretär einer Wohnbezirksgruppe in Helmstedt. Genosse Sch. führte ein Protokoll über die Durchsuchung seiner Wohnung bei sich.

Am 18.8.1956 meldeten sich folgende KPD-Mitglieder an den Grenzkontrollpunkten:
- *Mallmann*, Ludwig, 1. Sekretär Kreis Neukirchen. Er hatte den Auftrag bei Bekanntwerden des Haftbefehls in die DDR zu gehen.
- *Mark*, Otto, geb. 1924, *Bach*, Helmut, geb. 1919, beide Redakteure der »Volksstimme« in Aachen.[3]
- *Pickernell*, Wilhelm, von der Bezirksleitung der KPD Niedersachsen. Genosse P. kam mit einem Wagen der Bezirksleitung. Zwei weitere Fahrzeuge der Bezirksleitung wurden an dem Grenzpunkt Helmstedt festgehalten.

1 Am 17.8.1956 erklärte das Bundesverfassungsgericht die KPD für verfassungswidrig und verbot die Partei. Das Urteil des Bundesverfassungsgerichts ist einschließlich einer Zusammenfassung der Urteilsbegründung dokumentiert in: Archiv der Gegenwart. Deutschland 1949 bis 1999. Bd. 2: September 1953 – Oktober 1957, Sankt Augustin 2000, S. 1772–1774. Siehe dazu auch Information 159/56.

2 Heinrich »Hein« Fink, Jg. 1902, 1. Sekretär der KPD-Landesleitung Hamburg, 1949–53 MdB.

3 »Die Volksstimme. Zeitung für Einheit und Demokratie« war eine kommunistische Tageszeitung, die von 1946 bis 1956 legal, anschließend illegal erschien. Die Zeitung wurde in Köln herausgeben, verfügte aber über Nebenausgaben u. a. in Aachen.

II. Lage und Vorkommnisse an der Demarkationslinie

An der Demarkationslinie wurde am 17.8.1956 vor allem eine verstärkte Streifentätigkeit des Bundesgrenzschutzes sowie des Zolls festgestellt.[4] Weiter wurde von den Grenzbereitschaften ein erhöhter Fahrzeugverkehr beobachtet, wobei im Abschnitt Braunlage ein SPW mit 20 Angehörigen des Bundesgrenzschutzes und im Kommandanturbereich Eisfeld wiederholt amerikanische Jups[5] und Kräder gesichtet wurden.

Von der Grenzkommandantur Boizenburg wird berichtet, dass durch den westlichen Zoll besonders der Hafenbereich in Vierkrug/Elbe beobachtet wurde. Am 17.8.1956 wurden an der Grenze in Helmstedt zwei Fahrzeuge der Bezirksleitung der KPD Niedersachsen festgehalten, die in die DDR wollten. Dabei handelt es sich um die Fahrer [Name 1, Vorname] und [Name 2, Vorname].

4 Die innerdeutsche Grenze wurde in den 1950er Jahren häufig noch als Demarkationslinie bezeichnet.

5 Gemeint sind vermutlich Jeeps.

10. September 1956

Information Nr. 194/56 – Betrifft: Politische und ökonomische Lage in den LPG

Quelle: BStU, MfS, AS 82/59, Bd. 1b, Bl. 150–155 (27. Expl.).
Serie: Informationen.
Verteiler: Stoph, Ulbricht, Grotewohl, Matern, Schirdewan, Oelßner, Rau, Leuschner, Warnke, Mückenberger, Neumann, Wandel, Ziller, Hager, Norden, KGB Berlin-Karlshorst (»Freund«) – MfS: Mielke, Last, Markus Wolf, Beater, Walter, Joseph Gutsche, SED-KL im MfS, Abt. Agitation, HA III, HA V, Ablage.

Eine Reihe von Beispielen zeigen immer wieder, dass sich ein großer Teil der LPG nicht, gemäß den Beschlüssen von Partei und Regierung, politisch und ökonomisch gefestigt haben. Viele LPG arbeiten unrentabel, zahlen demzufolge zu niedrige Arbeitseinheiten, was zur Unzufriedenheit bzw. zu Austritten von Mitgliedern aus den LPG führt. Dies sowie die teilweise schlechte Wirtschaftsführung und Arbeitsmoral führt zu einer ablehnenden Einstellung von Einzelbauern gegenüber den LPG, was sie in ihren Diskussionen zum Ausdruck bringen.

Der Bericht gliedert sich im Einzelnen wie folgt auf:
1.) die finanzielle Lage einiger LPG
2.) Unzufriedenheit von Mitgliedern und Austritte aus den LPG
3.) schlechtes Verhalten von einigen LPG-Vorsitzenden
4.) Einstellung von Einzelbauern zu den LPG

Zu 1.)
Im Bezirk Karl-Marx-Stadt wurde festgestellt, dass ca. 80 % der LPG des Bezirkes unrentabel arbeiten und hohe Stützungskredite vom Staat erhalten. Die Arbeitseinheiten werden bis zu 6,00 DM, im Höchstfalle bis zu 7,00 DM vom Staat gestützt. Das Eigenaufkommen der LPG liegt mitunter nur bei 1,00 DM bis 3,00 DM und verschiedentlich noch niedriger. Z. B. liegt in der LPG Großzähern[1] das Eigenaufkommen pro Arbeitseinheit bei 0,96 DM, sodass sie einen Stützungskredit von 123 000 DM aufnehmen muss. Von 20 bestehenden LPG des Kreises Rochlitz arbeiten 17 unrentabel und benötigen einen Staatszuschuss von insgesamt 956 000 DM. Im Kreis Brand-Erbisdorf bestehen 16 LPG, von denen 14 Staatszuschüsse in Höhe von 632 000 DM benötigen. Die *Ursachen* hierfür sind in jedem Kreis des Bezirkes Karl-Marx-Stadt fast die gleichen. Von den Verantwortlichen wurde keine genaue Planung durchgeführt. Bei Übernahme von neu hinzugekommenen Flächen wurden keine Zusatzpläne erarbeitet. Durch ungenügend vorhandene Fach-

1 Ein Ort dieses oder eines ähnlichen Namens ließ sich im Bezirk Karl-Marx-Stadt nicht ermitteln. Gemeint ist möglicherweise Großzöbern, Kreis Plauen, Bezirk Karl-Marx-Stadt.

kräfte sank der Ertrag von tierischen Produkten. Der Viehbestand steht in keinem Verhältnis zur Hektarzahl.

Im Kreis Havelberg, [Bezirk] Magdeburg, ergab eine Überprüfung von 21 LPG – insgesamt bestehen 31 LPG –, dass nur 36,1% der für 1956 geplanten Geldeinkünfte realisiert werden können. Allerdings wurden bereits bei der Planaufstellung 1 239 TDM Kredite geplant, die voraussichtlich noch um 1 700 TDM überschritten werden. Der für dieses Jahr geplante Wert der Arbeitseinheit liegt um fast 20 % niedriger als der des Vorjahres.

Im Wesentlichen setzen sich die Ausfälle wie folgt zusammen:
- Pflanzliche Produkte in 18 Fällen mit 438,8 TDM,
- Schweinefleisch in 15 Fällen mit 482,1 TDM,
- Überschreitung der Ausgaben in 8 Fällen mit 99,7 TDM,
- Milch in 16 Fällen mit 532,8 TDM.

Besondere *Schwerpunkte* sind:
- LPG Fischbeck mit einem Planverlust an Milch von 56 TDM und
- LPG Wust mit 61 TDM,
- LPG Zollchow[2] mit einem Planverlust an Schweinefleisch von 151 TDM und
- LPG Böhne mit 67 TDM.

Als *Ursache* wird im Allgemeinen die schlechte Futtergrundlage infolge Hochwasser usw. angeführt. Hauptsächlicher Grund ist aber die schlechte Arbeitsmoral. So wurden z. B. in den LPG Damerow, Toppel[3] und Havelberg tagelang die Kühe nicht richtig und zum Teil überhaupt nicht abgemolken.

Im Kreis Meißen, [Bezirk] Dresden, haben 18 LPG ihren ursprünglichen Kreditplan überschritten. Trotzdem in mehreren Fällen bereits zwischenzeitliche Krediterhöhungen durch die Bank erfolgten, betragen die Planüberschreitungen bis zum 30.6.1956 insgesamt 566 TDM. Die Ursachen der Planüberschreitungen liegen in der Hauptsache im Fehlen der Einnahmen des freien Verkaufes von Tierprodukten.

Zu 2.)
Schlechte Stimmung und Austritte von Mitgliedern der LPG ist vielfach auf die Herabsetzung der Arbeitseinheiten zurückzuführen.

Z. B. wurde in der Hauptversammlung der LPG Hamersleben, [Bezirk] Magdeburg, bekannt gegeben, dass die Arbeitseinheiten auf 6,50 DM herabgesetzt werden. Daraufhin erklärten einige Mitglieder, mit diesem Verdienst nicht auszukommen und lieber in der Industrie arbeiten zu wollen. In den LPG Kayna und Roda, [Kreis] Zeitz, [Bezirk] Halle, wurden die Arbeitseinheiten ebenfalls herabgesetzt und mehrere Mitglieder wollen deshalb austreten.

2 Im Original: »Zolchow«.
3 Im Original: »Zoppel«.

In einer Vollversammlung der LPG Börtewitz, [Kreis] Döbeln, [Bezirk] Leipzig, sprachen sich mehrere Mitglieder – besonders ehemalige Umsiedler, darunter zwei Mitglieder unserer Partei, gegen die LPG aus. Z.B. äußerte einer der Genossen: »In der LPG muss man ja bald verhungern. Da habe ich doch als Landarbeiter mehr Deputate bekommen und wohnte außerdem mietfrei.« Bisher haben in dieser LPG sieben Mitglieder gekündigt und wollen am Jahresende austreten. Die Parteiarbeit in dieser LPG ist sehr schlecht. So hat sich die BPO noch nicht mit diesen sieben Mitgliedern beschäftigt. Von der Kreisleitung der SED wurde eine Brigade zur Überprüfung der Verhältnisse in der LPG eingesetzt.

In der LPG Kermen, [Kreis] Zerbst, [Bezirk] Magdeburg, sind wegen der zu niedrigen Arbeitseinheiten sieben Mitglieder ausgetreten. Eine schlechte Stimmung herrscht in den LPG Haselhorst und Rustenbeck,[4] [Kreis] Salzwedel, [Bezirk] Magdeburg, weil durch Nichterfüllung des Planes die Arbeitseinheiten von 7,00 DM auf 2,20 DM und von 8,90 DM auf 6,79 DM gesunken sind. Ähnlich ist es auch bei den LPG Abbendorf, [Kreis] Salzwedel und Wulferstedt,[5] [Kreis] Oschersleben, [Bezirk] Magdeburg.

In der LPG Luppenau, [Kreis] Merseburg, [Bezirk] Halle, beträgt der reale Wert der Arbeitseinheiten 2,50 DM. Dies ist auf Verschuldung und Hochwasserschäden von 70 % zurückzuführen. Demzufolge besteht eine schlechte Stimmung unter den Mitgliedern und drei erklärten bereits ihren Austritt.

Zu 3.)
Ein weiterer Grund der Verärgerung von Mitgliedern in den LPG ist verschiedentlich das unsachliche bzw. anmaßende Verhalten von Vorsitzenden der LPG.

Z.B. herrscht unter den Mitgliedern der LPG Heidenau, [Kreis] Pirna, [Bezirk] Dresden, über das herrschende und anmaßende Wesen des Vorsitzenden Empörung. Er besitzt die Fähigkeit die Pläne aufzustellen, aber um deren Realisierung kümmert er sich nicht. Zur Rechenschaft gezogen, verwahrte er sich gegen eine Bevormundung. Wenn er von der BPO zur Rede gestellt wird, schweigt er oder droht mit seinem Austritt aus der LPG.

In den LPG »Roter Oktober« in Schelkau, [Bezirk] Halle, und »Freie Scholle« in Köttichau, [Bezirk] Halle, besteht aus ähnlichen Gründen unter den Mitgliedern große Unzufriedenheit. In der erstgenannten LPG tritt der Vorsitzende wie ein Pascha auf und lässt sich von niemandem belehren. In der LPG »Freie Scholle« fühlen sich der Vorsitzende und der Parteisekretär als »Inspektoren« und treten dementsprechend auf.

In der LPG »Karl Marx« Rüdigsdorf, [Bezirk] Leipzig, besteht kein gutes Verhältnis zwischen den Mitgliedern und dem Vorsitzenden. Dieser trinkt oft und fehlt bei der Arbeit. Die Mitglieder scheuen aber vor einer offenen

4 Im Original: »Rüstenbeck«.
5 Im Original: »Wülferstedt«.

Kritik zurück, da er die Kritik unterdrückt. An einer guten Zusammenarbeit mit der MTS ist dem Vorsitzenden auch nicht gelegen.

In der LPG Glossen, MTS-Bereich Wiederoda, [Bezirk] Leipzig, herrscht eine schlechte Arbeitsorganisation, was die Mitglieder auf die Unfähigkeit des Vorsitzenden zurückführen. Sie äußerten deshalb, dass sie nicht mehr mitarbeiten wollen, wenn kein neuer Vorsitzender eingesetzt wird. Dem Rat des Kreises sind diese Dinge schon seit Längerem bekannt.

Zu 4.)
Die mitunter schlechte wirtschaftliche Lage der LPG wirkt keineswegs vorbildlich auf die Einzelbauern bzw. Dorfbewohner und es werden deshalb ablehnende Diskussionen geführt sowie der Beitritt in die LPG abgelehnt.

Z. B. wird in Heyda, [Bezirk] Suhl, von einem großen Teil der Bauern ablehnend über die dortige LPG, welche verschuldet ist, gesprochen. In einer öffentlichen Gemeindevertretersitzung stellte ein Bauer den Antrag, die LPG solle einmal ihren Halbjahresbericht abgeben, damit die gesamte Einwohnerschaft erfährt, wie viel Schulden die LPG hat. Ein anderer Einzelbauer erklärte, das 28. Plenum habe bestätigt, dass die Bauern von Heyda schon immer recht gehabt hätten. »Wir brauchen die freie Wirtschaft.«[6]

Unter der Bevölkerung von Spitzkunnersdorf, [Kreis] Zittau, [Bezirk] Dresden, wird sehr schlecht über die dortige LPG gesprochen. Ein Arbeiter sagte, die LPG würde sehr schlecht wirtschaften und es sei deshalb kein Wunder, wenn sie einen schlechten Ruf habe. Er begründete es damit, dass in der LPG schon das diesjährige Heu verfüttert würde und die Felder wären in einem sehr schlechten Zustand. Dadurch erklären die Einzelbauern, dass sie »zu so einem Verein nicht gehen werden.«

Das Bestreben, in den Kreisen des Bezirkes Karl-Marx-Stadt weitere LPG zu gründen, wird durch ablehnende Haltung und Diskussionen von Einzelbauern beeinträchtigt. So erklärte eine Bäuerin aus Marbach, [Kreis] Flöha: »Wir halten uns solange, wie wir können. Sollte eine LPG zustande kommen, haben wir nichts einzuwenden. Aber eins steht fest, unsere Einnahmen sind dann geringer.« Ein anderer Bauer des gleichen Ortes sagte: »Ich bin nicht gegen eine LPG. Aber meine Meinung ist, lasst in unseren Gebirgsgegenden bei den schlechten Bodenverhältnissen die Hände davon.«

6 Zu den die Landwirtschaft betreffenden Beschlüssen des 28. Plenums des ZK der SED, das vom 27. bis 29.7.1956 stattfand, vgl. Über die Arbeit der SED nach dem XX. Parteitag der KPdSU und die bisherige Durchführung der Beschlüsse der 3. Parteikonferenz. Bericht des Politbüros, gegeben vom Ersten Sekretär des Zentralkomitees, Genossen Walter Ulbricht – Beschluss. Berlin 1956, S. 83–103. Das ZK bestätigte den Bericht einstimmig. Vgl. Kommuniqué der 2. Tagung des Zentralkomitees der Sozialistischen Einheitspartei Deutschlands. In: ebenda, S. 104–106, hier 104 f.

14. September 1956

Information Nr. 205/56 – Betrifft: Meinungen zur Auswahl der DEFA-Filme zu den Filmfestspielen in Karlovy Vary

Quelle: BStU, MfS, AS 82/59, Bd. 1b, Bl. 197 (2. Expl.).
Serie: Informationen.
Verteiler: Wandel, KGB Berlin-Karlshorst (»Freund«) – MfS: Mielke, Beater, Ablage.

Aus inoffizieller Quelle wurde bekannt, dass der Thälmann-Film[1] in Karlovy Vary[2] keine überwältigende Aufnahme gefunden hat. Dieser Film wurde von einer großen Zahl Leuten als ein Film aus überlebter Epoche der Filmkunst eingeschätzt. Nicht wenige brachten zum Ausdruck, dass dieser Film in Karlovy Vary fehl am Platze war. Das war auch die Meinung der meisten Mitglieder der deutschen Delegation.

Schon vorher hätte es darüber verschiedene Diskussionen gegeben, ohne dass jemand den Mut gefunden hätte, zu entscheiden, dass der Film für Karlsbad nicht gemeldet wird, weder in der HV Film noch im Ministerium für Kultur. Man hatte Angst, dass bei derartigen Fällen die Genossen Tschesno-Hell[3] oder Maetzig[4] »furchtbaren Wind« machen würden. Die Meldung des Thälmann-Filmes für Karlsbad wäre gleichbedeutend mit einem Zwang für die fortschrittlichen Mitglieder der Jury, diesem Film einen Preis zu geben. Z.B. hat sich der polnische Vertreter eindeutig gegen den Film ausgesprochen. Auch einige tschechoslowakische Genossen waren gegen den Film. Prof. Brousil[5] hat in seinen persönlichen Vorschlägen den Thälmann-Film in Alternative mit der »Romanze« an die letzte Stelle gesetzt.[6] Der Trostpreis-

1 »Ernst Thälmann – Führer seiner Klasse«, von der DEFA produzierter Spielfilm von 1955. Regie: Kurt Maetzig, Drehbuch: Michael Tschesno-Hell und Willi Bredel. Der am 7.10.1955 in der DDR und in Ostberlin uraufgeführte Film schildert in idealisierender Weise den Werdegang des KPD-Vorsitzenden von 1930 bis zu seinem Tod im KZ Buchenwald. Er ist die Fortsetzung des ein Jahr zuvor vom gleichen Team produzierten Films »Ernst Thälmann – Sohn seiner Klasse«.

2 Das Internationale Filmfestival Karlovy Vary findet seit 1946 jährlich (1958–1992 alle 2 Jahre) im Juli in Karlovy Vary (Karlsbad), damals ČSR, statt. Im Jahr 1956 fand das Festival vom 12. bis 29.7. statt.

3 Im Original: »Tschessno-Hell«. Michael Tschesno-Hell, Jg. 1902, Drehbuchautor und Kulturfunktionär, 1954 Nationalpreis I. Klasse (im Kollektiv).

4 Kurt Maetzig, Jg. 1911, Filmregisseur, 1946 Mitbegründer und Vorstandsmitglied der DEFA, 1955–64 Professor für Filmregie und Direktor der Deutschen Hochschule für Filmkunst Potsdam-Babelsberg, seit 1950 Mitglied der Akademie der Künste, 1954 Nationalpreis I. Klasse (im Kollektiv).

5 Im Original: »Broczil«. Antonin Martin Brousil, Jg. 1907, führender tschechischer Filmwissenschaftler und -Kritiker, 1949–70 Rektor der AMU (Akademie múzických umění, Akademie der Künste) in Prag, Präsident der Jury des Internationalen Filmfestivals Karlovy Vary 1956.

6 »Eine Berliner Romanze«, von der DEFA produzierter Spielfilm von 1956. Regie: Gerhard

Charakter war offensichtlich. Der Jury-Vorsitzende war in einer sehr schwierigen Lage. Er besprach sich mit unserer Delegation. Er selbst fand den Ausweg mit Simon.[7]

Als weiterer peinlicher Vorfall wurde die Absetzung des Filmes »Mich dürstet« – man wollte die spanische Delegation nicht vor den Kopf stoßen – gewertet.[8]

Klein, Drehbuch: Wolfgang Kohlhaase. Thema des Films ist die Liebesgeschichte zwischen einer Ostberliner Verkäuferin und einem Westberliner Automechaniker, der arbeitslos wird.

7 Gemeint ist der Schauspieler Günther Simon, Jg. 1925, der die Hauptrolle in dem Film »Ernst Thälmann – Führer seiner Klasse« spielte und dafür bei den Filmfestspielen den Preis als bester männlicher Darsteller erhielt.

8 »Mich dürstet«, von der DEFA produzierter Spielfilm von 1956. Regie: Karl Paryla, Drehbuch: Walter Gorrish und Karl Paryla nach dem Buch »Um Spaniens Freiheit« von Walter Gorrish (eigentlich Walter Kaiser). Der Film schildert den Spanischen Bürgerkrieg aus der Perspektive eines armen Bauernsohnes, dessen Freundin bei einem Bombenangriff deutscher Flieger auf sein Dorf ums Leben kommt und der später gemeinsam mit den Internationalen Brigaden gegen die Nationalisten kämpft.

24. Oktober 1956

Information Nr. 271/56 – Betrifft: Stimmung zu den Ereignissen in Polen

Quelle: BStU, MfS, AS 83/59, Bd. 1b, Bl. 97–99 (30. Expl.).
Serie: Informationen.
Verteiler: Stoph, Grotewohl, Ulbricht, Matern, Schirdewan, Oelßner, Rau, Warnke, Mückenberger, Neumann, Honecker, Wandel, Ziller, Hager, Norden, Leuschner, KGB Berlin-Karlshorst (»Freund«) – MfS: Mielke, Last, Markus Wolf, Walter, Beater, Joseph Gutsche, HA V (2x), SED-KL im MfS, Abt. Agitation, Gartmann, HA III (Kleine), HA II (Referat Information), Abt. Information (2x), Ablage.

Bisher haben die Diskussionen über die jetzige Situation in Polen und deren Auswirkung noch keinen allzu großen Umfang angenommen.[1] Der Inhalt der bekannt gewordenen Argumente spiegelt meistens die westliche Propaganda wider. Zum Teil werden Vermutungen ausgesprochen und zum anderen äußern sich einige Personen gegen die Politik der Sowjetunion. Vereinzelt gibt es in diesem Zusammenhang Spekulationen, dass es in der DDR bestimmt auch anders kommt, weil auch in der DDR viele Arbeiter unzufrieden sind, u. a. wird gehofft, dass die Oder-Neiße-Grenze liquidiert wird. Argumente sind folgende:

- »In Volkspolen versucht man einen ähnlichen Weg wie Tito[2] zu gehen. Dies wird auch seine Auswirkungen auf die DDR haben.«
- »Wenn Chruschtschow und andere führende Funktionäre der UdSSR so plötzlich nach Polen fahren,[3] dann muss schon was los sein.«

1 Nach der Niederschlagung des Posener Arbeiteraufstandes Ende Juni 1956 blieb die innenpolitische Situation in Polen instabil und in der Bevölkerung zeigte sich eine zunehmend antisowjetische Stimmung. Um die Situation zu beruhigen, setzte der reformorientierte Flügel der PVAP eine Umbildung der Parteiführung durch; am 21.10. wurde der 1948 abgesetzte und 1951 inhaftierte ehemalige Parteichef Władysław Gomułka zum Ersten Sekretär der PVAP gewählt, während die Vertreter des stalinistischen Flügels nicht mehr ins Politbüro gewählt wurden. Die Wahl Gomułkas stieß auf enthusiastische Reaktionen in der Bevölkerung, die in einer Demonstration mit etwa 500 000 Teilnehmern am 24.10. in Warschau gipfelten. Vgl. dazu Kramer, Mark: Soviet-Polish Relations and the Crises of 1956. Brinkmanship and Intra-Bloc Politics. In: Engelmann, Roger; Großbölting, Thomas; Wentker, Hermann (Hg.): Kommunismus in der Krise. Die Entstalinisierung 1956 und die Folgen. Göttingen 2008, S. 61–126, hier 89–124.

2 Josip Broz Tito, Jg. 1892, 1943–53 als Ministerpräsident und 1953–80 als Staatspräsident kommunistischer Diktator von Jugoslawien. Im Jahr 1948 war es zum Bruch zwischen Stalin und Tito gekommen; Chruschtschow verfolgte nach 1955 eine Politik der Wiederannäherung an Jugoslawien.

3 Vom 19. bis zum 20.10.1956 reiste eine hochrangige sowjetische Delegation unter Führung von KPdSU-Chef Chruschtschow zu einem Blitzbesuch zum 8. Plenum des Zentralkomitees der PVAP nach Warschau, um eine befürchtete Kursänderung der PVAP hin zu einer Loslösung Polens von der Sowjetunion zu verhindern.

- »In unserer Presse und im Rundfunk geht man um die wirklichen Zustände in Polen herum.«
- »Jetzt haben sich die Russen und die Polen in den Haaren, dadurch werden wir wieder in den Besitz der Ostgebiete kommen.«
- »Polen will von den Russen nichts mehr wissen und sich nicht mehr unterdrücken lassen.«
- »Chruschtschow soll sich geweigert haben, den ›Verräter‹ Gomulka[4] zu begrüßen und erklärt haben, wenn auf die Forderungen der KPdSU betreffs der Zusammensetzung des polnischen ZK keine Rücksicht genommen wird, werden die sowjetischen Forderungen mit Waffen durchgesetzt.«
- »Auch in der DDR sind die Arbeiter unzufrieden. In Polen ist es nur viel krasser. Wo die Unzufriedenheiten hinführen, sieht man ja in Polen.«
- »Gomulka hat schon früher eine westliche Richtung vertreten und würde diese Linie jetzt durchsetzen.«
- »Dass sich sowjetische Truppen in die Ereignisse in Polen eingemischt hätten.«

Im Kreis Angermünde, [Bezirk] Frankfurt/O., wird darüber diskutiert, dass seit dem 19.10.1956 im Norden des Kreises Angermünde entlang der Grenze sowjetische Panzereinheiten stationiert wurden. Anfangs glaubte die Bevölkerung, es sei ein Manöver. Jetzt ist die Bevölkerung der Meinung, dass die Panzereinheiten an der Grenze stationiert sind, damit sie im Ernstfalle in Polen einrücken können. In der Gemeinde Hohenreinkendorf[5] wird darüber diskutiert, dass sowjetische Panzer über die Saat fahren und sich Holz und Kartoffeln holen, wo etwas vorhanden ist. Im Kreis Beeskow, [Bezirk] Frankfurt/O., zog ein Teil der Bevölkerung Vergleiche zum 17. Juni 1953, weil am 19. und 20.10.1956 ununterbrochen sowjetische Panzer durch Beeskow fuhren.

Im II. Chemischen Institut der Humboldt-Universität wurde von den Studenten, Assistenten und Dozenten die Frage gestellt, was in Ungarn los sei[6] und folgendes Argument verbreitet: »Die Studenten in Ungarn wären aus

4 Władysław Gomułka, Jg. 1905, polnischer kommunistischer Politiker, 1942 Mitbegründer, 1943–48 Generalsekretär der Polnischen Arbeiterpartei (Polska Partia Robotnicza – PPR) sowie 1945–49 stellvertretender Ministerpräsident Polens und Minister für die wiedergewonnenen Gebiete, Ende 1949 aus der PVAP ausgeschlossen, 1951 verhaftet, Ende 1954 aus der Haft entlassen, am 21.10.1956 zum Ersten Sekretär der PVAP gewählt.

5 Im Original: »Hohenfreinickendorf«.

6 Der Volksaufstand in Ungarn begann am 23.10.1956 mit Demonstrationen in Budapest, die sich in den folgenden Tagen auf das ganze Land ausweiteten. Bereits am Abend des 23.10. bat Parteichef Ernő Gerő die sowjetische Armee um Hilfe. Am 24.10. wurde die Forderung der Demonstranten nach der Berufung des reformorientierten Kommunisten Imre Nagy zum Ministerpräsidenten erfüllt, am 25.10. wurde Parteichef Gerő durch Janos Kádár ersetzt. Zeitgleich kam es zu Angriffen auf die Demonstranten, bei denen etwa 200 Personen getötet wurden. Vgl. dazu u. a. Varga, László: Der Fall Ungarn. Revolution, Intervention,

dem Kommunistischen Jugendverband ausgetreten. Sie würden eine eigene unabhängige Organisation schaffen.«[7] Dieses Argument wurde von westhörigen und bürgerlichen Studenten verbreitet.

Im VEB Jenapharm und im Kreis Rudolstadt, [Bezirk] Gera, wurde vereinzelt zum Ausdruck gebracht, dass sich die Ereignisse in Polen auch auf die DDR übertragen könnten.

In Berlin wurde viel über die Sicherstellung der »BZ Am Abend« am 22.10.1956 gesprochen.[8] Es wurde erklärt, dass wohl zu scharf über Polen geschrieben wurde und warum das ND nicht die Rede Gomulkas veröffentlicht hat. Die Meinung ist: »Wenn aber im demokratischen Sektor die Zeitungen nicht darüber schreiben, holen wir uns welche aus Westberlin.«

In Westberlin wird über die Ereignisse in Polen viel diskutiert. In den Kreisen der ehemaligen Umsiedler ist besonders die Hoffnung gestiegen, wieder in ihre früheren Wohngebiete zurückzukehren. In den bürgerlichen Kreisen wird die Meinung vertreten, dass Polen jetzt den Weg Titos beschreiten wird, d. h. dass sich Polen von niemandem beeinflussen lasse und sich vor allem von der SU lösen wird. Zu den Verhandlungen mit Tito wird von bürgerlichen Kreisen diskutiert, dass Tito für die DDR nur wenig Sympathie hat und besonders gegen Walter Ulbricht stehe. Dies begründen sie damit, dass Walter Ulbricht neben Stalin einer der größten Gegner Titos gewesen wäre. Tito würde die DDR nur darum anerkennen, wenn »Ulbricht seiner Funktion enthoben würde«.

Feindtätigkeit

Inoffiziell wurde bekannt, dass der CIA seine Agenten beauftragt hat, nach Frankfurt/O. und Schwerin zu fahren, um dort festzustellen, ob Truppenverschiebungen nach Volkspolen (Einheiten, Fahrzeugtypen, Kennzeichen u. a.) zu verzeichnen sind.

Kádárismus. In: Engelmann, Roger; Großbölting, Thomas; Wentker, Hermann (Hg.): Kommunismus in der Krise. Die Entstalinisierung 1956 und die Folgen. Göttingen 2008, S. 127–136.

7 Am 15.10. bzw. 22.10.1956 erklärten Studenten aus dem südungarischen Szeged und aus Budapest ihren Austritt aus dem von der Partei der Ungarischen Werktätigen (Magyar Dolgozók Pártja – MDP) gesteuerten Bund der Werktätigen Jugend (Dolgozó Ifjúság Szövetsége – DISZ) und gründeten den unabhängigen Bund der ungarischen Hochschüler und Studenten (Magyar Egytetemisták és Föiskolások Szuövetségeeine – MEFESZ). Vgl. Rainer, Janos M.; Barth, Bernd-Rainer: Ungarische Revolution: Aufstand – Zerfall der Partei – Invasion. In: Hegedüs, András B.; Wilke, Manfred (Hg.): Satelliten nach Stalins Tod. Der »Neue Kurs«. 17. Juni 1953 in der DDR. Ungarische Revolution 1956. Berlin 2000, S. 219–258, hier 229.

8 Am 22.10.1956 wurden 200 000 Exemplare der Ostberliner Tageszeitung »BZ am Abend« eingezogen. Die »BZ am Abend« hatte – als einzige Zeitung in der DDR – in dieser Ausgabe einen kurzen Auszug aus der Antrittsrede Gomułkas sowie ein Bild veröffentlicht. Vgl. Politische und wirtschaftliche Probleme Volkspolens. Aus der Rede Gomułkas auf der 8. Plenartagung des ZK. In: BZ am Abend v. 25.10.1956, S. 2. – Die Rede Gomułkas ist gekürzt dokumentiert in: Ost-Probleme 8(1956)45, S. 1553–1567.

In der Nacht vom 21. zum 22.10.1956 wurde auf dem Bahnhof in Hainspitz, [Kreis] Eisenberg, [Bezirk] Gera, eine Güterlore auf beiden Seiten mit roter Wasserfarbe wie folgt beschriftet: »Polen ruft Deutschland – wir wollen Freiheit«! Am 23.10.1956 vormittags wurde im Walde zwischen Ragösen und Groß-Briesen, [Kreis] Belzig, [Bezirk] Potsdam, ca. 7 Meter vom Radfahrweg entfernt, an einem Baum ein DIN A4-Bogen mit der Hetzlosung »Schlagt die Kommunisten tot, sie sind Deutschlands Unglück« beschriftet, angebracht.

In Bad Blankenburg wurde einem Kampfgruppenleiter[9] von einem Rückkehrer aus Westdeutschland erklärt: »Du Kampfgruppenkommandant kommst auch noch dran. Beschau Dir die Verhältnisse in Polen, wenn es bei uns so weit ist, hängst Du auch.«

9 Die »Kampfgruppen der Arbeiterklasse« waren eine im Sommer 1953 auf Beschluss der SED gegründete paramilitärische Organisation von Beschäftigten in Großbetrieben, VEG, LPG, MTS und staatlichen Verwaltungen. Vgl. Siebeneichner, Tilmann: Proletarischer Mythos und realer Sozialismus. Die Kampfgruppen der Arbeiterklasse in der DDR. Köln u. a. 2014.

26. Oktober 1956

Information Nr. 279/56 – Betrifft: Lage in der Deutschen Demokratischen Republik

Quelle: BStU, MfS, AS 83/59, Bd. 1b, Bl. 158–179.
Serie: Informationen.
Verteiler: Stoph, Grotewohl, Ulbricht, Matern, Schirdewan, Oelßner, Leuschner, Ziller, Mückenberger, Norden, Wandel, Honecker, Hager, Neumann, KGB Berlin-Karlshorst (»Freund«) – MfS: Mielke, Last, Abt. Information, Markus Wolf, Walter, Beater, Joseph Gutsche, HA V, SED-KL im MfS, Abt. Agitation, HA II, HA PS, Abt. VII, HA XIII, Abt. X, HA III (Hofmann), HA III (Kleine), HA III (Referat Information), Gartmann, Ablage.
Anlage 1: Die Lage unter den Studenten.
Anlage 2: Die Lage in den bürgerlichen Parteien.
Anlage 3: Stimmung zu den Ereignissen in Polen und Ungarn.

I. Lage in der Industrie

Bezirk Gera
Am 25.10.1956 wurde bekannt, dass der BGL-Vorsitzende des VEB Energieversorgung Gera, Sitz Jena, im Namen der Belegschaft eine Höhergruppierung der Lebensmittelkarten für bestimmte Abteilungen und Berufszweige fordert.[1] Nach dem abschlägigen Bescheid durch den Rat des Bezirkes verlangte der BGL-Vorsitzende zu wissen, mit welchen Dienststellen darüber gesprochen wurde. Man beabsichtigt, eine Delegation zum Ministerium für Handel und Versorgung zu entsenden. Die gleiche Erscheinung ist im VEB RFT Phönix Rudolstadt[2] vorhanden. Über eine Entsendung einer Delegation wurde aus diesem Betrieb nichts bekannt.

Am 24. und 25.10.1956 wurde im VEB Zeiss Jena, Abteilung Feinteilerei, festgestellt, dass Mitglieder der SED von den anderen Werktätigen nicht mehr gegrüßt werden und grundsätzlich zu allen Problemen Schweigen herrscht. In der Stadt Jena wurde am 24. und 25.10.1956 mehreren Mitgliedern der SED von unbekannten Personen und Jugendlichen gedroht, dass »es in der DDR ebenfalls bald losgehe und sie dann dran wären«.

1 In der DDR wurden im Jahr 1956 für den Kauf von Fleisch, Fisch, Eiern, Milch, Fett und Zucker sowie allen daraus hergestellten Erzeugnissen noch Lebensmittelkarten benötigt. Ohne Karten konnten diese Produkte nur zu deutlich höheren Preisen in den Läden der staatlichen Handelsorganisation (HO) erworben werden. Die Lebensmittelkarten wurden im Mai 1958 abgeschafft. Vgl. Gesetz über die Abschaffung der Lebensmittelkarten v. 28.5.1958. In: GBl. I 1958, S. 413–415. – Neben der Grundkarte gab es – je nach Tätigkeit – Zusatzkarten (A, B, C, D und E).

2 Vollständig: VEB RFT Phönix Röntgenröhrenwerk Rudolstadt.

Bezirk Erfurt
Am 25.10.1956 wurden aus dem VEB Kaliwerk »Karl Marx« Sollstedt im Zusammenhang mit der Einführung des Wirtschaftslohn-Gruppenkataloges[3] negative Äußerungen gegen die Regierung und die Sowjetunion bekannt. Ein großer Teil der Belegschaft verweigerte die Unterschrift unter den WLK. In der mechanischen Werkstatt wurde die Forderung erhoben, dass die Gewerkschaft die gleiche Stellung bezieht, »andernfalls würde etwas anderes passieren«.

Am 25.10.1956 waren die Beschäftigten im VEB Chema Rudisleben beunruhigt darüber, dass von 6.30 Uhr an sechs sowjetische Soldaten bewaffnet vor dem Betriebsgelände patrouillierten. Der sowjetische Kommandant hatte Anweisung erteilt, das Betriebsgelände zu sichern.

Bezirk Cottbus
Seit Anfang Oktober herrscht Missstimmung unter den Beschäftigten im VEB Süßwaren »Spreewald« Cottbus. *Grund:* Der Belegschaft wurde mitgeteilt, dass der Betrieb am 31.12.1956 die Produktion einstellt. Ein Teil der Belegschaft ist beunruhigt darüber, dass ihr Einsatz in anderen Betrieben noch nicht restlos geklärt ist.

Objekte der Wismut
Am 25.10.1956 wurde bekannt, dass in der Bohrabteilung 1 Garage Zwirtzschen[4] große Unzufriedenheit herrscht. Grund: Es ist beabsichtigt, ledigen und verheirateten Personen keine Trennungsgelder mehr zu zahlen, wenn sie angebotene Wohnungen (auch im Falle des Nichtzusagens der Wohnung) nicht annehmen. Die Kipperfahrer drohen mit Republikflucht.

In Ronneburg führte die FDJ ein Jugendforum im Ernst-Thälmann-Haus durch. Während des Forums wurden provokatorische Fragen wie: Warum gibt es bei uns Störsender? und ähnliche gestellt. Diese Fragen erhielten lebhaften Beifall, während positive Fragen ruhig aufgenommen wurden.

Verkehrsbetriebe

Bezirk Karl-Marx-Stadt
Am 26.10.1956 wurde durch eine Stenotypistin vom VEB Verkehrsbetriebe Karl-Marx-Stadt erklärt, dass sie in den letzten Tagen von ihr unbekannten

3 Wirtschaftszweig-Lohngruppenkataloge (WLK) waren Kataloge von Tätigkeitsmerkmalen zur Einstufung von Produktionsarbeitern der verschiedenen Wirtschaftszweige in unterschiedliche Lohngruppen. Sie wurden zentral erlassen und laufend an die wirtschaftlich-technische Entwicklung angepasst. Vgl. Sattler, Friederike: Wirtschaftszweig-Lohngruppenkatalog (WLK). In: FDGB-Lexikon. Funktion, Struktur, Kader und Entwicklung einer Massenorganisation der SED (1945–1990). Hg. v. Dowe, Dieter; Kuba, Karlheinz; Wilke, Manfred. Bearb. v. Kubina, Michael. Berlin 2009 http://library.fes.de/FDGB-Lexikon (2.11.2015).

4 Im Original: »Zwirtschen«.

Personen bei einer Unterhaltung in der Nähe des Hauptbahnhofes gehört habe, dass der Gegner am 28.10.1956 bei uns in der DDR etwas geplant hat.

Berlin
Am 25.10.1956 wurde dem ABV von Dabendorf, [Kreis] Zossen, aus Diskussionen der Bevölkerung bekannt, dass am Sonntag den 28.10.1956 in Berlin eine Demonstration der Eisenbahner stattfinden soll. (Diese Gerüchte wurden in der S-Bahn verbreitet und fanden bisher durch keine Meldung eine Bestätigung.)

Am 25.10.1956 verbreitete ein Beschäftigter des VEB Mode Berlin[5] die Meldung, dass die West-BVG in den Streik treten und sich mit einer Solidaritätsaufforderung an die Angestellten der BVG im demokratischen Sektor wenden will. (Diese Meldung fand bisher ebenfalls keine weitere Bestätigung.)

II. Landwirtschaft

Bezirk Dresden
Der Leiter der VdgB/BHG Meißen teilte mit, dass von den Angestellten Anträge auf Gehaltserhöhung gestellt wurden, da die BHG Coswig für Maschinenbuchhalter bis zu 400 DM zahlen, während in Meißen für die gleiche Arbeit 330 bis 350 DM gezahlt werden.

In der MTS Schletta, [Kreis] Meißen, haben seit Mitte September neun Traktoristen der MTS gekündigt. Grund: Verärgerungen wegen der Entlohnung. Die Fluktuation hält gegenwärtig noch an. In Oelsa, [Kreis] Pirna, liegen bei der LPG und bei Einzelbauern seit fünf Tagen ca. 800 Ztr. Kartoffeln im Freien. Die zuständige VEAB holt diese nicht ab.

Magdeburg
25.10.1956: Als in der LPG Kalbe der angebliche Streik in Magdeburg bekannt wurde,[6] legten am 19.10.1956 ein Genossenschaftsbauer und dessen Ehefrau die Arbeit nieder. Die Frau forderte weitere Mitglieder auf, das Gleiche zu tun, da man sich mit den Magdeburgern »solidarisch« erklären müsste. Die Mitglieder reagierten nicht darauf. Am 22.10.1956 nahmen beide die Arbeit wieder auf. Im Zusammenhang mit dem angeblichen Streik in Magde-

5 Korrekt: VEB »Berliner Mode«.
6 Seit Anfang Oktober 1956 war es in verschiedenen Magdeburger Großbetrieben zu Streikaktionen gekommen, u. a. im Ernst-Thälmann-Werk und im Georgi-Dimitroff-Werk. Erstmals wurde auch in den Westmedien darüber berichtet. (Siehe z. B. Arbeiter empörten sich. In: Telegraf v. 17.10.1956, S. 7; Zuspitzung in Magdeburg. Protestaktionen der Arbeiter – Vopo und SSD im Karl-Marx-Werk. In: Der Tag v. 18.10.1956, S. 1; SED-Sondersitzung über die Vorgänge in Magdeburg. In: Hamburger Abendblatt v. 19.10.1956). Zur Presseberichterstattung in Ost und West und den Reaktionen der DDR-Bevölkerung darauf vgl. ausführlich Möbius, Sascha: Magdeburg und der Ungarnaufstand 1956 – die Kultur der Lüge. In: Hallische Beiträge zur Zeitgeschichte, Jg. 2007, Heft 17, S. 78–105.

burg forderte ein Genossenschaftsbauer der LPG Immekath, [Kreis] Klötze, die anderen auf, langsam zu arbeiten. Er sagte, man müsste vorsichtig sein und erst einmal sehen, was in Magdeburg eigentlich los sei. Der Presse könne man nicht vertrauen, man müsse sich selbst überzeugen.

Erfurt
25.10.1956: In der LPG Vogelsberg, [Kreis] Sömmerda, sollen in der letzten Zeit drei Kühe und ein Jungbulle im Werte von 10 000 DM verendet sein. Ursache: Vermutlich Fremdkörper im Futter.

III. Versorgung

Bezirk Gera
25.10.1956: In Zeulenroda kommt es wegen Mangel an HO-Butter vor den Geschäften zu Schlangenbildung (200 Personen). Dort wird ungefähr wie folgt diskutiert: »Es ist kein Wunder, wenn die Menschen in diesen Ländern meutern,[7] denn dort ist der Lebensstandard noch niedriger als in der DDR.« Ein Rentner sagte, dass dies noch nicht der letzte Krach sei, denn es gäre überall.

Bezirk Dresden
25.10.1956: Innerhalb der HO-Gaststätten des Kreises Löbau ist die Stimmung wegen des Lohngefüges sehr schlecht. Dieses Lohngefüge wirkt sich besonders auf die Gaststättenleiter mit Familienvertrag aus. Weiterhin fehlen wegen der geringen Entlohnung Arbeitskräfte. Im Kreis Meißen lagern durch den wahlweisen Bezug von Fett oder Margarine auf die Margarinemarken größere Mengen Margarine, die der Gefahr des Verderbs ausgesetzt sind.

7 Hier wird angespielt auf die aktuelle Situation in Polen und in Ungarn: In Polen blieb die innenpolitische Situation nach der Niederschlagung des Posener Arbeiteraufstandes Ende Juni 1956 instabil und in der Bevölkerung zeigte sich eine zunehmend antisowjetische Stimmung. Um die Situation zu beruhigen, setzte der reformorientierte Flügel der PVAP eine Umbildung der Parteiführung durch; am 21.10. wurde der 1948 abgesetzte und 1951 inhaftierte ehemalige Parteichef Władysław Gomułka zum Ersten Sekretär der PVAP gewählt, während die Vertreter des stalinistischen Flügels nicht mehr ins Politbüro gewählt wurden. Die Wahl Gomułkas stieß auf enthusiastische Reaktionen in der Bevölkerung, die in einer Demonstration mit etwa 500 000 Teilnehmern am 24.10. in Warschau gipfelten. Vgl. dazu Kramer, Mark: Soviet-Polish Relations and the Crises of 1956. Brinkmanship and Intra-Bloc Politics. In: Engelmann, Roger; Großbölting, Thomas; Wentker, Hermann (Hg.): Kommunismus in der Krise. Die Entstalinisierung 1956 und die Folgen. Göttingen 2008, S. 61–126, hier 89–124. – In Ungarn kam es seit dem 23.10.1956 zu Demonstrationen in Budapest, die sich in den folgenden Tagen auf das ganze Land ausweiteten. Bereits am Abend des 23.10. bat Parteichef Ernő Gerő die sowjetische Armee um Hilfe. Am 24.10. wurde die Forderung der Demonstranten nach der Berufung des reformorientierten Kommunisten Imre Nagy zum Ministerpräsidenten erfüllt, am 25.10. wurde Parteichef Gerő durch Janos Kádár ersetzt. Zeitgleich kam es zu Angriffen auf die Demonstranten, bei denen etwa 200 Personen getötet wurden. Vgl. dazu u. a. Varga, László: Der Fall Ungarn. Revolution, Intervention, Kádárismus. In: ebenda, S. 127–136.

Karl-Marx-Stadt
26.10.1956: Das Kühlhaus (Staatsreserven) Karl-Marx-Stadt erhielt eine Anweisung, den Betriebsschutz auf ein Mindestmaß zu verringern. (Das Schreiben soll vom Ministerium für Nahrung und Genuss kommen.) Eine ähnliche Information erhielt der VEB Baumwolle Mittweida.[8] Er wurde von einer HV Baumwolle informiert und soll den Betriebsschutz und in Zukunft auch den Lohnfonds für gesellschaftliche Arbeit reduzieren. (Nach vorläufigen Untersuchungen wurde eine solche Anweisung von den zuständigen Stellen in Berlin schriftlich nicht gegeben.)

Bezirk Potsdam
22.10.1956: Nach einer Mitteilung des Bezirkes Potsdam soll die Bevölkerung von Schönebeck sehr beunruhigt sein. Die Frauen müssten nach Kohle und Kartoffeln anstehen. An einem Geschäft, wo Pampelmusen verkauft wurden, standen ca. 80 Personen an. Die Frauen diskutierten sehr erregt und erklärten, dass die Pampelmusen viel zu teuer seien. U.a. wurde gesagt: »Sie sollen lieber das besorgen, was die Bevölkerung dringend zum Leben braucht. Diese Dinge könnten sie doch nicht kaufen.« Weiterhin wurde erklärt, dass keine Aussicht auf Kohlen und Winterkartoffeln bestünde! Man müsste sich nach jedem Pfund Kartoffeln anstellen. Mehrere Frauen erklärten, dass sie ihre Männer nicht mehr auf Arbeit schicken wollten, wenn das so weiterginge, oder dass die Männer viel zu dumm wären, wenn sie noch auf Arbeit gingen.

Bezirk Halle
23.10.1956: Im gesamten Bezirk wird über die geringe Zulieferung von Braunkohle negativ diskutiert. Die Bevölkerung vertritt die Meinung, dass sowieso alles schon knapp bemessen würde und nun würden nicht einmal die 25 Ztr. Rohbraunkohle ausgeliefert. Die Arbeiter der Kyffhäuserhütte befragen ständig den Parteisekretär, ob er sich nicht dafür einsetzen könnte, dass sie ihre zustehende Braunkohle erhalten.

Bezirk Cottbus
23.10.1956: Unter der Bevölkerung in Lauchhammer herrscht über die mangelhafte Belieferung mit Kohle eine schlechte Stimmung. Bis zum 1.11.1956 soll keine Hausbrandkohle ausgegeben werden. Durch die Kohlenverteilung in Lauchhammer/Mitte wird das damit begründet, dass die Bevölkerung das Geld jetzt zum Kauf der Winterkartoffeln brauchen würde und jetzt deshalb keine Kohlen angefahren würden. Durch diese Maßnahme werden besonders Familien mit Kleinstkindern betroffen, da diese schon jetzt heizen müssten.

Frankfurt/O.
Am 14.10.1956 wurde in der KG Guben ein Brief abgegeben, indem darüber geschimpft wird, dass die Rückvergütung 1,8 % für 1956 im Vergleich zu den

8 Korrekt: VEB Baumwollspinnerei Mittweida.

vorangegangenen Jahren zu niedrig sei. Es wird u. a. darin erklärt: »Glaubt ja nicht, dass wir uns das auf die Dauer gefallen lassen.« Weiterhin wird in diesem Brief, der von 23 Personen unterschrieben sein soll, an Walter Ulbricht und Wilhelm Pieck geschickt würde, wenn »diese Schweinerei« nicht geändert würde.[9]

IV. Feindtätigkeit

Flugblattverbreitung

Berlin

- Am 24.10.1956 wurde in der Toilette des B-Aufganges im VEB Fortschrittwerk eine »Tarantel« gefunden.[10] Diese war mit einem Zettel versehen, der folgende Aufschrift hat: »Nicht für hinterlistige Zwecke, bitte lesen und wieder aufhängen.«
- Am 25.10.1956 wurden im Bezirk Treptow Bärenlauchstraße/Ecke Oberspreestraße ca. 25 Hetzschriften des NTS[11] gefunden (alte Exemplare).
- Am 25.10.1956 wurden in Berlin-Alt-Stralau,[12] Tunnelstraße 30, Hetzschriften der Zope[13] in russischer Schrift gefunden.

9 Durch Überschreibung schwer lesbarer und unvollständiger Satz im Original.

10 Die »Tarantel. Satirische Monatsschrift der Sowjetzone« war eine von Heinz W. Wenzel (Pseudonym: Heinrich Bär) in Westberlin herausgegebene und von den USA finanzierte Zeitschrift, die sich satirisch-kritisch mit den Verhältnissen in der DDR auseinandersetzte. Sie wurde 1950 bis 1962 in Großauflagen von bis zu 300 000 Stück von Westberlin aus in die DDR geschleust. Vgl. Körner, Klaus: Ein »Phänomen« wird entlarvt. Antikommunistische Schriften gegen die DDR aus der Frühzeit der Bundesrepublik. In: Lokatis, Siegfried; Sonntag, Ingrid (Hg.): Heimliche Leser in der DDR. Kontrolle und Verbreitung unerlaubter Literatur. Berlin 2008, S. 156–167, hier 161. Siehe auch: Schulz-Heidorf, Walter: Preis unbezahlbar – Die ›Tarantel‹. Heiße Lektüre im Kalten Krieg. Berlin 1997.

11 Der Narodno-Trudowoj Sojus (NTS), deutsch: Volksarbeitsbund, war eine seit 1930 bestehende russische Emigrantenorganisation, deren »geschlossener Sektor« streng konspirativ organisiert gegen die Sowjetunion arbeitete. Dabei ging es vor allem um die Verbreitung von antikommunistischem Propagandamaterial. Zur Zielgruppe dieser Aktivitäten gehörten in der SBZ/DDR vor allem die Angehörigen der sowjetischen Truppen. Ab Ende der 1940er Jahre wurde der NTS insbesondere von US-amerikanischen Geheimdienststellen unterstützt und angeleitet. Vgl. Stöver, Bernd: Die Befreiung vom Kommunismus. Amerikanische »Liberation Policy« im Kalten Krieg 1947–1991. Köln u. a. 2002, S. 318–331.

12 Im Original: »Altstrahlau«.

13 Die ZOPE (Zentralnoje Objedinjenije Poslewoennych Emigrantow, deutsch etwa: Zentralverband der Nachkriegsemigranten) war eine im November 1952 in München durch das US-amerikanische Office of Policy Coordination (OPC) gegründete russische Exilgruppe. Die ZOPE unterhielt enge Kontakte zum NTS, zu den Ostbüros der westdeutschen Parteien und zur Vereinigung politischer Ostflüchtlinge (VPO). Hauptaktivität der ZOPE, die u. a. vom Gesamtdeutschen Ministerium der Bundesrepublik Deutschland finanziert wurde, war die Verbreitung von Flugblättern, die mittels Ballons in die DDR geschickt wurden. Vgl. Stöver, Bernd: Die Befreiung vom Kommunismus. Amerikanische »Liberation Policy« im Kalten Krieg 1947–1991. Köln u. a. 2002, S. 331–334.

Frankfurt/O.
Im Kreisgebiet von Freienwalde wurden mehrere Ballons gesichtet (genaue Anzahl noch nicht bekannt).

Karl-Marx-Stadt
In Plauen konnte beobachtet werden, wie 40 bis 50 Ballons aus Richtung Hof/Westdeutschland in die DDR einflogen.

Hetzlosungen

Frankfurt/O.
In der Nacht vom 24.10.1956 zum 25.10.1956 wurden vor dem VVN-Denkmal in [Bad] Freienwalde folgende Zeichen mit Kreide auf den Boden gemalt: PRP | 14.5. [und] US | 8.

Gera
Am 24.10.1956 wurden im VEB Gummi- und Textilwerk Bad Blankenburg in der Klosettanlage mit Ölkreide folgende Losung angeschmiert:
- »SED Kollegen hängt sie auf.«
- »SED ist Scheiße und Kommunisten sind Lumpen. Es lebe die SED, welche uns in die Scheiße führt. Die SED der DDR ist eine Hure.«

Darunter war ein Hakenkreuz, Größe 15 x 15 cm geschmiert.

Ebenfalls wurde ein Hakenkreuz im VEB Werkzeugfabrik Königsee, [Kreis] Rudolstadt, in der Dreherei angeschmiert.

Im Technischen Raum des Mensafunkes in der Uni Jena war auf einem ca. 14 × 3 cm breiten Papierstück Folgendes geschrieben: »Der Weg nach Moskau führt über Magdeburg.«

Karl-Marx-Stadt
An verschiedenen Mauern der Stadt Hohenstein-Ernstthal wurden am 26.10.1956 folgende Losungen festgestellt:
- »Wir wollen freie Wahlen.«
- »Fort mit den Russen.«
- »Seid kampfbewusst, wir werden siegen.«

Gerüchte

Frankfurt/O.
Die Arbeiter der Tiefbaubrigade im EKS verbreiteten das Gerücht, dass die VEAB Wellmitz,[14] [Kreis] Fürstenberg/Oder, Getreide für das hungernde Polen aufkauft und den Zentner mit 75,00 DM bezahlt.

14 Im Original: »Wellnitz«.

Hetze der Westsender und Westpresse

RIAS am 25.10.1956, 19.10 Uhr: »Hier, im Ostteil unserer Hauptstadt Berlin, gibt es kommunistische Funktionäre, die glauben, heute noch mit dummen Redensarten Politik machen zu können ... Denken diese Leute in Pankow, man könne Millionen Menschen für dumm verkaufen? Als der Korrespondent der sowjetzonalen ›Wochenpost‹ über die Posener Prozesse berichtete, wurde die Ausgabe der ›Wochenpost‹, in der sein Bericht abgedruckt wurde, eingestampft.[15] Die sowjetzonale ›BZ am Abend‹, die nur ein Bild des neuen 1. Sekretärs der Polnischen Arbeiterpartei und einen kurzen Auszug aus seiner Rede brachte, wurde eingezogen.[16] Ist dieser neue Sekretär der polnischen kommunistischen Partei etwa auch ein Agent? In diesen Tagen fragt man in den Betrieben, Büros, Städten und Dörfern der DDR. Man fragt, warum verschweigt die Partei die Vorgänge in Polen. Man fragt, warum nimmt Ulbricht nicht Stellung zu den Vorgängen in Polen. Aber Ulbricht schwieg. Man muss über die Reaktion der SED auf die Vorgänge in Polen und Ungarn sehr ausführlich sprechen, weil sie mit aller Deutlichkeit offenbart, in welcher geistigen Verfassung sich die Führung der Partei befindet.«

Sender »Freies Berlin« am 25.10.1956, 18.15 Uhr: Im Zusammenhang mit den Ereignissen in Polen und Ungarn wird Ollenhauer[17] die Frage gestellt, ob er damit rechne, dass sich diese Ereignisse auch auf die DDR auswirken. Dazu antwortete Ollenhauer: »Sie wissen, dass die Machthaber in Pankow bis zur Stunde der Bevölkerung noch vorenthalten, was sich tatsächlich in Polen und Ungarn abgespielt hat. Man kann überhaupt feststellen, dass die ärgsten Stalinisten zur Zeit noch in Pankow sitzen und dass der Entstalinisierungsprozess die Sowjetzone Deutschlands bisher am wenigsten erfasst hat. Ich glaube aber nicht, dass sich Pankow und vor allem Herr Ulbricht auf die Dauer diesem Prozess werden entziehen können.«

15 Die ›Wochenpost‹ war eine seit Ende 1953 erscheinende Wochenzeitung der DDR. – Der polnische Journalist Jan Kalina hatte in der Zeitung über die Posener Prozesse (27.9.–12.10.1956) berichtet, in denen am Posener Aufstand Beteiligte angeklagt und zum Teil zu mehrjährigen Haftstrafen verurteilt wurden. Wegen des Artikels wurde die gesamte Auflage der Wochenpost (etwa 800 000 Exemplare) soweit möglich zurückgezogen und eine neue Auflage ohne den Artikel von Kalina gedruckt. Vgl. dazu Polkehn, Klaus: Das war die Wochenpost. Geschichte und Geschichten einer Zeitung. Berlin 1997, S. 39 f.

16 Am 21.10.1956 wurde der 1948 abgesetzte und 1951 inhaftierte ehemalige Parteichef Władysław Gomułka zum Ersten Sekretär der PVAP gewählt. – Am 22.10.1956 wurden 200 000 Exemplare der Ostberliner Tageszeitung »BZ am Abend« eingezogen. Die »BZ am Abend« hatte – als einzige Zeitung in der DDR – in dieser Ausgabe einen kurzen Auszug aus der Antrittsrede Gomułkas sowie ein Bild veröffentlicht. Vgl. Politische und wirtschaftliche Probleme Volkspolens. Aus der Rede Gomułkas auf der 8. Plenartagung des ZK. In: BZ am Abend v. 25.10.1956, S. 2. – Die Rede Gomułkas ist gekürzt dokumentiert in: Ost-Probleme 8(1956)45, S. 1553–1567.

17 Erich Ollenhauer, Jg. 1901, SPD-Politiker, 1952–63 Bundesvorsitzender der SPD und Vorsitzender der SPD-Bundestagsfraktion.

»Der Tag« vom 26.10.1956: »Aus dem Volksaufstand in Ungarn zieht das stalinistische ›Neue Deutschland‹ die Lehre ›Das Banner des proletarischen Internationalismus noch höher zu heben‹ ... Das wird nicht ausreichen. Bei Goebbels reichte es auch nicht, wenn er verkündete, dass jeder Stoß, ›der uns nicht umwirft, uns nur noch härter macht‹. Die Leute in Pankow müssen mehr lernen als solche Phrasen, die einen unsagbar dummen Klang haben; und wenn sie nicht lernen, dann wird man sie lehren und zwar gründlich.«[18]

Anlage 1 zur Information Nr. 279/56

Anhang: Betrifft: Die Lage unter den Studenten

An der *Hochschule für Ökonomie und Planung* Berlin bestehen in der Parteileitung Diskussionen, dass die Leitung der Partei zu wenig informiert und reagiert und wenig Vertrauen zu den einzelnen Mitgliedern hat. Diese Auffassung vertritt auch der Rektor dieser Hochschule Prof. Lemmnitz.[19] Die bessere Gestaltung der Vorlesungen wird verlangt. Sonst müsse gestreikt werden. Ein Teil der Studenten versucht am Polnischen Pavillon bei der Gesellschaft für Kulturelle Verbindungen[20] die »Trybuna Ludu«[21] zu erhalten. Ebenso sind alle Zeitungen aus Westdeutschland und Westberlin, die im Lesesaal der Hochschule ausliegen, zurzeit vergriffen.

Einige Studenten des 5. Seminars des 4. Studienjahres forderten während einer Unterrichtspause die Absetzung des Genossen Ulbricht mit der Begründung, dass Walter Ulbricht der größte »Stalinist« der Gegenwart ist. Die Volksdemokratien hätten ihre Politik geändert, bei uns in der DDR sei aber alles beim Alten geblieben. In der Versammlung des Seminars, die von der Parteigruppe einberufen worden war, wurde diese Forderung nicht wiederholt. Es fiel die Äußerung, dass die Beschlagnahme der »BZ am Abend« lächerlich sei und unsere Regierung wohl Angst vor der Wahrheit habe. Im 1. und 2. Studienjahr wird der RIAS fast organisiert abgehört. Dort hinken die SED-Mitglieder den Geschehnissen nach. Durch das Lesen der Westpresse wird die Diskussion ebenfalls negativ beeinflusst.

Nach einer Mitteilung ist der 1. Sekretär der Bezirksleitung der SED bei

18 Vgl. Die Fahne noch höher? In: Der Tag v. 26.10.1956. Der Artikel nimmt Bezug auf folgenden Kommentar: H. A.: Die Kräfte des Sozialismus sind stärker. Zu den Ereignissen in Ungarn. In: ND v. 26.10.1956, S. 2.

19 Im Original: »Lemnitz«. Alfred Lemmnitz, Jg. 1905, Ökonom, Hochschullehrer und SED-Politiker, 1956–58 Rektor der Hochschule für Ökonomie und Planung, 1958–63 Minister für Volksbildung.

20 Die Gesellschaft für kulturelle Verbindungen mit dem Ausland war die 1952 gegründete Dachorganisation für alle bestehenden Freundschaftsgesellschaften in der DDR. Sie war der Vorläufer der 1961 gebildeten Liga für Völkerfreundschaft.

21 Die »Trybuna Ludu« war eine polnische Tageszeitung, die 1948 bis 1990 von der PVAP herausgegeben wurde.

ihnen gewesen und hat die Funktionäre »zusammengestaucht«, weil kritische Diskussionen und Meinungen über politische, wirtschaftliche, inner- und außerschulische Probleme an die SED Bezirksleitung gegeben worden sind. Durch diese Maßnahme soll zu der Wahlversammlung der Partei keine politische Diskussion zustande gekommen sein. In Gruppen wird diskutiert und den Parteilosen gegenüber nicht immer parteilich aufgetreten. Es herrscht eine ungesunde und erregte Atmosphäre.

Auch an der *Universität Rostock* wird das späte Reagieren der Presse bemängelt. Unter den Romanisten wird über die Ereignisse in Polen und Ungarn wenig diskutiert, da sie durch Presse und Rundfunk wenig erfahren hätten. Unter ihnen gibt es die Meinung, dass wohl unsere Regierung sehr viel aus dem 17.6.1953 gelernt haben müsse, denn sonst wären in der DDR wohl ähnliche Anzeichen zu verzeichnen wie in Polen und Ungarn. In der Philosophischen Fakultät diskutiert man heimlich über die Vorgänge in Polen und Ungarn. Einige Studenten brachten zum Ausdruck, dass zwischen Polen und der Sowjetunion große Spannungen beständen, die einen Prestigeverlust der SU bedeuteten und die »Sache des Kommunismus« ins Wanken bringen würden.[22] Unter den Biologiestudenten wird darüber gesprochen, dass die ungarischen Studenten die Abschaffung des gesellschafts-wissenschaftlichen Studiums durchgesetzt hätten. Es wurde im 2. Studienjahr der medizinischen Fakultät eine Resolution gegen den Russisch-Unterricht verfasst, die von den einzelnen Studenten unterschrieben ist. Die Ursache dafür ist angeblich der Zeitmangel.

Die Anglistikstudenten der *Universität Greifswald* brachten zum Ausdruck, dass die Ereignisse in Polen und Ungarn auf den niedrigen Lebensstandard dieser Länder zurückzuführen seien. Es wird zwar über diese Probleme gesprochen, sie werden jedoch als innere Angelegenheit der einzelnen Länder betrachtet. Zum Teil wird die Meinung vertreten, sich objektiv zu orientieren. Dazu müssten auch westliche Sender gehört werden.[23]

In der Abteilung Gerätebau der *Hochschule für Bildende und angewandte Kunst* in Berlin-Weißensee wurde die Aussprache mit Hermann Axen[24] über das ND gefordert. Nach Nichterscheinen eines Vertreters wurde gefordert, geschlossen zum ND zu ziehen. In dieser Zeit wurde ebenfalls eine Versammlung der FDJ einberufen, wo Hermann Axen erwartet wurde. Da er jedoch nicht kam, wurde die Versammlung nicht durchgeführt. Studenten äußerten, dass sie eine Verbindung zwischen FDJ-Leitung ihrer Hochschule und der Humboldt-Universität nicht brauchten, da sie ihre eigene Verbindung haben. Sie sagten weiter, wenn jetzt keiner vom ND kommt, »werden sie was erleben«. Diese Diskussionsgruppen verliefen sich, eine Demonstra-

22 Die letzten beiden Sätze am Rand rot markiert.

23 Absatz am Rand rot markiert.

24 Hermann Axen, Jg. 1916, SED-Politiker, 1956–66 Chefredakteur des »Neuen Deutschlands«, 1949–89 Mitglied des ZK der SED, 1954–89 Abgeordneter der Volkskammer.

tion kam nicht zustande. Den Diskussionen in der Hochschule gingen Unterhaltungen mit einer polnischen Studentendelegation am 18.10.1956 voraus, die sich sinngemäß äußerte, dass in der DDR die freie künstlerische Entfaltung gehemmt sei.[25] Die Kreisleitung der SED – und durch diese die Volkspolizei – wurde verständigt. Durch die Unterstützung der Kreisleitung der SED wurde ein größeres Ausmaß der vorgenannten Dinge verhindert.

An der *Karl-Marx-Universität* in Leipzig wurde in einer Versammlung der Parteiorganisatoren, Agitatoren und Parteiaktivisten der juristischen Fakultät besonders hervorgehoben, dass unbedingt bei den höheren Leitungen auf mehr Information zu allen Fragen gedrungen werden soll. Das sei notwendig, da sich ein großer Teil von Studenten nach Westsendern orientiert. Folgende Diskussionen wurden bekannt:

- Die Veränderungen im ZK der Polnischen Vereinigten Arbeiterpartei seien aus antisowjetischer Stimmung heraus erfolgt.[26]
- Der Einsatz sowjetischer Truppen in Ungarn sei taktisch unklug. Damit würden dem Westen günstige Argumente gegeben.
- Die Delegation der KPdSU sei vom ZK der Polnischen Vereinigten Arbeiterpartei gar nicht oder nur unfreundlich empfangen worden.[27]
- Westdeutschland hat Polen ein großes Preisangebot in der Lieferung von Kohle gemacht, damit Polen nicht mehr an die DDR, sondern nur an Westdeutschland liefert.

Bei der Volkspolizei in Leipzig ging ein anonymer Anruf ein, dass sich am 26.10.1956 bei der Universität etwas ereignen würde (Streik) ausgehend von der chirurgischen Klinik.

An den Direktor der Universität traten polnische Studenten mit Forderungen heran, vor den Studenten Aufklärung über den Standpunkt Gomulkas[28] zu geben. Diese Angelegenheit wurde unterbunden.

25 Satz am Rand rot markiert.

26 Am 21.10.1956 wählte das 8. Plenum des Zentralkomitees der PVAP ein neues Politbüro. Zum Ersten Sekretär wurde der 1948 abgesetzte und 1951 inhaftierte ehemalige Parteichef Władysław Gomułka gewählt. Die Gegner eines forcierten Entstaliniserungskurses, Konstantin Rokossowski, Zenon Nowak, Władysław Dworakowski, Franciszek Mazur und Franciszek Jóźwiak sowie Roman Nowak und Edward Gierek wurden nicht wieder in das Gremium gewählt. – Spiegelstrich-Absatz am Rand rot markiert.

27 Vom 19. bis zum 20.10.1956 reiste eine hochrangige sowjetische Delegation unter Führung von KPdSU-Chef Chruschtschow zu einem Blitzbesuch zum 8. Plenum des Zentralkomitees der PVAP nach Warschau, um eine befürchtete Kursänderung der PVAP hin zu einer Loslösung Polens von der Sowjetunion zu verhindern.

28 Władysław Gomułka, Jg. 1905, polnischer kommunistischer Politiker, 1942 Mitbegründer, 1943–48 Generalsekretär der Polnischen Arbeiterpartei (Polska Partia Robotnicza – PPR) sowie 1945–49 stellvertretender Ministerpräsident Polens und Minister für die wiedergewonnenen Gebiete, Ende 1949 aus der PVAP ausgeschlossen, 1951 verhaftet, Ende 1954 aus der Haft entlassen, am 21.10.1956 zum Ersten Sekretär der PVAP gewählt.

Von der Fakultät der Assistenzärzte (4. und 5. Semester) gibt es folgende Diskussionen:
- der Spitzbart wird auch bald gehen müssen.
- ist der sozialistische Handel überhaupt in der Lage den Bedarf zu decken? Es ist an der Zeit, auch bei uns einen Wechsel zu vollziehen,
- wird das Neue sich auch bei uns Bahn brechen.

Die letzten Aussprüche traten besonders unter Juristen und Philosophen auf. [sic!]

Die Philosophische Fakultät und das 4. Studienjahr des Franz-Mehring-Institutes haben an das ZK der SED Begrüßungsschreiben zur Weiterleitung nach Polen und Ungarn abgesandt, in denen sie den Studenten der beiden Länder danken, dass sie in den schweren Tagen treu zur Partei gestanden haben.

In der *Universität Jena* werden Bestrebungen beobachtet, unter Studenten und Lehrern Unruhe zu tragen. So erklärte ein Professor einem Studenten, der im Unterricht ins Stocken geraten war: »… Na reden Sie doch weiter, bei uns knallt es doch nicht.« Einzelne Studenten stellen die Frage:
- Wer ist Gomulka, war er inhaftiert und welches Programm vertritt er? –
- Wird in Polen und Ungarn nach diesen Ereignissen der Aufbau des Sozialismus abgelehnt?[29]
- Sind es in Ungarn wirklich nur Provokateure gewesen, woher haben sie die Waffen? –

Beachtenswert ist die Erklärung eines Dozenten (SED) (Historiker, der Veränderungen in der Parteiführung der SED (Ablösung des Genossen Ulbricht), gefordert hatte, aber nach den Ereignissen in Polen und Ungarn seine Meinung revidierte. Er erklärte, dass er sein Verhalten in der letzten Zeit bedaure, die Partei völlig Recht habe und er in Zukunft so etwas nicht mehr mitmachen werde. Am 23.10.1956 erhielt der Sekretär der PO der Universität einen anonymen Anruf mit folgendem Inhalt: »Du und Deine Genossen, sage ihnen, sie werden auch bald fallen.«

Im *Institut für Körpererziehung der Universität in Halle* wurde darüber diskutiert, dass 3 000 bis 7 000 ungarische Studenten aus dem Jugendverband ausgetreten seien.[30] Ebenfalls wird die Informierung durch Presse und Rundfunk als lückenhaft bezeichnet. Diskussionen zu den Ereignissen in Magde-

29 Erster und zweiter Spiegelstrich am Rand rot markiert.

30 Am 15.10. bzw. 22.10.1956 erklärten Studenten aus dem südungarischen Szeged und aus Budapest ihren Austritt aus dem von der Partei der Ungarischen Werktätigen (Magyar Dolgozók Pártja – MDP) gesteuerten Bund der Werktätigen Jugend (Dolgozó Ifjúság Szövetsége – DISZ) und gründeten den unabhängigen Bund der ungarischen Hochschüler und Studenten (Magyar Egytetemisták és Föiskolások Szuövetségeeine – MEFESZ). Vgl. Rainer, Janos M.; Barth, Bernd-Rainer: Ungarische Revolution: Aufstand – Zerfall der Partei – Invasion. In: Hegedüs, András B.; Wilke, Manfred (Hg.): Satelliten nach Stalins Tod. Der »Neue Kurs«. 17. Juni 1953 in der DDR. Ungarische Revolution 1956. Berlin 2000, S. 219–258, hier 229.

burg treten weniger in Erscheinung, da diese Dinge mehr eine »Normsache« seien und es den Arbeitern »mal gestunken hat«.

Im *Chemischen Institut* wurden Stimmen laut über eine Ablösung des Genossen Ulbricht. Die Vorgänge in Budapest waren über Westsender bereits bekannt. Vor allem wird jedoch jetzt ein Rückspiel der 1. Fußballmannschaft des SC Wissenschaft in Ungarn zum Anlass für Diskussionen verwandt.[31] In diesem Institut nahm auch ein Professor mit Studenten in angetrunkenem Zustand eine unbegründete »Brandschutzkontrolle« vor.

In der Zeit vom 14. bis 20.10.1956 hielt sich eine zehnköpfige Studentendelegation aus Westdeutschland, an der Universität auf. Sie versuchten nach einer Vorlesung gegen unsere DDR (Regierung der DDR ist unrechtmäßig, freie Wahlen sind notwendig, damit auch der Sturz des Genossen Ulbricht, Hitler sei 1933 notwendig gewesen, sonst wäre Deutschland kommunistisch geworden, die westdeutschen Arbeiter haben durch die Konzerne Vorteile, die KPD bedrohe Westdeutschland, daher auch Bundeswehr usw.) zu hetzen. Einige Studenten der Universität unterstützten sie eifrig bei der Diskussion.[32]

Im 2. Studienjahr der medizinischen Fakultät fordern die Studenten in einem Schreiben die Abschaffung des obligatorischen Russisch-Unterrichts. An der Arbeiter- und Bauernfakultät der Universität wurden Gerüchte über die Herabsetzung der Gehälter der Dozenten und die Auflösung der ABF festgestellt.

Diskussionen lassen erkennen, dass bürgerliche Kräfte »Morgenluft« wittern. So z. B., der Sozialismus sei lange abgeschrieben, er sei eine wacklige Geschichte, hoffentlich hört der Einfluss des großen Bruders bald auf, damit wir unsere eigene Politik machen können, hoffentlich wird die Oder-Neiße-Grenze korrigiert. Die Diskussionen zeugen davon, dass der westliche Rundfunk von vielen gehört wird. Mitglieder der SED erklären z. B.: »Ich habe den BBC und den NWDR gehört.«

In der Nacht vom 24. zum 25.10.1956 wurden zwei Wissenschaftler des Hygiene-Instituts der Universität von der VP verhaftet, weil sie in angetrunkenem Zustand den Schaukasten der »Freiheit«[33] demoliert und hetzerische Äußerungen gegen führende Funktionäre der SED gemacht haben. Einer erklärte, dass er, wenn das Bild Walter Ulbrichts im Schaukasten gewesen wäre, »ihm die Fresse eingetreten hätte«. Die beiden Personen wurden noch in der gleichen Nacht aus der Haft entlassen, um keinen Anlass zu Provokationen zu geben. Weitere Bearbeitung erfolgt.

An der *Bauhochschule in Weimar* erklärte eine Person, dass es ihm in amerikanischer Kriegsgefangenschaft gut gefallen habe und ihm gleich ein ge-

31 Der SC Wissenschaft Halle ging 1955 aus der 1949 gegründeten HSG »Geschwister Scholl« an der Martin-Luther-Universität Halle hervor.

32 Am Beginn des Absatzes am Rand eine römische »I« in grüner Schrift.

33 »Die Freiheit« war eine seit 1946 in Halle erscheinende Tageszeitung und seit 1952 das Organ der SED-Bezirksleitung Halle.

hobener Posten angeboten worden sei. Er erklärte zu einem späteren Anlass, dass sich die FDJ-Gruppe an andere Hochschulen wenden werde, um eine Diskussion für die Schaffung einer unabhängigen Studentenorganisation zu erreichen. Die FDJ vertritt die Interessen der Studenten nicht. Auch in Westdeutschland wird sie nicht anerkannt. Da es in Polen und Jugoslawien auch eine Studentenorganisation gebe, wäre es bei uns auch notwendig.

Humboldt-Universität

Die am 25.10.1956 stattgefundene Parteiaktivtagung der Universität ist als Erfolg anzusprechen[34]. Der 1. Sekretär der SED Bezirksleitung war in seinem Referat etwas zurückhaltend, gab jedoch den anwesenden Mitgliedern eine klare Linie.

In den Diskussionen traten zwei Linien auf. Der Genosse Neumann[35] forderte, den Gegner anzugreifen. Der Genosse Prof. Havemann[36] vertrat die Auffassung, erst in der Partei alles ins Reine bringen. Er sprach in seiner Diskussion über »gute« und »schlechte« Parteimitglieder. Diejenigen, die Kritik üben, sind die »Schlechten«, die nicht kritisieren die »Guten«. Er forderte eine Parteiaktivtagung »Wie ist die Situation in der Partei«. Das Ergebnis dieser Versammlung war eine Resolution, die beinhaltet, allen Provokateuren »aufs Maul zu schlagen« und die Verbindung mit den Massen zu festigen. Unruhe trat im Saal auf, wenn ein Diskussionsredner die Forderung des Genossen Neumann vertrat. Der Verlauf der Aktivtagung war reibungslos. Nachdem ein Appell der GST stattgefunden hatte (sie verteilten sich im Anschluss im Gebäude) und Kampfgruppen[37] mehrere Male an der Universität vorbeimarschiert waren, traten keine Schwierigkeiten mehr auf.

Im Studentenheim Biesdorf wurden Forderungen über die Abschaffung des Gesellschaftswissenschaftlichen Grundstudiums und des obligatorischen Russisch-Unterrichts laut.

Am 25.10.1956 hatte die Hochschule für Bildende und angewandte Kunst die Studenten der Humboldt-Universität aufgefordert, an einer regierungsfeindlichen Demonstration teilzunehmen.

34 Müsste eigentlich heißen: »anzusehen«.

35 Alfred Neumann, Jg. 1909, SED-Politiker, 1953–57 Erster Sekretär der SED-Bezirksleitung Berlin, 1954–89 Mitglied des ZK der SED, seit 1954 Kandidat und 1958–89 Mitglied des Politbüros des ZK der SED, 1949–90 Abgeordneter der Volkskammer.

36 Robert Havemann, Jg. 1910, Chemiker und Hochschullehrer, 1945–47 Leiter der Kaiser-Wilhelm-Gesellschaft in Berlin, 1946–64 Professor für physikalische Chemie an der Humboldt-Universität zu Berlin, 1949–63 Abgeordneter der Volkskammer (Kulturbund).

37 Die »Kampfgruppen der Arbeiterklasse« waren eine im Sommer 1953 auf Beschluss der SED gegründete paramilitärische Organisation von Beschäftigten in Großbetrieben, VEG, LPG, MTS und staatlichen Verwaltungen. Vgl. Siebeneichner, Tilmann: Proletarischer Mythos und realer Sozialismus. Die Kampfgruppen der Arbeiterklasse in der DDR. Köln u. a. 2014.

Ergänzung zu der Partieaktivtagung der Humboldt-Universität:

In der Diskussion kam es zu offenen feindlichen Äußerungen gegenüber der Parteiführung und Politik der SED und der KPdSU, besonders durch Prof. Havemann, aber auch durch andere Professoren. Hauptpunkte ihrer Diskussionen:

- der veröffentlichte »Prawda«-Artikel erinnere an die finsterste und unseligste jüngste Vergangenheit –[38]
- Die Massen drängen nach Demokratisierung. Wenn dieser Prozess gehemmt wird, kann es zum Stau kommen, wie am 17.6.1953 –
- die Einschätzung des 17.6.1953 war oberflächlich –
- die Zurückziehung der »BZ am Abend« ist ein Ausdruck des Bremsens –, gebremst wird, weil viele Karrieristen und Bonzen im Staatsapparat sitzen –
- alles, was wir seit dem XX. Parteitag[39] erreicht haben, soll verloren gehen –
- Vertrauen zum ZK soll da sein, hat [das] ZK zu den Mitgliedern Vertrauen.

Am Ende der Diskussion wurde Professor Havemann zurückhaltender. Im Widerspruch zu seinen vorhergehenden Äußerungen erklärte er, dass er volles Vertrauen zum ZK der SED habe.

Anlage 2 zur Information Nr. 279/56

Anhang: Lage in den bürgerlichen Parteien

CDU

Nachdem die Ereignisse in Ungarn bekannt wurden, war der Generalsekretär der CDU Götting[40] stark beunruhigt. Er fragte danach die Mitarbeiter der Parteileitung, wie sie die Ereignisse in Ungarn einschätzen und was wir noch »zu erwarten« hätten. Von den Mitarbeitern der Parteileitung wird wenig über die Ereignisse in Polen und Ungarn diskutiert. Die wenigen Äußerun-

38 Vgl. Antisozialistische Äußerungen in der polnischen Presse. Artikel des Warschauer »Prawda«-Korrespondenten vom 20. Oktober. In: ND v. 21.10.1956, S. 5. In dem Artikel werden u. a. »[i]n den letzten Tagen in der polnischen Presse immer häufiger« erscheinende »Äußerungen, aus denen die Predigt auf einen Verzicht auf den sozialistischen Weg herausklingt«, scharf kritisiert.

39 Der XX. Parteitag der KPdSU fand vom 14. bis 25.2.1956 in Moskau statt. Der Parteitag, auf dem Parteichef Chruschtschow in einer Geheimrede den Personenkult um Stalin kritisierte und Stalins Verbrechen enthüllte, leitete in der Sowjetunion den Prozess der Entstalinisierung ein.

40 Gerald Götting, Jg. 1923, CDU-Politiker, 1949–66 Generalsekretär der CDU, 1949–90 Abgeordneter und 1954–58 stellvertretender Präsident der Volkskammer, seit 1950 Mitglied des Präsidiums des Nationalrats der Nationalen Front.

gen lassen die Auffassung erkennen, dass es sinnlos sei, die Volksdemokratien stürzen zu wollen.

LDPD
Die Mitarbeiter der Parteileitung der LDPD sind ziemlich zurückhaltend. Was nach Meinung Gerlachs[41] seine Gründe darin hat, dass unsere Presse und der Rundfunk erst zu spät bzw. ungenügend diese Angelegenheit kommentiert haben. Die Maßnahmen, die in Polen zur weiteren Demokratisierung eingeleitet wurden, fanden bei den Funktionären der LDPD Zustimmung. Alle Angriffe, die sich gegen die SU richten, wurden verurteilt. Die in Poznan ausgesprochenen Urteile werden abgelehnt, weil sie angesichts des Tatbestandes zu niedrig sind. Die LDPD-Funktionäre äußerten weiter, dass trotz der politischen Festigung der DDR eine Reihe weiterer Maßnahmen zur Demokratisierung durchgeführt werden müssten. Dr. Loch[42] äußerte, dass Chruschtschow weg muss, da seine Politik falsch ist. Die Entstalinisierung würde sich sehr negativ auswirken. Z. B. Polen und Ungarn. Das russische Volk brauche immer jemanden, zu dem es aufschauen könne und diese Person hat man ihm jetzt genommen.[43]

Anlage 3 zur Information Nr. 279/56

Anhang: Stimmung zu den Ereignissen in Polen und Ungarn

Obwohl die Diskussionen an Umfang zunehmen, sind im Wesentlichen keine neuen Argumente aufgetaucht. Über die Ereignisse in Ungarn wird ähnlich wie über die Ereignisse in Polen gesprochen. Diskutiert wird unter allen Kreisen der Bevölkerung. Hauptsächlich aber von den Arbeitern, Angestellten und Studenten. Es wird gefragt, warum unsere Presse und der Rundfunk nicht ausführlicher die wirklichen Zustände kommentieren, denn sonst würden verstärkt die westlichen Sender gehört. Die negativen Argumente sind auch zum größten Teil Argumente des RIAS oder anderer westlicher Sender und überwiegen bei Weitem die positiven. Viele Mitglieder der SED erklären, dass sie in Diskussionen schlecht argumentieren können, weil die Presse nichts Genaues bringt. Sie sind nicht in der Lage über Gomulka Auskunft zu geben, sodass die parteilosen Arbeiter sich durch die Westsender informieren.

Die meisten negativen Äußerungen beinhalten, dass Polen und Ungarn sich aus dem sozialistischen Lager gelöst haben und dass die Auswirkungen

41 Manfred Gerlach, Jg. 1928, LDPD-Politiker, 1954–67 Generalsekretär der LDPD, 1949–90 Abgeordneter der Volkskammer.

42 Hans Loch, Jg. 1898, LDPD-Politiker, 1949–55 Finanzminister, 1949–60 Abgeordneter der Volkskammer, 1950–60 stellvertretender Vorsitzender des Ministerrates, 1951–60 Vorsitzender der LDPD, 1954–60 Vorsitzender des Ausschusses für Deutsche Einheit.

43 Absatz am Rand rot markiert.

auf die DDR nicht ausbleiben werden. Vor allen Dingen müsse im ZK der SED einiges verändert werden. Vereinzelt gibt es Stimmen, da es verschiedene Wege zum Sozialismus gebe, gelte auch der deutsche Weg, der von Ackermann seiner Zeit vorgeschlagen worden sei.[44] Weiterhin wird zum Teil geäußert, dass die Ereignisse in Polen und Ungarn nicht von westlichen Agentenzentralen[45] angezettelt wurden, sondern die Menschen in diesen Ländern mit dem System der Volksdemokratie nicht einverstanden sind.

Vereinzelt wird von Mitgliedern der SED geäußert, dass es falsch war Stalin zu kritisieren. So sind z. B. im VEB Wema in Zeulenroda, [Bezirk] Gera, Mitglieder der SED der Meinung, dass es falsch gewesen sei, Stalin in so einer negativen Form zu kritisieren, wie es geschehen ist. Unter Stalin wären solche Ereignisse nicht vorgekommen. Mit der Kritik an Stalin habe man die gegnerischen Kräfte ermuntert und nun sei es soweit, dass solche Leute wie Gomulka wieder einflussreiche Positionen bekämen. Der Kaderleiter vom VEB Stahlwerk Olbersdorf, [Kreis] Zittau, sagte, dass sich jetzt bestätigt, was Stalin schon immer gesagt hat, nämlich, dass sich beim Fortschreiten des Sozialismus der Klassenkampf verstärkt und dass nicht alles falsch gewesen ist, was Stalin gesagt hat.

Neue negative Argumente sind:[46]

- Die Polen sind wohl mit dem Sozialismus einverstanden, aber nicht mit dem russischen Kommunismus. Dasselbe trifft auch für die DDR zu. Für das rückständige Russland war diese Entwicklung richtig, aber für die weiterentwickelten Länder falsch.
- Wenn Gomulka wieder oben ist, dann ist auch der Ackermannsche deutsche Weg zum Sozialismus richtig.

44 Anton Ackermann (eigentlich: Eugen Hanisch), Jg. 1905, SED-Politiker, 1946–54 Mitglied des ZK der SED, 1949–53 Kandidat des Politbüros des ZK der SED, 1950–54 Abgeordneter der Volkskammer, 1949–53 Staatssekretär im Ministerium für Auswärtige Angelegenheiten, im September 1953 wegen Unterstützung von Rudolf Herrnstadt und Wilhelm Zaisser aller Ämter enthoben, 1954 Ausschluss aus dem ZK der SED, 1954–58 Leiter der HV Film beim Ministerium für Kultur, im Juli 1956 rehabilitiert. – Ackermann hatte in seinem Aufsatz »Gibt es einen besonderen deutschen Weg zum Sozialismus?« die These vertreten, dass der Sozialismus in Deutschland ohne eine vorausgehende Diktatur des Proletariats aufgebaut werden könne. (Vgl. Ackermann, Anton: Gibt es einen besonderen deutschen Weg zum Sozialismus? In: Einheit. Theoretische Monatszeitschrift zur Vorbereitung der Sozialistischen Einheitspartei 1(1946), S. 22–32). 1948 musste Ackermann Selbstkritik üben und seine These widerrufen.

45 Unter »Agentenzentralen« oder »Feindzentralen« verstand das MfS antikommunistische Organisationen, die von der Bundesrepublik aus gegen die DDR agierten, wie die Ostbüros von SPD, CDU, FDP und DGB, die Kampfgruppe gegen Unmenschlichkeit oder der Untersuchungsausschuss freiheitlicher Juristen, aber auch staatliche Einrichtungen, wie das Ministerium für Gesamtdeutsche Fragen, die Notaufnahmelager für DDR-Flüchtlinge in Gießen, Uelzen und Berlin-Marienfelde oder der Bundesnachrichtendienst bzw. die Organisation Gehlen als dessen Vorläufer.

46 Die folgende Auflistung am Rand rot markiert.

- Gomulka macht die gleiche Politik wie Tito.[47] U. a. Anleihen vom Amerikaner annehmen, um damit schneller vorwärtszukommen.
- Wenn sich die DDR an den Westen anschließen würde, wären wir in unserer wirtschaftlichen Entwicklung schon viel weiter.
- Aufgrund der jetzigen Situation muss auch Walter Ulbricht abtreten.
- In der DDR müsste es auch wieder zu einem Aufstand kommen. Im Volk gärt es schon.
- Die Bevölkerung in Polen und Ungarn will keinen Bolschewismus und die DDR auch nicht.
- Polen fordert einen freien Kommunismus, wie Jugoslawien.
- Immer mehr Völker befreien sich von der Diktatur durch die SU.
- In Polen und Ungarn werden die sowjetischen Truppen abgezogen, warum sollten wir es bei uns nicht auch schaffen.

Im VEB Gummiwerk Ballenstedt, [Kreis] Quedlinburg, [Bezirk] Halle, erklärte ein Kraftfahrer: »In Ungarn ist ganz schön was los und wenn die ›Russen‹ nicht gewesen wären, dann wären 1953 und 1956 die DDR, Polen und Ungarn schon vergessen, so aber hat es noch einmal zugunsten der anderen geklappt.« Der Inhaber eines kleinen Produktionsbetriebes aus Quedlinburg sagte, dass auch seine Belegschaft der Meinung ist, wenn die Sowjetarmee nicht wäre, dann wären viele Länder des Sozialismus schon wieder kapitalistisch. Er ist weiter der Meinung, dass alle Handwerker des Kreises Quedlinburg das kapitalistische System zurückwünschen.

Im Verlag »Die Wirtschaft«[48] besteht unter einigen Redaktionsmitgliedern die Meinung, man sollte den Genossen Ulbricht und die Genossin Benjamin[49] abberufen. Anstelle von Genossen Ulbricht sollte man den Genossen Dahlem[50] setzen.

47 Josip Broz Tito, Jg. 1892, 1943–53 als Ministerpräsident und 1953–80 als Staatspräsident kommunistischer Diktator von Jugoslawien. Im Jahr 1948 war es zum Bruch zwischen Stalin und Tito gekommen; Chruschtschow verfolgte nach 1955 eine Politik der Wiederannäherung an Jugoslawien.

48 Der Verlag »Die Wirtschaft« wurde 1946 gegründet, um die gleichnamige Zeitschrift herauszugeben, ab 1950 erschienen auch Bücher sowie weitere Zeitschriften zu Wirtschaftsthemen in dem Verlag, der inhaltlich dem Sekretär für Wirtschaftsfragen beim ZK der SED unterstand.

49 Hilde Benjamin, Jg. 1902, Juristin und SED-Politikerin, 1949–53 Vizepräsidentin des Obersten Gerichts der DDR und als solche Vorsitzende Richterin in zahlreichen politischen Schauprozessen, 1953–67 Justizministerin der DDR, 1954–89 Mitglied des ZK der SED.

50 Franz Dahlem, Jg. 1892, SED-Politiker, seit 1946 Mitglied des Parteivorstandes und des Zentralsekretariats, seit 1950 Mitglied des Politbüros der SED, im Mai 1953 Ausschluss aus dem ZK und Entbindung von allen Funktionen, 1954 Erteilung einer »strengen Rüge« im Parteiverfahren, 1955–57 Leiter der Hauptabteilung Forschung im Staatssekretariat für Hochschulwesen, Ende Juli 1956 Aufhebung der Parteistrafe.

26. Oktober 1956

Information Nr. 281/56 – Betrifft: Stimmung zu Arbeitsnormen (8. Bericht)

Quelle: BStU, MfS, AS 83/59, Bd. 1b, Bl. 181–185.
Serie: Informationen.
Verteiler: Stoph, Grotewohl, Ulbricht, Matern, Schirdewan, Ebert, Oelßner, Leuschner, Mückenberger, Neumann, Honecker, Wandel, Ziller, Hager, Norden, KGB Berlin-Karlshorst (»Freund«) – MfS: Mielke, Last, Beater, Walter, Joseph Gutsche, SED-KL im MfS, Abt. Agitation, HA III, HA V, Ablage.
Datum: Datierung nach Angabe im Dokumentenkopf; abweichendes Datum auf Verteilerblatt (BStU, MfS, ZAIG 14381, Bl. 158): 27.10.1956.
Bemerkungen: S. 3 des Berichts liegt doppelt vor (B. 183 und 184).
Verweise: Informationen M8/56, M40/56, M53/56, M101/56, 47/56, 164/56 und 347/56.

Aus verschiedenen Industriebetrieben wurde wieder Unzufriedenheit zu Arbeitsnormen bekannt. Während bisher bei der Unzufriedenheit mehr Unklarheiten und ungenügende Aufklärung über Arbeitsnormen Anlass zu Diskussionen gab, zeigt sich gegenwärtig, dass die Unzufriedenheit auf unreale Normen und falsche Normenerarbeitung zurückzuführen ist. Vereinzelt wurden auch Beispiele bekannt, wo Arbeitszurückhaltung bei Normenüberprüfung erfolgt. Im Einzelnen dazu Folgendes:

1. Unreale Normen als Ursache der Unzufriedenheit

Aus vorliegendem Material ist ersichtlich, dass die Mehrzahl der Diskussionen über Arbeitsnormen unreale Normen zur Ursache haben. Die dadurch eintretenden Lohnminderungen bzw. durchzuführenden Mehrleistungen führen dazu, dass diese Normen von den Arbeitern abgelehnt werden. Zum anderen werden aber auch Forderungen nach Schaffung der technischen Möglichkeiten für die Normerfüllung erhoben, sodass nicht in jedem Fall von Unklarheiten über Normen in diesen Betrieben gesprochen werden kann.

Charakteristisch für die Unzufriedenheit sind folgende Beispiele:
- Im VEB Werkzeugfabrik Radebeul, [Bezirk] Dresden, sind die Arbeiter der Abteilung Schleiferei nicht mit der Arbeitsnorm für die Herstellung von Ringschlüsseln einverstanden. Die gegenwärtige Norm bei der Bearbeitung der Ringschlüssel sieht vor, dass in der Stunde 50 Stck. geschafft werden müssen. Bisher ist es noch keinem Arbeiter gelungen, diese Norm zu erfüllen.
- Im VEB EKB Bitterfeld, [Bezirk] Halle, sind die Beschäftigten des Aluwerkes I nicht mit den gegenwärtigen Normen einverstanden. In den Diskussionen wird zum Ausdruck gebracht, dass der jetzige Lohn gegenüber dem Vorjahr bei gleichbleibender und teilweise sogar erhöhter Arbeits-

leistung 60,00 bis 70,00 DM weniger beträgt. Diese Frage wird in jeder Versammlung des Betriebes gestellt. Aufgrund der Nichtbeachtung der Beschwerden haben die Beschäftigten bereits die Bitte geäußert, einmal mit Vertretern des Bundesvorstandes des FDGB sprechen zu können.

- Im BKW Zeitz, [Bezirk] Halle, sind die Arbeiter der Brikettfabrik Theißen nicht mehr mit den Arbeitsnormen einverstanden. Die Arbeiter fordern eine Änderung der Normen, da die Planerfüllung aufgrund der unterschiedlichen Rohkohle nicht mehr gewährleistet und die Entlohnung dementsprechend schlecht ist.
- Im VEB Walzwerk Hettstedt arbeiten 32 % der Belegschaft mit unrealen Normen. In der Abteilung »Breite Umkehre« sind 72 Arbeiter beschäftigt, die ihre Norm mit 210 bis 280 % erfüllen. In der Abteilung Versand, 120 Beschäftigte, werden die Normen mit 200 bis 300 % erfüllt.
- Unreale Normen bestehen ebenfalls in folgenden Betrieben:
  - VEB Kraftwerk Zschornewitz, [Bezirk] Halle,
  - VEB Kraftwerk Vockerode, [Bezirk] Halle, und VEB Kaliwerk Roßleben, [Kreis] Artern, [Bezirk] Halle,
  - VEB Presswerk Freital, [Bezirk] Dresden,
  - Verwaltung III der Wismut Karl-Marx-Stadt, im Projektierungsbüro und im VEB Zeiss Jena und Wolltuchfabrik Pößneck,[1] [Bezirk] Gera.
  - Im VEB Zeiss Jena werden die Normen mit 140 bis 150 % erfüllt. Trotzdem lehnen die Arbeiter die Erarbeitung neuer Normen ab mit der Begründung, dass sie dann in der Regel 60,00 [bis] 70,00 DM weniger verdienen würden.

2. Zurückhaltung bei der Erarbeitung neuer Arbeitsnormen

Aus verschiedenen Betrieben wurden Beispiele bekannt, aus denen ersichtlich ist, dass Arbeiter bei Normenüberprüfung langsam arbeiten bzw. nach erfolgter Normerfüllung die noch verbleibende Zeit verbummeln, um keine Normüberprüfung herbeizuführen. Dazu folgende Beispiele:

Im VEB Kaliwerk Roßleben, [Bezirk] Halle, beträgt die prozentuale Normerfüllung bei den dort beschäftigten Strafgefangenen bis 140 %. Von den Zivilarbeitern erfolgen deshalb ständig Vorwürfe. Außerdem wurde festgestellt, dass die Zivilarbeiter bei einer Erfüllung der Normen mit 120 bis 125 % aufhören zu arbeiten, obwohl noch Zeit für weitere Arbeiten vorhanden wäre.

Im VEB Wittol Wittenberg, [Bezirk] Halle, wurde festgestellt, dass die Zubringerbrigade während einer Normenüberprüfung absichtlich langsam arbeiteten. Als daraufhin der Brigadier zur Rede gestellt wurde, gab er zur Antwort, »wenn die Normenbrecher in der Nähe sind, dann ist das nicht an-

1 Korrekt: VEB Pößnecker Volltuchwerke.

ders«. Der größte Teil der Beschäftigten des Betriebes ist jedoch interessiert daran, dass die unrealen Normen beseitigt werden.

Ähnliche Beispiele liegen vor aus dem VEB Stickstoffwerk Piesteritz, [Bezirk] Halle, Phosphorbetrieb, dem Umschlaghafen Riesa, [Bezirk] Dresden, und dem VEB Elmo-Werk Hartha, [Bezirk] Leipzig, Abteilung Bohrerei und Fräserei. Im letzten Betrieb äußert sich die Zurückhaltung darin, dass die Meinung vertreten wird, keine Verbesserungsvorschläge einzureichen, da sonst mit einer Normenüberprüfung zu rechnen sei.

3. Falsche Erarbeitung von Arbeitsnormen

Vereinzelt führte auch wieder falsche Erarbeitung von Arbeitsnormen zur Unzufriedenheit unter den Beschäftigten, zumal die meistens mit Lohnänderungen verbunden waren. So wurden im VEB Kirow-Werk Leipzig die Arbeitsnormen der E-Schweißer und Stahlbauschlosser auf administrativem Wege auf ein Drittel erhöht. Diese Regelung wurde damit begründet, dass ein neuer Normenkatalog erschienen wäre, über den mit Arbeitern jedoch nicht gesprochen wurde. Um auf die Höhe ihres bisherigen Verdienstes zu kommen, leisten die E-Schweißer gegenwärtig Überstunden.

Im VEB Funkwerk Leipzig ist beabsichtigt, in der Abteilung Wickelei den Normenzuschlag von 8 % zur eigentlichen Zeitaufnahme auf 6 % zu kürzen, obwohl das Normenaktiv damit nicht einverstanden ist. Die Durchführung dieser Maßnahme würde für jeden Arbeiter eine Schmälerung des Lohnes um 7,50 DM bedeuten.

Im VEB VTA Leipzig Werk II Abteilung Verzahnerei sind die Arbeiter unzufrieden darüber, dass die Normen aufgrund 180%iger Erfüllung verändert bzw. die Maschinengruppen neu eingeteilt wurden. Die Erfüllung der Normen mit 180 % erfolgte jedoch nicht aufgrund unrealer Normen, sondern aufgrund der Tatsache, dass die Arbeiter jene Maschinen mit bedienten, die sonst durch Krankheit oder Urlaub von Arbeitern zum Stillstand gekommen wären.

28. Oktober 1956

Information Nr. 285/56 – Betrifft: Lage an den Universitäten und Hochschulen der Deutschen Demokratischen Republik (Zusammenfassung)

Quelle: BStU, MfS, AS 83/59, Bd. 1b, Bl. 206–211 (35. Expl.).
Serie: Informationen.
Verteiler: Stoph, Grotewohl, Ulbricht, Matern, Schirdewan, Oelßner, Leuschner, Ziller, Mückenberger, Norden, Wandel, Honecker, Hager, Neumann, Ebert, KGB Berlin-Karlshorst (»Freund«) – MfS: Mielke, Last, Markus Wolf, Walter, Beater, Joseph Gutsche, HA V, SED-KL im MfS, Abt. Agitation, HA II, HA PS, Abt. VII, HA XIII, HA III (Hofmann), HA III (Kleine), HA III (Weidauer), Gartmann, Abt. X, Ablage, Carlsohn.
Datum: 28. Oktober (Dokument), dagegen auf dem Verteilerblatt: 29.10.1956.

Aus fast allen deutschen Hochschulen zeigen sich Versuche der Studenten – teilweise unterstützt durch Professoren – die Auseinandersetzungen in den Volksrepubliken Polen[1] und Ungarn[2] für Forderungen an die Führung der SED und an den Staat auszunutzen. In Versammlungen, Diskussionen und vereinzelt auch in Resolutionen und Schreiben wird – oft im Einverständnis mit den FDJ-Leitungen – verlangt: »Änderung im Hochschulbetrieb, nämlich vor allem Gründung einer ›unabhängigen‹ Studentenorganisation, Auflösung der FDJ-Hochschulgruppen, Abschaffung des obligatorischen gesellschaftlichen Grundstudiums und des Unterrichts in der russischen Sprache.« Heftige Angriffe richten sich besonders gegen die Berichterstattung der de-

1 Nach der Niederschlagung des Posener Arbeiteraufstandes Ende Juni 1956 blieb die innenpolitische Situation in Polen instabil und in der Bevölkerung zeigte sich eine zunehmend antisowjetische Stimmung. Um die Situation zu beruhigen, setzte der reformorientierte Flügel der PVAP eine Umbildung der Parteiführung durch; am 21.10. wurde der 1948 abgesetzte und 1951 inhaftierte ehemalige Parteichef Władysław Gomułka zum Ersten Sekretär der PVAP gewählt, während die Vertreter des stalinistischen Flügels nicht mehr ins Politbüro gewählt wurden. Die Wahl Gomułkas stieß auf enthusiastische Reaktionen in der Bevölkerung, die in einer Demonstration mit etwa 500 000 Teilnehmern am 24.10. in Warschau gipfelten. Vgl. dazu Kramer, Mark: Soviet-Polish Relations and the Crises of 1956. Brinkmanship and Intra-Bloc Politics. In: Engelmann, Roger; Großbölting, Thomas; Wentker, Hermann (Hg.): Kommunismus in der Krise. Die Entstalinisierung 1956 und die Folgen. Göttingen 2008, S. 61–126, hier 89–124.

2 Der Volksaufstand in Ungarn begann am 23.10.1956 mit Demonstrationen in Budapest, die sich in den folgenden Tagen auf das ganze Land ausweiteten. Bereits am Abend des 23.10. bat Parteichef Ernő Gerő die sowjetische Armee um Hilfe. Am 24.10. wurde die Forderung der Demonstranten nach der Berufung des reformorientierten Kommunisten Imre Nagy zum Ministerpräsidenten erfüllt, am 25.10. wurde Parteichef Gerő durch Janos Kádár ersetzt. Zeitgleich kam es zu Angriffen auf die Demonstranten, bei denen etwa 200 Personen getötet wurden. Vgl. dazu u. a. Varga, László: Der Fall Ungarn. Revolution, Intervention, Kádárismus. In: ebenda, S. 127–136.

mokratischen Presse und die Beschlagnahme der »BZ am Abend« mit der Gomulka-Rede.[3]

Die Mehrzahl der Studenten – auch die Mitglieder der SED – orientiert sich nach der Westpresse und vor allem nach den Meldungen des RIAS. Die Hochschulleitungen der SED und FDJ sind nur selten in der Lage, der feindlichen Argumentation entgegenzuwirken. Wie nach dem XX. Parteitag der KPdSU[4] verstärken sich die Äußerungen gegen das Führungskollektiv der SED, besonders gegen W. Ulbricht, dessen Rücktritt wiederholt gefordert wird.

Im Zusammenhang betrachtet[5] richten sich diese Strömungen gegen die führende Rolle der SED und den Aufbau des Sozialismus in der DDR, was besonders durch die »Unabhängigkeitsbestrebungen«, die – oft versteckt – geforderte »Meinungs- und Pressefreiheit« und vereinzelt durch offene Agitationen gegen die Sowjetunion und den sozialistischen Aufbau deutlich wird. Eine beachtliche Rolle spielen in dieser Entwicklung Kontakte mit westdeutschen und auch mit polnischen Studenten.

Die Forderungen nach einer unabhängigen Studentenorganisation

Einen neuen Auftrieb erhielt diese Forderung durch die Meldung westlicher Rundfunkstationen, dass 3 000 ungarische Studenten aus dem kommunistischen Jugendverband ausgetreten seien, um eine unabhängige Organisation zu gründen.[6] (Martin-Luther-Universität Halle, Karl-Marx-Universität Leipzig, Universität Rostock) Während ein Teil der Studenten die FDJ-Leitungen als »echte Studentenvertretung neu bilden« will (Wandzeitungsartikel der Humboldt-Universität), fordert z. B. die FDJ-Leitung der Philosophischen Fakultät der Humboldt-Universität die Auflösung der FDJ-Hochschulgruppe, »da sie nicht den Interessen der Studenten entspricht«. Es hieß dann weiter, die FDJ sei im Ausland kompromittiert und »werde von der

3 Am 22.10.1956 wurden 200 000 Exemplare der Ostberliner Tageszeitung »BZ am Abend« eingezogen. Die »BZ am Abend« hatte – als einzige Zeitung in der DDR – in dieser Ausgabe einen kurzen Auszug aus der Antrittsrede von Władysław Gomułka nach seiner Wahl zum Ersten Sekretär der PVAP sowie ein Bild veröffentlicht. Vgl. Politische und wirtschaftliche Probleme Volkspolens. Aus der Rede Gomułkas auf der 8. Plenartagung des ZK. In: BZ am Abend v. 25.10.1956, S. 2. – Die Rede Gomułkas ist gekürzt dokumentiert in: Ost-Probleme 8(1956)45, S. 1553–1567.

4 Der XX. Parteitag der KPdSU fand vom 14. bis 25.2.1956 in Moskau statt. Der Parteitag, auf dem Parteichef Chruschtschow in einer Geheimrede den Personenkult um Stalin kritisierte und Stalins Verbrechen enthüllte, leitete in der Sowjetunion den Prozess der Entstalinisierung ein.

5 Handschriftlich korrigiert aus »berichtet«.

6 Am 15.10. bzw. 22.10.1956 erklärten Studenten aus dem südungarischen Szeged und aus Budapest ihren Austritt aus dem von der Partei der Ungarischen Werktätigen (Magyar Dolgozók Pártja – MDP) gesteuerten Verband der werktätigen Jugend (Uniunea Tineretului Muncitoresc – UTM) und gründeten eine eigene Studentenvereinigung. Vgl. Gosztony, Peter: Der Volksaufstand in Ungarn. Eine Nation wehrt sich gegen die sowjetische Diktatur. In: APuZ B 37–38/96, S. 3–14, hier 6.

SED bevormundet«. Es müssten »von der SED unabhängige« Studentenclubs gebildet werden, wie sie zum Beispiel schon beständen (Historiker, Ästhetiker). Was damit bezweckt wird, zeigte der »Jakobiner-Club« an der Humboldt-Universität,[7] dem Mitglieder der SED angehören. Auf wöchentlichen Zusammenkünften wurde über politische, philosophische und wissenschaftliche Probleme gesprochen. Als sich so eine parteifeindliche Gruppe zu bilden begann, wurde der Club aufgelöst. Am 11.10.1956 fand jedoch ein Treffen der »ehemaligen Jakobiner« (ca. 50 Personen) statt, auf dem u.a. über Wolfgang Leonhardts Buch »Die Revolution entlässt ihre Kinder«,[8] die sogenannte Geheimrede Chruschtschows und den »Stalinismus« als Entartung der Sowjet-Gesellschaft diskutiert wurde.[9]

An der Bauhochschule Weimar erklärte ein Student, die FDJ-Leitung werde sich an andere FDJ-Hochschulgruppen wenden, um die Gründung einer unabhängigen Studentenorganisation, wie z.B. in Polen und Jugoslawien, zu erreichen. Die FDJ-Leitung der Universität Jena stellte u.a. folgende Forderungen zur Diskussion, deren Ergebnisse dem Zentralrat der FDJ und dem Staatssekretariat für Hochschulwesen mitgeteilt und im »Forum«[10] veröffentlicht werden sollte:

- Demokratische Wahl der Studentenvertreter im Zentralrat der FDJ,
- Abschaffung des Seminarsekretärs,

7 Der Jakobiner-Club war ein im März 1956 von Geschichtsstudenten des 2. Studienjahres an der Humboldt-Universität zu Berlin gebildeter informeller Diskussionszirkel, der bis Ende 1956 aktiv war. Ein offizielles Verbot oder eine formelle Auflösung des Jakobiner-Clubs hat es nicht gegeben. Vgl. dazu Schuster, Ulrike: Ein ostberliner Jakobiner-Club. Reformversuche von Studierenden der Humboldt-Universität zu Berlin im Jahre 1956. In: Herrmann, Ulrich (Hg.): Protestierende Jugend. Jugendopposition und politischer Protest in der deutschen Nachkriegsgeschichte. Weinheim, München 2002, S. 151–176.

8 Wolfgang Leonhard, Jg. 1921, seit 1935 in der Sowjetunion, dort ab 1941 Ausbildung zum kommunistischen Politkommissar, 1945 Rückkehr nach Berlin als Mitglied der »Gruppe Ulbricht«, 1945–47 Mitarbeiter der Abteilung Agitation und Propaganda der KPD bzw. der SED, 1947–49 Dozent an Fakultät für Geschichte der SED-Parteihochschule »Karl Marx«, 1949 Bruch mit dem Stalinismus, Flucht nach Jugoslawien und 1950 in die Bundesrepublik, dort Mitarbeiter des Verlags Kiepenheuer & Witsch, 1956–58 Postgraduierter an der Universität Oxford. – 1955 veröffentlichte Leonhard das Buch »Die Revolution entlässt ihre Kinder«, in dem er seine Zeit als kommunistischer Funktionär in der Sowjetunion und in der DDR schildert. Vgl. Leonhard, Wolfgang: Die Revolution entlässt ihre Kinder. Köln: Kiepenheuer & Witsch 1955.

9 Hier wird vermutlich angespielt auf die Aussage des Vorsitzenden der Kommunistischen Partei Italiens Palmiro Togliatti in einem Interview mit der Zeitschrift Nuovi Argomenti, Ausgabe Mai/Juni 1956: »Auf diese Weise geht man an den wahren Problemen vorbei, der Frage nämlich, wie und warum es in der sowjetischen Gesellschaft zu gewissen Formen der Abweichung von der demokratischen Praxis und von der ursprünglichen Legalität und selbst zu gewissen Entartungserscheinungen kommen konnte und gekommen ist.« Zit. nach: Togliatti, Palmiro: Reden und Schriften. Eine Auswahl. Hg. v. Claudio Pozzoli. Frankfurt/M. 1967, S. 89–123, hier 107.

10 Die seit 1947 wöchentlich erscheinende Zeitschrift »Forum. Zeitschrift der demokratischen Studenten Deutschlands« fungierte als »Organ des Zentralrats der FDJ für die deutschen Studenten«.

- jährliche Einberufung eines Studentenkongresses und Schaffung eines neuen Hochschulprogrammes.

Am Schwarzen Brett der juristischen Fakultät der Humboldt-Universität erschien am 26.10.1956 ein Anschlag, der den Ausfall der Jahreshauptversammlung der FDJ ankündigte, weil angeblich keine Kandidaten für die neue Leitung zu finden seien. In allen angeführten Fällen gingen die Anregungen zur Schaffung der Studentenorganisation von den FDJ-Leitungen aus oder fanden deren ausdrückliche Billigung.

Stimmung zur Abschaffung des gesellschaftlichen Grundstudiums und des obligatorischen Russisch-Unterrichts

Angeregt durch die westlichen Rundfunksendungen über Ungarn nahm auch zu diesen Fragen die Diskussion zu (Karl-Marx-Universität Leipzig, Universität Rostock). Die Studenten des Wohnheimes in Berlin-Biesdorf verlangten die Abschaffung des Studiums des Marxismus-Leninismus und den Fortfall des obligatorischen Unterrichts in der russischen Sprache. In einem Schreiben wandten sich Studenten des 2. Studienjahres der medizinischen Fakultät der Universität Halle gegen den Russischunterricht. Die gleiche Forderung erhoben Rostocker Medizinstudenten – im Einverständnis mit FDJ-Funktionären – in einer Resolution. Auch ein Teil der Jurastudenten der Deutschen Akademie für Staat und Recht lehnt den Russisch-Unterricht ab.

Angriffe gegen die Berichterstattung der demokratischen Presse

Zu dieser Frage wird die umfangreichste Diskussion geführt, die fast alle Hochschulen erfasst. Es beteiligten sich auch in größerem Maße Mitglieder der SED und FDJ, die besonders darüber unzufrieden sind, dass die westliche Information schneller und vielseitiger reagiere, sodass die Mehrzahl der Studenten sich nach RIAS und Westzeitungen orientiere. Es wurde dadurch sehr schwierig für die FDJ- und SED-Leitungen, feindlichen Argumenten entgegenzutreten. Wegen unzureichender Berichterstattung wird das »Neue Deutschland« kritisiert (Hochschule für Ökonomie, Hochschule für bildende und angewandte Kunst Weißensee). Die Beschlagnahme der »BZ am Abend« löste an verschiedenen Hochschulen Proteste aus, an denen sich auch Mitglieder der SED beteiligten (verschiedene Fakultäten der Humboldt-Universität, die eine Resolution dagegen verfassten sowie Hochschule für Ökonomie u. a.).

Der »Prawda«-Artikel über die polnische Presse wurde von den Studenten vielfach als beleidigend für das polnische Volk bezeichnet (Hochschule für Schwermaschinenbau, Karl-Marx-Universität Leipzig, Humboldt-Universität).[11] Auf einer Aktivtagung der FDJ an der Humboldt-Universität tra-

11 Vgl. Antisozialistische Äußerungen in der polnischen Presse. Artikel des Warschauer »Prawda«-Korrespondenten vom 20. Oktober. In: ND v. 21.10.1956, S. 5. In dem Artikel

ten verschiedene Fakultäten mit ausgearbeiteten Forderungen auf, wobei die häufigsten sich auf die »freie Meinungsäußerung« und »Pressefreiheit« bezogen.

Äußerungen gegen das Führungskollektiv der SED

Die Äußerungen gegen die Führung der SED – insbesondere gegen Walter Ulbricht – haben wieder zugenommen. Forderungen auf Änderungen im Politbüro wurden in Verbindung mit den Ereignissen in Polen und Ungarn erhoben (Hochschule für Ökonomie, Universität Leipzig, Humboldt-Universität). Äußerungen gegen W. Ulbricht, die mit der Forderung nach seinem Rücktritt verbunden sind, werden vorwiegend mit dem Führungswechsel in Ungarn/Polen begründet (Universität Leipzig, Hochschule für Ökonomie, Universität Halle, Pädagogische Hochschule Potsdam).

Das Auftreten westdeutscher und auch polnischer Studenten an den Hochschulen[12]

Eine westdeutsche Studentendelegation (10) hielt sich eine Woche an der Universität Halle auf. Die westdeutschen Besucher gingen auch zu Vorlesungen, nach deren Beendigung sie Aussprachen mit unseren Studenten führten. Dabei agitierten sie – von den Hallenser Studenten unterstützt – scharf gegen die DDR:[13]
- die Regierung der DDR ist keine legalisierte Vertretung des Volkes;
- W. Ulbricht muss zurücktreten.

Außerdem verherrlichten sie Franco-Spanien, die »Arbeiterfreundlichkeit« der westdeutschen Monopole und feierten Hitler als »Beschützer vor dem Kommunismus«. An der Hallenser Universität traten dann später auch Diskussionen für »freie Wahlen«, Äußerungen gegen die Oder-Neiße-Grenze und vereinzelt auch antisowjetische Tendenzen auf.

Beachtlich ist, dass die Hochschule für bildende und angewandte Kunst Weißensee, an der starke negative Tendenzen auftraten und regierungsfeindliche Demonstrationen angedroht wurden, ständige Verbindung zu einer gleichartigen polnischen Hochschule unterhält und gerade davor (18.10.1956) den Besuch einer polnischen Studentendelegation hatte.

Polnische Studenten erboten sich gegenüber dem Rektor der Karl-Marx-Universität Leipzig vor unseren Studenten über Gomulka und sein Programm zu referieren, was jedoch verhindert wurde. Die an der Leipziger Universität eingeschriebenen polnischen Studenten orientieren sich nach

werden u. a. »[i]n den letzten Tagen in der polnischen Presse immer häufiger« erscheinende »Äußerungen, aus denen die Predigt auf einen Verzicht auf den sozialistischen Weg herausklingt«, scharf kritisiert.

12 Zwischenüberschrift rot unterstrichen.

13 Am Beginn des Absatzes am Rand eine römische »I« in grüner Schrift. – Absatz am Rand rot markiert.

dem Sender »Freies Europa«,[14] während die ungarischen Studenten, mit denen sie in Kontakt kommen wollten, sich zu ihrer Regierung bekannten. Es sollen jedoch Differenzen zwischen polnischen und sowjetischen Studenten aufgetreten sein. Dagegen brachten ungarische und deutsche Ärzte – darunter ein Westdeutscher – an der Leipziger Frauenklinik ihre Sympathie mit den ungarischen Konterrevolutionären zum Ausdruck.

Stellungnahme der Professoren

Die Professoren unterstützten in zahlreichen Fällen die Studenten. So erklärte der Leipziger Medizinprofessor Bredt,[15] »man müsse jetzt doch einsehen, dass der Kommunismus nichts für die Menschheit sei«. Charakteristisch dürfte für die Haltung größerer Kreise der akademischen Lehrerschaft die Stellungnahme des Berliner Prof. Havemann[16] (SED) auf einer Parteiaktivtagung sein. Havemann – aber auch andere Professoren – machte feindliche Äußerungen gegen Führung und Politik der SED, die er gegen Ende seiner Ausführungen zu verwischen suchte. Er wandte sich scharf gegen den bekannten »Prawda«-Artikel, der an die finsterste jüngste Vergangenheit erinnere und sagte, die Beschlagnahme der »BZ am Abend« sei ein Beweis dafür, dass viele Bonzen und Karrieristen im Staatsapparat die Demokratisierung bremsen. Dadurch könne es zu einer Wiederholung der Juni-Ereignisse von 1953 kommen und das seit dem XX. Parteitag Erreichte verloren gehen. Die Vorfälle im Juni 1953 wären oberflächlich eingeschätzt worden.

14 Das Nationalkomitee Freies Europa war eine 1949 in den USA gegründete antikommunistische Organisation, deren Ziel die Befreiung der unter sowjetischem Einfluss stehenden Länder Europas war. Das Komitee betrieb u. a. den Rundfunksender Radio Free Europe mit Sitz in München.

15 Heinrich Bredt, Jg. 1906, Arzt, Pathologe und Hochschullehrer, 1948–59 Professor für allgemeine Pathologie und pathologische Anatomie sowie Direktor des Instituts für Pathologie an der Universität Leipzig, seit 1951 Mitglied und 1953–58 Vizepräsident der Leopoldina, seit 1951 Mitglied der Deutschen Akademie der Wissenschaften, 1954 Nationalpreis II. Klasse.

16 Robert Havemann, Jg. 1910, Chemiker und Hochschullehrer, 1945–47 Leiter der Kaiser-Wilhelm-Gesellschaft in Berlin, 1946–64 Professor für physikalische Chemie an der Humboldt-Universität zu Berlin, 1949–63 Abgeordneter der Volkskammer (Kulturbund).

2. November 1956

Information Nr. 299/56 – Betrifft: Lage in der Deutschen Demokratischen Republik (1.11.1956, 17.30 Uhr, bis 2.11.1956, 8.00 Uhr)

Quelle: BStU, MfS, AS 84/59, Bl. 84–93 (36. Expl.).
Serie: Informationen.
Verteiler: Stoph, Grotewohl, Ulbricht, Matern, Schirdewan, Ebert, Oelßner, Leuschner, Mückenberger, Neumann, Honecker, Wandel, Ziller, Hager, Norden, KGB Berlin-Karlshorst (»Freund«) – MfS: Mielke, Last, Markus Wolf, Walter, Beater, Joseph Gutsche, Gartmann, Carlsohn, SED-KL im MfS, Abt. Agitation, HA II, HA V, Abt. X, HA XIII, HA III (Hofmann), HA III (Kleine), HA III (Weidauer), HA PS, Abt. VII, Ablage.

I. Lage in der Industrie

Berlin: Im zentralen Konstruktionsbüro Metallurgie[1] ist die Beteiligung an der Kampfgruppe sehr gering (35 %).[2] Am 25.10.1956 machte sich ein Teil der Kollegen beim Abmarsch der Kampfgruppe über sie lustig.

Karl-Marx-Stadt: Wenn im Kombinat 277 ein Streik ausbricht, so ist das kein Wunder, da seit einem halben Jahr schlechtes Material an Bohrstangen, Bohrkronen, Spülköpfen usw. geliefert wurde und alle Kumpel darunter finanziell zu leiden haben.

Rostock: Auf der Mathias-Thesen-Werft in Wismar sind ca. 350 bis 400 Arbeiter wegen Materialmangel ohne Arbeit, wodurch eine schlechte Stimmung hervorgerufen wird.

Magdeburg: Die Kollegen im Bw Güsten sind der Meinung, dass auch bei uns ein Wandel in der Regierung kommen muss. Sie schlagen dazu Ackermann[3] und *Kreidemeier*[4] vor.

1 Vollständig: VEB Zentrales Konstruktionsbüro der metallurgischen Industrie Berlin.

2 Die »Kampfgruppen der Arbeiterklasse« waren eine im Sommer 1953 auf Beschluss der SED gegründete paramilitärische Organisation von Beschäftigten in Großbetrieben, VEG, LPG, MTS und staatlichen Verwaltungen. Vgl. Siebeneichner, Tilmann: Proletarischer Mythos und realer Sozialismus. Die Kampfgruppen der Arbeiterklasse in der DDR. Köln u. a. 2014.

3 Anton Ackermann (eigentlich: Eugen Hanisch), Jg. 1905, SED-Politiker, 1946–54 Mitglied des ZK der SED, 1949–53 Kandidat des Politbüros des ZK der SED, 1950–54 Abgeordneter der Volkskammer, 1949–53 Staatssekretär im Ministerium für Auswärtige Angelegenheiten, im September 1953 wegen Unterstützung von Rudolf Herrnstadt und Wilhelm Zaisser aller Ämter enthoben, 1954 Ausschluss aus dem ZK der SED, 1954–58 Leiter der HV Film beim Ministerium für Kultur, im Juli 1956 rehabilitiert. – Ackermann hatte in einem 1946 veröffentlichten Aufsatz die These vertreten, dass der Sozialismus in Deutschland ohne eine vorausgehende Diktatur des Proletariats aufgebaut werden könne. (Vgl. Ackermann, Anton: Gibt es einen besonderen deutschen Weg zum Sozialismus? In: Einheit. Theoretische Monatszeitschrift zur Vorbereitung der Sozialistischen Einheitspartei 1(1946), S. 22–32) 1948 musste Ackermann Selbstkritik üben und seine These widerrufen.

4 Gemeint ist vermutlich Willi Kreikemeyer, Jg. 1894, SED-Politiker, 1947–49 Präsident der

Frankfurt/O.: Im Ziegelkombinat Altglietzen, Kreis [Bad] Freienwalde, sind die Arbeiter mit den Normen nicht einverstanden, weil diese zu hoch sind und sie dadurch nur wenig Geld verdienen. Die Bauarbeiter äußerten: »Wenn es auf anderen Arbeitsplätzen ebenso aussieht wie bei uns, dann wird es bald so kommen wie in Ungarn.«

Gera: In der VEB Papierfabrik Greiz äußerte ein ehemaliger Umsiedler: »Schade, dass es bis jetzt da drüben nicht so ausgelaufen [sic!] ist, wie es hätte sein müssen. Sonst hätten wir Umsiedler schon unseren Ausgleich erhalten. Euch Greizern werden wir auch schon das Laufen lernen. In Greiz reichen die Bäume nicht aus, um alle aufhängen zu können.« Im Kreis Zeulenroda tritt die Frage auf, warum greift die SU als Verbündeter der ungarischen Werktätigen nicht ein und macht dem faschistischen Spuk ein Ende.

Halle: Die Lage im Güterverkehr ist in der Rbd[5] schlecht. In allen drei Amtsbezirken sind erhebliche Verspätungen zu verzeichnen. Die Lokgestellung zu den einzelnen Zügen ist mangelhaft. In den Amtsbezirken Wittenberg und Leipzig stehen Züge, die nicht bespannt werden können. Ursache: Unfälle kleinerer Art und Schienenbrüche. Die Entladung im Reichsbahnbezirk geht sehr schleppend vor sich. Dadurch macht sich eine Verzögerung in der Abfuhr der Kohle bemerkbar.

Rostock: Ein strittiges Problem auf der Warnow-Werft Warnemünde ist der Wegfall von Milch für Handmaschinenbrenner ab 1.11.1956. Einige Kollegen äußerten: »Wenn das der Fall sein sollte, dann schmeißen wir den Laden hin und streiken.«

Dresden: Infolge der starken Regenfälle bestand im BKW Berzdorf,[6] [Kreis] Görlitz, in der Zeit vom 27. bis 29.10.1956 ein Produktionsausfall von 2300 t. Kohle. Seit dem 30.10.1956 ist die Produktion wieder voll aufgenommen. Am 30.10.1956, gegen 16.20 Uhr, ist im VEB Waggonbau Niesky eine 280 kW Dampfmaschine ausgefallen. Die bisherigen Untersuchungen ergaben, dass die Ursache im Bruch des Pleuellagerbolzens zu suchen ist. Schaden: ca. 100000 DM. Auf dem Bahnhof Coswig verzögerte der Rangierleiter eine Zugbildung, indem er durch langsame Arbeit einen Berliner D-Zug um 20 Minuten verspätete.

II. Landwirtschaft

Gera: Am 30.10.1956 brach in der LPG Wöhlsdorf, [Kreis] Zeulenroda, ein Brand aus. Dabei wurde ein Gebäude zerstört. Der Sachschaden beträgt

Reichsbahndirektion Berlin, 1949/50 Generaldirektor der Deutschen Reichsbahn für die SBZ/DDR, im August 1950 Parteiausschluss, Entlassung und Verhaftung, angeblich am 31.8.1950 durch Suizid in der Haft gestorben, eine Version, die erst 1957 bekannt gegeben wurde und an der erhebliche Zweifel bestehen. Vgl. Kießling, Wolfgang: Willi Kreikemeyer, der verschwundene Reichsbahnchef (Hefte zur DDR-Geschichte Nr. 42). Berlin 1997.

5 Im Original: »im Abd«.

6 Im Original: »Bersdorf«.

35 000 DM. Es ist bereits der dritte Brand seit Bestehen der LPG und lässt auf Brandstiftung schließen.

Frankfurt/O.: In der Gemeinde Ranzig, Kreis Beeskow, wird von den Großbauern – unter deren Einfluss ein Teil der Dorfbevölkerung steht – die Meinung vertreten: »Die Völker rufen nach Freiheit und da können wir nicht zusehen, sondern müssen auch etwas tun. Wir haben uns nach dem Krieg geschworen, keine Waffe mehr in die Hand zu nehmen. Wenn es aber darum geht die ›Russen‹ aus Deutschland zu vertreiben, werden wir auch noch einmal zur Waffe greifen und mitmachen.«

Magdeburg. In der Schmiede der LPG Groß Rosenburg,[7] [Kreis] Schönebeck, erklärten Arbeiter dieser LPG, dass sie streiken werden, falls nicht bald eine Änderung in der Bezahlung erfolgt. Der Rat des Kreises will in der LPG eine Aussprache durchführen.

III. Versorgung

Rostock: Durch die schlechte Versorgung mit Einkellerungskartoffeln in Wismar gibt es unter den Arbeitern der Mathias-Thesen-Werft heftige Diskussionen. Die Frauen äußerten, dass sie nicht eher wieder zur Arbeit gehen würden, bevor sie die Kartoffeln im Keller haben.

Berlin: Verschiedentlich ist zu verzeichnen, dass auffallend viel Fleisch, Wurst und Konserven gekauft werden. Als Begründung wird angegeben, falls es bei uns so kommt, wie in Ungarn, müssen wir wenigstens für die ersten Tage etwas zum Essen haben.

Dresden: In der Gemeinde Lohmen, [Kreis] Sebnitz, ist die Bevölkerung unzufrieden, weil es keine HO-Butter, keinen Staub- und Würfelzucker und keinen Grieß und keine Haferflocken gibt.

IV. Feindtätigkeit

Hetzlosungen

Karl-Marx-Stadt: Am 30. und 31.10.1956 wurde im VEB Press- und Schmiedewerk »Einheit« Brand-Erbisdorf eine Hetzlosung mit Rotstift an die Wand geschrieben. Inhalt: »Ihr dummen Arbeiter müsst erst mal weiterdenken!« In Karl-Marx-Stadt wurde auf der Weststraße mit Kreide »Es lebe die SPD« geschrieben.

Frankfurt/O.: In der Nacht vom 30. zum 31.10.1956 wurden an zehn verschiedenen Stellen in Wriezen, [Kreis] Freienwalde, an Häuserwänden und auf Gehsteigen Hetzlosungen mit Ölfarbe angeschmiert. Inhalt: »Freiheit für Ungarn«, »Ungarn liebt seine Heimat«, »Deutschland erwache«, »Russki raus«.

7 Im Original: »Groß Rosenberg«.

Dresden: Am 31.10.1956 in den frühen Morgenstunden wurden in Altenberg folgende Hetzlosungen angeschmiert: »Freiheit – Ungarn ein Beispiel«,[8] »Raus mit den Russen«, »Es lebe Ungarn«.

Magdeburg: Am 31.10. und 1.11.1956 wurden in Halberstadt, in Wegenstedt, Kreis Haldensleben, und in Stendal an Mauern und Bäumen die Losungen »Russki go home«, »Deutsche in der Ostzone! Greift zu den Waffen!«, »Es lebe der Freiheitskampf in Ungarn« angeschrieben.

Rostock: In Ahrenshagen, [Kreis] Ribnitz[-Damgarten], wurde am 31.10.1956 an der öffentlichen Anschlagtafel die Losung »Nieder mit der SED« angeschrieben.

Flugblätter

Magdeburg: Im Kreis Gardelegen wurden ca. 10 000 Hetzschriften verstreut aufgefunden. Es handelt sich um Flugblätter der NTS,[9] der Zope[10] und des SPD-Ostbüros,[11] in welchen zu aktiven Aktionen nach ungarischem Vorbild aufgerufen wird. Am 31.10.1956 wurden im Raum Hillersleben/Colbitz und

8 Hier geht es um den Volksaufstand in Ungarn, der am 23.10.1956 mit Demonstrationen in Budapest begann, die sich in den folgenden Tagen auf das ganze Land ausweiteten. Bereits am Abend des 23.10. bat Parteichef Ernő Gerő die sowjetische Armee um Hilfe. Am 24.10. wurde die Forderung der Demonstranten nach der Berufung des reformorientierten Kommunisten Imre Nagy zum Ministerpräsidenten erfüllt, am 25.10. wurde Parteichef Gerő durch Janos Kádár ersetzt. Zeitgleich kam es zu Angriffen auf die Demonstranten, bei denen etwa 200 Personen getötet wurden. Vgl. dazu u. a. Varga, László: Der Fall Ungarn. Revolution, Intervention, Kádárismus. In: Engelmann, Roger; Großbölting, Thomas; Wentker, Hermann (Hg.): Kommunismus in der Krise. Die Entstalinisierung 1956 und die Folgen. Göttingen 2008, S. 127–136.

9 Der Narodno-Trudowoj Sojus (NTS), deutsch: Volksarbeitsbund, war eine seit 1930 bestehende russische Emigrantenorganisation, deren »geschlossener Sektor« streng konspirativ organisiert gegen die Sowjetunion arbeitete. Dabei ging es vor allem um die Verbreitung von antikommunistischem Propagandamaterial. Zur Zielgruppe dieser Aktivitäten gehörten in der SBZ/DDR vor allem die Angehörigen der sowjetischen Truppen. Ab Ende der 1940er Jahre wurde der NTS insbesondere von US-amerikanischen Geheimdienststellen unterstützt und angeleitet. Vgl. Stöver, Bernd: Die Befreiung vom Kommunismus. Amerikanische »Liberation Policy« im Kalten Krieg 1947–1991. Köln u. a. 2002, S. 318–331.

10 Die ZOPE (Zentralnoje Objedinjenije Poslewoennych Emigrantow, deutsch etwa: Zentralverband der Nachkriegsemigranten) war eine im November 1952 in München durch das US-amerikanische Office of Policy Coordination (OPC) gegründete russische Exilgruppe. Die ZOPE unterhielt enge Kontakte zum NTS, zu den Ostbüros der westdeutschen Parteien und zur Vereinigung politischer Ostflüchtlinge (VPO). Hauptaktivität der ZOPE, die u. a. vom Gesamtdeutschen Ministerium der Bundesrepublik Deutschland finanziert wurde, war die Verbreitung von Flugblättern, die mittels Ballons in die DDR geschickt wurden. Vgl. Stöver, Bernd: Die Befreiung vom Kommunismus. Amerikanische »Liberation Policy« im Kalten Krieg 1947–1991. Köln u. a. 2002, S. 331–334.

11 Das Ostbüro der SPD wurde 1946 zur Unterstützung der von der Zwangsvereinigung betroffenen ostdeutschen Sozialdemokraten gegründet. Zu seinen Aufgaben gehörten Flüchtlingsbetreuung, Informationsbeschaffung und das Einschleusen von Informations- und Propagandamaterialien in die SBZ/DDR. Vgl. Buschfort, Wolfgang: Das Ostbüro der SPD. Von der Gründung bis zur Berlin-Krise. München 1991.

Angern/Rogätz, Kreis Wolmirstedt, von einem Flugzeug Hetzschriften abgeworfen. Insgesamt wurden ca. 20 000 Flugblätter (NTS) in sechs verschiedenen Ausführungen aufgefunden. Inhalt: Volksaufstand in Ungarn.

Berlin: Am 1.11.1956, gegen 17.00 Uhr, wurden auf dem Bahnhof Zoo durch den Dienstvorsteher einige Gepäckstücke kontrolliert, die schon einige Zeit in der Gepäckaufbewahrung lagerten. In zwei großen Persilkartons wurden ca. 352 000 kleine Hand- und Klebezettel in dreißig verschiedenen und bekannten Sorten gefunden.

Potsdam: In Potsdam-Babelsberg wurden am 31.10.1956 16 selbstgefertigte Hetzschriften verbreitet. Inhalt: »Fordert freie Wahlen«, »Russenschweine raus«, »Ulbricht – an den Galgen, dann wird es besser werden«,[12] »SED nach Moskau – frei wollen wir sein«, »Ungarn gibt das Beispiel, wie es wird möglich sein«.

Hetzbriefe

Karl-Marx-Stadt: Im Kreis Reichenbach werden mit Schreibmaschine geschriebene Briefe verschickt. Inhalt: »Es lebe die Ungarische Befreiungsfront. Seid wachsam, auch für uns wird die Stunde der Befreiung kommen. Hört die Sender des freien Westens. Unseren ungarischen Brüdern schlagen unsere Herzen. Denkt daran, freiheitliches Blut fließt auch für uns.« Andere Briefe beinhalten: »Es lebe der Ungarische Befreiungskampf. Hört die freien Sender des Westens. Denkt daran, Freiheitsblut fließt auch für uns. Seid wachsam für ein einheitliches Vaterland.« | Komitee für Frieden und Freiheit

Gerüchte

Suhl: In der Hofabteilung des VEB Porzellanwerk Neuhaus-Schierschnitz, [Kreis] Sonneberg, wurde erklärt, dass in Ungarn ca. 150 000 junge Genossen den Austritt aus der Partei erklärt haben.

Halle: In Ballenstedt, [Kreis] Quedlinburg, wird verbreitet, wer in den Volksdemokratien nicht so wollte wie die »Russen« müsste sterben. Z. B. Gottwald,[13] Bierut[14] und selbst Wilhelm Pieck wäre krank gewesen, da er aber noch rechtzeitig umgeschwenkt habe, wäre er am Leben geblieben.

Berlin: Ein Angestellter der Invest-Bauleitung/Oberbau der Reichsbahndirektion Berlin verbreitete: »Das ZK der SED ist gespalten. Der stalinisti-

12 Losung mit Bleistift unterstrichen und am Rand doppelt markiert.

13 Klement Gottwald, Jg. 1896, tschechischer kommunistischer Politiker, 1948–53 als Staatspräsident stalinistischer Diktator der ČSR. Gottwald starb wenige Tage nach seiner Rückkehr von den Begräbnisfeierlichkeiten Stalins am 14.3.1953 eines natürlichen Todes.

14 Bolesław Bierut, Jg.1892, polnischer kommunistischer Politiker, 1948–56 1. Sekretär bzw. Generalsekretär der PVAP und 1952–56 Ministerpräsident der VR Polen. Bierut galt als treuer Anhänger Stalins und um ihn wurde ein ähnlicher Personenkult betrieben. Bierut nahm als Gast am XX. Parteitag der KPdSU teil; nachdem er Chruschtschows Geheimrede gehört hatte, erlitt er einen Herzanfall und verstarb am 12.3.1956 in Moskau. Nach seinem Tod verbreiteten sich Gerüchte, er wäre als Gegner der Entstalinisierung ermordet worden.

sche Flügel wird von Walter Ulbricht und Matern[15] geführt. Der andere Flügel, geführt von Fred Oelßner,[16] Heinrich Rau,[17] Willi Stoph[18] und Otto Grotewohl fordert den Rücktritt Ulbrichts, aber auf friedliche Weise, er soll in Urlaub geschickt werden.«

Westberlin: Kundgebung der VOS,[19] der Liga für Menschenrechte[20] und der Arbeitsgemeinschaft 17. Juni[21] in den Cäzilienfestsälen[22] in Westberlin. Die Versammlung war von ca. 450 Personen besucht. Es hatte den Anschein, als ob an dieser Versammlung nur Mitglieder der sogenannten Liga für Menschenrechte und der sogenannten Opfer des Stalinismus teilnahmen. Zu Beginn der Versammlung zog eine Gruppe von ungarischen Emigranten in den Saal ein, die von den Anwesenden stürmisch begrüßt wurde. Die Versammlung eröffnete ein ungarisches Jurnal [sic!]. Dann ergriff R. Hildebrand[23] das Wort und erklärte, dass die Aufständischen die Lage in Budapest beherrschen würden, und dass die SU sich nun bereit erklärt habe die Truppen aus Ungarn abzuziehen. Für Deutschland würde daraus die Aufgabe entstehen, die Losung »Ostzone erwache« aufzustellen.

Besondere Vorkommnisse

Der deutsche Freiheitssender 904 brachte in seinen Nachrichten am 1.11.1956 um 21.30 Uhr und 22.00 Uhr, dass an der Grenze der DDR 100 000

15 Hermann Matern, Jg. 1893, SED-Politiker, 1948–71 Vorsitzender der ZPKK der SED, 1950–71 Mitglied des Politbüros des ZK der SED, 1949–71 Abgeordneter und 1954–71 erster Stellvertreter des Präsidenten der Volkskammer.

16 Fred Oelßner, Jg. 1903, SED-Politiker, 1950–58 Mitglied des Politbüros des ZK der SED, 1950–56 Chefredakteur der maßgeblichen theoretischen Zeitschrift der SED »Einheit«.

17 Heinrich Rau, Jg. 1899, SED-Politiker, 1950–61 Mitglied des Politbüros des ZK der SED, 1955–61 Minister für Außenhandel und Innerdeutschen Handel.

18 Willi Stoph, Jg. 1914, SED-Politiker, 1953–89 Mitglied des Politbüros des ZK der SED, 1956–60 Minister für Nationale Verteidigung der DDR.

19 Die Vereinigung der Opfer des Stalinismus (VOS) wurde 1950 in Westberlin gegründet. Sie betreut vormals in sowjetischen Lagern und Haftanstalten inhaftierte sowie kriegsgefangene Deutsche und setzt sich für die Aufarbeitung der diktatorischen Herrschaft primär in der DDR ein.

20 Gemeint ist vermutlich die Deutsche Liga für Menschenrechte, die 1914 als Bund Neues Vaterland gegründet, 1922 in Deutsche Liga für Menschenrechte umbenannt, 1933 verboten und 1949 als Deutsche Liga für Menschenrechte e.V. (DLfM) wiedergegründet wurde.

21 Die Arbeitsgemeinschaft 17. Juni wurde im Juni 1954 unter Federführung des Verbandes der Heimkehrer aus etwa 40 Verbänden, Vereinen und Parteien aus dem gesamten politischen Spektrum gebildet, um gemeinsame Kundgebungen zur Erinnerung an den Volksaufstand vom 17. Juni 1953 zu veranstalten. Vgl. Meyer, Christoph: Die deutschlandpolitische Doppelstrategie. Wilhelm Wolfgang Schütz und das Kuratorium Unteilbares Deutschland (1954–1972). Landsberg am Lech 1997, S. 145 f.

22 Gemeint ist vermutlich der Cäciliensaal am Nikolsburger Platz im Bezirk Wilmersdorf.

23 Im Original: »Hildebrand«. Rainer Hildebrandt, Jg. 1914, Historiker und Publizist, 1948 Mitgründer und bis 1951 Leiter der Kampfgruppe gegen Unmenschlichkeit (KgU).

amerikanische Soldaten und ca. 1000 Panzer stationiert sind und es sich um kein Manöver handelt.[24]

Magdeburg: Am 1.11.1956, um 0.15 Uhr, fand auf dem Bahnhof Roßlau Gleis 4 eine Flankenfahrt zwischen zwei Lokomotiven statt. Es handelt sich um eine Rangierlok und eine 41-er Lok. Der Schaden beträgt 2000 DM. Ursache: Der Stellwärter erteilte der Rangierlok den Fahrauftrag, obwohl er sich nicht von der richtig gelegenen Fahrstraße überzeugte.

Am 31.10.1956 wurde eine Luftraumverletzung im Kreis Salzwedel/ Grenzgebiet Grabenstedt durch ein zweimotoriges Flugzeug (Düsenbomber) unbekannter Nationalität festgestellt. Die Flugrichtung ging weiter nach dem Kreis Seehausen. Am 1.11.1956 wurde im Kreis Salzwedel eine Grenzverletzung durch ein amerikanisches Düsenflugzeug festgestellt. Nach kurzer Zeit wurden ca. 100 Flugblätter des SPD-Ostbüros mit der Schlagzeile »Freiheit marschiert« festgestellt.

Dresden: Am 1.11.1956, um 9.17 Uhr, fuhr der von Großenhain kommende Güterzug mit Personenbeförderung 15510 auf Bahnhof Priestewitz den Durchgangsgüterzug 19375 in die Flanke. Sachschaden: ca. 67000 DM. Ursache: Der Güterzug mit Personenbeförderung erhielt am Einfahrtssignal B des Bahnhofes Priestewitz »Halt«. Nachdem der Zugführer des GmP den »Vorsichtsbefehl zur Einfahrt in besetztes Gleis« erhalten hatte, gab er dem Lokpersonal den Auftrag, ohne die eigentliche Einfahrt abzuwarten, in den Bahnhof einzufahren. Der Zugführer und das Lokpersonal hatten ungenügende Kenntnis der Fahrdienstvorschrift, nach der sie trotz Vorsichtsbefehl nicht am haltzeigenden Einfahrtssignal vorbeifahren dürften.

Am 31.10.1956 wurde im Pionierpalast Walter Ulbricht[25] ein Einbruchdiebstahl verübt. Die Täter entwendeten aus einer Glasvitrine verschiedene Plakate aus der Kampfzeit der KPD.

Karl-Marx-Stadt: Durch einen Arbeiter vom Gaswerk Karl-Marx-Stadt wurde am 30.10.1956 ein Originalbehältnis für 25 Sprengkapseln mit einem Inhalt von 17 Sprengkapseln unter den Kohlen des Gaswerkes gefunden.

Erfurt: Am 1.11.1956, um 19.00 Uhr, entgleisten auf dem Bahnhof Bad Liebenstein bei Einfahrt in die Weiche 3 der Personenzug 494, ein Wagen mit vier Achsen und zwei Wagen mit zwei Achsen. Ursache: Vorzeitige Auflösung der Fahrstraße. Strecke gesperrt, Tote und Verletzte keine.

24 Der Deutsche Freiheitssender 904 (DFS 904) war ein von Ostberlin aus agierender Propagandasender, dessen Programm anlässlich des KPD-Verbots in der Bundesrepublik im August 1956 startete. Der Hörfunksender sollte den Eindruck erwecken, als würde er illegal von der Bundesrepublik aus senden. Im Zeichen der Entspannungspolitik wurde der Sendebetrieb 1971 eingestellt. Vgl. Senne, Christian: Der Deutsche Freiheitssender 904. Die Stimme der KPD von 1956–1971. In: Kulturation. Online Journal für Kultur, Wissenschaft und Politik, Nr. 1/2004.

25 Der Pionierpalast »Walter Ulbricht« war eine 1951 im Schloss Albrechtsberg in Dresden eingerichtete Freizeiteinrichtung für Kinder.

Berlin: Gegen 21.00 Uhr stellte eine Polizeistreife in der Luisenstraße – Volkskammergebäude – fest, dass sehr starker Rauch aus den Kellerfenstern des Volkskammergebäudes kam.[26] Durch sofortiges hinzuziehen wurde festgestellt, dass die seit einigen Tagen im Keller lagernden 20 Tonnen Kohle sich selbst entzündet hatten. Durch Öffnen der Lüftungsklappen drang noch mehr Frischluft in den Keller, wodurch die Kohle noch mehr zu schwelen begann. Die Rauchentwicklung war so stark, dass sogar das ganze Haus, sogar der Plenarsaal, voll Rauch war. Feuerwehr und Brandschutzkommission gelang es gegen 24.00 Uhr mit Spezial-Saugvorrichtungen den Rauch abzuziehen und die Brandherde zu beseitigen. Auch die Feuerwehr stellte als Ursache Selbstentzündung fest.

26 Von 1950 bis 1976 tagte die Volkskammer der DDR im Langenbeck-Virchow-Haus in der Luisenstraße im Berliner Bezirk Mitte.

2. November 1956

Information Nr. 300/56 – Betrifft: Lage in der Deutschen Demokratischen Republik (2.11.1956, 8.00 bis 17.00 Uhr, eingegangenes Material)

Quelle: BStU, MfS, AS 84/59, Bl. 94–115 (1. Expl.: zurückgegebenes Wollweber-Exemplar).
Serie: Informationen.
Verteiler: Stoph, Grotewohl, Ulbricht, Matern, Schirdewan, Ebert, Oelßner, Leuschner, Mückenberger, Neumann, Honecker, Wandel, Ziller, Hager, Norden, KGB Berlin-Karlshorst (»Freund«) – MfS: Wollweber, Mielke, Last, Markus Wolf, Walter, Beater, Joseph Gutsche, Gartmann, Carlsohn, SED-KL im MfS, Abt. Agitation, HA II, HA V, Abt. X, HA XIII, HA III (Hofmann), HA III (Kleine), HA III (Weidauer), HA PS, Abt. VII, Ablage.
Anlage: Lage an den Hochschulen.

I. Lage in der Industrie

Dresden: Am 29.10.1956 wurde auf der Baustelle Klotzsche Dresden, Objekt 16, in einem – über der Telefonzentrale gelegenen Raum ein Waschbecken verstopft und der Hahn aufgedreht. Der Raum selbst war abgeschlossen. Im Straßenbahnhof Dresden-Mickten herrscht große Unzufriedenheit unter den Beschäftigten. *Ursache:* In einer Gewerkschaftsversammlung wurde versprochen die Prämiengelder spätestens bis 15.10.1956 auszuzahlen. Am 30.10.1956 war die Auszahlung immer noch nicht erfolgt. Im VEB Tabak-Union Dresden, Abteilung Dreherei, fand am 26.10.1956 eine illegale Zusammenkunft statt. Die Teilnehmer (Namen bekannt) brachten dabei zum Ausdruck, dass sie mit dem Regime in der DDR nicht einverstanden sind. Im VEB Tabak- und Industriemaschinen Dresden, Abteilung Klempnerei (ca. 30 Beschäftigte), ist seit vergangener Woche im starken Umfang Feindtätigkeit festzustellen. Parteilose und aus der SED ausgeschlossene Personen hetzen im Zusammenhang mit den Ereignissen in Ungarn unter den Beschäftigten.[1] Ihre Argumente sind:

1 Der Volksaufstand in Ungarn begann am 23.10.1956 mit Demonstrationen in Budapest, die sich in den folgenden Tagen auf das ganze Land ausweiteten. Bereits am Abend des 23.10. bat Parteichef Ernő Gerő die sowjetische Armee um Hilfe. Am 24.10. wurde die Forderung der Demonstranten nach der Berufung des reformorientierten Kommunisten Imre Nagy zum Ministerpräsidenten erfüllt, am 25.10. wurde Parteichef Gerő durch Janos Kádár ersetzt. Zeitgleich kam es zu Angriffen auf die Demonstranten, bei denen etwa 200 Personen getötet wurden. Am 30.10. bildete Nagy eine Mehrparteienregierung und am 1.11. erklärte er die Neutralität Ungarns und den Austritt aus dem Warschauer Pakt. Vgl. dazu u. a. Varga, László: Der Fall Ungarn. Revolution, Intervention, Kádárismus. In: Engelmann, Roger; Großbölting, Thomas; Wentker, Hermann (Hg.): Kommunismus in der Krise. Die Entstalinisierung 1956 und die Folgen. Göttingen 2008, S. 127–136.

- W. Ulbricht müsste, da er ein Hemmnis unserer Entwicklung sei, beseitigt werden.
- Die DDR und die Volksrepubliken wären keine souveräne Staaten, sondern Befehlsempfänger Moskaus.
- Keine Neuerer-Methoden,[2] diese seien bolschewistisch.

In einer HO-Gaststätte in Altenberg, [Kreis] Dippoldiswalde, äußerte sich ein Arbeiter während der Nachrichtenübertragung im faschistischen Sinne. Als er daraufhin von einem älteren Arbeiter aufgefordert wurde diese Reden zu unterlassen, verfolgte er diesen älteren Arbeiter auf dem Nachhauseweg und schlug ihn nieder. An dieser Schlägerei beteiligten sich noch zwei Arbeiter der Bau-Union Altenberg, sodass der niedergeschlagene Arbeiter ärztliche Hilfe in Anspruch nehmen musste.

Rostock: In der Neptun-Werft Rostock, Abteilung Feinblechschlosserei, wurden in den letzten Tagen sehr negative Diskussionen über den neuen Lohngruppenkatalog geführt.[3] Ein Meister, der mit den Beschäftigten darüber diskutieren wollte, wurde beschimpft. Gleiche Diskussionen wurden auch aus anderen Abteilungen bekannt. In der Hellingmontage der Neptun-Werft fordern die Schiffbauer 18 Tage Urlaub. In der Warnow-Werft Warnemünde sind die Schlosser unzufrieden über die schlechte Arbeitslage. Während dieser Woche werden 150 Schlosser ohne Arbeit sein und Wartestunden schreiben müssen.

Neubrandenburg: Im privaten Maschinenbaubetrieb Rogge, Neustrelitz, werden in letzter Zeit von konzentrierten Kräften verstärkt feindliche Diskussionen geführt. Aufgrund der Vorfälle in Ungarn wird davon gesprochen, dass Gleiches auch in der DDR erfolgen müsste. Dem BGL-Vorsitzenden

2 Die sogenannte Neuererbewegung war »Bestandteil des vom FDGB zu organisierenden sozialist[ischen] Wettbewerbs und sollte zur Steigerung der volkswirtschaftlichen Produktivität beitragen, indem Arbeiter, Angestellte und Angehörige der technischen Intelligenz dazu angeregt wurden, außerhalb ihrer regulären Arbeitszeit […] innovative Vorschläge zur Verbesserung oder Neuentwicklung von Arbeitsmitteln, Arbeitsmethoden und Arbeitsabläufen auszuarbeiten und dabei im Interesse des wissenschaftlich-technischen Fortschritts über die Statusgruppen hinweg eng zusammenzuwirken«. Die Neuerermethode ist eine Arbeitsmethode, die im Rahmen der Neuererbewegung entwickelt wurde. Vgl. Sattler, Friederike: Neuererbewegung. In: FDGB-Lexikon. Funktion, Struktur, Kader und Entwicklung einer Massenorganisation der SED (1945–1990). Hg. v. Dowe, Dieter; Kuba, Karlheinz; Wilke, Manfred. Bearb. v. Kubina, Michael. Berlin 2009 http://library.fes.de/FDGB-Lexikon (7.3.2011).

3 Wirtschaftszweig-Lohngruppenkataloge (WLK) waren Kataloge von Tätigkeitsmerkmalen zur Einstufung von Produktionsarbeitern der verschiedenen Wirtschaftszweige in unterschiedliche Lohngruppen. Sie wurden zentral erlassen und laufend an die wirtschaftlich-technische Entwicklung angepasst. Vgl. Sattler, Friederike: Wirtschaftszweig-Lohngruppenkatalog (WLK). In: FDGB-Lexikon. Funktion, Struktur, Kader und Entwicklung einer Massenorganisation der SED (1945–1990). Hg. v. Dowe, Dieter; Kuba, Karlheinz; Wilke, Manfred. Bearb. v. Kubina, Michael. Berlin 2009 http://library.fes.de/FDGB-Lexikon (2.11.2015).

wurde gedroht, dass er sehr kommunistisch sei und dafür eines Tages gehängt werden könnte.

Gera: Im VEB Ernst-Thälmann-Werk Saalfeld werden in letzter Zeit die Mitglieder der SED mit »verdammtes Kommunistenpack« beschimpft. Gleichzeitig herrscht Unzufriedenheit über die Löhne. Außerdem lehnen die Arbeiter die Form der Ausübung politischer Funktionen durch die dortigen Funktionäre ab, die »nur schön reden« würden. Im VEB Stockfabrik Bürgel Eisenberg verhalten sich die Arbeiter ablehnend gegenüber Wettbewerben und drohen mit »gleicher Situation wie in Ungarn und Polen«.[4] Im VEB Keramische Werke Hermsdorf herrscht Unzufriedenheit über die Einführung neuer TAN[5] im Zusammenhang mit der Durchführung einer neuen Arbeitsweise, da sich diese nachteilig auf den Lohn auswirken.

Potsdam: Im VEB Kunstseidenwerk Premnitz fordern die Arbeiter der Spinnerei umgehend die Durchführung einer Versammlung, in der über die Ereignisse in Ungarn näher erläutert werden soll. [sic!] Im Betrieb ist die Meinung weit verbreitet, dass die Meldungen der Presse über Ungarn sowie über das Verhältnis der Werktätigen der DDR zur Regierung und SED nicht den Tatsachen entsprechen. Die Parteileitung des Bertriebes lässt sich nicht in den einzelnen Abteilungen sehen. Die Moral der Kampfgruppenmitglieder ist zzt. äußerst schlecht.[6] Zu der am 29.10.1956 angesetzten Zusammenkunft waren von 110 Mitgliedern (SED) nur drei anwesend.

4 Nach der Niederschlagung des Posener Arbeiteraufstandes Ende Juni 1956 blieb die innenpolitische Situation in Polen instabil und in der Bevölkerung zeigte sich eine zunehmend antisowjetische Stimmung. Um die Situation zu beruhigen, setzte der reformorientierte Flügel der PVAP eine Umbildung der Parteiführung durch; am 21.10. wurde der 1948 abgesetzte und 1951 inhaftierte ehemalige Parteichef Władysław Gomułka zum Ersten Sekretär der PVAP gewählt, während die Vertreter des stalinistischen Flügels nicht mehr ins Politbüro gewählt wurden. Die Wahl Gomułkas stieß auf enthusiastische Reaktionen in der Bevölkerung, die in einer Demonstration mit etwa 500 000 Teilnehmern am 24.10. in Warschau gipfelten. Im Anschluss daran kam es im November 1956 in vielen Städten Polens zu Demonstrationen und zu Angriffen auf sowjetische Einrichtungen. Vgl. dazu Kramer, Mark: Soviet-Polish Relations and the Crises of 1956. Brinkmanship and Intra-Bloc Politics. In: Engelmann, Roger; Großbölting, Thomas; Wentker, Hermann (Hg.): Kommunismus in der Krise. Die Entstalinisierung 1956 und die Folgen. Göttingen 2008, S. 61–126, hier 89–124.

5 Technisch-begründete Arbeitsnormen (TAN) waren verbindliche Arbeitsnormen, die die Höhe des Arbeitszeitaufwandes in Betrieben unter Berücksichtigung der technischen und organisatorischen Rahmenbedingungen sowie der erforderlichen Qualifikation des jeweiligen Arbeiters für eine bestimmte, abgrenzbare Arbeit festlegten. Sie wurden von speziell ausgebildeten Arbeitsnormern (Sachbearbeitern) entwickelt und sollten den rationellen Einsatz und eine leistungsgerechte Entlohnung menschlicher Arbeit ermöglichen. TAN wurden seit dem ersten Fünfjahrplan (1951–1955) als Ersatz für die lediglich auf Erfahrungswerten beruhenden vorläufigen Arbeitsnormen vermehrt eingeführt. Vgl. Sattler, Friederike: Technisch-begründete Arbeitsnorm (TAN). In: FDGB-Lexikon. Funktion, Struktur, Kader und Entwicklung einer Massenorganisation der SED (1945–1990). Hg. v. Dowe, Dieter; Kuba, Karlheinz; Wilke, Manfred. Bearb. v. Kubina, Michael. Berlin 2009 http://library.fes.de/FDGB-Lexikon (23.10.2014).

6 Die »Kampfgruppen der Arbeiterklasse« waren eine im Sommer 1953 auf Beschluss der

Im VEB Brandenburger Traktorenwerke wurden in letzter Zeit in allen Produktionsabteilungen Kurzversammlungen zur Erläuterung der internationalen Lage durchgeführt. In den Abteilungen Kurbelgehäusenstraße, Motoren- und Getriebebau nahmen diese Versammlungen durch das provokatorische Auftreten, besonders Jugendlicher, einen negativen Verlauf. Als Forderungen wurden u. a. gestellt:

- Freie Wahlen durchführen,
- Revidierung der Oder-Neiße-Grenze.

Im LEW Hennigsdorf, [Kreis] Oranienburg, ist seit einigen Tagen festzustellen, dass sich die ca. 35 Angehörigen der Abteilung Ziviler Wachschutz bereits um andere Arbeit bemühen. Zurückzuführen sind diese Erscheinungen auf die Diskussion eines VP-Offiziers, dass die Abteilung Ziviler Wachschutz aufgelöst würde.

Im VEB Reglerwerk Teltow[7] wird im Zusammenhang mit der Unterbrechung des Straßenbahnverkehrs für einige Stunden das Gerücht verbreitet, dass der Ausfall mit einem Streik zusammenhängt, denn die Sektorengrenze Teltow-Seehof sei auch schon geschlossen.

Erfurt: Im VEB Schlepperwerk Nordhausen wird schon seit einigen Wochen nicht mehr richtig gearbeitet infolge laufender Stromsperren. Die Exportaufträge können nicht erfüllt werden, die Stimmung ist äußerst schlecht. Es wird die Meinung vertreten (auch im Grenzgebiet), dass es in Kürze zu einem Zusammenbruch oder einem Krieg kommt. Letzterer Verdacht wird auch damit begründet, dass an der Grenze (auf westlicher Seite) Truppen zusammengezogen werden.

Berlin: Im BW Berlin-Schöneweide wird unter den dort beschäftigten Eisenbahnern und dem aus anderen Bezirken kommenden Lok- und Heizerpersonal eine starke Flüsterpropaganda betrieben, die darin besteht, dass Personen mit Vorstrafen erklären, wenn ein Regierungswechsel kommen sollte, würden dieselben ein Alibi für ihre DDR-Feindtätigkeit besitzen. In Westberlin wohnende Eisenbahner hetzen gegen die DDR. Im Funkwerk Köpenick bezeichnen die Angehörigen der Intelligenz den durchgeführten Appell der Kampfgruppen als eine Provokation. In den Betrieben der BVG – Straßenreinigung und Müllabfuhr – ist eine Bewegung vorhanden, Tarif- und Urlaubsfragen zu behandeln, um Provokationen anzuzetteln.

Karl-Marx-Stadt: Im Gasthof »Hohe Tanne« Freiberg erklärten mehrere Arbeiter: »In Ungarn sind so viele Menschen ums Leben gekommen. Man müsste auch bei uns die Russen wie in Ungarn hinaustreiben. Um Verluste

SED gegründete paramilitärische Organisation von Beschäftigten in Großbetrieben, VEG, LPG, MTS und staatlichen Verwaltungen. Vgl. Siebeneichner, Tilmann: Proletarischer Mythos und realer Sozialismus. Die Kampfgruppen der Arbeiterklasse in der DDR. Köln u. a. 2014.

7 Vollständig: VEB Geräte- und Reglerwerk Teltow (GRW).

zu vermeiden, müsste ein Sitzstreik durchgeführt werden. Auch bei uns steht der Zeiger kurz vor 12. Man wartet nur noch auf das Signal.«

II. Versorgung

Berlin: Im Bezirk Blankenburg/Pankow[8] wurden am 29.10.1956 Angsteinkäufe festgestellt. Gefragt waren besonders Mehl, Zucker und Brot.

In der Abteilung Auslandsverbindung/Staatliches Rundfunkkomitee wurde die Meinung vertreten, dass in verschiedenen Bezirken, wie Halle, Erfurt und Rostock, Lebens- und Genussmittel nicht ausreichend vorhanden seien. Angeblich soll dieser Mangel unter der Bevölkerung erregte Diskussionen ausgelöst haben. Diese Mitteilung soll aus den Studios dieser Bezirke nach Berlin gelangt sein.

In einer Straßenbahn der Linie 84 erklärten zwei Frauen, dass sie durch den RIAS über die Lage in Ungarn informiert worden seien und dass sie sich jetzt genug Lebensmittel kaufen müssten, damit sie – wenn es losginge – wenigstens genug zu Essen hätten.

Bei einem Einkauf auf dem Wochenmarkt Prenzlauer Berg wurde von zwei Hausfrauen folgendes Gespräch geführt: »Die Situation ist sehr gespannt. Wir müssen jetzt einkaufen, um uns mit Lebensmitteln zu versorgen, denn es geht bald wieder los. Die Polizei hat schon Alarmstufe I.« Weiter erklärten sie, dass die Hausvertrauensleute aufgefordert worden wären, schon am 26.10.1956 die Lebensmittelkarten abzuholen, sei ein Zeichen, wie ernst die Lage sei. Der Magistrat wolle die Karten los sein, damit sie nicht an einer Stelle lägen und bei einem Überfall nicht in unrechte Hände kämen.

Ein Ehepaar, dass bei Verwandten in Cottbus zu Besuch weilte, erzählte, dass in der Zeit vom 26.10. bis 28.10.1956 die Versorgung mit HO-Butter, Eiern und Margarine in Cottbus sehr schlecht gewesen sei. Sie wären von einem HO-Geschäft zum anderen gelaufen, ohne diese Waren zu erhalten.

III. Landwirtschaft

Potsdam: In Friedersdorf,[9] [Kreis] Neuruppin, diskutierten einige Großbauern, dass nun auch in der DDR bald ein Umsturz zu erwarten sei. Die »Zwangswirtschaft« in der Landwirtschaft sei kein normaler Zustand.

Neubrandenburg: Bei einer Aussprache, die ein Instrukteur des FDGB mit dem Betriebsleiter des VEG Fleethof, [Kreis] Ueckermünde, über die Kündigung des Betriebsleiters führte, erklärte dieser, er habe deshalb gekündigt, weil er mit der Entlohnung der Landarbeiter nicht einverstanden gewesen sei. Im Verlaufe der Diskussion machte ein Landarbeiter dem Instrukteur den Vorschlang, einen Streik aller in den VEG Beschäftigten zu organisieren.

8 Blankenburg ist ein Ortsteil des Bezirks Pankow.

9 Ein Ort dieses oder eines ähnlichen Namens ließ sich im Kreis Neuruppin nicht ermitteln. Möglicherweise ist Friedenshorst (bis 1950 und ab 1990 Köngishorst) gemeint.

Der Vorschlag wäre deshalb gemacht worden, weil die Landarbeiter verärgert seien und sie bei der Aufhebung der Ortsklassen 3 und 4 nicht berücksichtigt worden wären.[10] Die gleichen Diskussionen wurden einige Tage später auf dem VEG Ferdinandshof, [Kreis] Ueckermünde, geführt. Ein Angestellter sagte: »Die Stimmung der Arbeiter in Fleethof war so, dass diese streiken wollten. Aber dann müssten sie alle die gleiche Linie vertreten. Dann würden die da ›Oben‹ schon merken, dass es die Landarbeiter ernst meinen.« Im VEG Ferdinandshof sind auch die Lehrlinge wegen der Entlohnung unzufrieden. Mehrere wollen kündigen und in der Industrie arbeiten. Ursache: Alle wurden in die Lohngruppe 4 eingestuft, obwohl sie in die Lohngruppe 5 eingestuft werden müssten.[11]

Magdeburg: In der LPG Dahlke,[12] [Kreis] Osterburg, wird im Zusammenhang mit den Ereignissen in Ägypten[13] die Ansicht vertreten, dass sich der Krieg weiter ausbreiten würde. Einige Mitglieder unterhielten sich darüber, wer von der LPG wohl zuerst aufgehängt würde.

Rostock: Im VEAB Greifswald hört die Fahrbereitschaft (SED-Mitglieder und Parteilose) gemeinsam den NWDR. Aus diesem Grunde wird dort in Verbindung mit der Rede des Ministers Stoph[14] wie folgt diskutiert: »Wenn Stoph sagt, keiner solle sich wagen, unsere Errungenschaften anzutasten, denn der würde durch unsere Volksarmee die entsprechende Antwort erhalten, so ist das nur Angstmacherei. Sehen wir doch die Ereignisse in Ungarn. Mit wehenden Fahnen lief die Volksarmee zu den Konterrevolutionären über. Die sollen sich hier nicht einbilden, dass so etwas bei uns nicht vorkommen würde.«

10 Durch das Ortsklassensystem sollten die Unterschiede in den Lebenshaltungskosten ausgeglichen werden; in Großstädten wurden höhere Tariflöhne gezahlt als in Mittel- und Kleinstädten sowie in ländlichen Gebieten. Es gab in der DDR zunächst vier Ortsklassen (A–D bzw. I–IV), zum 1.10.1956 wurden die niedrigen Ortsklassen C und D abgeschafft. Vgl. Beschluß über die Aufhebung der Ortsklassen C und D v. 13.9.1956. In: GBl. I 1956, S. 753 f.

11 Die Stunden- oder Monatslöhne für Lehrlinge auf Volkseigenen Gütern (VEG) ließen sich nicht ermitteln.

12 Ein Ort dieses oder eines ähnlichen Namens ließ sich im Kreis Osterburg nicht ermitteln.

13 Am 29. bzw. 31.10.1956 hatte mit dem Einmarsch israelischer Truppen in den Gazastreifen und auf die Sinai-Halbinsel sowie der Bombardierung ägyptischer Flughäfen durch die britische und französische Luftwaffe der Sueskrieg begonnen.

14 Willi Stoph, Jg. 1914, SED-Politiker, 1953–89 Mitglied des Politbüros des ZK der SED, 1956–60 Minister für Nationale Verteidigung der DDR. – Stoph hatte in einer Rede vor Arbeitern des VEB Maxhütte Unterwellenborn am 2.11.1956 u. a. Folgendes gesagt: »Durch die Geschlossenheit aller Parteien, die in der Nationalen Front vereinigt sind, durch die feste Verbundenheit der Werktätigen mit ihrer Nationalen Volksarmee werden alle Versuche konterrevolutionärer Elemente, das Leben und die Gesundheit, die Wohn- und Arbeitsstätten der Menschen in der DDR zu zerstören, vereitelt«. Vgl. Freundschaftstreffen Volksarmee – Arbeiter. Minister Willi Stoph sprach zu über 2000 Kumpeln der Maxhütte / Bürger der DDR fordern: Schluß mit dem Blutvergießen. In: ND v. 3.11.1956, S. 2.

Dresden: Am 29.10.1956 wurden in der LPG Wülknitz, [Kreis] Riesa, bei einem luftbereiften Anhänger alle vier Räder zerstochen.

Karl-Marx-Stadt: In einer Bauernversammlung in Irfersgrün,[15] [Kreis] Reichenbach, an der ca. 60 Personen teilnahmen, wurde übereinstimmend dahingehend diskutiert, »dass sie für den Sozialismus nichts übrig haben. Sie wüssten genau, dass die Bauern dadurch nur kaputtgemacht würden. Sie würden höchstens noch etwas dazu tun, um dieses bestehende System zu beseitigen.«

IV. Stimmung zu den Ereignissen in Polen und Ungarn

Die Aussprachen der führenden Politiker mit Arbeitern in den Betrieben werden weiterhin begrüßt. Viele Arbeiter sind aber der Meinung, dass diese Aussprachen nicht nur dann durchgeführt werden, wenn irgendetwas in der Luft liegt, sondern ständig. Weiterhin werden stark westliche Sender, hauptsächlich der österreichische Rundfunk gehört, weil dieser angeblich die wirklichen Vorgänge berichtet. Vielfach wird geäußert, Unruhen wie in Polen und Ungarn haben in der DDR keine Basis. Meistens wird diese Ansicht damit begründet, dass in der DDR eine starke Volkspolizei und Volksarmee besteht. Die Forderung nach Rücktritt des Genossen Ulbricht tritt häufiger auf. Die Diskussionen über die Möglichkeiten und Vermutungen eines Aufstandes in der DDR haben zugenommen. Neue Argumente:

- Der Sozialismus ist wohl richtig, aber der Weg dorthin müsste den einzelnen Völkern überlassen bleiben.
- »Wir müssen mehr die Entwicklung Jugoslawiens studieren und die Schlussfolgerungen daraus ziehen, denn in Jugoslawien sind derartige Überspitzungen und Fehler nicht vorgekommen.«
- Bei einem Aufstand in der DDR würden viele Angehörige unserer Volksarmee überlaufen.
- »Die Volksdemokratien sind russische Kolonien.«
- »In Ungarn hat bestimmt Tito[16] seine Hand im Spiel.«

Im Zusammenhang über die Ereignisse in Polen und Ungarn tritt in einigen Kreisen des Bezirkes Magdeburg die Diskussion auf, dass die Meldungen der Westpresse und Westsender über Streiks in Magdeburg doch der Wahrheit entsprochen hätten, da auch jetzt wieder die Presse und der Rundfunk der DDR versuchen, die Tatsachen in Polen und Ungarn abzuschwächen, entsprachen auch die Artikel über Magdeburg nicht der Wahrheit.[17]

15 Im Original: »Ifergrün«.

16 Josip Broz Tito, Jg. 1892, 1943–53 als Ministerpräsident und 1953–80 als Staatspräsident kommunistischer Diktator von Jugoslawien. Im Jahr 1948 war es zum Bruch zwischen Stalin und Tito gekommen; Chruschtschow verfolgte nach 1955 eine Politik der Wiederannäherung an Jugoslawien.

17 Seit Anfang Oktober 1956 war es in verschiedenen Magdeburger Großbetrieben zu Streikaktionen gekommen, u. a. im Ernst-Thälmann-Werk und im Georgi-Dimitroff-Werk. Erst-

V. Feindtätigkeit

Flugblattverbreitung

Karl-Marx-Stadt
- Am 31.10.1956 wurden in Thum, [Kreis] Zschopau, sieben selbstgefertigte Hetzblätter (5×3 cm) gefunden. Inhalt: »Es lebe der Freiheitskampf in Ungarn.«
- Am 1.11.1956 wurde in Hochmannsdorf[18] in der Nähe der Omnibushaltestelle ein Hetzzettel mit folgendem Text festgestellt: »Es lebe die Freiheit, es leben die tapferen Ungarn. Die Deutschen fordern: Weg mit dem Stalinist Ulbricht, weg mit dem Verräter der SPD Grotewohl,[19] – weg mit diesen Wahlfälschern, Demagogen und Russenknechten. Wir fordern freie und geheime Wahlen und Wiedervereinigung Deutschlands.« Der Hetzzettel war mit Maschine geschrieben.
- Am 31.10.1956 wurde ein Hetzzettel gleichen Inhalts in Oberlungwitz,[20] [Kreis] Hohenstein[-Ernstthal], gefunden.
- Am 31.10.1956 wurden in Thum, [Kreis] Zschopau, mit Kinderdruckkasten hergestellte Hetzschriften gefunden: »Es lebe der Freiheitskampf in Ungarn.«
- Am 1.11.1956 in Limbach ein Hetzzettel: »Es lebe die Freiheit, es leben die tapferen Ungarn. Die Deutschen fordern: Weg mit dem Stalinisten Ulbricht, weg mit dem Verräter der SPD Grotewohl. Weg mit diesen Wahlfälschern, Demagogen und Russenknechten. Wir fordern freie und geheime Wahlen und die Wiedervereinigung Deutschlands.«
- Am 30.10.1956 erhielten die BGL der VEB NEMA sowie der Schulleiter in Netzschkau Briefe folgenden Inhalts: »Es lebe die ungarische Befreiungsfront. Seid wachsam, auch für uns wird die Stunde der Befreiung kommen. Hört die freien Sender des Westens usw.« Unterschrift »Komitee für Frieden«.

mals wurde auch in den Westmedien darüber berichtet. (Siehe z. B. Arbeiter empörten sich. In: Telegraf v. 17.10.1956, S. 7; Zuspitzung in Magdeburg. Protestaktionen der Arbeiter – Vopo und SSD im Karl-Marx-Werk. In: Der Tag v. 18.10.1956, S. 1; SED-Sondersitzung über die Vorgänge in Magdeburg. In: Hamburger Abendblatt v. 19.10.1956.) Zur Presseberichterstattung in Ost und West und den Reaktionen der DDR-Bevölkerung darauf vgl. ausführlich Möbius, Sascha: Magdeburg und der Ungarnaufstand 1956 – die Kultur der Lüge. In: Hallische Beiträge zur Zeitgeschichte, Jg. 2007, Heft 17, S. 78–105.

18 Ein Ort dieses oder eines ähnlichen Namens ließ sich im Bezirk Karl-Marx-Stadt nicht ermitteln. Möglicherweise ist Hartmannsdorf im Kreis Karl-Marx-Stadt-Land, Hartmannsdorf im Kreis Zwickau-Land oder Hartmannsdorf im Kreis Werdau gemeint.

19 Otto Grotewohl, bis 1946 Vorsitzender der SPD in der SBZ, war einer der prominenten Befürworter einer Vereinigung von SPD und KPD zur SED gewesen.

20 Im Original: »Oberlunkwitz«.

- Am 1.11.1956 wurde in Gerzer,[21] [Kreis] Annaberg, an einer Haustür ein Bild der Kampfgruppen mit der handschriftlichen Unterschrift: »Rote SS« festgestellt.
- In Bärenstein, [Kreis] Annaberg, war an einer Bekanntmachungstafel ein Bild eines Sowjetsoldaten mit der Unterschrift: »Iwan dawai« angebracht.[22]
- Dem Einwohnermeldeamt Reichenbach wurde ein Brief mit Zeitungsausschnitten über die Ereignisse in Ungarn zugestellt, der die handschriftliche Aufforderung enthielt, die derzeitigen Verhältnisse in Reichenbach zu verändern.

Dresden

- In der Toilette der HO-Gaststätte »Weißes Roß« in Bautzen wurde am 30.10.1956 ein mit Maschine geschriebenes Hetzblatt mit folgendem Inhalt gefunden: »An die sogenannte Volksvertretung. Wo bleibt die Demokratisierung der DDR. Ihr habt ja sogar Angst vor euren eigenen Parteigenossen. Warum stört ihr die Radiosendungen der ganzen Welt – weil ihr Angst habt, dass die Arbeiter die wirkliche Wahrheit erfahren.«
- In Großenhain wurden am 29.10.1956 fünf Hetzzettel (mit Handdruckkasten hergestellt) gefunden. Text: »Es lebe der Freiheitskampf in Ungarn«. – »Wir fordern Abzug der Russen«. – »Weg mit der Regierung«. Am 31.10. wurden drei weitere Hetzzettel gleichen Inhalts gefunden.
- In Görlitz wurden am 29.10.1956 im Treppenflur des VEB Görlitzer Maschinenbau und in der 10. Grundschule zwei mit roter Tusche geschriebene Hetzzettel festgestellt. Inhalt: Verleumdungen und Beleidigungen unserer Regierung.
- Im Schuppen eines Mitarbeiters der SED-Kreisleitung Görlitz wurde am 31.10.1956 ein Hetzblatt mit folgender Aufschrift gefunden: »Deine Stunde hat bald geschlagen. Freiheit«.
- Bei dem stellvertretenden Vorsitzenden des Rates des Kreises wurde im Hausflur ein Flugblatt des SPD-Ostbüros angezweckt.[23] Ein weiteres wurde auf dem Fenstersims seiner Wohnung abgelegt.
- Am 29.10.1956 wurden in Miltitz, [Kreis] Meißen, zwei mit Buntstift geschriebene Hetzblätter gefunden. Text: »An alle aufrechten Deutschen.« Auf der Rückseite: »Iwan go home« und »Hinweg mit den Besatzungstruppen«.

21 Ein Ort dieses Namens ließ sich im Kreis Annaberg nicht ermitteln. Möglicherweise ist die Kleistadt Geyer gemeint.

22 »Iwan dawai« ist russisch und bedeutet etwa »Iwan, marsch!«.

23 Das Ostbüro der SPD wurde 1946 zur Unterstützung der von der Zwangsvereinigung betroffenen ostdeutschen Sozialdemokraten gegründet. Zu seinen Aufgaben gehörten Flüchtlingsbetreuung, Informationsbeschaffung und das Einschleusen von Informations- und Propagandamaterialien in die SBZ/DDR. Vgl. Buschfort, Wolfgang: Das Ostbüro der SPD. Von der Gründung bis zur Berlin-Krise. München 1991.

- Am 26.10.1956 und am 30.10.1956 wurden am Platz der Einheit in Dresden 37 selbstgefertigte Hetzzettel »Wir fordern freie Wahlen« festgestellt.
- An einer Tafel der Baustelle Zentralschule Miltitz, [Kreis] Meißen, wurde am 31.10.1956 ein handgeschriebenes Flugblatt aufgefunden. Inhalt: »Seht euch die Polen und Ungarn an, die haben erkannt, um was es geht. Dreht die Gewehre um.«
- Am 30.10.1956 wurden in Radeberg, [Kreis] Dresden[-Land], drei Hetzschriften gefunden: »Freie Wahlen für Deutschland« – »Raus mit den Russen« – »Spitzbart, Bauch und Brille sind nicht des Volkes Wille«[24] – »Ungarn ist unser Vorbild«. Die Losungen waren mit Rot- und Blaustift geschrieben.

Potsdam

- Am 29.10.1956 fand eine Angestellte vom Rat des Kreises Jüterbog in ihrem Briefkasten einen Hetzzettel: »Helft Ungarn«.

Leipzig

- Am 27.10.1956 am Zaun des Hauses Leipzig C 1,[25] Gottschestraße 44, wurde folgender Schmierzettel (DIN A4 × 5) festgestellt. »Arbeiter, unsere Brüder in Ungarn haben es uns vorgemacht, wie wir es machen müssen. Erhebt Euch, wir werden Hilfe bekommen. Für bessere Löhne und anderes mehr wollen wir kämpfen. Deshalb: Erhebt Euch, ist das erste Gebot Biby« [sic!].
- Am 31.10.1956 wurde in der Männertoilette des Karl-Marx-Hauses in Böhlitz, [Kreis] Ehrenberg, ein Schmierzettel gefunden, dessen Inhalt sich auf die Ereignisse in Ägypten bezieht und zum Sturz unserer Regierung aufruft.
- Am 31.10.1956 in einer Telefonzelle Am Markt in Leipzig drei handgedruckte Hetzzettel: »Ungarn ruft die Zone« | »Raus mit dem Iwan« | »Schlagt los für Freiheit, Einheit und Recht.«
- Im Ausstellungsraum »Grüne Aue« in Böhlitz-Ehrenberg ein Hetzzettel: »Der Kampf um die Befreiung beginnt wieder« – »Auch in Deutschland gibt es noch Kräfte, die um ein freies Leben kämpfen.«

Gera

Am 1.11.1956 wurden in Eisenberg selbstgefertigte Hetzschriften mit folgendem Text aufgefunden: »Arbeiter, Angestellte, Bürger! Ihr seht den Kampf Ungarns. Wollen wir schweigen. Hoch Deutschland Freiheit. SED raus.«

24 Die Losung »Spitzbart, Bauch und Brille sind nicht des Volkes Wille« wurde vor allem während des Volksaufstands vom 17. Juni 1953 häufig skandiert. Gemeint waren damit Walter Ulbricht (Spitzbart), Wilhelm Pieck (Bauch) und Otto Grotewohl (Brille).

25 C 1 bezeichnet den Postzustellbezirk innerhalb von Leipzig.

Hetzlosungen

Karl-Marx-Stadt
- In Waldenburg, [Kreis] Glauchau, wurde an beiden Seiten der Muldenbrücke mit Farbe die Losung: »Volk steh auf – schmeiß die Russen raus« angeschmiert.
- Am 1.11.1956 wurde in Karl-Marx-Stadt, Andreasstraße 19, die Losung: »Nieder mit dem SSD«,[26] festgestellt. Gegenüber dem Grundstück liegt ein Wohnblock der Mitarbeiter des MfS. Die Losung war in 1,5 m Größe mit Kreide angeschmiert.
- Am 1.11.1956 waren auf der Straße der Einheit in Schwarzenberg neun Hakenkreuze geschmiert.

Dresden
- Am 29.10.1956 wurde am Platz der Einheit in Dresden ein Ausschnitt einer Westzeitung angeklebt.
- Im Treppenaufgang des VEB Plattenwerk Meißen war am 31.10.1956 mit Kreide »SS-Waffen« angeschmiert.
- Am 2.11.1956 wurde in Dresden-Altleubnitz eine Hetzlosung festgestellt: »Freiheit für die Ostzone«.
- Unter der Bahnunterführung Friedensstraße in Dresden wurde am 31.10.1956 die Losung: »Freiheit – es lebe die Revolution in Ungarn« angeschmiert.

Suhl
Am 30.10.1956 wurde am Schaufenster der Kreisredaktion »Freies Wort«[27] in Ilmenau die Losung: »Helft Ungarn« mit rotem Ölstift (150 cm groß) festgestellt.

Gera
Im VEB »Clara Zetkin« Elsterberg,[28] [Kreis] Greiz, wurde am 26.10.1956 in der Toilette mit Bleistift: »Die Faulenzeroisten [sic!] sind unsere Ausbeuter« angeschrieben. In der Nacht zum 30.10.1956 wurde an zwei Zementsäulen des VEB Wäschefabrik in Pausa, [Kreis] Zeulenroda, die Losung: »Freie Wahlen – weg mit der KPD« angeschmiert.

Neubrandenburg
In Zinzow,[29] [Kreis] Anklam, wurden auf der Fahrbahn zwei Hetzlosungen (20 cm groß) mit roter Farbe angebracht: »Nach Moskau viele Kilometer« – »13.10.1956 – der Tag X«.[30]

26 Die Abkürzung SSD für den DDR-Staatssicherheitsdienst war nur im Westen und in SED-fernen Personenkreisen gebräuchlich.
27 Die Tageszeitung »Freies Wort« war das Organ der SED-Bezirksleitung Suhl.
28 Vollständig: VEB Kunstseidenwerk »Clara Zetkin« Elsterberg.
29 Im Original: »Zinsow«.
30 Der Begriff »Tag X« wurde von westlichen Institutionen und Organisationen, die sich mit

Leipzig
Am Pumpenhaus des Rusendorfer Sees, im Gelände des VEB BKW Zipsendorf,[31] [Kreis] Altenburg, wurde folgende Losung an den Fenstern [sic!] angeschmiert: »Rache und Blut« | 12. 3. 6 | 7 10.[32] Außerdem war an den Zaunsäulen je ein Totenkopf angemalt.

Anonyme Anrufe und Briefe
Am 30.10.1956 bekamen die BGL des Karl-Marx-Werkes und die BGL des VEB »7. Oktober« in Magdeburg je ein Schreiben in Maschinenschrift, welche Hetze gegen Juden enthielten. Die Briefe endeten, »bisher hat nur ›Einer‹ die Juden erkannt« (gemeint ist Hitler). Am 26.10.1956 erhielt der Gebietsvorstand der Gewerkschaft Eisenbahn in Dresden einen anonymen Anruf, worin ersucht wurde, einen Gewerkschaftsvertreter zu einem Vorkommnis nach Hartha zu schicken. Außerdem wurden von Dresden aus zu Lasten des Gebietsvorstandes drei dringende Gespräche zum Zentralvorstand der Gewerkschaft angemeldet. In beiden Fällen handelt es sich um Fälschungen.

Hetze der Westsender und Westzeitungen
Aus den Sendungen und Artikeln geht hervor, dass der Gegner versucht, feindlich eingestellte Elemente gegen die DDR aufzuwiegeln. Aus dem Grunde kommentieren sie ausführlich die Ereignisse in Polen und Ungarn und verbinden dies mit einer Hetze gegen die führenden Funktionäre der SED. Z. B. heißt es in der Landfunk des RIAS vom 31.10.1956. »Als eine unverschämte Lüge bezeichnete der Gesamtverband der Sowjetzonenflüchtlinge[33] am Dienstag die Äußerung des SED-Sekretärs Ulbricht, dass die Sowjetzonenmachthaber nicht von vornherein das Sowjetsystem angewandt oder zu übernehmen versucht hätten. Diese Lüge sei der Ausdruck der Angst vor dem, was unaufhaltsam auf die Sowjetzonenmachthaber zukomme. Auch die Erklärung des Sowjetzonenministerpräsidenten Grotewohl, dass in der Sowjetzone kein Anlass sei die Regierung zu verändern, beweise diese Furcht.«

Londoner Rundfunk vom 31.10.1956:[34] »Nun, meiner Meinung nach sollte die Regierung der Sowjetzone das Beispiel Ungarns doch mehr fürchten, als das Polens, wir haben nämlich in Ungarn gesehen, wie eine Bewegung, die zunächst völlig aussichtslos schien, die ohne Waffen gegen die Macht des Staates und der russischen Armee rebellierte, sich doch durchsetzte. Der Auf-

Wiedervereinigungsfragen und »Ostarbeit« befassten, für den Tag der Wiedervereinigung verwendet.

31 Im Original: »Jipsendorf«.

32 Die Losung »Rache und Blut« und die beiden Zahlenkombinationen sind im Original in drei Zeilen unter einander angeordnet. »7 10« bezieht sich möglicherweise auf den Gründungstag der DDR; worauf sich »12.3.6« bezieht, bleibt unklar.

33 Der Gesamtverband der Sowjetzonenflüchtlinge war eine Flüchtlingsorganisation für Flüchtlinge aus der DDR, die 1953 auf Bundesebene gegründet wurde.

34 Gemeint ist vermutlich das deutsche Programm der British Broadcasting Corporation (BBC) mit Sitz in London, das seit den 1930er Jahren ausgestrahlt wurde.

stand in Ungarn zeigt z.B., wie unzuverlässig die nationale Armee als ein Mittel zur Unterdrückung des eigenen Volkes ist. Denn zumindest große Teile der Armee haben entweder gemeinsame Sache mit den Freiheitskämpfern gemacht oder ihnen Waffen überlassen und sich passiv verhalten. Und das ist doch keineswegs ein Beispiel, dass die Regierung der Sowjetzone nachahmenswert finden kann.«

RIAS: »Jugend spricht zur Jugend«,[35] 1.11.1956: »Überall in der Zone wird diskutiert. Ganz besonders lebhaft waren in den letzten Wochen die Diskussionen in den Betrieben der Städte Leipzig, Halle und Karl-Marx-Stadt. Selbst auf den Dörfern, besonders im Bezirk Schwerin und Neubrandenburg, haben Jugendliche die FDJ-Wahlversammlungen dazu benutzt, politische Diskussionen über die Entwicklung in der Zone im Vergleich zu Ungarn und Polen einzuleiten. In Ungarn sollen also freie Wahlen stattfinden, die am 17. Juni 1953 und seitdem immer wieder für ganz Deutschland gefordert wurden.«

Der Sender »Freies Berlin« am 31.10.1956 befasst sich mit der am 29.10.1956 durchgeführten Parteiaktivtagung der SED und hetzt u.a.: »Fasst alle Diskussionsredner schnitten das ›heiße Eisen‹ Betriebskampfgruppen an und bestätigten, dass die Alarmierung dieser bewaffneten SED-Milizen gefährlichen Zündstoff birgt.« In verschiedenen Betrieben wurden die Waffenkammern dieser Kampfgruppen mit Losungen beschrieben, deren eine lautete: »Auch ein Kommunist darf nicht auf Arbeiter schießen.«

In einer anderen Sendung des RIAS am 2.11.1956 gipfelt die Hetze gegen W. Ulbricht in der »Feststellung«, dass er gegenüber Rakosi[36] geäußert habe, von ihm müsse man lernen. Und »dies zu einem Manne, der in ganz Ungarn als Erzstalinist gilt«. Abschließend heißt es in der Sendung: »... aber vielleicht richten sich auch eines Tages die Arbeiter der Zone nach dem ungarischen Vorbild, vielleicht sagen sie dann auch eines Tages zu ihren inzwischen befreiten ungarischen Kollegen, wir müssen auch einiges dabei lernen wie ihr das gemacht habt. Warum sollen wir das nicht auch fertigbringen?«

35 Die Sendung »Jugend spricht zur Jugend« war eine tägliche Sendung des RIAS, die sich an Jugendliche in der DDR richtete. Sie wurde seit 1951 jeweils am frühen Morgen gesendet.

36 Mátyás Rákosi, Jg. 1894, ungarischer kommunistischer Politiker, 1948–56 Generalsekretär bzw. ab 1953 Erster Sekretär der Partei der Ungarischen Werktätigen (Magyar Dolgozók Pártja – MDP). Rákosi galt als besonders harter Stalinist. Seit August 1952 war er auch Ministerpräsident der Volksrepublik Ungarn, wurde aber wenige Monate nach Stalins Tod, im Juni 1953, von der sowjetischen Führung zum Rücktritt gezwungen und durch den gemäßigten Imre Nagy ersetzt, blieb aber Parteichef. 1955 riss Rákosi die Macht wieder an sich, Nagy wurde im April 1955 aller seiner Ämter enthoben und durch Rákosis Gefolgsmann András Hegedüs ersetzt. Im Zuge der Entstalinisierung musste Rákosi Selbstkritik üben. So verkündete er im März 1956 die Rehabilitierung des 1949 hingerichteten László Rajk und gestand im Mai 1956 seine persönliche Verantwortung für dessen Tod ein. Mitte Juli zwang die Sowjetführung Rákosi erneut zum Rücktritt. Vgl. dazu Vida, István: Vorgeschichte der ungarischen Revolution und des Freiheitskampfes von 1956. In: Kipke, Rüdiger: Ungarn 1956. Zur Geschichte einer gescheiterten Volkserhebung. Wiesbaden 2006, S. 11–28, hier 25–27.

Der »Telegraf« vom 1.11.1956 hetzt unter der Überschrift: »Ulbrichts Thron wankt«: »Die Befreiung Ungarns von der kommunistischen Vorherrschaft und die Ankündigung freier Wahlen ist gegenwärtig das Hauptgesprächsthema in Ostberlin und der Zone. In mehreren volkseigenen Betrieben und auf Großbaustellen haben bereits heftige Diskussionen mit SED-Funktionären stattgefunden. Die Arbeiter verwiesen auf den von Moskau versprochenen Abzug der Sowjettruppen aus Polen, Ungarn und Rumänien. Wir fordern die gleichen Maßnahmen auch für unser Land, wir wollen ebenfalls wie in Ungarn ›Freie Wahlen‹ erklärten sie.«[37]

Der »Tagesspiegel« vom 1.11.1956 ruft mit folgendem Artikel indirekt zur Spendensammlung für Ungarn auf: »Wir wissen um was es geht!« »Mit diesen Worten überreichten die Mitglieder einer Delegation eines Mitteldeutschen Industriewerkes gestern einem Vertreter des Senats im Rathaus Schöneberg 4 763 Ostmark mit der Bitte sie als Hilfe für das um eine Selbstbestimmung kämpfende ungarische Volk weiterzuleiten. Der Betrag wurde in den sowjetzonalen Betrieb in wenigen Stunden gesammelt.«[38]

Unter der Überschrift »Für größere Freiheit in der Zone« veröffentlicht der »Tagesspiegel« vom 2.11.1956 provokatorische Forderungen des »Kuratoriums Unteilbares Deutschland«.[39] »Unverzügliche Freilassung aller Gefangenen in der Sowjetzone, sofortige Auflösung des Staatssicherheitsdienstes und die Wiederherstellung der Rechtssicherheit in Mitteldeutschland. Wiederherstellung der Versammlungs- und Koalitionsfreiheit, die Aufhebung der Personenkontrolle, Verzicht auf Aufenthaltsbescheinigungen im Verkehr zwischen beiden Teilen Deutschlands und Berlins und die sofortige Öffnung aller Übergangsstellen an den Zonen- und Sektorengrenzen.«[40]

IV. Lage in Westberlin

In einer Unterhaltung in Westberlin brachten Mitarbeiter der Agentenzentrale des BVSA[41] zum Ausdruck, »dass ihnen ein zweiter 17. Juni nicht wieder passiert. Sie hätten gelernt und würden diesmal vorarbeiten.« Inoffiziell

37 Vgl. Ulbrichts Thron wankt. Arbeiter fordern Abzug der Sowjets und freie Wahlen. In: Telegraf v. 1.11.1956, S. 2.

38 Vgl. Sie wissen, um was es geht. In: Der Tagesspiegel v. 1.11.1956, S. 10.

39 Das »Kuratorium unteilbares Deutschland« wurde am 14.6.1954 gegründet und löste sich 1992 auf. Anlass für die Gründung war u. a. die Niederschlagung des Volksaufstands vom 17. Juni. Ziel war es, den Gedanken an die deutsche Wiedervereinigung wach zu halten; u. a. wurden zu jedem Jahrestag des Aufstands Gedenkveranstaltungen organisiert. Das Kuratorium war überparteilich, den Gründungsaufruf unterzeichneten u. a. Gustav Dahrendorf, Ernst Lemmer, Paul Sethe und Herbert Wehner. Vgl. Kreuz, Leo: Das Kuratorium Unteilbares Deutschland. Aufbau, Programmatik, Wirkung. Opladen 1980.

40 Vgl. Für größere Freiheit in der Zone. In: Der Tagesspiegel v. 2.11.1956, S. 5.

41 Gemeint ist vermutlich das Bundesverfassungsschutzamt, eigentlich Bundesamt für Verfassungsschutz, das 1950 als Inlandsnachrichtendienst der Bundesrepublik Deutschland gegründet wurde.

wurde bekannt, dass im Flüchtlingslager Spenerstraße in Westberlin[42] Gruppen gebildet werden, die bei einem Putsch in der DDR zum Einsatz kommen sollen. Am 2.11.1956, 10.00 Uhr, traf in Westberlin der amerikanische Botschafter Conant[43] ein. Bei früheren Besuchen wurde die Ankunft des Triebwagens zwei bis drei Tage vorher gemeldet. Bei dem heutigen Besuch wurde die Ankunft erst ca. zwei Stunden vorher angemeldet. Bei früheren Besuchen hatte Conant ein Gefolge von drei bis vier Personen bei sich, während ihn heute 25 bis 30 Personen begleiteten.

Anlage zur Information Nr. 300/56

[Lage an den Hochschulen]

Anhang:

1. FDJ-Arbeit an den Hochschulen

Von der FDJ-Gruppe der Hochschule für Architektur und Bauwesen in Weimar wird an anderen FDJ-Hochschulgruppen (Jena, Halle, Leipzig) ein Programm zur Verbesserung der FDJ-Arbeit verbreitet, dass aber im Endergebnis zur Gründung einer »unabhängigen Studentenorganisation« führen könnte und wohl auch soll. Ausgehend von der bisherigen schlechten Anleitung der FDJ-Hochschulgruppen und der mangelhaften Vertretung studentischer Interessen durch den FDJ-Zentralrat begründet sich der Weimarer Vorschlag darauf, dass »die Studentenschaft ein besonderer Teil der Jugend« sei und daher auch eine spezielle Organisation haben müsste. Es sollten eigene Gremien zur Aussprache und Anleitung geschaffen werden, die jedoch der FDJ als einer Dachorganisation unterstellt sein müssten. Im Einzelnen wird verlangt, statt der Fachkommissionen beim Zentralrat der FDJ einen Bundesvorstand für die gesamte Studentenschaft zu wählen und für die einzelnen Fakultäten Büros zu bilden. Bundesvorstand (gegliedert in Abteilungen wie z. B. Kultur, Presse, Propaganda u. a.) und Büros der Fachrichtungen sollen dem Zentralrat der FDJ unterstehen. Das Büro des Bundesvorstandes soll jedoch berechtigt sein, Sonderbeschlüsse zu fassen und die Studentenschaft selbstständig zu führen. Es ist offensichtlich, dass durch diese Klausel der Einfluss der FDJ auf das studentische Leben illusorisch wird.

Als erster Schritt wird die Einrichtung der Fachbüros genannt, dem im nächsten Jahr ein Beschluss des Zentralrats der FDJ über die Bildung des Stu-

42 In der Spenerstraße 23 im Berliner Bezirk Tiergarten befand sich ein Flüchtlingslager mit einer Kapazität von 400 Plätzen, das vom Deutschen Roten Kreuz betrieben wurde. Vgl. Effner, Bettina; Heitzer, Enrico; Schaller, Tina (Hg.): Verschwunden und vergessen. Flüchtlingslager in West-Berlin bis 1961. Berlin 2012.

43 James Bryant Conant, Jg. 1893, Chemiker und Diplomat, 1955–57 erster Botschafter der USA in der Bundesrepublik Deutschland.

dentenbundes und anschließend daran das erste Studentenparlament folgen soll. Der geschilderte Vorschlag aus Weimar wird an andere deutsche Fach- und Hochschulen verschickt bzw. von Beauftragten überbracht, die in entsprechenden Versammlungen Stimmung dafür machen. Es ist möglich, dass sie zahlreiche Anhänger dafür finden werden – besonders auch unter fortschrittlichen, der FDJ verbundenen Studenten – weil sie vorgeben, für die Verbesserung der FDJ-Arbeit einzutreten. Die FDJ-Leitung der Universität Jena lehnte diesen Vorschlag jedoch ab. Die Studenten der Technischen Hochschule in Dresden begründen ihre Forderung nach ihrer eigenen Organisation ebenfalls mit der – in diesem Fall tatsächlich schlechten – Arbeit der FDJ und erhoben ihre Forderung in Zeitschriften (»Forum«,[44] »Wochenpost«)[45] und Rundfunksendungen (Dresdner-Studio).

An der Humboldt-Universität fand am 31.10.1956 eine Versammlung der Studenten (300) statt, die das Ziel verfolgte, eine »freie Studentenorganisation« ohne FDJ-Einfluss zu bilden. Studenten der Westberliner Universität sollen – wie auch am 30.10.1956 an der medizinischen Fakultät und an der zahnärztlichen Hochschule – an dieser Zusammenkunft maßgeblich beteiligt gewesen sein.

2. *Forderungen auf Änderung des Lehrplanes*

Die Forderungen auf Abschaffung des obligatorischen Russisch-Unterrichts vorwiegend von Medizinern aber auch von Naturwissenschaftlern und Juristen (Jena) gestellt – werden weiterhin in Schreiben »auf akademischem Wege« (Jena) mit den bekannten Begründungen erhoben. Es wird auch versucht, den ebenfalls obligatorischen Unterricht in Ökonomie und Marxismus-Leninismus mit dem Hinweis auf das Fachstudium einzuschränken (Humboldt-Universität, Schiller-Universität Jena, Kunsthochschule Weißensee). Ein Teil der Lehrerschaft der Universität Jena beabsichtigt die Lehrtätigkeit einzustellen, falls Studenten wegen solcher Forderungen gemaßregelt werden sollten.

3. *Stimmung zu Tagesfragen*

Vereinzelt werden noch neue Stellungnahmen der Studenten bekannt, in denen geringschätzig über das bekannte Fernseh-Rundfunk-Gespräch[46] und

44 Die seit 1947 wöchentlich erscheinende Zeitschrift »Forum. Zeitschrift der demokratischen Studenten Deutschlands« fungierte als »Organ des Zentralrats der FDJ für die deutschen Studenten«.

45 Die »Wochenpost« war eine seit Ende 1953 erscheinende Wochenzeitung der DDR.

46 Am 27.10.1956 strahlte der Deutsche Fernsehfunk ein von Karl-Eduard von Schnitzler moderiertes Gespräch von Walter Ulbricht und Otto Grotewohl mit vier Arbeiterinnen und Arbeitern aus Berliner Betrieben über die Ereignisse in Ungarn aus. Das Gespräch wurde am folgenden Tag im »Neuen Deutschland« veröffentlicht. Vgl. Wir gehen zielbewußt unseren Weg. Otto Grotewohl und Walter Ulbricht unterhielten sich im Deutschen Fernsehfunk mit Berliner Arbeitern. Wie konnte es zu den Ereignissen in Ungarn kommen? – Die DDR

ablehnend über den »Prawda«-Artikel[47] gesprochen wird (Kunsthochschule Weißensee, Universität Leipzig, Franz-Mehring-Institut).

In Verbindung mit den Namen Herrnstadt,[48] Merker[49] und auch Dahlem[50] wird deren völlige Rehabilitierung bzw. Wiederaufnahme in die Partei verlangt. Sie sollten dann auf dem Marx-Engels-Platz zu der Bevölkerung sprechen (Pädagogisches Institut Güstrow, Humboldt-Universität). Diese Forderungen wurden sofort von RIAS und »Tagesspiegel« aufgegriffen.

leistete ihren Beitrag zur Entspannung – Liberalisierung bedeutet Restaurierung des Kapitalismus. In: ND v. 28.10.1956, S. 1 f.

47 Vgl. Antisozialistische Äußerungen in der polnischen Presse. Artikel des Warschauer »Prawda«-Korrespondenten vom 20. Oktober. In: ND v. 21.10.1956, S. 5. In dem Artikel werden u. a. »[i]n den letzten Tagen in der polnischen Presse immer häufiger« erscheinende »Äußerungen, aus denen die Predigt auf einen Verzicht auf den sozialistischen Weg herausklingt«, scharf kritisiert.

48 Im Original: »Hernstadt«. Rudolf Herrnstadt, Jg. 1903, Journalist und SED-Politiker, 1949–53 Chefredakteur des »Neuen Deutschlands«, seit 1950 ZK-Mitglied und Kandidat des Politbüros, auf der 15. ZK-Tagung im Juli 1953 Ausschluss aus Politbüro und ZK, 1954 Ausschluss aus der SED, 1953–66 wissenschaftlicher Mitarbeiter im Deutschen Zentralarchiv Merseburg.

49 Paul Merker, Jg. 1894, SED-Politiker, 1946–49 Mitglied des Parteivorstandes und Zentralsekretariates, 1949/50 Mitglied des Politbüros der SED und Staatssekretär im Ministerium für Land- und Forstwirtschaft der DDR, im August 1950 Ausschluss aus der Partei und Entfernung aus allen Ämtern, 1950–52 Leiter einer HO-Gaststätte in Luckenwalde, im November 1952 verhaftet und im März 1955 zu acht Jahren Zuchthaus verurteilt, im Januar 1956 Haftentlassung.

50 Franz Dahlem, Jg. 1892, SED-Politiker, seit 1946 Mitglied des Parteivorstandes und des Zentralsekretariats, seit 1950 Mitglied des Politbüros der SED, im Mai 1953 Ausschluss aus dem ZK und Entbindung von allen Funktionen, 1954 Erteilung einer »strengen Rüge« im Parteiverfahren, 1955–57 Leiter der Hauptabteilung Forschung im Staatssekretariat für Hochschulwesen, Ende Juli 1956 Aufhebung der Parteistrafe.

7. November 1956

Information Nr. 314/56 – Betrifft: Feindtätigkeit und schädliche Tendenzen auf dem Gebiet der Presse und der kulturellen Einrichtungen

Quelle: BStU, MfS, AS 84/59, Bl. 228–234.
Serie: Informationen.
Verteiler: Stoph, Grotewohl, Ulbricht, Matern, Schirdewan, Ebert, Oelßner, Leuschner, Mückenberger, Neumann, Honecker, Wandel, Ziller, Hager, Norden, KGB Berlin-Karlshorst (»Freund«) – MfS: Wollweber, Mielke, Last, Markus Wolf, Walter, Beater, Joseph Gutsche, Gartmann, Carlsohn, SED-KL im MfS, Abt. Agitation, HA II, HA V, Abt. X, HA XIII, HA III (Hofmann), HA III (Kleine), HA III (Weidauer), HA PS, Abt. VII, Ablage.

Aus überprüftem Material ist ersichtlich, dass feindliche Geheimdienste und Agentenzentralen[1] – darunter auch das Ostbüro der SPD[2] – Mitarbeiter der Theater und anderer kultureller Einrichtungen als Agenten angeworben haben. Gastspiele und wechselnde Engagements bringen diesen Personenkreis nicht nur mit wichtigsten Betrieben und Objekten – auch militärischen – in Verbindung, sondern erschweren auch erheblich die Durchführung staatlicher Sicherheitsmaßnahmen. Unkontrollierbare gesamtdeutsche Verbindungen in diesen Kreisen werden teilweise zur Agentenwerbung ausgenutzt oder wirken der Festigung des sozialistischen Bewusstseins unter den Künstlern entgegen.

Mangelndes politisches Bewusstsein, Unverständnis des Wesens der weiteren Demokratisierung und vermutlich auch gelenkte Feindarbeit offenbarten sich in den Artikeln einiger Zeitschriften, in Darbietungen der verschiedenen Kleinkunstbühnen und in dem Verhalten einer Reihe von Volkskunstgruppen, die nicht mit einer gesellschaftlichen Organisation verbunden sind. Es zeigten sich – verstärkt durch in der DDR beschäftigte Westberliner Künstler und politisch schädliche gesamtdeutsche Verbindungen – staats- und parteifeindliche Tendenzen, die sich zumindest in einer ange-

1 Unter »Agentenzentralen« oder »Feindzentralen« verstand das MfS antikommunistische Organisationen, die von der Bundesrepublik aus gegen die DDR agierten, wie die Ostbüros von SPD, CDU, FDP und DGB, die Kampfgruppe gegen Unmenschlichkeit oder der Untersuchungsausschuss freiheitlicher Juristen, aber auch staatliche Einrichtungen, wie das Ministerium für Gesamtdeutsche Fragen, die Notaufnahmelager für DDR-Flüchtlinge in Gießen, Uelzen und Berlin-Marienfelde oder der Bundesnachrichtendienst bzw. die Organisation Gehlen als dessen Vorläufer.

2 Das Ostbüro der SPD wurde 1946 zur Unterstützung der von der Zwangsvereinigung betroffenen ostdeutschen Sozialdemokraten gegründet. Zu seinen Aufgaben gehörten Flüchtlingsbetreuung, Informationsbeschaffung und das Einschleusen von Informations- und Propagandamaterialien in die SBZ/DDR. Vgl. Buschfort, Wolfgang: Das Ostbüro der SPD. Von der Gründung bis zur Berlin-Krise. München 1991.

spannten Lage gefährlich auswirken können und einer – auch vom Gegner beabsichtigten – ideologischen Aufweichung Vorschub leisten. Besonders zu erwähnen sind die Volkskunstgruppen, in denen sich republikfeindliche – oft ehemals faschistische Elemente – tarnen und mit gleichartigen westdeutschen Organisationen in Verbindung treten, ohne dass dafür staatliche Sanktionen vorliegen.

Im Einzelnen wurden hierzu nachfolgende Feststellungen getroffen

I.
Seit Anfang dieses Jahres wurden insgesamt sechs Künstler und vier technische Kräfte von den Organen des MfS festgenommen. In sieben Fällen wurden Spionage für feindliche Geheimdienste und in drei Fällen Boykotthetze festgestellt. Eine Anzahl weiterer Personen steht aufgrund überprüften Materials ebenfalls in dringendem Verdacht, Spionage zu betreiben. Z.B. wurde ein freischaffender Künstler aus Berlin verhaftet, weil erwiesen war, dass er Agententätigkeit für das Ostbüro der SPD betrieb und mehrere Kollegen mit dieser Agentenzentrale in Verbindung brachte. Zwei technische Kräfte des Kreistheaters Annaberg, [Bezirk] Karl-Marx-Stadt, wurden wegen erwiesener Spionage für den amerikanischen Geheimdienst (Auskundschaftung der Objekte der Volksarmee und der Sowjetarmee) verurteilt.

II.
In den Zeitschriften »Der Sonntag«,[3] »Die Wochenpost«[4] und »Eulenspiegel«[5] werden Artikel bzw. Zeichnungen veröffentlicht, die geeignet erscheinen, die staatliche Autorität und das Ansehen gesellschaftlicher Organisationen zu untergraben. Sie wurden auch nachweislich dazu ausgenutzt.

Am 21.10.1956 erschien *im »Sonntag« ein Artikel von Gerhard Zwerenz*[6] unter der Überschrift »Leipziger Allerlei«.[7] Der Verfasser bemängelte, dass man sich nicht über Fehler »erhitzt«, dass die »Unruhe« fehlt, denn die »Alten seien zu ruhig für unsere unruhige Zeit«. Er zählt dann auch eine Reihe von tatsächlichen Mängeln auf, z.B. Rentenfrage, Preise, Versorgung u.a., aber er erwähnt keine der Maßnahmen, die von Partei und Regierung bereits zur Beseitigung der Mängel getroffen oder angekündigt wurden. Den »Unruhigen« – Künstlern und Studenten – empfiehlt er, wenn auch versteckt, eine

3 »Der Sonntag. Wochenzeitung für Kultur, Politik und Unterhaltung« wurde von 1946 bis 1990 vom Kulturbund zur demokratischen Erneuerung Deutschlands herausgegeben.

4 »Die Wochenpost. Zeitung für Politik, Kultur, Wirtschaft, Unterhaltung« erschien von 1953 bis 1996 im Berliner Verlag.

5 »Der Eulenspiegel« ist ein seit 1954 erscheinendes humoristisch-satirisches Monatsmagazin, das aus dem 1946 bis 1954 unter sowjetischer Presselizenz erschienenen Magazin »Frischer Wind« hervorgegangen ist.

6 Gerhard Zwerenz, Jg. 1925, Schriftsteller, 1953–56 Studium der Philosophie an der Humboldt-Universität zu Berlin, seit 1949 SED, 1957 Ausschluss aus der Partei.

7 Vgl. Zwerenz, Gerhard: Leipziger Allerlei. In: Sonntag v. 21.10.1956, S. 10.

eigene Organisation oder Gruppen zu bilden, denn die FDJ »stehe dem zu fern«. Sie sollen damit die »Kruste der Langeweile« aufbrechen und eine »kulturelle Atmosphäre« schaffen. Wenn er dann weiter behauptet, der Sozialismus selbst sei ein Widerspruch der Kräfte, so hat er Recht. Wenn er aber fortfährt, es möge sich also erweisen, was zukunftsträchtig sei, öffnet er allen negativen Kräften die Türen für ihre destruktiven Diskussionen, die sich jeglicher Beeinflussung entziehen wollen. Er plädiert damit – genau wie zahlreiche Studenten – dafür, das gesellschaftliche Leben von der Partei und FDJ zu trennen statt umgekehrt. In einem Satz – Zwerenz hat den Klasseninhalt der Übergangsperiode entweder nicht begriffen oder will es nicht. Wie uns aus Leipzig berichtet wurde, hat dieser Artikel besonders an der Universität Leipzig großes Aufsehen erregt. Gerade die negativen Elemente stützen sich auf ihren Diskussionen darauf, womit wohl auch bewiesen ist, dass der Artikel nicht das »zukunftsträchtige« hervorruft, dagegen aber die »Unruhigen« gegen Partei und Regierung mobilisiert, um mit den Worten des Verfassers zu sprechen.

Am 13.10.1956 erschien von J. *Kalina*[8] *in der »Wochenpost« ein Artikel über die Prozesse in Poznan*,[9] der versteckte Angriffe gegen unsere Justiz enthielt. Darin wird der »neue Geist, der Geist des Rechts und der Gerechtigkeit« gefeiert, der »in den Gerichtssälen von Posnan herrscht«. Die Verfasserin [sic!] glaubt, »deutlich zu erkennen«, dass sich diese Verfahren von dem, »was bisher in unserem Gerichtswesen üblich war«, unterscheiden. Sie streicht heraus, dass die Verteidiger »nicht in der geringsten Weise behindert« wurden, dass die Angeklagten ihre polizeilichen Aussagen widerriefen und darauf die Polizisten in Haft genommen wurden, dass schließlich die Staatsanwälte nur kraft Gesetzes tätig wurden. Wenn man dem Artikel folgt, herrschten bisher in der DDR Gesetzlosigkeit, Willkür und Erpressung in der Justiz, weil bei uns eben dieser »neue Geist« fehlte. Das ist aber zumindest eine grobe tendenziöse Entstellung der Prinzipien unserer Rechtspflege.[10]

Schließlich brachte der *»Eulenspiegel« vom 4.10.1956* auf der Rückseite eine *Satire auf den bayrischen Grenzschutz*,[11] die durch Wiederholung anti-

8 Jan Kalina, polnischer Journalist, Korrespondent der Warschauer Zeitung »Tribuna Wolnosci«.

9 In den Posener Prozessen, die vom 27.9. bis zum 12.10.1956 stattfanden, wurden am Posener Aufstand Beteiligte angeklagt und zum Teil zu mehrjährigen Haftstrafen verurteilt.

10 Wegen des Artikels wurde die gesamte Auflage der »Wochenpost« (etwa 800 000 Exemplare) soweit möglich zurückgezogen und eine neue Auflage ohne den Artikel von Kalina gedruckt. Vgl. dazu Polkehn, Klaus: Das war die Wochenpost. Geschichte und Geschichten einer Zeitung. Berlin 1997, S. 39 f.

11 Es handelt sich dabei um eine Seite mit Cartoons unter der Überschrift »Ehrenurkunde der bayrischen Bereitschaftspolizei verliehen für die glorreiche und probeweise Befreiung eines Dorfes von kommunistischen Störern, Unterwanderern und anderen Volksverrätern, nebst

sowjetischer Äußerungen und durch entsprechende Zeichnungen für die Sowjetunion beleidigend wirken muss.

III.
Auch das letzte *Programm der Berliner »Distel«* – O du geliebtes Trauerspiel[12] – bedürfte einer Überprüfung. Es sei nur ein Beispiel herausgegriffen, das übrigens auch in einer Sendung des RIAS lobend (!) erwähnt wurde. Unter Nr. 23 (Hoch und nieder) erscheinen zwei Personen mit Transparenten auf der Bühne. Ein Transparent trägt die Aufschrift »Hoch« das andere »Nieder«. Auf die Frage, was das bedeutet, wird geantwortet, das würde man erst nach dem XXI. Parteitag erfahren.

Auch andere Kleinkunstbühnen in der DDR bringen besonders durch ihre Ansager, die zum Teil aus Westberlin kommen, sogenannte Witze, die dadurch witzig sein sollen, dass sie den Feindparolen entgegenkommen und manchmal einfach davon übernommen wurden. In der 23. Folge der Veranstaltung »Kristall-Palast – Ganz groß in Magdeburg«[13] erklärte der Ansager Günter Schmidt auf die Frage, ob er Angst vor der Partei habe, nein, dann wäre er schon Mitglied geworden.

Der Westberliner Conférencier Horst Nowack, der von der zentralen Leitung der Konzert- und Gastspieldirektion wegen seiner Unzuverlässigkeit keine Verträge mehr für die DDR bekommt, verschaffte sich selbstständig Engagements bei Unternehmen, die eine eigene Lizenz für kabarettistische Darbietungen haben. Ein anderer Conférencier Gerhard Scholz trat in Leipzig mit antisozialistischen Tendenzen auf.

Auch unter den *Musikern* treten zu weilen feindliche Tendenzen in Erscheinung. So macht der prominente Kurt Henkels häufig antisowjetische und parteifeindliche Bemerkungen – besonders wegen Walter Ulbricht. Ein Jazzmusiker, der in dem Verdacht steht, für das westdeutsche Bundesverfassungsschutzamt zu arbeiten, organisiert in Leipzig aus negativen Elementen Jazz-Interessengemeinschaften und fordert Verbindungsaufnahme zu gleichartigen Vereinigungen in Westdeutschland.

IV.
In zahlreichen Orten der DDR existieren Volkschöre sowie heimatgebundene Tanz- und Kulturgruppen, in denen sich negative Elemente konzentrieren. Solche Vereinigungen sind oft nicht organisationsgebunden und führen selbstständig gemeinsame Treffen mit gleichgearteten Vereinigungen in Westdeutschland durch. Der Chor von Langenleuba-Oberhain – von 42 Mitglie-

genauer Darstellung der blutigen Aktion, welche mit dem totalen Sieg endete.« In: Eulenspiegel 3(1956)43, S. 696.

12 Das Kabarett-Theater Distel wurde 1953 in Ostberlin gegründet. Das Programm »O du geliebtes Trauerspiel« hatte am 25.10.1956 Premiere.

13 Der Kristall-Palast war ein 1892 eröffnetes Veranstaltungsgebäude in Magdeburg. Seit 1953 fanden dort u. a. Varieté-Veranstaltungen unter dem Titel »Kristall-Palast ganz groß!« statt.

dern sind 35 Großbauern – verließ bei der Schulentlassungsfeier geschlossen den Saal, als die Nationalhymne gesungen wurde. In mehreren Chören sind die Leiter ehemals aktive Faschisten. Der Leiter des Volkschores in Dahme, Kreis Luckau, war Nazi-Blockleiter und Polizei-Obersekretär. Von 1945 bis 1950 befand er sich in Haft. Der Leiter der Tanz- und Trachtengruppe in Bad Liebenstein, [Bezirk] Erfurt,[14] war SA-Sturmbannführer (Major) und Träger des Ehrendolches.

Folgende politisch unerwünschte Verbindungen nach Westdeutschland sind bekannt geworden: Die Singgemeinschaft Kölleda, [Bezirk] Erfurt, traf sich in Westdeutschland ohne Wissen der zuständigen staatlichen Stellen mit einer Landsmannschaft (sog. Vertriebenenorganisation). Die Kulturgruppe Schönburg,[15] Kreis Naumburg, reiste zu einem Treffen nach Westdeutschland, welches von der Vereinigung der Ostzonenflüchtlinge[16] und dem Bund der Opfer des Stalinismus[17] organisiert war.

Zum 14. Deutschen Sängerbundtreffen in Stuttgart (2. bis 5.8.1956) waren 28 Chöre aus der DDR geladen, die finanziell vom Kaiserministerium[18] unterstützt werden sollten. Bis auf einen Chor wurde die Teilnahme verhindert.

V.

Aus den vorstehenden Darlegungen ist ersichtlich, dass der Gegner nach der jetzigen Lage zahlreiche Möglichkeiten hat, sich in den kulturellen Einrichtungen zu tarnen und sich einer staatlichen Kontrolle zu entziehen oder zumindest dieselbe erheblich zu erschweren. Es ist auch andererseits notwendig darauf hinzuweisen, dass in einzelnen Fällen mangelndes politisches Bewusstsein Feindarbeit erleichtert und das künstlerische Niveau der kulturellen Darbietung mindert. Republikfeindliche Tendenzen sind nicht zu vereinbaren mit einem hohen künstlerischen Niveau, wie es die gesellschaftlichen Organisationen und alle Werktätigen mit Recht fordern. Darbietungen, die dem sozialistischen Aufbau schaden, sind auch künstlerisch ohne Wert. *Es wird daher vorgeschlagen,* in Verbindung mit dem Kulturbund und dem Ministerium für Kultur folgende Maßnahmen zu prüfen:

1. Auf die Redaktionen – vor allem der Unterhaltungszeitungen – wird auf dem Wege der Überzeugung eingewirkt, nur solche politische Artikel zu

14 Bad Liebenstein lag nicht im Bezirk Erfurt, sondern im Bezirk Suhl, Kreis Bad Salzungen.

15 Im Original: »Schäuburg«.

16 Gemeint ist vermutlich die Vereinigung politischer Ostflüchtlinge (VPO), ein der CDU nahestehender Verband, in dem sowohl Flüchtlinge aus der DDR als auch Heimatvertriebene organisiert waren. Er wurde vom Ostbüro der CDU unterstützt.

17 Gemeint ist vermutlich die Vereinigung der Opfer des Stalinismus (VOS), die 1950 in Westberlin gegründet wurde. Sie betreut vormals in sowjetischen Lagern und Haftanstalten inhaftierte sowie kriegsgefangene Deutsche und setzt sich für die Aufarbeitung der diktatorischen Herrschaft primär in der DDR ein.

18 Gemeint ist das Bundesministerium für gesamtdeutsche Fragen, das von 1949 bis 1957 von dem CDU-Politiker Jakob Kaiser geleitet wurde.

veröffentlichen, die eine schöpferische Kritik enthalten und nicht zur Verschärfung einer bestimmten Lage beitragen. Für den politischen Teil sind nur qualifizierte Redakteure einzusetzen. Artikel (Leipziger Allerlei), die zum Boykott gesellschaftlicher Organisationen (FDJ) auffordern, werden nicht veröffentlicht.

2. Die feststehenden Varieté-Programme sind den Räten der Kreise (Städte), Abteilung Kultur zu melden. Die Abteilung Kultur hat das Recht, gegen künstlerisch wertlose Stücke Einspruch zu erheben, mit der Wirkung, dass solche Stücke nicht zur Aufführung gelangen.
3. Verträge mit Künstlern, die improvisierte Darbietungen bringen – wie z. B. Conférenciers –, sind ebenfalls der Abteilung Kultur zu melden und dort zu registrieren. Die Abteilung Kultur hat das Recht, gegen unqualifizierte Künstler, Einspruch zu erheben und deren Auftreten zu untersagen.
4. Die örtlichen gesellschaftlichen Organisationen – insbesondere der Kulturbund – werden aufgefordert, den Kleinkunstbühnen Aufmerksamkeit zu widmen und die Abteilung Kultur durch entsprechende Hinweise zu unterstützen.
5. Alle Volkskunstgruppen und ähnliche Vereinigungen, die nicht zu einer gesellschaftlichen Organisation gehören, sind bei der Abteilung Kultur – einschließlich der Mitglieder – zu registrieren und eventuell in einer gelockerten Organisationsform dem Kulturbund anzuschließen.

Die Maßnahmen von zwei bis fünf würden zu einer gewissen Übersicht führen und den örtlichen und staatlichen Organen – einschließlich der Sicherheitsorgane –, Möglichkeiten zum verwaltungsmäßigen und operativen Eingreifen bieten, sobald sich Gefahrenmomente zeigen.

10. November 1956

Information Nr. 327/56 – Betrifft: Energieversorgung

Quelle: BStU, MfS, AS 84/59, Bl. 326–328.
Serie: Informationen.
Verteiler: Grotewohl, Ulbricht, Schirdewan, Wandel, Ziller, Hager, KGB Berlin-Karlshorst (»Freund«) – MfS: Wollweber, Mielke, Last, Beater, Walter, Markus Wolf, Carlsohn, SED-KL im MfS, HA III, Abt. VI, HA XIII, Ablage, Abt. Agitation.
Verweis: Information 349/56.

Die Energieversorgung der DDR ist zu den Spitzenzeiten in ernster Gefahr. Das Erzeugungsaufkommen liegt fast regelmäßig 200 MW unter den in der Energiebilanz den Planträgern beauflagten Werten. Der Bevölkerungsanteil ist in einem derartigen Maße gestiegen, dass zurzeit in der Abendspitze 50 % des gesamten Leistungsaufkommens von den nichtkontingentierten Verbrauchern in Anspruch genommen werden. Da der Bevölkerungsanteil derartig gewachsen ist, stellen die aufgrund der geplanten Erzeugung aufgebauten Industriekontingente bereits scharfe Einschränkungen der Industrieproduktion dar.

Die derzeitige Kürzung der Kontingente der Industrie zur Spitzenzeit, wie sie wegen Nichterfüllung der Erzeugung bald regelmäßig nötig werden, decken nur einen kleinen Anteil der fehlenden Erzeugerleistung. Eine weitere indirekte Belastungseinschränkung wurde durch Frequenz- und Spannungsabsenkung, also Qualitätsminderung, in Höhe von 80 bis 100 MW erreicht. Die letztgenannte Maßnahme der Qualitätsminderung ist als Dauerlösung nicht zu verantworten, da besonders eine Spannungsabsenkung bei den bereits überlasteten Verteilungsnetzen zu unerträglichen Verhältnissen bei den Abnehmern wie folgt führt:

1. Rundfunk- und Fernsehempfang wird beeinträchtigt.
2. Die Lichtstärke der Glühbirnen lässt um ca. 40 % nach.
3. Leuchtstofflampen erlöschen vollkommen.
4. Motore bleiben stehen.
5. Elektrische Kochprozesse dauern doppelt so lange.
6. Die Signalanlagen der Reichsbahn setzen aus.

Die Schwierigkeiten in der Stromversorgung treten hauptsächlich in den Bezirken Dresden, Cottbus, Karl-Marx-Stadt, Gera, Erfurt, Suhl und Magdeburg auf. Z.B. wurde am 7.11. und 8.11.1956 vonseiten der Energieversorgung auf Anweisung der Hauptinspektion Berlin den betreffenden Betrieben in diesen Bezirken mitgeteilt, dass sie nur nach Grundlast, d.h. nur noch so viel Strom zu entnehmen haben, dass die Betriebssicherheit gewährleistet ist und kein Produktionsschaden entsteht.

Des Weiteren tritt in den Spitzenzeiten eine beträchtliche Kürzung bzw. ein vollkommener Entzug des Stromkontingents in verschiedenen Betrieben ein, sodass in diesen Betrieben wiederum mit Schichtarbeit begonnen werden muss, was unliebsame Diskussionen unter den Arbeitern auslöst. Besonders im Bezirk Dresden wirkte die plötzliche Anweisung der Energielastverteilung Berlin am 7.11.1956, 26 MW Leistung im Bezirk zu reduzieren, ohne vorher eine Absprache mit der Partei zu führen, unter einem großen Teil, speziell unter den Arbeitern der Leichtindustrie, große Unzufriedenheit hervor.

Aus verschiedenen Bezirken wird bekannt, dass die Arbeiter eine Aufklärung verlangen, warum so plötzlich so eine starke Energiekontingentkürzung erfolgte. Verschiedentlich wurde in einigen Betrieben eine Kommission gebildet, die den Auftrag erhielt nach Berlin zu fahren, um eine Lösung in der Energiefrage zu erhalten (Fimag Finsterwalde, Schraubenfabrik Finsterwalde, [Bezirk] Cottbus).

Des Weiteren führt die Stromkürzung in verschiedenen Betrieben zu Lohnkürzungen, da die Arbeiter zum Teil auf Wartestunden stehen oder Aushilfsarbeiten durchführen, was ebenfalls zu negativen Diskussionen führt, wie z. B. in folgenden Betrieben:
- VEB Textima Zittau, [Bezirk] Dresden
- VEB Rheinmetall Sömmerda, [Bezirk] Erfurt
- VEB Fortschritt Werk Sebnitz, [Bezirk] Dresden
- VEB Oberlausitzer Baumwollweberei Spremberg, [Kreis] Löbau, [Bezirk] Dresden
- VEB Wälzlager Ronneburg, [Bezirk] Gera
- VEB Felgenwerk Ronneburg, [Bezirk] Gera

Außer den negativen und unzufriedenen Diskussionen über die Energiekürzung wurden keine weiteren negativen Erscheinungen bekannt. Aus den Bevölkerungskreisen wurde lediglich Unzufriedenheit aus dem Bezirk Magdeburg bekannt, wo vielfach geäußert wird, dass es komisch ist, dass man immer in den Arbeitervierteln zuerst mit der Stromabschaltung anfängt.

22. November 1956

Information Nr. 352/56 – Betrifft: 56er- und 10er-Rat an der medizinischen und veterinärmedizinischen Fakultät der Humboldt-Universität Berlin

Quelle: BStU, MfS, AS 85/59, Bl. 176–178.
Serie: Informationen.
Verteiler: Stoph, Grotewohl, Ulbricht, Matern, Schirdewan, Ebert, Oelßner, Rau, Leuschner, Warnke, Mückenberger, Neumann, Honecker, Wandel, Ziller, Hager, Norden – MfS: Wollweber, Mielke, Last, Markus Wolf, Walter, Beater, Gartmann, Joseph Gutsche, SED-KL im MfS, Abt. Agitation, Ablage.
Bemerkungen: Pseudonymisierungen wurden analog zur Information 361/56 vorgenommen.
Verweis: Information 361/56.

In der Zeit der besonders massiert erhobenen Forderungen der Studenten auf Abschaffung des Russisch-Unterrichts wurde von den Studenten des 2. Studienjahres der medizinischen Fakultät der Humboldt-Universität Berlin eine Vollversammlung gefordert. Da seitens der FDJ, der Partei und auch der fachlichen Leitung Bedenken bestanden, dass die Studenten die Führung der Versammlung an sich reißen könnten, wurde dieser Forderung nicht entsprochen. Prof. *Waldeyer*[1] erklärte sich für eine kleine Konferenz, zu der jedes Seminar zwei Vertreter entsenden sollte. Diese Konferenz fand am 2.11.1956 statt und jedes Seminar schickte zwei geheim gewählte Studenten. So entstand der »Rat der 56«. Auf der Konferenz wurde von diesen Vertretern u. a. vorgeschlagen »… dass die Vertreterversammlung als dauernde Organisation von den Studenten bevollmächtigt wird, deren Interessen zu vertreten und *die FDJ zu kontrollieren*«. Dieser Punkt wurde weder von der FDJ und Partei noch von der fachlichen Leitung akzeptiert.

Am 14.11.1956 berief der »Rat der 56« eine Versammlung mit folgender Tagesordnung ein:
1. Stellung der FDJ zum »Rat der 56«
2. FDJ-Hochschulprogramm
3. Russisch-Unterricht
4. Bücherprobleme

Es wurde jedoch nur Punkt 1 besprochen.

Die außer den 56 »Räten« anwesenden aktiven Genossen bzw. fortschrittlichen Personen hatten das Ziel, auf dieser Versammlung den »Rat der 56« endgültig aufzulösen oder zur Mitarbeit in der FDJ heranzuziehen. Dies gelang nicht, da die »Räte« immer wieder betonten, keine schlechten Absichten

1 Anton Johannes Waldeyer, Jg. 1901, Mediziner und Hochschullehrer, 1952–66 Professor für Anatomie und Direktor des Anatomischen Instituts an der Humboldt-Universität zu Berlin.

zu haben und für die Einheit des Jugendverbandes einzutreten. Professor *Waldeyer*[2] erklärte in dieser Versammlung, dass das Gremium (Rat der 56) aus seinem illegitimen Stadium herausgetreten und zu einer legalen Angelegenheit geworden sei und das Dekanat würde jederzeit Räumlichkeiten für Versammlungen des Rates zur Verfügung stellen (= Anerkennung des Rates der 56).

Während die Mehrheit der Studenten (auch des 56er-Rates) zzt. die Existenz des 56er-Rates stillschweigend als überholt betrachten bzw. sich mit der jetzigen Situation abgefunden zu haben scheinen, wollen hauptsächlich vier Nachgenannte auch in der Zukunft als Studentenvertretung fungieren und die Interessen der Studenten wahrnehmen, weil die FDJ es nicht in ihrem Sinne tut.

Dies ist das Ergebnis einer Versammlung am 19.11.1956, einberufen von der FDJ-Hochschulleitung, in der die Studenten, besonders die des 56-Rates, auf ihr (FDJ) statutenwidriges Verhalten hingewiesen wurden. Bisher traten folgende Studenten besonders aggressiv und als Wortführer auf:
- [Name 1]: Seminar Z 1
- [Name 2]: 1. Seminar
- [Name 3]: 23. Seminar
- [Name 4]: 6. Seminar

Die Namen der übrigen 52 Studenten sind ebenfalls bekannt.

An der veterinärmedizinischen Fakultät der Humboldt-Universität Berlin wurden in einer Versammlung am 2.11.1956 ebenfalls je zwei Studenten aller Studienjahre in einen sogenannten »10er-Rat« gewählt.[3] Der Wortführer und Leiter dieses Rates soll der Student [Name 5] sein. Die Aufgaben werden allgemein als in fachlicher Richtung liegend hingestellt.

(Forderung: Russisch- und Gewi-Unterricht fakultativ durchführen,[4] sonst Boykott, Lesesaal vergrößern, Rückgabe des Anatomie-Außengebäudes,[5] besseren klinischen Unterricht, bessere Versorgung mit Lehrmateria-

2 Im Original: »Waldayer«.

3 Zum Zehnerrat siehe auch Kowalczuk, Ilko-Sascha: Die Niederschlagung der Opposition an der Veterinärmedizinischen Fakultät der Humboldt-Universität zu Berlin in der Krise 1956/57. Dokumentation einer Pressekonferenz des Ministeriums für Staatssicherheit im Mai 1957. Berlin 1997, S. 16 f., sowie den Bericht über die Veterinärmedizinische Fakultät der Humboldt-Universität zu Berlin v. 10.1.1957, auszugsweise dokumentiert ebenda, S. 50–56.

4 Gemeint ist das Gesellschaftswissenschaftliche Grundstudium (GEWI), das 1951 an den Universitäten der DDR eingeführt wurde. Es war für Studenten aller Fachrichtungen verpflichtend und umfasste die Gebiete dialektischer und historischer Materialismus, politische Ökonomie des Sozialismus und Kapitalismus sowie wissenschaftlicher Sozialismus. Jedes dieser Fächer musste mit einer Prüfung abgeschlossen werden.

5 Gemeint ist das 1840 von Ludwig Ferdinand Hesse für die Königliche Tierarzneischule errichtete Gebäude in der Luisenstraße 56 im Berliner Bezirk Mitte, das bis 1945 von der Vete-

len). Zurzeit ist unter den Angehörigen des »10er-Rates« eine Unruhe vorhanden, weil sie angeblich wegen ihrer politischen und provokatorischen Forderungen exmatrikuliert werden sollen.

renärmedizin der Berliner Universität genutzt wurde. Seit Juli 1945 hatte dort die sowjetische Kommandantur ihren Sitz, von 1950 bis 1967 diente es als Sitz des Ministeriums für Auswärtige Angelegenheiten der DDR.

6. Dezember 1956

Information Nr. 372/56 – Betrifft: Republikfluchten im Monat Oktober 1956

Quelle: BStU, MfS, AS 86/59, Bl. 65–79 (6. Expl.).
Serie: Informationen.
Verteiler: Kein Nachweis für externe Verteilung – MfS: Wollweber, Mielke, Ablage.
Bemerkungen: Inhaltsübersicht mit Seitenangaben nicht wiedergegeben.

I. Zahlenübersicht

[Gruppe]	August [1956]	September [1956]	Oktober [1956]
Männer	10 301	12 744	14 340
Frauen	11 602	14 322	14 506
Kinder	4 757	5 760	4 902
Gesamt	26 660	32 826	33 748
Zahlen westlicher Registrierstellen	*27 522*	*25 647*	*25 985*

Soziale Aufgliederung der wichtigsten Gruppen:

[Gruppe]	August [1956]	September [1956]	Oktober [1956]
Spezialarbeiter	709	891	1 107
Bergarbeiter	181	263	339
Arbeiter	8 645	11 281	12 606
Angestellte	3 651	4 288	4 731
Bauern (gesamt)	400	307	354
Wissenschaftler	6	3	3
Ingenieure	126	141	130
Techniker	25	18	41
Ärzte	37	44	52

[Gruppe]	August [1956]	September [1956]	Oktober [1956]
Lehrer (gesamt)	169	249	153
Studenten (gesamt)	91	120	163

II. Republikflucht im Oktober 1956 und Westpropaganda, die zur Republikflucht beiträgt.

Nach den statistischen Unterlagen der HVDVP sind die Republikfluchten von *32 826* im September auf *33 748* im Oktober angestiegen. Die Zahlen westlicher Registrierstellen sind von *25 647* im September auf *25 985* angewachsen. Das sind 338 mehr als im Vormonat.

Von den in der Tabelle angeführten 354 Bauern sind 139 LPG-Mitglieder und 115 Kleinbauern. Von den 153 republikflüchtigen Lehrern sind allein 98 Lehrer von Grundschulen. Das ständige Ansteigen der Republikflucht von Oberschülern und Studenten ist ebenfalls zu beachten. Schwerpunkte liegen bei Studenten an Universitäten, die im August 67, im September 89 und im Oktober 99 Republikfluchten zählten.

In der letzten Zeit wurden einige Fälle bekannt, wo Personen aufgrund der Ereignisse in Ungarn republikflüchtig wurden.[1] Die Mehrzahl der bekannt gewordenen Gründe liegen in schlechten familiären und persönlichen Verhältnissen, in Fragen der Entlohnung, Unzufriedenheit im beruflichen und privaten Leben und in schlechten Wohnverhältnissen – all diesen Misshelligkeiten hoffen die Republikflüchtigen zu entgehen. – Aber auch einige Maßnahmen westlicher Stellen, wie z. B. die Zahlung eines »Taschengeldes« an Besucher aus der DDR, Ausgabe von Freifahrtscheinen für öffentliche Verkehrsmittel und Gutscheinen für Rückfahrkarten sowie Propagierung der

1 Gemeint ist der Volksaufstand in Ungarn. Der Aufstand begann am 23.10.1956 mit Demonstrationen in Budapest, die sich in den folgenden Tagen auf das ganze Land ausweiteten. Bereits am Abend des 23.10. bat Parteichef Ernő Gerő die sowjetische Armee um Hilfe. Am 24.10. wurde die Forderung der Demonstranten nach der Berufung des reformorientierten Kommunisten Imre Nagy zum Ministerpräsidenten erfüllt, am 25.10. wurde Parteichef Gerő durch Janos Kádár ersetzt. Zeitgleich kam es zu Angriffen auf die Demonstranten, bei denen etwa 200 Personen getötet wurden. Am 30.10. bildete Nagy eine Mehrparteienregierung und am 1.11. erklärte er die Neutralität Ungarns und den Austritt aus dem Warschauer Pakt. Am 4.11. wurde Nagy als Ministerpräsident abgesetzt und durch Kádár ersetzt, die sowjetische Armee griff erneut ein. Bis zum 15.11. gab es heftige Kämpfe im Land, denen aufseiten der Aufständischen etwa 2 500 Menschen zum Opfer fielen. In den folgenden Wochen wurden Oppositionelle scharf verfolgt, etwa 200 000 von ihnen flohen ins westliche Ausland. Vgl. dazu u. a. Varga, László: Der Fall Ungarn. Revolution, Intervention, Kádárismus. In: Engelmann, Roger; Großbölting, Thomas; Wentker, Hermann (Hg.): Kommunismus in der Krise. Die Entstalinisierung 1956 und die Folgen. Göttingen 2008, S. 127–136. – In der DDR wurde der Aufstand offiziell als »faschistischer Putsch« oder »Konterrevolution« bezeichnet.

»guten Lebensverhältnisse« in Westdeutschland durch Westpresse- und Rundfunk tragen zur Erweckung und Förderung von Illusionen über Westdeutschland bei.

Der RIAS berichtet am 17. November in seiner Sendung »Über gesamtdeutsche Fragen«: »Aufgrund eines sehr einfach gehaltenen Antrages wird ein Gutschein für die Bundesbahn ausgegeben, der zehn Tage gültig ist. Um aber dem leidigen Zustand abzuhelfen, dass der Besucher aus der Zone über gar kein Westgeld verfügt, hat die Bundesregierung zusätzlich für jeden Besucher aus der Zone den Betrag von 10,00 DM als eine Art Taschengeld für kleinere Ausgaben zur Verfügung gestellt …«

Die Westberliner Zeitung »Der Tag« weist in einer Notiz vom 16.11.1956 darauf hin, »dass für die rund 600 000 Beschäftigten der Textilindustrie in Westdeutschland ab 1. April 1957 die Arbeitszeit bei vollem Lohnausgleich auf 45 Stunden wöchentlich gesenkt werden soll«.[2] In der gleichen Zeitung heißt es weiter, »dass ab 1. April 1957 die Dienstzeit für die Bundesbeamten bei gleichzeitiger Erhöhung der Gehälter auf 45 Wochenstunden verkürzt werden soll«.[3]

In einem Flugblatt der »Beratungsstelle für die technische Intelligenz beim UfJ«[4] heißt es: »… viele, die den Weg in die Bundesrepublik schon gegangen sind, haben gut bezahlte Stellungen in der Maschinenbauindustrie, in den chemischen Werken, im Bergbau und in der Bauwirtschaft [und] ein auskömmliches Leben gefunden … Wer sich aus persönlichen und beruflichen Gründen zur Flucht entschließt, vermeide es, sich und seine Freunde zu gefährden … Die UfJ-Beratungsstelle für die technische Intelligenz – weist den Flüchtlingen den sichersten Weg und hilft ihnen.«

Der RIAS berichtete am 26.11.1956 in seiner Sendung »Werktag für die Zone«,[5] dass »die monatlichen Gesamteinnahmen eines Arbeiterhaushaltes mit einem Verdienst von 285 DM und drei Familienangehörigen im Jahre 1950 auf 574 DM im Juni 1956 angestiegen sind«. Weiter schildert er auf die verlockendste Art und Weise »was sich ein Arbeitnehmerhaushalt für dieses

2 Vgl. die entsprechende Notiz in der Rubrik »Der Tag meldet.« In: Der Tag v. 16.11.1956, S. 2.

3 Vgl. Höhere Beamtengehälter ab 1. April. In: ebenda.

4 Der »Untersuchungsausschuss Freiheitlicher Juristen« (UFJ) wurde im Oktober 1946 in Westberlin gegründet und war wesentlich von aus der SBZ/DDR geflohenen Juristen geprägt. Er widmete sich vor allem der Erfassung von Unrechtshandlungen in der DDR und verarbeitete seine Erkenntnisse in umfangreichen Dokumentationen und in Propagandamaterialien, die teilweise in den Osten eingeschleust wurden. In den frühen 1950er Jahren wurde die Organisation überwiegend vom CIA finanziert. Vgl. Hagemann, Frank: Der Untersuchungsausschuß Freiheitlicher Juristen 1949–1969. Frankfurt/M. u. a. 1994.

5 Korrekt: »Werktag der Zone«. Dabei handelt es sich um eine seit 1951 produzierte tägliche Sendung des RIAS, die frühmorgens gesendet wurde und sich betrieblicher und tariflicher Probleme in der DDR annahm. Sie entstand in enger Zusammenarbeit mit dem Ostbüro des DGB. Vgl. Kundler, Herbert: RIAS Berlin. Eine Radiostation in einer geteilten Stadt. Berlin 1994, S. 164 f.

monatliche Einkommen anschaffen bzw. an Nahrungs- und Genussmitteln kaufen kann«. Nach den Darlegungen des RIAS hat im Mai 1956 der Durchschnittsstundenlohn aller männlichen »ungelernten« Arbeiter in allen Wirtschaftszweigen 2,15 DM und der Wochenlohn 106 DM betragen.

Die Methode der Zusendung von Briefen, die mit einer Abwerbung oder Beeinflussung zur Republikflucht im Zusammenhang stehen, ging in letzter Zeit stark zurück. Im Oktober wurden insgesamt nur zwei solcher Briefe festgestellt.

III. Gründe und Ursachen für die Republikflucht

a) Republikflucht aus familiären und persönlichen Gründen und durch Beeinflussung

Vielfach werden Familienstreitigkeiten, moralische Verfehlungen sowie Beeinflussung durch Verwandte zur Familienzusammenführung und familiäre und persönliche Ereignisse (wie Verlobung, Eheschließung, Todesfall, Erbschaft usw.) zum Anlass zur Republikflucht, ohne dass dabei in jedem Falle eine negative Haltung der betreffenden Personen gegen die DDR eine Rolle spielt.

Der Schrankenwärter [Name 1] aus Neupampow, [Kreis] Schwerin[-Land], lebte von seiner Frau getrennt und führte mit einer anderen Frau eine Kameradschaftsehe. Bei einer Auseinandersetzung wurde er aus seiner Wohnung verwiesen und verließ die DDR. Der Rangierschaffner [Name 2] aus Schwerin war 13 Jahre jünger als seine Ehefrau. Da es häufig zu Streitigkeiten und Eifersuchtsszenen kam, wurde er republikflüchtig.

Aus Templin, Potsdam,[6] wurde die Ärztin Dr. [Vorname Name 3] republikflüchtig. Dem Krankenhaus, in dem sie beschäftigt war, teilte sie telegraphisch mit, dass sie sich in Hannover mit ihrem Freund verloben will. Die Ehefrau eines LPG-Mitgliedes aus Boblitz,[7] [Kreis] Bautzen, [Bezirk] Dresden, hatte in Westdeutschland ein Haus geerbt und beeinflusste ihren Mann zur Republikflucht. Außerdem zeigte der Ehemann in der LPG eine schlechte Einstellung zur Arbeit, wodurch es mehrmals zu Meinungsverschiedenheiten kam, was mit zur Republikflucht beitrug. Der [Name 4, Vorname] aus dem VEB Optima-Erfurt wurde republikflüchtig, nachdem seine Mutter aus Westdeutschland zu Besuch bei ihm war. Nach Angaben seiner Braut wurde er von seiner Mutter zum Verlassen der DDR überredet, um sich mit seinem Stiefvater auszusöhnen.

6 Der Kreis Templin mit der gleichnamigen Kreisstadt lag nicht im Bezirk Potsdam, sondern im Bezirk Neubrandenburg.

7 Im Original: »Bobritz«.

b) Republikflucht durch Verärgerung im beruflichen Leben
Eine weitere Ursache zur Republikflucht sind Verärgerungen im beruflichen Leben, die durch falsche Behandlung und Missstände aller Art hervorgerufen werden.

Ende Oktober wurde der Betriebsarzt des VEB Karl-Liebknecht-Werkes Magdeburg, Dr. [Name 5], republikflüchtig. In einem Schreiben gab er an, dass er mit der Handlungsweise der SVK nicht einverstanden ist, die ihm wegen Überschreitung seines Solls an der Rezeptierung in seiner Privatpraxis 990 DM von seinen Einnahmen strich. [Name 5] hatte seine Praxis in Magdeburg-Südost, wo es nur drei praktizierende Ärzte gab, von denen [Name 5] den größten Zustrom hatte.

Der Landarzt Dr. [Name 6] aus Hessen, [Kreis] Wernigerode[8], [Bezirk] Magdeburg, war seit 30 Jahren zur Zufriedenheit aller in der Gemeinde tätig. Vom Rat des Bezirkes wurde in Hessen, [Kreis] Wernigerode[9], ein Landambulatorium errichtet und ein neuer Arzt eingesetzt. Dr. [Name 6] wurde republikflüchtig, weil er sich dadurch zurückgesetzt fühlte. Er ist bereit zurückzukommen, wenn er im Landambulatorium eingesetzt wird.

Der Vermessungsingenieur [Name 7] wohnte in Pößneck, [Bezirk] Gera, und war als Leiter des Katasteramtes in Saalfeld tätig. Da er Tbc-leidend war und erst kürzlich aus einer Heilstätte entlassen wurde, bemühte er sich um Versetzung nach Pößneck, wo seine Familie wohnte, bzw. um eine Wohnung in Saalfeld. Stattdessen wurde er zum Vermessungsdienst Erfurt-Zweigstelle Gotha versetzt, worauf er republikflüchtig wurde.[10]

Der stellvertretende Dienststellenleiter der SVK in Johanngeorgenstadt, [Bezirk] Karl-Marx-Stadt, sollte versetzt werden und erhob dagegen Einspruch. Der Dienststellenleiter entgegnete ihm darauf, dass dies zwecklos sei, er wäre kein SED-Mitglied und außerdem habe man sich nach seinem früheren Dienstgrad erkundigt (W.[11] war Feldwebel). Als sich W. hierüber telefonisch bei der SVK-Hauptverwaltung Wismut beschweren wollte, wurde das privat angemeldete Gespräch vom Dienststellenleiter Garau, bei der Zentrale abbestellt. W. hat die DDR daraufhin verlassen, ist aber bereit, wieder zurückzukommen.

Als Einzelbeispiel ist die Republikflucht des Diplom-Bergbau-Ingenieurs [Name 8] durch Verletzung der demokratischen Gesetzlichkeit zu nennen. Durch Vernachlässigung der Aufsichtspflicht des [Name 8] wurde Anfang des Jahres 1956 im Tagebau Golpa,[12] [Kreis] Gräfenhainichen, außer großem Sachschaden ein Unglücksfall mit tödlichem Ausgang verursacht. [Name 8]

8 Hessen lag nicht im Kreis Wernigerode, sondern im benachbarten Kreis Halberstadt.
9 Hessen lag nicht im Kreis Wernigerode, sondern im benachbarten Kreis Halberstadt.
10 Pößneck liegt von Saalfeld etwa 20 km, Gotha von Saalfeld etwa 70 km und von Pößneck etwa 90 km entfernt.
11 Der abgekürzte Name bezieht sich auf den genannten stellvertretenden Dienststellenleiter.
12 Im Original: »Kolpa«.

wurde deshalb von der Abteilung K[13] bis Mitte Mai 1956 (115 Tage) in Haft genommen, ohne dass ein Prozess gegen ihn eröffnet wurde. Nach seiner Entlassung forderte er seine Rehabilitierung, der nicht stattgegeben wurde. [Name 8] war zuletzt im VEB Regis, [Kreis] Borna, beschäftigt.

c) Republikflucht durch Wohnraumschwierigkeiten
Ein Problem, was sich schwerwiegend auf die Republikflucht auswirkt, ist der Mangel an Wohnraum in allen Bezirken der DDR. Eine große Anzahl von Menschen wohnen noch in Räumen, die schon längere Zeit baupolizeilich gesperrt sind, aber aus Mangel an Wohnraum noch nicht geräumt werden konnten. Hinzu kommt auch eine große Anzahl reparaturbedürftiger Wohnungen, für deren Instandsetzung keine Mittel und kein Material zur Verfügung stehen.

Z.B. sind in Stralsund 265 Wohnungen baupolizeilich gesperrt. Davon konnten bisher nur 58 Wohnungen geräumt und die Mieter anderweitig untergebracht werden. Bei weiteren 38 Wohnungen besteht Einsturzgefahr und somit Lebensgefahr für die Einwohner. Darüber hinaus wurden noch 700 Schwammwohnungen festgestellt, die aus Wohnraummangel nicht geräumt werden können.

Ein Einwohner aus Luga, [Kreis] Bautzen, [Bezirk] Dresden, stellte mehrmals Antrag auf Zuweisung von Baumaterialien, die abgelehnt wurden. Sein Haus war stark reparaturbedürftig und die Mieter forderten schnellste Instandsetzung, da es in die Wohnungen regnete. Da er weder Material noch sonstige Unterstützung erhielt, wurde er republikflüchtig. Eine Frau aus Taubenheim,[14] [Kreis] Bautzen, [Bezirk] Dresden, war 1954 aus Westdeutschland zugezogen. Sie hatte mehrmals beim Rat der Gemeinde Antrag auf eine andere Wohnung gestellt, da sie ein krankes Kind hatte. Ihre bisherige Wohnung war nass, wodurch sich die Krankheit des Kindes verschlimmerte. Da sie keine andere Wohnung bekam, ging sie nach Westdeutschland zurück.

Der Maschinenbau-Ingenieur [Name 9] aus dem VEB Stahlbau Gispersleben wohnte seit drei Jahren mit vier Personen in einem Zimmer mit Küche. Das Wohnungsamt und der 1. Sekretär der SED-Kreisleitung Erfurt-Süd – Genosse Thom – wiesen den [Name 9] wiederholt auf die Aussichtslosigkeit seiner Angelegenheit hin, sodass er aus diesem Grunde republikflüchtig wurde. Der Arbeiter [Name 10] aus dem VEB Optima Erfurt bemühte sich seit vier Jahren für seine 4-köpfige Familie bessere Wohnverhältnisse zu bekommen. Dem Wohnungsamt machte er deshalb auch sechs Wohnungen namhaft, von denen er aber keine erhielt. Da die vom Oberbürgermeister versprochene Hilfe ausblieb, wurde er republikflüchtig.

Der Assistent [Name 11] an der schiffsbautechnischen Fakultät der Uni-

13 Die Abteilung K der Volkspolizei war die Kriminalpolizei.
14 Im Original: »Taubenhaim«.

versität Rostock und der Diplom-Ingenieur [Name 12] ebenfalls Universität Rostock, wurden republikflüchtig, da ihnen schon wiederholt Wohnungen versprochen wurden, ohne dass sie eine erhielten. Der Professor des Instituts – Dr. Ing. Geertz[15] – schilderte [Name 11] als eine sehr gute Fachkraft, der in seiner guten fachlichen Arbeit eine gesellschaftliche Arbeit sah. Er vertrat die Meinung, dass er vom Staat Hilfe in persönlichen Dingen erwarten kann, wenn er ihm sein Können zur Verfügung stellt. [Name 11] arbeitete seit 1955 an der Universität und lebte seit 1952 von seiner Familie getrennt. Prof. Geertz befürchtet, dass noch mehrere Wissenschaftler die DDR verlassen, wenn keine Änderung im Wohnungswesen eintritt.

Die Krankenschwester [Name 13] von der medizinischen Universitätsklinik Greifswald, [Bezirk] Rostock, verließ die DDR. Aus Westdeutschland teilte sie ihrer Oberschwester Folgendes mit: »Entschuldigen Sie bitte mein Fortbleiben. Es ist mir sehr schwer gefallen, dass ich von Greifswald gehen musste. Leider war es nicht möglich, mir ein menschenwürdiges Zimmer nachzuweisen. Nun ist es zu einer anderen Lösung gekommen ...«

Der Kraftwerktechnikingenieur [Vorname Name 14] vom VEB Energieversorgung Magdeburg wurde republikflüchtig, da ihm von der Abteilung Wohnraumlenkung Magdeburg die Wohnung beschlagnahmt wurde. Ihm wurde dafür eine Altbauwohnung am Stadtrand zugewiesen mit Eingang durch die Küche und Toilette auf den Hof, womit er nicht einverstanden war. [Name 14] war Spezialist auf dem Gebiet des Kraftwerkbaus und sollte die Projektierung des Heizkraftwerkes Magdeburg unterstützen. Durch seine Republikflucht entstand bei der Projektierung ein Zeitverlust von sechs Monaten.

In Liebenwerda/Elsterwerda[16] lief ein Antrag auf Wohnung seit drei Jahren. Auf die Beschwerde des Antragstellers sagte ihm der Angestellte des Wohnungsamtes – SED – »Auch eine Beschwerde in Berlin wird nichts nützen, denn in Berlin regiert Pieck und in Elsterwerda ich!« Daraufhin verließ der Bürger die DDR.

d) Republikflucht durch abgelehntes Studium

Einer Anzahl von Jugendlichen ist es nicht möglich, in der DDR einen Studienplatz zu erhalten, obwohl sie nach ihrer Auffassung die Voraussetzung dazu haben. Diese Jugendlichen verlassen die DDR, um in Westberlin und Westdeutschland ihr Studium aufzunehmen. Am 15.6.1956 betrug die Zahl

15 Im Original durchgehend: »Gerz«. Arno Geertz, Jg. 1908, Maschinenbauingenieur, 1954–58 Professor für Maschinenelemente bzw. ab 1955 für Mechanik und Festigkeitslehre an der Schiffbautechnischen Fakultät der Universität Rostock, 1955–58 Direktor des Instituts für Technische Mechanik, 1955–57 Prodekan, 1958 nach Disziplinarverfahren Flucht in die Bundesrepublik. Zur Biographie vgl. Förderkreis Luft- und Raumfahrt Mecklenburg-Vorpommern e.V. (Hg.): Arno Geertz, ein Rostocker Luftfahrtpionier. Ein deutscher Wissenschaftler zwischen den politischen Systemen. Rostock 2009.

16 Gemeint ist die Stadt Elsterwerda im Kreis Bad Liebenwerda.

derer, die aus der DDR an den zwei Westberliner Universitäten studieren, 4064 Personen beiderlei Geschlechts.

Ein Jugendlicher meldete sich beim VPP Halle schriftlich ab und teilte aus Westberlin mit: »Da es mir in Halle nach mehreren Bemühungen nicht gelungen ist, einen Studienplatz zu erhalten, habe ich mich entschlossen, hier mein Studium zu beginnen …« Ein Jugendlicher aus Beeskow/Niederlausitz teilte aus Westberlin mit: »Ich bin nach Westberlin verzogen, um hier mein Studium aufzunehmen. Am 9.7.1956 wurde meine Bewerbung für die Technische Hochschule Dresden unbegründet abgelehnt …« Eine Jugendliche schrieb an das VPKA Bautzen, [Bezirk] Dresden: »… Da ich in der DDR keine Möglichkeit habe, den Beruf zu erlernen, für den ich Interesse und Begabung zeige, musste ich leider die Republik verlassen. Hier kann ich die entsprechende Ausbildung bekommen. Nach Beendigung meines Studiums habe ich die Absicht, in die DDR zurückzukommen …«

Ein [Vorname Name 15] schrieb aus Westberlin an das VPKA Dresden A I: »… Da ich nicht die Möglichkeit hatte, in der DDR zu studieren, halte ich mich zzt. in Westberlin und Westdeutschland auf, um meine Ausbildung fortzusetzen. Ich versichere, dass ich gegen sie weder Hetze noch Verleumdung getrieben habe, zzt. treibe oder treiben werde …« Der Jugendliche [Vorname Name 16] aus Langenrinne bei Freiberg/Sachsen verließ die DDR und schrieb aus Westberlin: »… Mein Antrag zum Studium wurde von der ABF Dresden abgelehnt, obwohl meine Leistungen überdurchschnittlich sind. Da mir die gestellte Wartefrist von einem Jahr für mein späteres Medizinstudium zu lange ist, wählte ich aus eigenem Entschluss den Weg in die Bundesrepublik …« Der Chemiefachwerker [Name 17] – FDJ – aus dem VEB ECW Eilenburg, [Bezirk] Leipzig, ist der Sohn eines selbstständigen Handwerkers und wollte sich zwei Jahre zur Nationalen Volksarmee verpflichten. Da er kein Stipendium zu seinem Studium erhalten sollte, setzte er sich nach dem Westen ab.

e) Republikflucht durch Unzufriedenheit über Entlohnung und wirtschaftliche Schwierigkeiten

In Industrie und Landwirtschaft herrscht unter einer Anzahl von Arbeitern in den niederen Lohngruppen Unzufriedenheit über die Bezahlung. Dies trifft auch für Facharbeiter zu, die infolge Materialschwierigkeiten mit minder bezahlten Arbeiten beschäftigt werden und dadurch finanzielle Einbuße erleiden. Diese Personen setzen sich zum Teil nach dem Westen ab, da sie glauben, dort mehr kaufen und besser leben zu können. Ein Teil der Personen, die früher im Beamtenverhältnis gestanden haben, spekulieren auf Pensionen, während sich einige Bauern wegen Sollschwierigkeiten absetzen.

Entlohnung

Ein Chemieingenieur und Abteilungsleiter aus dem VEB Fettchemie- und Fewa-Werk Mohsdorf, [Kreis] Karl-Marx-Stadt[-Land], wurde republikflüchtig. Er war darüber verärgert, dass er bei einer Gehaltsaufbesserung wegen Abwesenheit »vergessen« worden war und keine Entwicklungsmöglichkeiten mehr sah. Der Werftarbeiter [Name 18] von der Volkswerft Stralsund verließ die DDR, da er infolge Materialmangels viel Wartezeit schreiben musste und als guter Facharbeiter tagelang im Ernteeinsatz war oder Handlangerdienste leisten musste, was mit finanzieller Einbuße verbunden war.

Im Fischlager der Konsum-Genossenschaft Dresden ist man darüber gut unterrichtet, dass die »Nordsee-GmbH« in Westdeutschland ein monatliches Anfangsgehalt von 460 DM und freie Wohnung bietet. Aus diesem Grunde wurden zwei Verkaufsstellenleiter republikflüchtig. Aus Zwickau flüchtete [Name 19, Vorname] aus dem Objekt 101. Er hatte vor einem halben Jahr eine Prüfung für das technische Minimum abgelegt, aber bis jetzt noch kein Zeugnis erhalten. Bei Vorlage des Zeugnisses hätte er die Lohngruppe 6 erhalten müssen.[17]

Wirtschaftliche Gründe

Der werktätige Bauer [Name 20, Vorname] aus Buchenhain, [Kreis] Templin, [Bezirk] Neubrandenburg, hatte große Sollrückstände in Milch und Kartoffeln. [Name 20] hatte einen schlechten Viehbestand und konnte seine Wirtschaft nicht mehr ordnungsgemäß bearbeiten, deshalb verließ der die DDR. Ein Großbauer aus Zercha, [Kreis] Bautzen, [Bezirk] Dresden, war in seiner Sollablieferung vorbildlich. Ein Antrag auf Sollherabsetzung bedingt durch schlechte Bodenklasse[18] – wurde vom Rat des Kreises Bautzen abgelehnt. Aus Angst, dass er sein Soll dieses Jahr nicht erfüllen könne, verließ er die DDR.

Die Lehrerin [Name 21] von der Oberschule in Stendal, [Bezirk] Magdeburg, wurde republikflüchtig. Sie gibt an, in der DDR keine Entwicklungsmöglichkeiten mehr zu haben, da sie früher als Studienrätin tätig war.[19] In Westdeutschland könnte sie im alten Rang eingesetzt werden und außerdem wäre ihr eine bessere Altersversorgung gesichert. Der Mechaniker [Name 22] aus dem VEB Zeiss Jena schrieb nach seiner Republikflucht aus Westdeutschland: »Was mich veranlasst hat, die Zone zu verlassen, ist die Aussichtslosig-

17 In den VEB der DDR gab es je nach Branche und Tätigkeitsfeld zwischen sechs und acht Lohngruppen. Zu den Stundenlöhnen in den unterschiedlichen Branchen vgl. Haas, Gerhard; Leutwein, Alfred: Die rechtliche und soziale Lage der Arbeitnehmer in der Sowjetischen Besatzungszone. Hg. v. Bundesministerium für gesamtdeutsche Fragen. Bd. 2: Anlagenteil, 4., erw. u. erg. Aufl., Bonn 1957, S. 129–134.

18 Bodenklassen oder Bodenwertzahlen dienten der Einstufung der Bodengüte von landwirtschaftlichen Nutzflächen. Von dieser Einstufung hing die Höhe des Ablieferungssolls landwirtschaftlicher Betriebe ab.

19 Studienrat war zwischen 1918 und 1945 im Deutschen Reich (und über 1945 hinaus in der Bundesrepublik) der offizielle Titel für fest verbeamtete Lehrer im höheren Schuldienst. In der DDR war das Berufsbeamtentum abgeschafft und der Titel »Studienrat« fungierte nur noch als Ehrentitel für verdiente Lehrer.

keit auf eine bessere und zufriedenere Lebensweise. Ich habe zu allem das Vertrauen verloren. Ich fühle mich so wohler ...«

IV. Abwerbung

Im Monat Oktober wurden Einzelfälle bekannt, bei denen eine Abwerbung von Personen aus der DDR durch Konzernangehörige in Westdeutschland vermutet wird. Konkrete Hinweise dafür sind nicht vorhanden. Weiter wurde bekannt, dass in Westdeutschland geeignete männliche Personen für die Arbeit in den Goldminen Südafrikas angeworben werden.

Der Leiter der BHG Jarmen, [Kreis] Demmin, [Bezirk] Neubrandenburg, wurde mit seinen fünf Familienangehörigen republikflüchtig. Er kündigte sein Arbeitsverhältnis und begab sich nach Westdeutschland. Es wurde ermittelt, dass er Verbindung zu Vertretern des Raiffeisenverbandes in Westdeutschland hatte und vermutlich von dort abgeworben wurde. Der technische Leiter des VEB Betonwerke Rudolstadt, [Bezirk] Gera, galt in seinem Fach als eine Kapazität. Er stand mit zwei republikflüchtigen Personen aus dem gleichen Betrieb in Verbindung, die ihn vermutlich nach Westdeutschland abgezogen haben.

Ein Ingenieur aus dem VEB Elektroporzellan Margarethenhütte Großdubrau, [Kreis] Bautzen, [Bezirk] Dresden, sollte als technischer Leiter des Werkes eingesetzt werden. Er fuhr jedes Jahr nach Westdeutschland in Urlaub und stand außerdem mit republikflüchtigen Personen und Konzernangehörigen in Verbindung. Eine Dienstfahrt nutzte er zur Republikflucht aus. Aus den angeführten Umständen wird Abwerbung vermutet.

Aus Potsdam wird bekannt, dass in Westberlin bzw. Westdeutschland Personen angeworben werden, die bereit sind, ein Jahr in Belgisch-Kongo in der Goldindustrie – vermutlich aber Uranbergwerke – zu arbeiten. Den Personen wird ein Jahresverdienst von 16 000 Westmark bei einer täglichen Arbeitszeit von zwei bis vier Stunden geboten. Der erste Transport sollte am 27.11.1956 abgehen.

Durch einen Rückkehrer[20] wurde bekannt, dass in Westdeutschland Werber für die »Goldminen in Südafrika« auftreten. Vorwiegend beeinflussen sie in Lokalen unter Alkohol stehende Personen zu Vertragsabschlüssen. Nichteinhaltung des Vertrages zieht strafrechtliche Verfolgung wegen »Vertragsbruch« nach sich. Den Angeworbenen wird ein Merkblatt ausgehändigt, aus dem alle notwendigen Formalitäten (Röntgenaufnahme, Impfungen und Passformalitäten) zu ersehen sind. Das Merkblatt trägt zwei Anschriften:

20 Als »Rückkehrer« wurden aus der Bundesrepublik zurückgekehrte DDR-Flüchtlinge und -Übersiedler bezeichnet. Sie machten etwa zwei Drittel der zwischen 1949 und 1961 600 000 bis 800 000 West-Ost-Migranten aus. Vgl. dazu Schmelz, Andrea: Migration und Politik im geteilten Deutschland während des Kalten Krieges. Die West-Ost-Migration in die DDR in den 1950er und 1960er Jahren. Opladen 2002.

- Transvaal and Orange Free State Chamber of Mines (Incorporated in the Union of South Africa), p./A. Südafrikanisches Generalkonsulat, *Hamburg 36*, Gerhofer Straße 40
- Dr. F.J. Farrenkothen, p./A. Kühne & Nagel, Luftfrachthof, Flughafen *Berlin-Tempelhof.*

In illustrierten Prospekten wird den Interessenten die Lebensweise, der Verdienst und die Entwicklungsmöglichkeit schmackhaft gemacht.

V. Republikflucht aufgrund der Ereignisse in Ungarn

Nach den Ereignissen in Ungarn wurden vereinzelt schwankende Elemente republikflüchtig, da sie Angst hatten »in der DDR würde die gleiche Situation eintreten«.

Der Parteisekretär Heinz Dörrwand[21] der SED-Betriebsgruppe des VEB Hoch- und Tiefbau Brandenburg, [Bezirk] Potsdam, wurde republikflüchtig. Vor seiner Flucht äußerte er, »dass er lieber nach Westdeutschland gehe, da er in der DDR die gleichen Vorkommnisse erwartet, wie in Ungarn und er sich nicht aufhängen lassen möchte«. Der Laboringenieur Albert Thurley[22] war Abteilungsleiter im VEB Werk für Fernmeldewesen, Berlin-Oberschöneweide. Er wurde republikflüchtig und teilte in einem Brief mit, »dass er befürchtet, in der DDR würden dieselben Ereignisse eintreten wie in Ungarn«. Th. war von 1946 bis 1950 in der UdSSR. Die Lehrerin [Vorname Name 23] von der 4. Grundschule in Eberswalde, [Bezirk] Frankfurt/O., trat aufgrund der Ereignisse in Polen[23] und Ungarn aus der Gesellschaft für Deutsch-Sowjetische-Freundschaft aus. Nach einer Aussprache mit der SED-Kreisleitung wurde sie von der Schulleitung entlassen und setzte sich nach dem Westen ab.

21 Heinz Dörrwand, Jg. 1924, seit 1953 Parteisekretär der SED-Grundorganisation des VEB Hoch- und Tiefbau Brandenburg, 1956 Flucht in die Bundesrepublik.

22 Albert Thurley, Jg. 1905, 1951–56 Entwicklungsingenieur und Laborleiter im VEB Werk für Fernmeldewesen Berlin-Oberschöneweide, im November 1956 Flucht in die Bundesrepublik.

23 Nach der Niederschlagung des Posener Arbeiteraufstandes Ende Juni 1956 blieb die innenpolitische Situation in Polen instabil und in der Bevölkerung zeigte sich eine zunehmend antisowjetische Stimmung. Um die Situation zu beruhigen, setzte der reformorientierte Flügel der PVAP eine Umbildung der Parteiführung durch; am 21.10. wurde der 1948 abgesetzte und 1951 inhaftierte ehemalige Parteichef Władysław Gomułka zum Ersten Sekretär der PVAP gewählt, während die Vertreter des stalinistischen Flügels nicht mehr ins Politbüro gewählt wurden. Die Wahl Gomułkas stieß auf enthusiastische Reaktionen in der Bevölkerung, die in einer Demonstration mit etwa 500 000 Teilnehmern am 24.10. in Warschau gipfelten. Im Anschluss daran kam es im November 1956 in vielen Städten Polens zu Demonstrationen und zu Angriffen auf sowjetische Einrichtungen. Vgl. dazu Kramer, Mark: Soviet-Polish Relations and the Crises of 1956. Brinkmanship and Intra-Bloc Politics. In: Engelmann, Roger; Großbölting, Thomas; Wentker, Hermann (Hg.): Kommunismus in der Krise. Die Entstalinisierung 1956 und die Folgen. Göttingen 2008, S. 61–126, hier 89–124.

In der Westzeitung »Die Welt« vom 14.11.1956 erschien folgende Notiz: »Mehrere Lehrer aus der Sowjetzone und Ostberlin, die bis jetzt entschlossen waren dort auszuharren, haben in den letzten Tagen in Westberlin um Notaufnahme[24] nachgesucht. Sie begründeten ihre Flucht aus der Sowjetzone damit, dass es ihnen unmöglich ist, ihren Schülern den Volksaufstand in Ungarn als ›faschistischen Putsch‹ darzustellen.«[25]

VI. Vorschau über die Republikflucht im November 1956, nach Meldungen der Westpresse

Nach westlichen Pressemeldungen ist die Republikflucht im November 1956 stark zurückgegangen. Die Westzeitung »Die Welt« schreibt hierzu am 4.12.1956 Folgendes: »Insgesamt *20 208* Flüchtlinge aus der Zone haben im November in der Bundesrepublik und in Westberlin die Notaufnahme beantragt. Das sind 5 777 Personen weniger als im Oktober.« Der Rückgang wird vom Bundesverteidigungsminister Oberländer[26] darauf zurückgeführt, »dass unter der Bevölkerung der Zone die Auffassung von einem ›politischen Tauwetter‹ vorhanden ist«. Der Minister erklärte den Rückgang ferner damit, »dass die Kontrollen um Berlin verschärft worden sind und es angesichts des bevorstehenden Weihnachtsfestes mancher vorzieht, zu Hause zu bleiben«.[27]

24 Um als politische Flüchtlinge anerkannt zu werden, mussten Flüchtlinge aus der DDR in einem der drei zentralen Notaufnahmelager Berlin-Marienfelde, Gießen und Uelzen das Bundesnotaufnahmeverfahren durchlaufen. Vgl. Kimmel, Elke: Das Notaufnahmeverfahren. In: Effner, Bettina; Heidemeyer, Helge (Hg.): Flucht im geteilten Deutschland. Berlin 2005, S. 115–133.

25 Ein entsprechender Artikel ließ sich in der »Welt« nicht ermitteln.

26 Theodor Oberländer, Jg. 1905, Politiker (GB/BHE, CDU), war nicht Bundesverteidigungsminister, sondern 1953–60 Bundesminister für Vertriebene, Flüchtlinge und Kriegsgeschädigte sowie 1953–61 und 1963–65 MdB.

27 Vgl. Weniger Zonenflüchtlinge. In: Die Welt v. 4.12.1956, S. 1.

8. Dezember 1956

Information Nr. 378/56 – Betrifft: Stimmung der Bevölkerung zu den Ereignissen in Ungarn

Quelle: BStU, MfS, AS 86/59, Bl. 107–111 (35. Expl.).
Serie: Informationen.
Verteiler: Stoph, Grotewohl, Ulbricht, Matern, Schirdewan, Ebert, Oelßner, Rau, Leuschner, Warnke, Mückenberger, Neumann, Honecker, Wandel, Ziller, Hager, Norden, KGB Berlin-Karlshorst (»Freund«) – MfS: Wollweber, Mielke, Last, Markus Wolf, Walter, Beater, Joseph Gutsche, Gartmann, Carlsohn, HA III (Hofmann), HA III (Kleine), HA III (Weidauer), HA III (»3311«), HA XIII, HA V, Abt. VI, Ablage, SED-KL im MfS, Abt. Agitation.
Vermerk: Bei der Nummer 3311 im Verteiler hinter »HA III« handelt es sich um eine interne Postfachnummer, die sich nicht zuordnen lässt.

Die Stellungnahmen zu den Ereignissen in Ungarn[1] sind unter allen Bevölkerungsschichten der DDR noch in starkem Umfang vorhanden und überwiegen die Stellungnahmen zu anderen politischen Ereignissen. Dabei ist in allen Bezirken festzustellen, dass sich im Gegensatz zu den ersten Tagen die positiven Meinungen durchsetzen. Die negativen Meinungen richten sich in erster Linie gegen das Eingreifen der sowjetischen Truppen in Ungarn und gleichen vorwiegend der Argumentation der Westsender. Die wesentlichsten, immer noch in Vielzahl in allen Bezirken auftretenden Argumente dazu sind:

- Die »Russen« haben ganz Budapest zusammengeschossen;
- die »Russen« sollen machen, dass sie fortkommen – auch aus der DDR;
- die Sowjetunion hatte kein Recht in Ungarn einzugreifen;
- das ungarische Volk hatte ein Recht darauf, sich seine »Freiheit« selbst zu erkämpfen,
- es waren keine eingeschleusten Personen, sondern die verbitterte Bevölkerung selbst, die rebellisch wurde;

1 Gemeint ist der Volksaufstand in Ungarn, der am 23.10.1956 mit Demonstrationen in Budapest begann, die sich in den folgenden Tagen auf das ganze Land ausweiteten. Bereits am Abend des 23.10. bat Parteichef Ernő Gerő die sowjetische Armee um Hilfe. Am 24.10. wurde die Forderung der Demonstranten nach der Berufung des reformorientierten Kommunisten Imre Nagy zum Ministerpräsidenten erfüllt, am 25.10. wurde Parteichef Gerő durch Janos Kádár ersetzt. Zeitgleich kam es zu Angriffen auf die Demonstranten, bei denen etwa 200 Personen getötet wurden. Am 30.10. bildete Nagy eine Mehrparteienregierung und am 1.11. erklärte er die Neutralität Ungarns und den Austritt aus dem Warschauer Pakt. Am 4.11. wurde Nagy als Ministerpräsident abgesetzt und durch Kádár ersetzt, die sowjetische Armee griff erneut ein. Bis zum 15.11. gab es heftige Kämpfe im Land, denen aufseiten der Aufständischen etwa 2 500 Menschen zum Opfer fielen. In den folgenden Wochen wurden Oppositionelle scharf verfolgt, etwa 200 000 von ihnen flohen ins westliche Ausland. Vgl. dazu u. a. Varga, László: Der Fall Ungarn. Revolution, Intervention, Kádárismus. In: Engelmann, Roger; Großbölting, Thomas; Wentker, Hermann (Hg.): Kommunismus in der Krise. Die Entstalinisierung 1956 und die Folgen. Göttingen 2008, S. 127–136.

- Nagy[2] wurde von den »Russen« verschleppt;[3]
- der Kommunismus kann sich nur durch Terror durchsetzen, das zeigt Ungarn;
- Presse und Rundfunk der DDR berichten nicht objektiv;
- wenn es in der DDR so käme wie in Ungarn, würde ich gleich mitmachen und die »Russen« mit rausjagen;
- keine Beiträge mehr für die Gesellschaft für Deutsch-Sowjetische Freundschaft zahlen und austreten. Ungarn beweise, was diese Freundschaft einbringt.

Derartige Meinungen werden von allen Bevölkerungsschichten zum Ausdruck gebracht und sind auf Einfluss der Westsender bzw. die negative Einstellung dieser Personen zur SU und DDR zurückzuführen.

Beachtet werden müssen im Zusammenhang mit den Ereignissen in Ungarn jene Meinungen, in denen gegen die Verhältnisse in der DDR Stellung genommen wird. Diese Stellungnahme von einzelnen Personen in Versammlungen und dergleichen ausgesprochen, enthalten neben offener Hetze auch versteckte Forderungen, die dann auch in den meisten Fällen Zustimmung finden. Folgende Beispiele dieser Art wurden bekannt:

Unter Arbeitern

- Im VEB Kaliwerk »Einheit« Dorndorf, [Kreis] Bad Salzungen, [Bezirk] Suhl, Abteilung Verladung, äußerte ein Arbeiter gegenüber den dort Beschäftigten: »Bei den Kämpfen in Ungarn ist von der Staatssicherheit nicht mehr viel übrig geblieben. Bei uns in der DDR wird es nach elf Jahren auch Zeit, dass man die Staatssicherheit abschafft.«
- Im VEB Ernst Thälmann-Werk Suhl brachte ein Mitglied der SED während des Parteilehrjahres zum Ausdruck, dass unter den Arbeitern seiner Abteilung folgende Meinung geäußert wurde: »Wäre in Ungarn nicht solch eine Situation entstanden, hätte man bei uns auch noch nicht daran gedacht, den Diskussionen mit den Renten und Prämien ein Ende zu bereiten.«
- Im VEB Reifenwerk Fürstenwalde, [Bezirk] Frankfurt/O., erklärte ein Arbeiter vor anderen dort Beschäftigten: »Bei uns wird sich nichts früher

2 Imre Nagy, Jg. 1896, ungarischer kommunistischer Politiker, im Juni 1953 als Nachfolger des Stalinisten Mátyás Rákosi Ministerpräsident der Volksrepublik Ungarn, im April 1955 seines Amtes enthoben und einige Monate später aus der kommunistischen Partei ausgeschlossen, am 23./24.10.1956 während der Studentenproteste wieder als Ministerpräsident eingesetzt, im Zuge der Niederschlagung des ungarischen Volksaufstands im November 1956 abgesetzt und verhaftet, 1958 zum Tode verurteilt und hingerichtet.

3 Nach seiner Absetzung als Ministerpräsident am 4.11.1956 floh Imre Nagy in die jugoslawische Botschaft, die daraufhin von sowjetischen Panzern umstellt wurde. Nach der Zusicherung von Straffreiheit durch seinen Nachfolger János Kádár verließ Nagy am 22.11. 1956 die Botschaft, wurde jedoch mit seinen Begleitern vom KGB verhaftet und nach Rumänien verbracht.

verändern, bis W. Ulbricht und Genossen verschwunden sind. Im Übrigen müssten wir es genauso machen wie die Arbeiter in Ungarn.«
- In der Farbenfabrik Wolfen und im EKB Bitterfeld diskutierten Arbeiter untereinander wie folgt, »dass im ZK der SED sich zwei Strömungen entwickeln; die stalinistische Strömung unter Führung von Walter Ulbricht und die sogenannte liberale Strömung unter Führung von Minister Selbmann.[4] Unentschlossen verhalten sich noch der Verteidigungsminister Stoph[5] und einige andere.«
- Im Kombinat 54 der Wismut in Johanngeorgenstadt erklärte ein Mitglied der SED den mit ihm beschäftigten Arbeitern, »die DDR muss im Laufe der nächsten zwei Jahre Krisen in gleicher Form wie in Ungarn durchmachen. Die Gegnerschaft gegen unser Regime ist so stark, dass mit erheblichen Rückschlägen zu rechnen ist.«

Unter Angehörigen der Intelligenz und Angestellten
- Bei der Deutschen Investitionsbank in Meiningen, [Bezirk] Suhl, äußerte sich ein Angestellter unter den dort Beschäftigten wie folgt: »Bei uns und in den Volksdemokratien müsste man eine Scheinblüte des Sozialismus errichten. Man solle jedem Arbeiter ein Auto und ein Motorrad geben, damit wir nach außen vor der kapitalistischen Welt glänzen. Aber bei uns schafft man oft nur Unzufriedenheit und Missstände. Damit kann man dem Kapitalismus nicht entgegentreten.«
- Ein Angestellter der Deutschen Notenbank Meiningen erklärte in einem Gespräch mit anderen dort Beschäftigten: »Ich tappe im Dunkeln und verstehe nicht, wie man vom demokratischen Rundfunk behaupten kann, dass Nagy von der Regierung Kádár[6] verhaftet worden sei, wenn auf der anderen Seite der NWDR und Radio Frankfurt behaupten, Nagy habe Zuflucht bei der jugoslawischen Botschaft gefunden. Ich kann nicht verstehen, warum man den Menschen in der DDR nicht offen sagt, was los ist. Die meisten Menschen glauben dadurch nichts mehr und wissen nicht, was eigentlich in Ungarn vor sich gehe. Dadurch werden sehr undurchsichtige Diskussionen geführt, die man sich ersparen könnte.«
- Im VEB Reifenwerk Fürstenwalde, Abteilung Vulka, äußerten sich zwei Angestellte folgendermaßen: »Wenn man in der DDR ein zweites Ungarn

4 Fritz Selbmann, Jg. 1899, SED-Politiker, 1949–63 Abgeordneter der Volkskammer, 1954–58 Mitglied des ZK der SED, 1955–58 stellvertretender Vorsitzender des Ministerrats und Vorsitzender der Kommission für Industrie und Verkehr bei dessen Präsidium.

5 Willi Stoph, Jg. 1914, SED-Politiker, 1953–89 Mitglied des Politbüros des ZK der SED, 1956–60 Minister für Nationale Verteidigung der DDR.

6 János Kádár, Jg. 1912, ungarischer kommunistischer Politiker, 1956–88 Erster bzw. Generalsekretär der Ungarischen Sozialistischen Arbeiterpartei (USAP), 1956–58 und 1961–65 ungarischer Ministerpräsident. Nach der gewaltsamen Entmachtung der Koalitionsregierung von Imre Nagy konstituierte sich am 4.11.1956 eine »Ungarische Revolutionäre Arbeiter- und Bauernregierung« unter Führung von Kádár.

vermeiden will, so soll man die Läden mit Waren vollstopfen und vor allen Dingen die HO-Preise senken.«

- Im VEB Elmo Dessau, [Bezirk] Halle, brachte ein Ingenieur gegenüber anderen Ingenieuren Folgendes zum Ausdruck: »Unsere Regierung besteht nur aus Puppen. Es ist im wahrsten Sinne eine Bauernregierung, die unfähig ist und sich vom Russen bevormunden lässt.«

Unter der ländlichen Bevölkerung

- In der Ortschaft Altendambach, [Kreis] Suhl[-Land], wurde folgende Meinung zum Ausdruck gebracht, »dass es in der DDR ähnlich wie in Ungarn kommen müsste, damit erst einige verschwinden würden. Otto Grotewohl und Walter Ulbricht hätten auf der letzten Volkskammersitzung wieder einige Zugeständnisse (Renten) gemacht,[7] was jedoch nicht ausschlaggebend sei. Zum anderen seien diese Zugeständnisse nur aus Angst seit den Ereignissen in Ungarn gekommen, um die Menschen wieder zu befriedigen.« Ähnliche Meinungen traten in der Gemeinde Oberstadt, [Kreis] Suhl[-Land], auf. Daraufhin wurden bereits einige DBD-Mitglieder so eingeschüchtert, dass sie sich jetzt von der Parteiarbeit zurückziehen wollen.
- In der Gemeinde Kl[ein] Rossau, [Kreis] Osterburg, [Bezirk] Magdeburg, erklärte ein Großbauer: »Wo sind in Ungarn die kleinen Kommunisten geblieben? Wenn wir stark bleiben, dann sind sie auch bei uns bald weg.«
- In Gräfenwarth, [Kreis] Schleiz, [Bezirk] Gera, brachte ein Mittelbauer in einer Versammlung der VdgB zum Ausdruck, »dass auch in der DDR das Soll wegfallen müsse, damit es den Bauern besser ginge.« Später erklärte er noch einem Viehaufkäufer, »ich gebe nichts her. Wir machen es wie in Ungarn. Die haben es auch erzwungen, dass sie kein Soll mehr haben. In vier Wochen ist es so weit wie in Ungarn.«
- In Langenwetzendorf, [Kreis] Greiz,[8] führen Mittelbauern ähnliche Diskussionen, indem sie sich folgendermaßen äußern: »Die Aufkäufer der VEAB bekommen von uns nichts. Wer eine Gans essen will, soll sich eine halten.« (eine Mittelbäuerin), oder »Ehe ich meine Gänse an die VEAB abgebe, schicke ich sie lieber nach Westdeutschland.« (ein Mittelbauer)

Unter Mitgliedern bürgerlicher Parteien

- In den Gemeinden Barby und [Groß] Rosenburg wurden unter Mitgliedern der NDPD Forderungen nach »freien Wahlen« laut. Mitglieder der

7 Am 16.11.1956 beschloss die Volkskammer eine umfängliche Rentenerhöhung zum 1.12.1956; u. a. stiegen die Vollrenten für Arbeiter und Angestellte sowie die für Bauern, Handwerker, selbstständig Erwerbstätige, Unternehmer und freiberuflich Tätige um 30,00 DM monatlich. Vgl. Gesetz über die Erhöhung der Renten und der Sozialfürsorgeunterstützung v. 16.11.1956. In: GBl. I 1956, S. 1279 f.

8 Langenwetzendorf lag nicht im Kreis Greiz, sondern im benachbarten Kreis Zeulenroda, an der Kreisgrenze zu Greiz.

NDPD aus diesen Orten erklärten, »dass die SED bei einer ›freien Wahl‹ keine Anhänger hätte«.

- In Ilmenau, [Bezirk] Suhl, äußerte ein Mitglied der NDPD im Verlaufe eines Ausspracheabends, »dass man auch damit rechnen und fürchten müsse, dass bei einem Aufbäumen unseres Volkes gegen Fehler und Mängel in der DDR auch die SU einmarschieren und mit Gewalt Ordnung schaffe. Unsere Bevölkerung sei überhaupt mehr nach dem Westen orientiert und es sei doch logisch, dass das Kulturgut des Westens bzw. Westdeutschlands näher stehe als alle noch so hochstehenden Kulturgüter des Ostens. Man brauche doch nur den Besuch der Filmtheater zu betrachten, wenn ein sowjetischer oder ein westlicher Film läuft. Man sollte doch mehr die Mentalität des Volkes sehen, denn dadurch könne man die Mehrheit der Bevölkerung für den Sozialismus gewinnen. Z.B. Tito[9] in Jugoslawien, der den Sozialismus ohne sowjetische Bevormundung aufbaue.«
- Ein anderes Mitglied der NDPD brachte während dieses Ausspracheabends in Ilmenau zum Ausdruck: »Denkt Ihr denn, die hätten bei uns die Renten erhöht, wenn nicht der Krach in Ungarn gewesen wäre. Wir können nicht zu allem Ja und Amen sagen und in Bausch und Bogen den russischen Sozialismus übernehmen.«
- Ein anderes Argument, dass unter NDPD-Mitgliedern in Ilmenau geäußert wird, ist, »dass in den ersten Tagen der Ereignisse in Ungarn die Presse und der Rundfunk unter Zensur der Regierung gestanden haben. Man ist ja gezwungen gewesen, westliche Sender zu hören, um sich ein Bild machen zu können. Warum zögern unsere Presse und der Rundfunk, die Wahrheit zu sagen? Dies wäre besser und die Bevölkerung hätte Zutrauen zu unserem Funk und zur Presse. Bekannt gegeben wurde es doch so oder so, und eine Verschönerung habe keinen Zweck.«

9 Josip Broz Tito, Jg. 1892, 1943–53 als Ministerpräsident und 1953–80 als Staatspräsident kommunistischer Diktator von Jugoslawien. Im Jahr 1948 war es zum Bruch zwischen Stalin und Tito gekommen; Chruschtschow verfolgte nach 1955 eine Politik der Wiederannäherung an Jugoslawien.

27. Dezember 1956

Information Nr. 394/56 – Betrifft: Karl-Marx-Universität Leipzig

Quelle: BStU, MfS, AS 86/59, Bl. 298 (27. Expl.).
Serie: Informationen.
Verteiler: Stoph, Grotewohl, Ulbricht, Matern, Schirdewan, Ebert, Oelßner, Rau, Leuschner, Warnke, Mückenberger, Neumann, Honecker, Wandel, Ziller, Hager, Norden, KGB Berlin-Karlshorst (»Freund«) – MfS: Wollweber, Mielke, Last, Markus Wolf, Beater, Walter, Joseph Gutsche, Gartmann, Ablage.

Am 19.12.1956 wurde in der Parteiversammlung am philosophischen Institut in fast allen Diskussionen der Artikel des Professor *Gropp*[1] im »ND« vom 19.12.1956 verurteilt.[2] Besondere Einwände wurden gegen die Form und gegen die Schlussfolgerungen erhoben. Die Genossen sind der Ansicht, dass diese Veröffentlichung die Arbeit der Assistenten im gesellschaftswissenschaftlichen Unterricht[3] an allen Fakultäten erschwere, da sie in diesem Artikel als Vertreter ideologischer Verirrungen bezeichnet worden sind. Die schärfsten Angriffe wurden von dem Assistenten *Kleine*[4] (Vertreter der Anthropologie) gemacht. Unter anderem erklärte dieser, dass Prof. Gropp seit etwa einem Jahr nicht am Institut gewesen wäre und die Tatsachen vollkommen falsch wiedergegeben habe. Es wurde der Antrag gestellt, dass sich Prof. Gropp für seine Anwürfe im »ND« öffentlich entschuldigt.

In verschiedenen Diskussionen wurde mehrfach erwähnt, dass durch diesen Artikel der Eindruck erweckt sei, dass das philosophische Institut der Karl-

1 Rugard Otto Gropp (auch Otto Wilhelm Gropp), Jg. 1907, marxistischer Philosoph und Hochschullehrer, 1952–60 Professor für Historischen und Dialektischen Materialismus an der Karl-Marx-Universität Leipzig.

2 Vgl. Gropp, Rugard Otto: Idealistische Verirrungen unter »antidogmatischem« Vorzeichen. In: ND v. 19.12.1956, S. 4. Gropp wandte sich in dem Artikel insbesondere gegen die Kritik des ebenfalls in Leipzig lehrenden Philosophen Ernst Bloch am marxistischen Dogmatismus und unterstellte ihm »idealistische Auffassungen«. Vgl. dazu Herzberg, Guntolf: Anpassung und Aufbegehren. Die Intelligenz der DDR in den Krisenjahren 1956/58. Berlin 2006, S. 521 f.

3 Das Gesellschaftswissenschaftliche Grundstudium (GEWI) wurde 1951 an den Universitäten der DDR eingeführt. Es war für Studenten aller Fachrichtungen verpflichtend und umfasste die Gebiete dialektischer und historischer Materialismus, politische Ökonomie des Sozialismus und Kapitalismus sowie wissenschaftlicher Sozialismus. Jedes dieser Fächer musste mit einer Prüfung abgeschlossen werden.

4 Lothar Kleine, Assistent am Institut für Philosophie der Humboldt-Universität zu Berlin, wurde zusammen mit anderen Schülern von Ernst Bloch 1957 entlassen. Vgl. Eichler, Klaus-Dieter; Schneider, Ulrich Johannes: Zur Alltagsgeschichte der Philosophie in Leipzig. Leipzig 2004, S. 133. Ausführlich zu den Vorgängen um Ernst Bloch in den Jahren 1956 bis 1958 vgl. Herzberg, Guntolf: Abhängigkeit und Verstrickung. Studien zur DDR-Philosophie. Berlin 1996, S. 52–80.

Marx-Universität eine Abart des Petöfi-Zirkel darstelle.[5] In dieser Versammlung wurde einstimmig beschlossen,

1. dass der Parteisekretär Dr. Horn[6] vor der Delegiertenkonferenz der Parteiorganisation der Karl-Marx-Universität eine dieser Meinung entsprechende Erklärung abgibt,
2. eine Stellungnahme gleicher Art an die Redaktion des »ND« und an das ZK der SED abzusenden.

5 Der Petőfi-Kreis oder Petőfi-Klub war ein im Sommer 1955 unter Aufsicht des Ungarischen Jugendverbandes in Budapest gegründeter Diskussionszirkel von jungen Literaten und Intellektuellen, der sich nach dem Dichter und Volkshelden der ungarischen Revolution von 1848 Sándor Petőfi (1823–1849) benannte. In dem Kreis wurde über ökonomische, historische, kulturelle und philosophische Themen diskutiert. Im Laufe des Jahres 1956 wuchs die Zuhörerzahl des Kreises stark an, der Kreis entwickelte sich zu einem legalen oppositionellen Forum und wurde zu einem Wegbereiter des ungarischen Volksaufstandes vom Herbst 1956. Vgl. Braun, Matthias: Petőfi-Kreise grenzüberschreitend? Die internationalen Kontakte der intellektuellen Dissidenz. In: Engelmann, Roger; Großbölting, Thomas; Wentker, Hermann (Hg.): Kommunismus in der Krise. Die Entstalinisierung 1956 und die Folgen. Göttingen 2008, S. 371–389, hier 371 f.

6 (Johannes) Heinz Horn, Jg. 1909, Philosoph und Hochschullehrer, seit 1955 Dozent für Logik am Institut für Philosophie der Universität Leipzig, 1955–57 Parteisekretär des Instituts.

Abkürzungen

ABF	Arbeiter-und-Bauern-Fakultät
Abs.	Absatz
Abt. VI	Abteilung VI – Absicherung Flugzeugindustrie, Kernforschung und Verteidigungsindustrie
Abt. X	Abteilung X – Internationale Verbindungen
Abt.	Abteilung
ABV	Abschnittsbevollmächtigter (DVP)
ADN	Allgemeiner Deutscher Nachrichtendienst (DDR)
AfT	Amt für Technik
AG	Aktiengesellschaft
APuZ	Aus Politik und Zeitgeschichte
Art.	Artikel
AS	Allgemeine Sachablage
BArch	Bundesarchiv
BBC	British Broadcasting Corporation – (engl.) Britische Rundfunkanstalt
BDVP	Bezirksbehörde der Deutschen Volkspolizei
BGL	Betriebsgewerkschaftsleitung
BHG	Bäuerliche Handelsgenossenschaft
BKW	Braunkohlenwerk
BMHW	Berliner Metallhütten und Halbzeugwerke
BPO	Betriebsparteiorganisation
BStU	Bundesbeauftragte(r) für die Unterlagen des Staatssicherheitsdienstes der ehemaligen Deutschen Demokratischen Republik
BV	Bezirksverwaltung
BVG	Berliner Verkehrs-Gesellschaft (später -Betriebe)
BVSA	Bundesverfassungsschutzamt
Bw	Bahnbetriebswerk
BZ	Berliner Zeitung (West)
CDU	Christlich Demokratische Union Deutschlands
Chema	Chemische Maschinenbauwerke
CIA	Central Intelligence Agency
ČSR	Tschechoslowakische Republik
DAG	Deutsche Angestellten-Gewerkschaft
DBD	Demokratische Bauernpartei Deutschlands
DDR	Deutsche Demokratische Republik
DEFA	Deutsche Film AG
DFS	Deutscher Freiheitssender
DGB	Deutscher Gewerkschaftsbund
DIA	Deutscher Innen- und Außenhandel
DIN	Deutsche Industrienorm/en
DKK	Deutsche Kühl- und Kraftmaschinen
DKP	Deutsche Kommunistische Partei
DLfM	Deutsche Liga für Menschenrechte
DM	Deutsche Mark

DSF Gesellschaft für Deutsch-Sowjetische Freundschaft
DSU Deutsche Schifffahrts- und Umschlagzentrale
DVA Deutsche Versicherungsanstalt
DVdI Deutsche Verwaltung des Innern
EAW Elektro-Apparate-Werke
ECW Eilenburger Celluloid-Werk
EDV Elektronische Datenverarbeitung
EKB Energiekombinat Berlin
EK Eisenhüttenkombinat
EKS Eisenhüttenkombinat Stalinstadt
EVG Europäische Verteidigungsgemeinschaft
FC Fußballclub
FDGB Freier Deutscher Gewerkschaftsbund
FDJ Freie Deutsche Jugend
FDP Freie Demokratische Partei
GB/BHE Gesamtdeutscher Block/Bund der Heimatvertriebenen und Entrechteten
GBl. Gesetzblatt
Gen. Genosse
Gewi Gesellschaftwissenschaft/ten
GHK Großhandelskontor
GmbH Gesellschaft mit beschränkter Haftung
GmP Güterzug mit Personenbeförderung
GRW Geräte- und Reglerwerk
GSSD Gruppe der Sowjetischen Streitkräfte in Deutschland
GST Gesellschaft für Sport und Technik
HA I Hauptabteilung I – Militärabwehr
HA II Hauptabteilung II – Spionageabwehr
HA III Hauptabteilung III – Volkswirtschaft bis 1964, ab 1971 Funkaufklärung und Funkabwehr
HA IX Hauptabteilung IX – Strafrechtliche Ermittlungen (Untersuchungsorgan)
HA PS Hauptabteilung Personenschutz
HA V Hauptabteilung V – Staat, Kirche, Untergrund, Parteien bis 1964
HA XIII Hauptabteilung XIII – Verkehrswesen
HA Hauptabteilung
Hg. Herausgeber/herausgegeben …
HN Handelsniederlassung
HO (staatliche) Handelsorganisation
HSG Hochschulsportgemeinschaft
HV A Hauptverwaltung A (Aufklärung)
HVDVP Hauptverwaltung Deutsche Volkspolizei
HV Hauptverwaltung
IFA Industrieverband Fahrzeugbau
IKA Installationen, Kabel und Apparate
IWE Informationsbüro West
K-Reihe ZAIG-Ablage K (Verschiedenes)
Kfz Kraftfahrzeug

KGB	Komitet Gossudarstwennoj Besopasnosti (pri Sowjete Ministrow SSSR) – (russ.) Komitee für Staatssicherheit (beim Ministerrat der UdSSR)
KG	Konsumgenossenschaft
KgU	Kampfgruppe gegen Unmenschlichkeit
KL	Kreisleitung
KPD	Kommunistische Partei Deutschlands
KPdSU	Kommunistische Partei der Sowjetunion
KPF	Kommunistische Partei Frankreichs
KP	Kommunistische Partei
KPO	Kommunistische Partei Deutschlands (Opposition)
KVP	Kasernierte Volkspolizei
KZ	Konzentrationslager
LDPD	Liberal-Demokratische Partei Deutschlands
LDP	Liberal-Demokratische Partei
LEW	Lokomotivbau Elektrotechnische Werke
LPG	Landwirtschaftliche Produktionsgenossenschaft
MdB	Mitglied des Bundestages
MdI	Ministerium des Innern
MfNV	Ministerium für Nationale Verteidigung
MfS	Ministerium für Staatssicherheit
MT	Maschinen-Traktoren
MTS	Maschinen-Traktoren-Station
MW	Megawatt
NATO	North Atlantic Treaty Organization
ND	Neues Deutschland
NDPD	National-Demokratische Partei Deutschlands
NDP	Nationaldemokratische Partei
NEMA	Netzschkauer Maschinenfabrik
NSDAP	Nationalsozialistische Deutsche Arbeiterpartei
NS	Nationalsozialismus/nationalsozialistisch
NTS	Narodno-Trudowoj Sojus (Volksarbeitsbund)
NVA	Nationale Volksarmee
NWDR	Nordwestdeutscher Rundfunk
OBF	Ortsbauernführer
OPC	US-amerikanische Office of Policy Coordination
PDS	Partei des Demokratischen Sozialismus
Pkw	Personenkraftwagen
Plamag	Plauener Maschinenbau AG
PM	Pass- und Meldewesen
PO	Parteiorganisation
PPR	Polska Partia Robotnicza
PVAP	Polnische Vereinigte Arbeiterpartei
PWS	Präzisionswerkzeuge Schmölln
RAW	Reichsbahnausbesserungswerk
RBD	Reichsbahndirektion
RFT	Rundfunk- und Fernmeldetechnik
RIAS	Rundfunk im amerikanischen Sektor

SA	Sturmabteilung
SBZ	Sowjetische Besatzungszone
SC	Sportclub
SDAG	Sowjetisch-Deutsche Aktiengesellschaft
SED	Sozialistische Einheitspartei Deutschlands
SFB	Sender Freies Berlin (Westberlin)
SJD	Sozialistische Jugend Deutschlands
SMAD	Sowjetische Militäradministration in Deutschland
SPD	Sozialdemokratische Partei Deutschlands
SPW	Schützenpanzerwagen
SSD	Staatssicherheitsdienst
SS	Schutzstaffel
StUG	Gesetz über die Unterlagen des Staatssicherheitsdienstes der ehemaligen Deutschen Demokratischen Republik
SU	Sowjetunion
SVK	Sozialversicherungskasse
TAN	Technische Arbeitsnorm
Tbc	Tuberkulose
TDM	Tausend Deutsche Mark
Textima	Textilmaschinenbau
TH	Technische Hochschule
TRO	Transformatorenwerk
TU	Technische Universität
TWS	Der Telegraf Wochenspiegel
UdSSR	Union der Sozialistischen Sowjetrepubliken
UFA	Universum Film AG
UfJ	Untersuchungsausschuss Freiheitlicher Juristen
UGO	Unabhängige Gewerkschaftsopposition bzw. -organisation
UMF	Uhren- und Maschinenfabrik
UN	United Nations – Vereinte Nationen
USAP	Ungarische Sozialistische Arbeiterpartei
USA	United States of America
US	United States
US	Unteroffiziersschule
VdgB	Vereinigung der gegenseitigen Bauernhilfe
VdN	Verfolgter des Naziregimes
VDS	Verband Deutscher Studenten
VEAB	Volkseigener Erfassungs- und Aufkaufbetrieb für landwirtschaftliche Erzeugnisse
VEB	Volkseigener Betrieb
VEG	Volkseigenes Gut
VE	Volkseigen...
VM	Valuta-Mark
VOS	Vereinigung der Opfer des Stalinismus
VPI	Volkspolizeiinspektion
VPKA	Volkspolizeikreisamt
VPO	Vereinigung der Politischen Ostflüchtlinge
VPP	Volkspolizeipräsidium

VP	Volkspolizei
VR	Volksrepublik
VTA	Verlade- und Transportanlagenbau
VVB	Vereinigung Volkseigener Betriebe
VVN	Vereinigung der Verfolgten des Naziregimes
WLK	Wirtschaftszweig-Lohngruppenkatalog
ZAIG	Zentrale Auswertungs- und Informationsgruppe
ZIG	Zentralinstitut für Gießereitechnik
ZK	Zentralkomitee
ZPKK	Zentrale Parteikontrollkommission (SED)

Gesamtübersicht der Dokumente 1956

Alle im folgenden Verzeichnis aufgelisteten Dokumente befinden sich neben den übrigen Texten dieses Buches in der unter http://www.ddr-im-blick-1956.de aufzurufenden Online-Datenbank und sind dort über verschiedene Ansichts- und Suchfunktionen erschlossen. Die im Verzeichnis fett hervorgehobenen und mit einer Seitenzahl versehenen Dokumente sind im vorliegenden Buch abgedruckt.

Januar 1956

4. Januar 1956	Westpresse zur »Grünen Woche« [Information Nr. M1/56]
5. Januar 1956	80. Geburtstag des Genossen Wilhelm Pieck [Information Nr. M2/56]
[Ohne Datum]	Informationsdienst Nr. 1 zur Beurteilung der Situation in der DDR
9. Januar 1956	1. Bericht über die Besuche der sowjetischen Delegationen [Information Nr. M3/56]
10. Januar 1956	2. Bericht über die Stimmung anlässlich der Besuche der sowjetischen Delegation [Information Nr. M4/56]
13. Januar 1956	Bericht über den Besuch ausländischer Delegationen anlässlich des 80. Geburtstages Wilhelm Piecks [Information Nr. M5/56]
13. Januar 1956	Zusammenstellung weiterer Äußerungen über den Besuch der sowjetischen Delegation [3. Bericht] [Information Nr. M6/56]
13. Januar 1956	Feindpropaganda [Information Nr. M7/56]
14. Januar 1956	Die Stimmung zur Neufestsetzung der Arbeitsnormen [Information Nr. M8/56]
18. Januar 1956	Betrifft: Erste Stellungnahmen zur Bildung einer Nationalen Volksarmee [Information Nr. M10/56]
18. Januar 1956	Bericht über Kundgebungen am 15. Januar 1956 [Information Nr. M9/56]
19. Januar 1956	Feindpropaganda zur Schaffung der Nationalen Volksarmee [Information Nr. M11/56]
20. Januar 1956	Betr.: Republikfluchten Jugendlicher in der Zeit vom 1. bis 19. Januar 1956 [Information Nr. M12/56]
20. Januar 1956	Stellungnahmen der Angehörigen der bewaffneten Einheiten zur Nationalen Volksarmee (1. Bericht) [Information Nr. M13/56]
20. Januar 1956	Stellungnahme zur Nationalen Volksarmee (2. Bericht) [Information Nr. M14/56]
21. Januar 1956	Informationsdienst Nr. 2 zur Beurteilung der Situation in der DDR
21. Januar 1956	Stellungnahme zur Nationalen Volksarmee (3. Bericht) [Information Nr. M15/56]
21. Januar 1956	Verdacht der Republikflucht bei Jugendlichen (19.–20.1.1956 – 2. Bericht) [Information Nr. M16/56]
23. Januar 1956	Nationale Volksarmee (4. Bericht) [Information Nr. M17/56]
23. Januar 1956	Verdacht der Republikflucht bei Jugendlichen (21.–22.1.1956) [Information Nr. M18/56]
24. Januar 1956	Feindpropaganda zur Schaffung der Nationalen Volksarmee (2. Bericht) [Information Nr. M19/56]
24. Januar 1956	Stellungnahme der Angehörigen der bewaffneten Einheiten zur Nationalen Volksarmee (2. Bericht) [Information Nr. M20/56]
24. Januar 1956	Nationale Volksarmee (5. Bericht) [Information Nr. M21/56]

24. Januar 1956 Verdacht der Republikflucht bei Jugendlichen (22.–23.1.1956) [Information Nr. M22/56]
25. Januar 1956 Stimmung und Lage der Angestellten in den kommunalen Verwaltungen und im Staatsapparat [Information Nr. M23/56]
25. Januar 1956 Nationale Volksarmee (6. Bericht) [Information Nr. M24/56]
25. Januar 1956 Verdacht der Republikflucht bei Jugendlichen (23.–24.1.1956) [Information Nr. M25/56]
27. Januar 1956 Nationale Volksarmee (7. Bericht für die Zeit vom 24. bis 27.1.1956) [Information Nr. M26/56]
27. Januar 1956 Verdacht der Republikflucht bei Jugendlichen [Information Nr. M27/56]
30. Januar 1956 »Grüne Woche« (1. Bericht) [Information Nr. M28/56]
31. Januar 1956 Stellungnahmen der Angehörigen der bewaffneten Einheiten zur Nationalen Volksarmee (3. Bericht) [Information Nr. M29/56]
31. Januar 1956 Nationale Volksarmee (8. Bericht für die Zeit vom 28. bis 31.1.1956) [Information Nr. M30/56]
31. Januar 1956 Verdacht der Republikflucht bei Jugendlichen (24.–29.1.1956) [Information Nr. M31/56]

Februar 1956

3. Februar 1956 Nationale Volksarmee (9. Bericht für die Zeit vom 1.2. bis 3.2.1956) [Information Nr. M32/56]
3. Februar 1956 Verdacht der Republikflucht bei Jugendlichen (29.1.–2.2.1956) [Information Nr. M33/56]
7. Februar 1956 Verdacht der Republikflucht bei Jugendlichen (2.2.–6.2.1956) [Information Nr. M34/56]
8. Februar 1956 Informationsdienst Nr. 3 zur Beurteilung der Situation in der DDR
8. Februar 1956 Nationale Volksarmee (10. Bericht für die Zeit vom 4.2. bis 8.2.1956) [Information Nr. M35/56]
10. Februar 1956 [1.] Übersicht über Schwierigkeiten infolge Frosteinwirkung [Information Nr. M36/56]
[Ohne Datum] Nationale Volksarmee (11. Bericht für die Zeit vom 9.2. bis 17.2.1956) [Information Nr. M37/56]
18. Februar 1956 2. Übersicht über Schwierigkeiten infolge Frosteinwirkung (10.2. bis 16.2.1956) [Information Nr. M38/56]
21. Februar 1956 3. Übersicht über Schwierigkeiten infolge Frost- und Schneeeinwirkung (17.2.1956 bis 20.2.1956) [Information Nr. M39/56]
22. Februar 1956 Informationsdienst Nr. 4 zur Beurteilung der Situation in der DDR
23. Februar 1956 Die Stimmung zur Neufestsetzung der Arbeitsnormen (3. Bericht) [Information Nr. M40/56]
23. Februar 1956 Die Stimmung zum XX. Parteitag der KPdSU [Information Nr. M41/56]
25. Februar 1956 4. Übersicht über Schwierigkeiten infolge Frost- und Schneeeinwirkung (21.2.1956 bis 24.2.1956) [Information Nr. M42/56]
28. Februar 1956 Die Stimmung zum XX. Parteitag der KPdSU (2. Bericht für die Zeit vom 23.2. bis 28.2.1956) [Information Nr. M43/56] 87

März 1956

1. März 1956 Feindpropaganda zum XX. Parteitag der KPdSU [1. Bericht] [Information Nr. M44/56]

1. März 1956	Nationale Volksarmee (12. Bericht für die Zeit vom 18.2. bis 1.3.1956) [Information Nr. M45/56]	
2. März 1956	Stimmung zum Eisenbahnunglück am 25. Februar 1956 in Bornitz bei Oschatz [Information Nr. M46/56]	
3. März 1956	**Analyse über die Tätigkeit und den Einfluss der SPD und des SPD-Ostbüros in der DDR [Nr. 1/56]**	97
5. März 1956	Feindpropaganda zum XX. Parteitag der KPdSU [2. Bericht] [Information Nr. M47/56]	
5. März 1956	Leipziger Messe [Information Nr. M48/56]	
6. März 1956	Stimmung zur Veröffentlichung des Genossen Walter Ulbricht über den XX. Parteitag (1. Bericht) [Information Nr. M49/56]	
7. März 1956	Informationsdienst Nr. 5 zur Beurteilung der Situation in der DDR	
7. März 1956	Übersicht über den Bezirk Magdeburg [Information Nr. M50/56]	
8. März 1956	Stimmung zur Veröffentlichung des Genossen Walter Ulbricht über den XX. Parteitag der KPdSU (2. Bericht) [Information Nr. M51/56]	
9. März 1956	Feindpropaganda zum XX. Parteitag der KPdSU [3. Bericht] [Information Nr. M52/56]	
14. März 1956	Die Stimmung zur Neufestsetzung der Arbeitsnormen (4. Bericht) [Information Nr. M53/56]	
14. März 1956	Neue Argumente zum XX. Parteitag der KPdSU (5. Bericht) [Information Nr. M54/56]	
15. März 1956	Feindpropaganda zum XX. Parteitag der KPdSU (4. Bericht) [Information Nr. M55/56]	
17. März 1956	Betr.: Besonderes Vorkommnis [Information Nr. M56/56]	
17. März 1956	Unzufriedenheiten der Intelligenz [Information Nr. M57/56]	
20. März 1956	Die Lage in den bürgerlichen Parteien [Information Nr. M58/56]	
20. März 1956	Stimmung zu Lohnfragen [1. Bericht] [Information Nr. M59/56]	
21. März 1956	Feindpropaganda zum XX. Parteitag der KPdSU (5. Bericht) [Information Nr. M60/56]	
21. März 1956	Stimmung zu Prämienfragen [1. Bericht] [Information Nr. M61/56]	
22. März 1956	Informationsdienst Nr. 6 zur Beurteilung der Situation in der DDR	
22. März 1956	Zur Lage im FDGB [Information Nr. M62/56]	
23. März 1956	Hetze gegen den Genossen Walter Ulbricht (1. Bericht) [Information Nr. M63/56]	
23. März 1956	Hetzschriftenverbreitung [Information Nr. M64/56]	
23. März 1956	Stimmung zum XX. Parteitag der KPdSU (6. Bericht) [Information Nr. M65/56]	
23. März 1956	III. Parteikonferenz der SED (1. Bericht) [Information Nr. M66/56]	
24. März 1956	III. Parteikonferenz der SED (2. Bericht) [Information Nr. M67/56]	
25. März 1956	III. Parteikonferenz der SED (3. Bericht) [Information Nr. M68/56]	
26. März 1956	III. Parteikonferenz der SED (4. Bericht) [Information Nr. M69/56]	
27. März 1956	Feindpropaganda zur III. Parteikonferenz [1. Bericht] [Information Nr. M70/56]	
27. März 1956	»Grüne Woche« vom 27. Januar bis 5. Februar 1956 in Westberlin [Information Nr. M71/56]	

27. März 1956	III. Parteikonferenz der SED (5. Bericht) [Information Nr. M72/56]	
27. März 1956	Nationale Volksarmee (13. Bericht für die Zeit vom 2.3. bis 27.3.1956) [Information Nr. M73/56]	
28. März 1956	III. Parteikonferenz der SED (6. Bericht) [Information Nr. M74/56]	
29. März 1956	III. Parteikonferenz der SED (7. Bericht) [Information Nr. M76/56]	
29. März 1956	Feindpropaganda zur III. Parteikonferenz [2. Bericht] [Information Nr. M75/56]	
30. März 1956	**III. Parteikonferenz der SED (8. Bericht) [Information Nr. M77/56]**	126

April 1956

3. April 1956	III. Parteikonferenz der SED (9. Bericht) [Information Nr. M78/56]	
5. April 1956	Feindpropaganda zur III. Parteikonferenz (3. Bericht) [Information Nr. M79/56]	
5. April 1956	Stimmung und Lage in der GST [Information Nr. M80/56]	
6. April 1956	III. Parteikonferenz der SED (10. Bericht) [Information Nr. M81/56]	
7. April 1956	Informationsdienst Nr. 7 zur Beurteilung der Situation in der DDR	
9. April 1956	**Stimmung zu Lohnfragen [2. Bericht] [Information Nr. M82/56]**	131
9. April 1956	Stimmung zu Prämienfragen [2. Bericht] [Information Nr. M83/56]	
11. April 1956	Feindpropaganda zur III. Parteikonferenz (4. Bericht) [Information Nr. M84/56]	
13. April 1956	Auswertung der »Hetzschrift SED-Opposition« Brief 16 (Märzausgabe 1956) [Information Nr. M85/56]	
17. April 1956	Feindpropaganda zum XX. Parteitag der KPdSU [6. Bericht] [Information Nr. M86/56]	
18. April 1956	III. Parteikonferenz der SED (11. Bericht) [Information Nr. M87/56]	
19. April 1956	Hetze gegen den Genossen Walter Ulbricht (2. Bericht) [Information Nr. M88/56]	
21. April 1956	Informationsdienst Nr. 8 zur Beurteilung der Situation in der DDR	
21. April 1956	**Lage und Stimmung zur Versorgung [Information Nr. M89/56]**	133
23. April 1956	Stimmung und Lage in der VP [Information Nr. M94/56]	
25. April 1956	Hetze gegen den Genossen Walter Ulbricht und andere (3. Bericht) [Information Nr. M90/56]	
25. April 1956	III. Parteikonferenz der SED (12. Bericht) [Information Nr. M91/56]	
28. April 1956	1. Mai 1956 [1. Bericht] [Information Nr. M92/56]	
28. April 1956	Sonderinformation – Betrifft: Landesparteitag der SPD in Westberlin und Stellungnahmen von führenden Funktionären der SPD zum Ostbüro der SPD [Information Nr. M93/56]	

Mai 1956

2. Mai 1956	1. Mai 1956 [2. Bericht] [Information Nr. M95/56]	

4. Mai 1956 Stimmung zu Prämienfragen (3. Bericht) [Information Nr. M96/56]

7. Mai 1956 Informationsdienst Nr. 9 zur Beurteilung der Situation in der DDR

7. Mai 1956 Hetze gegen den Genossen Walter Ulbricht und andere (4. Bericht) [Information Nr. M97/56]

9. Mai 1956 8. Mai 1956 [Information Nr. M98/56]

9. Mai 1956 Information zum 13. Landesparteitag der SPD in Westberlin mit Stellungnahmen zur Tätigkeit des SPD-Ostbüros [Information Nr. M99/56]

11. Mai 1956 Feindpropaganda des RIAS zum XX. Parteitag der KPdSU und zur III. Parteikonferenz der SED [Information Nr. M100/56]

16. Mai 1956 Die Stimmung zur Neufestsetzung der Arbeitsnormen (5. Bericht) [Information Nr. M101/56]

16. Mai 1956 Unzufriedenheiten der Intelligenz (2. Bericht) [Information Nr. M102/56]

17. Mai 1956 Information über die Stimmung im Ministerium für Auswärtige Angelegenheiten [Information Nr. M103/56]

18. Mai 1956 Lage in den Universitäten und unter den Studenten [Information Nr. M104/56]

18. Mai 1956 Stimmung zu Lohnfragen (3. Bericht) [Information Nr. M105/56]

18. Mai 1956 Information [Information Nr. M106/56]

22. Mai 1956 Informationsdienst Nr. 10 zur Beurteilung der Situation in der DDR

22. Mai 1956 Feindpropaganda zu den Problemen des XX. Parteitages der KPdSU und der III. Parteikonferenz der SED [Information Nr. M107/56] 138

25. Mai 1956 Sonderinformation – Betrifft: Arbeitsmethoden der HO-Gaststättenverwaltung Berlin-Friedrichshain [Information Nr. M108/56]

25. Mai 1956 Studentendemonstrationen an der Musikhochschule Weimar (2.5.1956) und an der Technischen Hochschule Dresden (24.5.1956) [Information Nr. M109/56] 142

26. Mai 1956 Betrifft: Flugzeugunfall mit tödlichem Ausgang im Segelflugclub der GST in Schönhagen bei Trebbin [Information Nr. M110/56]

26. Mai 1956 Formen und Methoden der Feindtätigkeit gegen die DDR [Information Nr. M111/56]

26. Mai 1956 Information – Betrifft: Kartenverkauf in der DDR zum Fußball-Länder-Spiel Westdeutschland – England am 26. Mai 1956 im Olympiastadion in Westberlin [Information Nr. M112/565]

28. Mai 1956 Information [Information Nr. M113/56]

28. Mai 1956 Studentendemonstration und Stimmung unter den Studenten (2. Bericht) [Information Nr. M114/56]

29. Mai 1956 Stimmung der Studenten über Urlaubsfahrten nach Westdeutschland (3. Bericht) [Information Nr. M115/56]

Juni 1956

1. Juni 1956 Stimmung und besondere Vorkommnisse unter den Studenten und Oberschülern (4. Bericht) [Information Nr. M116/56]

4. Juni 1956 Betrifft: Arbeitshaftlager Mildenberg, Kreis Gransee (Potsdam) [Information Nr. M117/56]

4. Juni 1956 Betrifft: Schwierigkeiten im Gesundheitswesen Kreis Königs Wusterhausen, Bezirk Potsdam [Information Nr. M118/56]

5. Juni 1956 Betrifft: Schul- und Jugendfragen [Information Nr. M 119/56]

6. Juni 1956 **Unzufriedenheiten der Intelligenz (3. Bericht) [Information Nr. M120/56]** ... 146
7. Juni 1956 **Informationsdienst Nr. 11 zur Beurteilung der Situation in der DDR** ... 151
7. Juni 1956 Sonderinformation – Betrifft: Arbeitsorganisation in den Werften [Information Nr. M121/56]
7. Juni 1956 **Sonderinformation (5. Bericht) – Betrifft: Professor Dr. Kockel (Mitglied der SED), Direktor des Theoretisch-Physikalischen Institutes der Karl-Marx-Universität Leipzig [Information Nr. M122/56]** ... 167
7. Juni 1956 Stimmung zu Lohnfragen (4. Bericht) [Information Nr. M123/56]
8. Juni 1956 Bericht über die Lage im Sport und im Gesamtdeutschen Sportverkehr [Information Nr. M124/56]
8. Juni 1956 **Hetze gegen den Genossen Walter Ulbricht [5. Bericht] [Information Nr. M125/56]** ... 170
9. Juni 1956 Sonderinformation – Betrifft: Missstimmung unter VP-Angehörigen im Bezirk Suhl [Information Nr. M126/56]
9. Juni 1956 Sonderinformation – Betrifft: Spielfilmstudio DEFA – Babelsberg [Information Nr. M127/56]
9. Juni 1956 Stimmung zur Preissenkung [Information Nr. M128/56]
11. Juni 1956 Sonderinformation – Betrifft: Arbeitsniederlegungen [Information Nr. M129/56]
11. Juni 1956 Berichtigung zur Sonderinformation vom 1. Juni 1956 über Vorkommnisse am 30. Mai 1956 an der Heinrich-Mann-Oberschule in Erfurt (6. Bericht) [Information Nr. M130/56]
12. Juni 1956 Information Nr. 7/56 – Betrifft: 17. Juni
12. Juni 1956 Information Nr. 9/56 – Betrifft: Stimmung unter den Studenten und Oberschülern
13. Juni 1956 Sonderinformation Nr. 10/56 – Betrifft: Stimmung über KVP
13. Juni 1956 Information Nr. 11/56 – Betrifft: Kündigung von Lehrern
14. Juni 1956 Information Nr. 12/56 – Betrifft: 17. Juni
14. Juni 1956 Information Nr. 13/56 – Betrifft: Lage im VEB »Heinrich Rau« Wildau
14. Juni 1956 Information Nr. 14/56 – Betrifft: Stimmung zu Prämienfragen (4. Bericht)
14. Juni 1956 Information Nr. 15/56 – Betrifft: Stimmung unter den Angehörigen der freiwilligen Feuerwehr Meyenburg, Kreis Pritzwalk
14. Juni 1956 Information Nr. 16/56 – Betrifft: Sprengungen im Steinbruch Lauter, [Ortsteil von] Suhl
15. Juni 1956 Information Nr. 17/56 – Betrifft: Feindpropaganda zum »17. Juni«
15. Juni 1956 Information Nr. 19/56 – Betrifft: Hetzschriftenverbreitung
15. Juni 1956 Information Nr. 20/56 – Betrifft: 17. Juni
16. Juni 1956 Information Nr. 21/56 – Betrifft: Zugzusammenstoß zwischen D 78 und dem Güterzug 5507 am 15. Juni 1956, gegen 2.55 Uhr
16. Juni 1956 Information Nr. 22/56 – Betrifft: Stimmung unter den Ärzten des St.-Georg-Krankenhauses in Leipzig
16. Juni 1956 Information Nr. 23/56 – Betrifft: Feindpropaganda zum »17. Juni« (2. Bericht)
18. Juni 1956 Information Nr. 24/56 – Betrifft: Veranstaltungen am 16. und 17. Juni 1956 in Westberlin und Westdeutschland
19. Juni 1956 Information Nr. 25/56 – Betrifft: Arbeitsniederlegung

20. Juni 1956	**Information Nr. 27a/56 – Betrifft: Export von Kühlschränken in die Türkei**	174
21. Juni 1956	Informationsdienst Nr. 12 zur Beurteilung der Situation in der DDR	
21. Juni 1956	Information Nr. 27/56 – Betrifft: Ministerium für Gesundheitswesen	
22. Juni 1956	Information Nr. 28/56 – Betrifft: Feindpropaganda zum »17. Juni«	
22. Juni 1956	Information Nr. 29/56 – Betrifft: Betriebsschließungen	
22. Juni 1956	Information Nr. 30/56	
22. Juni 1956	Information Nr. 31/56 – Betrifft: Tätigkeit des UfJ	
23. Juni 1956	Information Nr. 32/56 – Betrifft: Arbeitskräfte	
23. Juni 1956	Information – Betrifft: Krankenhaus der Volkspolizei Berlin [Information Nr. M131/56]	
25. Juni 1956	Information Nr. 33/56 – Betrifft: Neue Hetzschriften	
26. Juni 1956	Information Nr. 34/56 – Betrifft Auswertung internen Materials des SPD-Ostbüros	
27. Juni 1956	Information Nr. 35/56 – Betrifft: Hetze gegen den Genossen Walter Ulbricht (5. Bericht)	
27. Juni 1956	Information Nr. 36/56 – Betrifft: Stimmung zu Lohnfragen (5. Bericht)	
27. Juni 1956	Information Nr. 37/56 – Betrifft: Besprechung aller aktiven Schwennicke-Anhänger am 25. Juni 1956, um 7.30 Uhr, im Haus »Cumberland«	
27. Juni 1956	Information Nr. 38/56 – Betrifft: Fälschungen	
27. Juni 1956	Information Nr. 39/56 – Betrifft: Neue Hetzschriften	
27. Juni 1956	Information Nr. 40/56 – Betrifft: II. Deutsches Turn- und Sportfest in Leipzig	
27. Juni 1956	**Information Nr. 42/56 – Betrifft: Artikel der Genossin *Kleinke* in der Ostseezeitung**	175
28. Juni 1956	Information Nr. 41/56 – Betrifft: Situation und Stimmung im Kaliwerk »Ernst Thälmann« in Merkers, [Bezirk] Suhl	
28. Juni 1956	Information Nr. 43/56 – Betrifft: HO-Butter- und HO-Margarineversorgung	
29. Juni 1956	Information Nr. 44/56 – Betrifft: Arbeitsniederlegungen	
30. Juni 1956	Analyse zur Versorgungslage [Nr. 2/56]	
30. Juni 1956	Information Nr. 45/56 – Betrifft: Stimmung zu den Provokationen in Poznan	

Juli 1956

2. Juli 1956	Information Nr. 46/56 – Betrifft: Ostseeländertreffen	
2. Juli 1956	Information Nr. 47/56 – Betrifft: Stimmung zur Neufestsetzung von Arbeitsnormen (6. Bericht)	
2. Juli 1956	Information Nr. 48/56 – Betrifft: Vorkommnis an der Oberschule Werdau, [Bezirk] Karl-Marx-Stadt	
3. Juli 1956	Information Nr. 49/56 – Betrifft: Stimmung zu den Provokationen in Poznan (2. Bericht)	
3. Juli 1956	Information Nr. 50/56 – Betrifft: Lage im VEB »Horch« und Automobilwerk Zwickau	
3. Juli 1956	Information Nr. 51/56 – Betrifft: Synode der evangelischen Kirche in Deutschland	
3. Juli 1956	Information Nr. 52/56 – Betrifft: Versorgung zum II. Turn- und Sportfest in Leipzig	

4. Juli 1956	Information Nr. 53/56 – Betrifft: Ostseeländertreffen (2. Bericht)	
4. Juli 1956	Information Nr. 54/56 – Betrifft: Arbeitsniederlegung	
4. Juli 1956	Information Nr. 55/56 [– Betrifft: RIAS-Sendung »Jugend spricht zur Jugend«]	
4. Juli 1956	Information Nr. 56/56 [– Betrifft: Staatspolitische Schulung der Techniker und Ingenieure des Ministeriums für Post- und Fernemeldewesen]	
5. Juli 1956	Information Nr. 57/56 – Betrifft: Tätigkeit des Ostbüros der SPD	
5. Juli 1956	Information Nr. 58/56 – Betrifft: Vorkommnisse an der Fachschule für Bauwesen in Görlitz	
5. Juli 1956	Information Nr. 59/56 – Betrifft: Materialschwierigkeiten in den VE-Betrieben	
5. Juli 1956	Information Nr. 60/56 – Betrifft: Neue Hetzschriften	
5. Juli 1956	Information Nr. 61/56 – Betrifft: Ergänzungsmeldung zur Androhung von Arbeitsniederlegung auf Bahnhof Radeburg	
7. Juli 1956	Informationsdienst Nr. 13 zur Beurteilung der Situation in der DDR	
7. Juli 1956	Information Nr. 62/56 – Betrifft: Einweisung von Absolventen in den Schuldienst	
9. Juli 1956	Information Nr. 63/56 – Betrifft: Gegensätze innerhalb der Berliner SPD	
9. Juli 1956	Information Nr. 64/56 – Betrifft: Provokationen in Poznan	
9. Juli 1956	Information Nr. 65/56 – Betrifft: Ergebnisse der Agitation des MfS	
10. Juli 1956	**Information Nr. 66/56 – Betrifft: Stimmung und Feindpropaganda zu den Provokationen in Poznan (3. Bericht)**	176
11. Juli 1956	Bericht über die ehemaligen Umsiedler in der DDR [Information Nr. M132/56]	
13. Juli 1956	**Information Nr. 67/56 – Betrifft: Vorkommnisse in Cotta, [Kreis] Pirna, [Bezirk] Dresden**	182
14. Juli 1956	Information Nr. 69/56 – Betrifft: Arbeitsniederlegungen	
14. Juli 1956	Information Nr. 70/56 – Betrifft: Ergänzung zum Bericht über die ehemaligen Umsiedler	
14. Juli 1956	Information Nr. 71/56 – Betrifft: Stockung in der Produktion von Margarine	
16. Juli 1956	Information Nr. 72/56 – Betrifft: Androhung von Arbeitsniederlegung	
16. Juli 1956	Information Nr. 73/56 – Betrifft: Vorkommnisse beim Sorbentreffen in Bautzen	
16. Juli 1956	Information Nr. 74/56 – Betrifft: Berliner SPD	
16. Juli 1956	Information Nr. 75/56 – Betrifft: Stimmung unter den VP-Angehörigen	
16. Juli 1956	Information Nr. 76/56 – Betrifft: Stimmung über sowjetische Staatsangehörige	
18. Juli 1956	Information Nr. 77/56 – Betrifft: Neue Hetzschriften	
19. Juli 1956	Information Nr. 78/56 – Betrifft: Republikflucht eines FDJ-Funktionärs	
19. Juli 1956	Information Nr. 79/56 – Betrifft: Lage verschiedener LPG des Kreises Gera[-Land]	
20. Juli 1956	Information Nr. 81/56 – Betrifft: Hetzschriftenauswertung	
20. Juli 1956	Information Nr. 82/56 – Betrifft: Arbeitsniederlegungen	
20. Juli 1956	Information Nr. 85/56 – Betrifft: Protestkundgebung in Westberlin	

Datum	Dokument	Seite
21. Juli 1956	Informationsdienst Nr. 14 zur Beurteilung der Situation in der DDR	
21. Juli 1956	Information Nr. 86/56 – Betrifft: Formen und Methoden der Feindtätigkeit gegen die Deutsche Demokratische Republik	
23. Juli 1956	Information Nr. 83/56 – Betrifft: Arbeitskräfte (2. Bericht)	
23. Juli 1956	Information Nr. 87/56 – Betrifft: Arbeitsniederlegung	
23. Juli 1956	Information Nr. 88/56 – Betrifft: Hetzschriftenauswertung	
24. Juli 1956	Information Nr. 84/56 – Betrifft: Unzufriedenheit der Intelligenz (3. Bericht)	
24. Juli 1956	Information Nr. 89/56 – Betrifft: Hochwasserkatastrophe	
25. Juli 1956	Information Nr. 90/56 – Betrifft: Bericht über die Diskussionen in Versammlungen zur Verurteilung des Personenkults	
25. Juli 1956	Information Nr. 91/56 – Betrifft: Möbelstau	
25. Juli 1956	Information Nr. 92/56 – Betrifft: Ostbüro der SPD	
25. Juli 1956	Information Nr. 93/56 – Betrifft: RIAS-Sendung »Jugend spricht zur Jugend« vom 18. Juli 1956	
26. Juli 1956	Information Nr. 94/56 – Betrifft: Kohleversorgung	
26. Juli 1956	Information Nr. 96/56 – Betrifft: Androhung von Arbeitsniederlegung	
26. Juli 1956	**Information Nr. 97/56 [Betrifft: – Besondere Vorkommnisse (Bericht der BV Potsdam)]**	188
27. Juli 1956	Information Nr. 101/56 – Betrifft: Erkrankungen in Kinderferienlagern und von für Ferienlager vorgesehenen Kindern [1. Bericht]	
27. Juli 1956	Information Nr. 102/56 – Betrifft: Bezirksversammlung der »Zeugen Jehovas« im Olympiastadion in Westberlin	
27. Juli 1956	Information Nr. 103/56 – Betrifft: Ergänzung zum Bericht über Vorkommnisse in Cotta, [Kreis] Pirna, [Bezirk] Dresden	
27. Juli 1956	Information Nr. 95/56 – Betrifft: Unzufriedenheit unter Arbeitern, Handwerkern und Hilfskräften in medizinischen Einrichtungen	
27. Juli 1956	Information Nr. 98/56 – Betrifft: Mitteilungen des UfJ	
27. Juli 1956	Information Nr. 99/56 – Betrifft: Planerfüllung und Arbeitsorganisation im Objekt »Schwarze Pumpe«	
28. Juli 1956	Information Nr. 100/56 – Betrifft: Pension für »Altintelligenzler«	
28. Juli 1956	Information Nr. 104/56 – Betrifft: Lohndifferenzen im VEB Farbenwerk Wolfen	
28. Juli 1956	Information Nr. 105/56 – Betrifft: Vorkommnisse in Sönitz, [Kreis] Meißen, [Bezirk] Dresden	
28. Juli 1956	Information Nr. 106/56 – Betrifft: Eröffnung einer Verkaufsstelle für Westberliner an der Sektorengrenze (Stresemannstraße)	
30. Juli 1956	Information Nr. 107/56 – Betrifft: Erkrankungen an Gehirnhautentzündung [2. Bericht]	
30. Juli 1956	Information Nr. 108/56 – Betrifft: Versorgungsschwierigkeiten im Bezirk Schwerin	
30. Juli 1956	Information Nr. 110/56 – Betrifft: Lieferung von Baumwolle aus der SU	
31. Juli 1956	Information Nr. 111/56 – Betrifft: Arbeitsniederlegung	
31. Juli 1956	Information Nr. 112/56 – Betrifft: Baustelle Seehaus Strausberg, [Bezirk] Frankfurt/O., der Bau-Union Küste Stralsund	
31. Juli 1956	Information Nr. 109/56 – Betrifft: Situation in der Konfektionsindustrie	

August 1956

1. August 1956	Information Nr. 113/56 – Betrifft: Hinweise auf einen »Tag X«
2. August 1956	Information Nr. 114/56 – Betrifft: Selbstgefertigte Hetzschrift
2. August 1956	Information Nr. 115/56 – Betrifft: Abwandern von Arbeitskräften aus privaten Baubetrieben nach Westberlin
2. August 1956	Information Nr. 116/56 – Betrifft: Großbrand im VEB Farbenfabrik Nerchau, [Kreis] Grimma, [Bezirk] Leipzig
2. August 1956	Information Nr. 117/56 – Betrifft: Erkrankungen (3. Bericht)
2. August 1956	Information Nr. 118/56 – Betrifft: Arbeitsniederlegung
3. August 1956	Information Nr. 119/56 – Betrifft: Ausgliederung von Maschinen
3. August 1956	Information Nr. 123/56 – Betrifft: Arbeitsniederlegung
3. August 1956	Information Nr. 124/56 – Betrifft: Vorkommnisse in Lückstedt, [Kreis] Osterburg, [Bezirk] Magdeburg
3. August 1956	Information Nr. 125/56 – Betrifft: Vorkommnis in Priorau, [Kreis] Bitterfeld, [Bezirk] Halle
3. August 1956	Information Nr. 126/56 – Betrifft: Übungen sowjetischer Truppen in der Gemeinde Wartenburg, [Kreis Lutherstadt] Wittenberg, [Bezirk] Halle
4. August 1956	Information Nr. 120/56 – Betrifft: Situation im VEB Industriewerk Ludwigsfelde, [Bezirk] Potsdam
4. August 1956	Information Nr. 122/56 – Betrifft: Arbeitskräftefluktuation aus den Handelsbetrieben
4. August 1956	Information Nr. 127/56 – Betrifft: Ergänzung zur Information Nr. 103/56 vom 27. Juli 1956 über Vorkommnisse in der Gemeinde Ziegenrück, [Kreis] Schleiz, [Bezirk] Gera
6. August 1956	Information Nr. 128/56 – Betrifft: Übersicht über Brände in Industrie und Landwirtschaft in den Monaten April bis Juli 1956
6. August 1956	Information Nr. 129/56 – Betrifft: Missstimmung unter Lehrern und Angestellten in Quedlinburg, [Bezirk] Halle, über Ablehnung von Reisen nach Westdeutschland
7. August 1956	Informationsdienst Nr. 15 zur Beurteilung der Situation in der DDR
7. August 1956	Information Nr. 130/56 – Betrifft: Neue Hetzschriften
9. August 1956	Analyse über die Republikflucht im Monat Juni 1956 [Nr. 3/56]
9. August 1956	Information Nr. 131/56 – Betrifft: Vorkommnisse in Gollwitz [und] Wusterwitz, [Kreis] Brandenburg, [Bezirk] Potsdam
9. August 1956	Information Nr. 132/56 – Betrifft: Stimmung in der Gemeinde Lentzke, [Kreis] Neuruppin, [Bezirk] Potsdam
10. August 1956	Information Nr. 121/56 – Betrifft: Forderung nach Streichung der Sollrückstände [1. Bericht]
10. August 1956	Information Nr. 133/56 – Betrifft: Vorkommnisse an der Grenze
10. August 1956	Information Nr. 134/56 – Betrifft: Arbeitsniederlegung
10. August 1956	Information Nr. 135/56 – Betrifft: Landwirtschaftsausstellung in Markkleeberg
10. August 1956	Information Nr. 136/56 – Betrifft: »Forderung für politische Gefangene« (Westpresse)
10. August 1956	Information Nr. 137/56 – Betrifft: Zusammenarbeit zwischen Studenten der DDR und Westberlin
10. August 1956	Information Nr. 138/56 – Betrifft: Erkrankungen
10. August 1956	Information Nr. 139/56 – Betrifft: Panzerschäden im Kreis Wittenberg, [Bezirk] Halle, und im Bezirk Cottbus
10. August 1956	Information Nr. 140/56 – Betrifft: Verkaufsstelle für Westberliner an der Sektorengrenze (Stresemannstraße)

10. August 1956	Information Nr. 141/56 – Betrifft: Auseinandersetzung zwischen Filmschaffenden und HV Film (Westpresse)	
10. August 1956	Information Nr. 142/56 – Betrifft: Einrichtung neuer Kontrollpunkte im Bereich Berlins	
11. August 1956	Information Nr. 143/56 – Betrifft: Schwierigkeiten, Verzögerungen und finanzieller Schaden bei Errichtung von Funkobjekten	
11. August 1956	Information Nr. 144/56 – Betrifft: Gefälschte Schreiben	
13. August 1956	Information Nr. 145/56 – Betrifft: Hetze gegen demokratischen Zentralismus	
13. August 1956	**Information Nr. 146/56 – Betrifft: Stimmung zu Prämienfragen (5. Bericht)**	189
13. August 1956	**Information Nr. 147/56 – Betrifft: Arbeitsniederlegung**	192
13. August 1956	**Information Nr. 148/56 – Betrifft: Hetzschriftenverbreitung im Juli 1956**	194
13. August 1956	Republikfluchten von Lehrern im Jahre 1956 [Information Nr. M133/56]	
14. August 1956	Information Nr. 149/56 – Betrifft: Vorkommnis in der Gemeinde Urbach, [Kreis] Mühlhausen, [Bezirk] Erfurt	
14. August 1956	Information Nr. 150/56 – Betrifft: Untersuchungen der zentralen Kommission für Staatliche Kontrolle über die Belieferung einiger Verkaufsstellen in Tangermünde, [Kreis] Stendal, [Bezirk] Magdeburg, mit ranziger Margarine	
14. August 1956	Information Nr. 151/56 – Betrifft: Neue Hetzschriften	
14. August 1956	Information Nr. 152/56 – Betrifft: Situation in der Baumwollveredelungsindustrie	
15. August 1956	Information Nr. 154/56 – Betrifft: Schreiben verschiedener Bauern aus der Gemeinde Leupoldishain, [Kreis] Pirna, [Bezirk] Dresden, an den Rat des Kreises	
15. August 1956	Information Nr. 155/56 – Betrifft: Neue Methode des Gegners bei Hetzschriftenverbreitung	
16. August 1956	Information Nr. 156/56 – Arbeitskräfte (3. Bericht)	
17. August 1956	Information Nr. 153/56 – Betrifft: Fußball-Länderspiel Westdeutschland – UdSSR in Hannover	
17. August 1956	Information Nr. 157/56 – Betrifft: Verärgerung der Bauern über Schäden, die immer wieder durch Wildschweine auf den Feldern verursacht werden	
17. August 1956	Information Nr. 158/56 – Betrifft: Stimmung zum 28. Plenum des ZK der SED	
17. August 1956	Information Nr. 159/56 – Betrifft: Auszüge aus der Erklärung zum Verbot der KPD (Vorausmeldung)	
18. August 1956	**Information Nr. 160/56 – Betrifft: Lage und Vorkommnisse nach dem Verbot der KPD**	201
20. August 1956	Information Nr. 161/56 – Betrifft: Stimmung zum Verbot der KPD (1. Bericht)	
20. August 1956	Information Nr. 162/56 – Betrifft: Forderung nach Streichung der Sollrückstände (2. Bericht)	
21. August 1956	Informationsdienst Nr. 16 zur Beurteilung der Situation in der DDR	
21. August 1956	Information Nr. 163/56 – Betrifft: Arbeitsniederlegung	
22. August 1956	Information Nr. 164/56 – Betrifft: Stimmung zur Neufestsetzung von Arbeitsnormen (7. Bericht)	
22. August 1956	Information Nr. 165/56 – Betrifft: Provokation	

22. August 1956 Information Nr. 166/56 – Betrifft: Lage und Vorkommnisse nach dem Verbot der KPD (2. Bericht)
23. August 1956 Information Nr. 167/56 – Betrifft: Stimmung über das Verbot der KPD (2. Bericht)
24. August 1956 Information Nr. 168/56 – Betrifft: Kampfgruppen
24. August 1956 Information Nr. 169/56 – Betrifft: Stimmung zu Lohnfragen (6. Bericht)
25. August 1956 Information Nr. 170/56 – Betrifft: Zur Lage in einigen LPG, MTS und Staatlichen Forstwirtschaftsbetrieben
27. August 1956 Information Nr. 171/56 – Betrifft: Arbeitsniederlegung
27. August 1956 Information Nr. 172/56 – Betrifft: Einschätzung der Stimmung in Leipzig im Hinblick auf die Herbstmesse
28. August 1956 Information Nr. 173/56 – Betrifft: Äußerung über eine eventuelle Einführung der Ratenzahlung im Einzelhandel
28. August 1956 Information Nr. 174/56 – Betrifft: Stimmung zum Projekt neuer Schlammteich in Helmsdorf bei Zwickau, [Bezirk] Karl-Marx-Stadt [1. Bericht]
28. August 1956 Information Nr. 175/56 – Betrifft: Lage und Vorkommnisse nach dem Verbot der KPD (3. Bericht)
29. August 1956 Information Nr. 176/56 – Betrifft: Diskussionen auf Bauernversammlungen
30. August 1956 Information Nr. 177/56 – Betrifft: Situation im VEB Braunkohlenwerk Nachterstedt, [Kreis] Aschersleben, und VEB Kupferbergbau »Otto Brosowski« Eisleben, [Bezirk] Halle
30. August 1956 Information Nr. 178/56 – Betrifft: Arbeitsniederlegung
30. August 1956 Information Nr. 179/56 – Betrifft: Arbeit der SED-Parteileitung im BKW Profen, [Kreis] Zeitz
30. August 1956 Information Nr. 180/56 – Betrifft: Erkrankungen
31. August 1956 Information Nr. 181/56 – Betrifft: Die Republikflucht auf dem Lande
31. August 1956 Information Nr. 182/56 – Betrifft: Stimmung und Unzufriedenheiten im Ministerium für Auswärtige Angelegenheiten
31. August 1956 Information Nr. 183/56 – Betrifft: Stimmung zum Projekt neuer Schlammteich in Helmsdorf bei Zwickau, [Bezirk] Karl-Marx-Stadt (2. Bericht)

September 1956

4. September 1956 Information Nr. 184/56 – Betrifft: Einsatz eines neuen Schulleiters
5. September 1956 Information Nr. 185/56 – Betrifft: Stimmung von SPD- und DGB-Funktionären und Mitgliedern zum KPD-Verbot (3. Bericht)
6. September 1956 Information Nr. 186/56 – Betrifft: Republikflucht im Monat *Juli* 1956
6. September 1956 Information Nr. 187/56 – Betrifft: Stimmung im Büro des Präsidiums des Ministerrates
7. September 1956 Informationsdienst Nr. 17 zur Beurteilung der Situation in der DDR
7. September 1956 Information Nr. 188/56 – Betrifft: Schwierigkeiten in der Kartoffelversorgung
7. September 1956 Information Nr. 189/56 – Betrifft: Zusendung von Einladungen zu Tagungen nach Westdeutschland und Westberlin
7. September 1956 Information Nr. 190/56 – Betrifft: Neue Methode des Gegners

8. September 1956	Information Nr. 191/56 – Betrifft: Betreuer der koreanischen Jugendlichen, die als Lehrlinge bei der »Plamag« in Plauen/Vogtland arbeiten	
8. September 1956	Information Nr. 192/56 – Betrifft: Wismut-Objekt Schlammteich Helmsdorf bei Zwickau, [Bezirk] Karl-Marx-Stadt (3. Bericht)	
8. September 1956	Information Nr. 193/56 – Betrifft: Neue Methode des Gegners	
10. September 1956	**Information Nr. 194/56 – Betrifft: Politische und ökonomische Lage in den LPG**	203
10. September 1956	Information Nr. 195/56 – Betrifft: Diskussion über unterschiedliche Festlegung der Bodenwertzahlen einiger Bauern in Pirna, [Bezirk] Dresden	
10. September 1956	Information Nr. 196/56 – Betrifft: Arbeitsniederlegung	
10. September 1956	Information Nr. 197/56 – Betrifft: Einschlag von Geschossen in den Gemeinden Salchow und Schlatkow, [Kreis] Anklam, [Bezirk] Neubrandenburg	
11. September 1956	Information Nr. 199/56 – Betrifft: Grenzprovokation am 7. September 1956	
11. September 1956	Information Nr. 200/56 – Betrifft: Hetze gegen CDU und Kirche	
11. September 1956	Information Nr. 201/56 – Betrifft: Hetzschriftenverbreitung auf dem Postwege	
12. September 1956	Information Nr. 198/56 – Betrifft: Erkrankungen	
12. September 1956	Information Nr. 202/56 – Betrifft: Hetzschriftenverbreitung im Monat *August* 1956	
13. September 1956	Information Nr. 203/56 – Betrifft: Hetzschriftenverbreitung im August 1956	
13. September 1956	Information Nr. 204/56 – Betrifft: Bericht über die Lage in den kleinbürgerlichen Parteien und deren Beteiligung an den Wahlen zur Nationalen Front.	
14. September 1956	**Information Nr. 205/56 – Betrifft: Meinungen zur Auswahl der DEFA-Filme zu den Filmfestspielen in Karlovy Vary**	207
15. September 1956	Information Nr. 206/56 – Betrifft: Justizorgane in der DDR	
17. September 1956	Information Nr. 207/56 – Betrifft: Hinweise auf Bestrebungen der kleinbürgerlichen Parteien – hauptsächlich der CDU – den Einfluss der SED zu mindern	
17. September 1956	Information Nr. 208/56 – Betrifft: Materiallage bei der Deutschen Reichsbahn	
17. September 1956	Information Nr. 209/56 – Betrifft: Stimmung zu Prämienfragen (6. Bericht)	
17. September 1956	Information Nr. 210/56 – Betrifft: Arbeitsniederlegung	
17. September 1956	Information Nr. 211/56 – Betrifft: Anschmieren von Hetzlosungen	
18. September 1956	Information Nr. 212/56 – Betrifft: Neue Methode des Gegners	
21. September 1956	Informationsdienst Nr. 18 zur Beurteilung der Situation in der DDR	
21. September 1956	Information Nr. 213/56 – Betrifft: Arbeitsniederlegung	
21. September 1956	Information Nr. 214/56 – Betrifft: Stimmung zu Lohnfragen	
24. September 1956	Information Nr. 215/56 – Betrifft: Hetzschriftenverbreitung durch die Post	
24. September 1956	Information Nr. 216/56 – Betrifft: Auswertung von Hetzschriften	
25. September 1956	Information Nr. 217/56 – Betrifft: Diskussionen über die Versorgung mit Kohle	
25. September 1956	Information Nr. 218/56 – Betrifft: Stimmung der Bauern über sowjetisches Übungsgelände	

25. September 1956	Information Nr. 219/56 – Betrifft: CDU-Parteitag in Weimar
25. September 1956	Information Nr. 220/56 – Betrifft: Unfall im Ernst-Thälmann-Schacht des Mansfeld Kombinates »Wilhelm Pieck«
27. September 1956	Information Nr. 221/56 – Betrifft: Katastrophenunfall im VEB Glasebachschacht Straßberg, [Kreis] Quedlinburg, [Bezirk] Halle
27. September 1956	Information Nr. 222/56 – Betrifft: Kampfgruppen
27. September 1956	Information Nr. 223/56 – Betrifft: Vorkommnis in der Muster-LPG in Schönermark, [Kreis] Kyritz, [Bezirk] Potsdam
28. September 1956	Information Nr. 224/56 – Betrifft: Gerüchte über Geldentwertung
29. September 1956	Information Nr. 225/56 – Betrifft: Großbrand in der HO-G »Luisenhof« Dresden
29. September 1956	Information Nr. 226/56 – Betrifft: Ergänzung zum Katastrophenunfall im VEB Glasebachschacht Straßberg, [Kreis] Quedlinburg, [Bezirk] Halle

Oktober 1956

1. Oktober 1956	Information Nr. 227/56 – Betrifft: Auftreten von Angehörigen der amerikanischen und englischen Besatzungsarmee im Gebiet der DDR
1. Oktober 1956	Information Nr. 228/56 – Betrifft: Übersicht über die Lage in der Deutschen Demokratischen Republik
3. Oktober 1956	Information Nr. 229/56 – Betrifft: Monatsversammlung der »Mitteldeutschen Landsmannschaft« am 7. September 1956 in Schmargendorf (Lokal: Mecklenburger)
3. Oktober 1956	Information Nr. 230/56 – Betrifft: Ratenzahlung
4. Oktober 1956	Information Nr. 231/56 – Betrifft: Arbeitsniederlegung und Lohnforderungen
4. Oktober 1956	Information Nr. 232/56 – Betrifft: Typhuserkrankung im Kombinat »Schwarze Pumpe«
5. Oktober 1956	Information Nr. 233/56 – Betrifft: Stimmung zum 28. Plenum des ZK der SED [2. Bericht]
5. Oktober 1956	Information Nr. 234/56 – Betrifft: Arbeitsniederlegung und Lohnforderungen (1. Nachtrag zur Information Nr. 231/56)
6. Oktober 1956	Informationsdienst Nr. 19 zur Beurteilung der Situation in der DDR
6. Oktober 1956	Information Nr. 235/56 – Betrifft: Versorgungslage in Penkun, [Kreis] Pasewalk, [Bezirk] Neubrandenburg
6. Oktober 1956	Information Nr. 236/56 – Betrifft: Ratenzahlung
6. Oktober 1956	Information Nr. 237/56 – Betrifft: Androhung einer Protestversammlung wegen der neuen Verordnung über die Ablieferungspflicht für Kleintierhalter und kleine landwirtschaftliche Betriebe
8. Oktober 1956	Information Nr. 238/56 – Betrifft: Situation im VEB Glasebachschacht bei Straßberg, [Kreis] Quedlinburg, [Bezirk] Halle (Ergänzung zur Information Nr. 221/56)
8. Oktober 1956	Information Nr. 239/56 – Betrifft: Arbeitsniederlegungen und Androhung von Arbeitsniederlegungen [tabellarische Aufstellung nach Bezirken]
8. Oktober 1956	Information Nr. 239a/56 – Betrifft: Gegenüberstellung der Arbeitsniederlegungen vom 4. November 1955 bis 30. Juni 1956 + 1. Juli 1956 bis 7. Oktober 1956
8. Oktober 1956	Information Nr. 240/56 – Betrifft: Verlauf der Veranstaltungen am 7. Jahrestag der Republik

9. Oktober 1956	Information Nr. 241/56 – Betrifft: Arbeitsniederlegung und Lohnforderungen (2. Nachtrag zur Information Nr. 231/56)
9. Oktober 1956	Information Nr. 242/56 – Betrifft: Zur Lage in den Baubetrieben – besonders im ländlichen Bauwesen und Wohnungsbau
9. Oktober 1956	Information Nr. 243/56 – Betrifft: Hetzschriftenverbreitung auf dem Postwege im Monat September 1956
9. Oktober 1956	Information Nr. 245/56 – Betrifft: Republikflucht im August 1956
10. Oktober 1956	Information Nr. 244/56 – Betrifft: CDU-Parteitag in Weimar (2. Bericht)
10. Oktober 1956	Information Nr. 246/56 – Betrifft: Hetzschriftenverbreitung im Monat September 1956
11. Oktober 1956	Information Nr. 248/56 – Betrifft: Hetzschriftenverbreitung im September 1956
12. Oktober 1956	Information Nr. 249/56 – Betrifft: Vorkommnis im Bezirk Dresden
12. Oktober 1956	Information Nr. 250/56 – Betrifft: Arbeitsniederlegung und Lohnforderung (3. Nachtrag zur Information Nr. 231/56)
12. Oktober 1956	Information Nr. 251/56 – Betrifft: Ballonaktion der VPO
13. Oktober 1956	Information Nr. 252/56 – Betrifft: 500-Jahr-Feier der Ernst-Moritz-Arndt-Universität in Greifswald vom 14. Oktober bis 21. Oktober 1956
15. Oktober 1956	Information Nr. 253/56 – Betrifft: Bericht über die Industrieausstellung am Funkturm in Westberlin in der Zeit vom 15. September bis 30. September 1956
16. Oktober 1956	Information Nr. 254/56 – Betrifft: Arbeitsniederlegung und Lohnforderungen (4. Nachtrag zur Information Nr. 231/56)
16. Oktober 1956	Information Nr. 257/56 – Betrifft: Streikandrohung durch Professor Picht, Pädagogische Hochschule Potsdam, Institut für theoretische Physik
16. Oktober 1956	Information Nr. 258/56 – Betrifft: vermutliche Sabotage, Diversion und Brände [tabellarische Aufstellung nach Bezirken für Industrie und Landwirtschaft]
17. Oktober 1956	Information Nr. 256/56 – Betrifft: Versorgung mit Kohle und Koks
17. Oktober 1956	Information Nr. 259/56 – Betrifft: Arbeitsniederlegung und Lohnforderungen (5. Nachtrag zur Information Nr. 231/56)
18. Oktober 1956	Information Nr. 255/56 – Betrifft: Die Lage im Post- und Fernmeldewesen
20. Oktober 1956	Information Nr. 261/56 – Betrifft: Stimmung über Arbeit im Bauwesen in der Deutschen Bauakademie
20. Oktober 1956	Informationsdienst Nr. 20 zur Beurteilung der Situation in der DDR
20. Oktober 1956	Information Nr. 260/56 – Betrifft: Arbeitsniederlegung und Lohnforderungen ([6.] Nachtrag zur Information Nr. 231/56)
20. Oktober 1956	Information Nr. 263/56 – Situation in Industrie und Landwirtschaft
22. Oktober 1956	Information Nr. 262/56 – Betrifft: Stimmung unter den Fischern auf der Insel Poel, [Kreis] Wismar[-Land]
22. Oktober 1956	Information Nr. 264/56 – Betrifft: Anonymes Schreiben – Poststempel vom 11. Oktober 1956 – 16.00 Uhr – Leipzig Bahnpostamt 32
22. Oktober 1956	Information Nr. 265/56 – Betrifft: Lage in den Industriewerken (Die Information enthält Material bis September 1956)

23. Oktober 1956	Information Nr. 266/56 – Betrifft: Neue Hetzschriften	
23. Oktober 1956	Information Nr. 267/56 – Betrifft: Arbeitsniederlegung und Lohnforderungen (7. Nachtrag zur Information Nr. 231/56)	
24. Oktober 1956	Information Nr. 268/56 – Betrifft: Einschätzung der Erntearbeiten	
24. Oktober 1956	Information Nr. 269/56 – Betrifft: Ratenzahlung	
24. Oktober 1956	Information Nr. 270/56 – Betrifft: Schäden durch sowjetische Truppen im Kreis Templin, [Bezirk] Neubrandenburg	
24. Oktober 1956	**Information Nr. 271/56 – Betrifft: Stimmung zu den Ereignissen in Polen**	209
25. Oktober 1956	Information Nr. 272/56 – Betrifft: Lage in der Deutschen Demokratischen Republik	
25. Oktober 1956	Information Nr. 273/56 – Betrifft: Diskussionen über die Anordnung für die Regelung der Teilselbstversorgung	
25. Oktober 1956	Information Nr. 274/56 – Betrifft: Situation in der DDR	
25. Oktober 1956	Information Nr. 275/56 – Betrifft: Lage der Studenten (Anhang zum Punkt 2 der Information Nr. 274)	
25. Oktober 1956	Information Nr. 276/56 – Betrifft: Lage in der Deutschen Demokratischen Republik	
25. Oktober 1956	Information Nr. 277/56 – Betrifft: Stimmung zu Lohnfragen	
26. Oktober 1956	Information Nr. 278/56 – Betrifft: Lage in der Deutschen Demokratischen Republik (25.10., 18.00 Uhr, bis 26.10.1956, 6.00 Uhr, eingegangenes Material)	
26. Oktober 1956	**Information Nr. 279/56 – Betrifft: Lage in der Deutschen Demokratischen Republik**	213
26. Oktober 1956	**Information Nr. 281/56 – Betrifft: Stimmung zu Arbeitsnormen (8. Bericht)**	231
27. Oktober 1956	Information Nr. 282/56 – Betrifft: Stimmung zur Auszeichnung von Aktivisten am 13. Oktober 1956	
27. Oktober 1956	Information Nr. 283/56 – Betrifft: Die Lage in der Deutschen Demokratischen Republik (vom 27.10.1956, 8.00 Uhr bis 13.30 Uhr)	
28. Oktober 1956	**Information Nr. 285/56 – Betrifft: Lage an den Universitäten und Hochschulen der Deutschen Demokratischen Republik (Zusammenfassung)**	234
29. Oktober 1956	Information Nr. 284/56 – Betrifft: Lage in der Deutschen Demokratischen Republik (27.10.1956, 14.00 Uhr, bis 28.10.1956, 22.00 Uhr, eingegangenes Material)	
29. Oktober 1956	Information Nr. 286/56 – Betrifft: Lage in der Deutschen Demokratischen Republik (vom 28. bis 29.10.1956, 22.00 Uhr bis 7.00 Uhr, eingegangenes Material)	
29. Oktober 1956	Information Nr. 287/56 – Betrifft: Stimmung zum Vierbrigadesystem und 10.00 Uhr-Ablösung bei der Deutschen Reichsbahn	
29. Oktober 1956	Information Nr. 288/56 – Betrifft: Diskussionen über die Abschaffung der Lebensmittelkarten	
29. Oktober 1956	Information Nr. 289/56 – Betrifft: Lage in der der Deutschen Demokratischen Republik (29.10.1956, 8.00 Uhr bis 17.30 Uhr, eingegangenes Material)	
30. Oktober 1956	Information Nr. 290/56 – Betrifft: Lage in der Deutschen Demokratischen Republik (29.10., 17.30 Uhr, bis 30.10.1956, 8.00 Uhr, eingegangenes Material)	
30. Oktober 1956	Information Nr. 291/56 – Betrifft: Tätigkeit des »Tarantel-Verlag« in nächster Zeit	

30. Oktober 1956 Information Nr. 292/56 – Betrifft: Lage in der Deutschen Demokratischen Republik (30.10.1956, 8.00 Uhr bis 17.30 Uhr, eingegangenes Material)

31. Oktober 1956 Information Nr. 293/56 – Betrifft: Lage in der Deutschen Demokratischen Republik (30.10., 17.30 Uhr, bis 31.10.1956, 8.00 Uhr, eingegangenes Material)

31. Oktober 1956 Information Nr. 294/56 – Betrifft: Kundgebung der SPD im Sportpalast (Westberlin) am 31. Oktober 1956, 18.00 Uhr

31. Oktober 1956 Information Nr. 295/56 – Betrifft: Lage unter den Studenten

31. Oktober 1956 Information Nr. 296/56 – Betrifft: Lage in der Deutschen Demokratischen Republik (31.10.1956, 8.00 bis 17.00 Uhr, eingegangenes Material)

November 1956

1. November 1956 Information Nr. 297/56 – Betrifft: Lage in der Deutschen Demokratischen Republik (31.10., 17.30 Uhr, bis 1.11.1956, 8.00 Uhr, eingegangenes Material)

1. November 1956 Information Nr. 298/56 – Betrifft: Arbeitsniederlegungen, Androhung von Arbeitsniederlegungen, vermutliche Sabotage, Diversion und Brände [tabellarische Aufstellung nach Bezirk und Kreis]

2. November 1956 **Information Nr. 299/56 – Betrifft: Lage in der Deutschen Demokratischen Republik (1.11.1956, 17.30 Uhr, bis 2.11.1956, 8.00 Uhr)** 240

2. November 1956 **Information Nr. 300/56 – Betrifft: Lage in der Deutschen Demokratischen Republik (2.11.1956, 8.00 bis 17.00 Uhr, eingegangenes Material)** 248

3. November 1956 Information Nr. 301/56 – Betrifft: Lage in der Deutschen Demokratischen Republik (Material vom 2.11.1956, 17.30 Uhr, bis 3.11.1956, 8.00 Uhr)

3. November 1956 Information Nr. 302/56 – Betrifft: Lage in der Deutschen Demokratischen Republik (Material vom 3.11.1956, 8.00 bis 22.00 Uhr)

4. November 1956 Information Nr. 303/56 – Betrifft: Lage in der Deutschen Demokratischen Republik (3.11.1956, 22.00 Uhr, bis 4.11.1956, 8.00 Uhr)

4. November 1956 Information Nr. 304/56 – Betrifft: Anonyme Schreiben – Inhalt: Aufruf zum Generalstreik

4. November 1956 Information Nr. 306/56 – Betrifft: Die Lage in der Deutschen Demokratischen Republik (eingegangenes Material vom 4.11.1956, 14.00 Uhr bis 21.00 Uhr)

5. November 1956 Information Nr. 307/56 – Betrifft: Lage in der Deutschen Demokratischen Republik (3.11.1956 bis 5.11.1956, 5.00 Uhr, eingegangenes Material)

5. November 1956 Information Nr. 308/56 – Betrifft: Lage in der Deutschen Demokratischen Republik (Material vom 5.11.1956, 8.00 Uhr, bis 6.11.1956, 8.00 Uhr)

6. November 1956 Information Nr. 309/56 – Betrifft: Lage in der Deutschen Demokratischen Republik (Material vom 5.11.1956, 8.00 Uhr, bis 6.11.1956, 8.00 Uhr)

6. November 1956 Information Nr. 310/56 – Betrifft: Kundgebung auf den Rudolf-Wilde-Platz in Westberlin und Ereignisse am Brandenburger Tor

6. November 1956 Information Nr. 311/56 – Betrifft: Zusammenfassende Informationen über die Kundgebung anlässlich der Niederschlagung der

	ungarischen Konterrevolution, die am 5. November 1956, 18.00 Uhr, auf dem Rudolf-Wilde-Platz in Westberlin stattfand	
6. November 1956	Information Nr. 312/56 – [Lage in der DDR]	
7. November 1956	Information Nr. 313/56 – Betrifft: Die Lage in der Deutschen Demokratischen Republik (eingegangenes Material vom 6.11.1956, 20.00 Uhr, bis 7.11.1956, 5.00 Uhr)	
7. November 1956	**Information Nr. 314/56 – Betrifft: Feindtätigkeit und schädliche Tendenzen auf dem Gebiet der Presse und der kulturellen Einrichtungen**	265
7. November 1956	Information Nr. 321/56 – Betrifft: Schwerpunkte feindlicher Tätigkeit in der Industrie im Zusammenhang mit den Veröffentlichungen der Westsender über angebliche Streiks in Magdeburg sowie der Ereignisse in Polen und in Ungarn	
8. November 1956	Information Nr. 316/56 – Betrifft: Die Lage in der Deutschen Demokratischen Republik (vom 7.11.1956, 8.00 Uhr, bis 8.11.1956, 8.00 Uhr, eingegangenes Material und Zusammenfassung über Schwerpunkte)	
8. November 1956	Information Nr. 318/56 – Betrifft: Lage in der Deutschen Demokratischen Republik – in der Zeit von 8.00 Uhr bis 20.00 Uhr am 8. November 1956 eingegangenes Material	
9. November 1956	Information Nr. 317/56 – Betrifft: Versorgung der Bevölkerung mit Lebensmitteln und Industriewaren	
9. November 1956	Information Nr. 319/56 – Betrifft: Lage in der Deutschen Demokratischen Republik (vom 8.11., 8.00 Uhr, bis 9.11.1956, 8.00 Uhr, eingegangenes Material)	
9. November 1956	Information Nr. 320/56 – Betrifft: Zur Lage in der LDP	
9. November 1956	Information Nr. 322/56 – Betrifft: Durchführung der Wahlen der Vorstände der VdgB und Vorbereitung zum V. Deutschen Bauerntag	
9. November 1956	Information Nr. 325/56 – Betrifft: Unzufriedenheit über Wohnungsfragen	
9. November 1956	Information Nr. 329/56 – Betrifft: Ursachen der Republikflucht von Ärzten aus dem Bezirk Magdeburg	
10. November 1956	Information Nr. 324/56 – Betrifft: Lage in der Deutschen Demokratischen Republik (vom 9.11.1956, 8.00 Uhr, bis 10.11.1956, 8.00 Uhr)	
10. November 1956	Information Nr. 326/56 – Betrifft: Durchgeführte »Schweigeminuten« aus Anlass der Niederschlagung der Konterrevolution in Ungarn	
10. November 1956	**Information Nr. 327/56 – Betrifft: Energieversorgung**	271
12. November 1956	Information Nr. 328/56 – Betrifft: Lage in der Deutschen Demokratischen Republik – in der Zeit vom 10. November 1956, 8.00 Uhr, bis 12. November 1956, 8.00 Uhr, eingegangenes Material	
13. November 1956	Information Nr. 330/56 – Betrifft: Die Lage in der Deutschen Demokratischen Republik – in der Zeit vom 12. November 1956, 8.00 Uhr, bis 13. November 1956, 8.00 Uhr, eingegangenes Material	
13. November 1956	Information Nr. 331/56 – Betrifft: Die Lage in der Deutschen Demokratischen Republik in der Zeit vom 13. November 1956, 8.00 Uhr, bis 13. November 1956, 20.00 Uhr, eingegangenes Material	
14. November 1956	Information Nr. 332/56 – Betrifft: Die Lage in der Deutschen Demokratischen Republik in der Zeit vom 13. November 1956, 8.00 Uhr, bis 14. November 1956, 8.00 Uhr, eingegangenes Material	

14. November 1956	Information Nr. 333/56 – Betrifft: Stimmung zu Prämienfragen (7. Bericht)
14. November 1956	Information Nr. 334/56 – Betrifft: Besondere Schwierigkeiten in Investitions- und Planfragen
14. November 1956	Information Nr. 335/56 – Betrifft: Die Lage in der Deutschen Demokratischen Republik in der Zeit vom 14. November 1956, 8.00 Uhr bis 20.00 Uhr, eingegangenes Material
15. November 1956	Information Nr. 336/56 – Betrifft: Die Lage in der Deutschen Demokratischen Republik – in der Zeit vom 14. November 1956, 20.00 Uhr, bis 15. November 1956, 8.00 Uhr, eingegangenes Material
15. November 1956	Information Nr. 337/56 – Betrifft: Die Planerfüllung auf der Großbaustelle Kombinat »Schwarze Pumpe«
15. November 1956	Information Nr. 338/56 – Betrifft: Die Lage in der Deutschen Demokratischen Republik am 15.11.1956 von 8.00 bis 20.00 Uhr, eingegangenes Material.
16. November 1956	Information Nr. 339/56 – Betrifft: Die Lage in der Deutschen Demokratischen Republik vom 15. November 1956, 8.00 Uhr, bis 16. November 1956, 8.00 Uhr, eingegangenes Material
16. November 1956	Information Nr. 340/56 – Betrifft: Republikflucht im September 1956
17. November 1956	Information Nr. 342/56 – Betrifft: Die Lage in der Deutschen Demokratischen Republik – in der Zeit vom 16. November 1956, 20.00 Uhr, bis 17. November 1956, 8.00 Uhr, eingegangenes Material.
17. November 1956	Information Nr. 343/56 – Betrifft: Neuregelung der Bezahlung von Ausfallstunden, die durch Energieabschaltungen hervorgerufen werden
17. November 1956	Information Nr. 344/56 – Betrifft: Lage in der Deutschen Demokratischen Republik (am 17.11.1956, von 8.00 bis 20.00 Uhr, eingegangenes Material)
19. November 1956	Information Nr. 345/56 – Betrifft: Lage in der Deutschen Demokratischen Republik (vom 17.11.1956, 8.00 Uhr, bis 19.11.1956, 5.00 Uhr, eingegangenes Material)
19. November 1956	Information Nr. 346/56 – Betrifft: Stimmung zu Lohnfragen ([9.] Bericht)
19. November 1956	Information Nr. 347/56 – Betrifft: Stimmung zur Neufestsetzung von Arbeitsnormen (9. Bericht)
20. November 1956	Information Nr. 348/56 – Betrifft: Lage in der Deutschen Demokratischen Republik (vom 19.11.1956, 8.00 Uhr, bis 20.11.1956, 5.00 Uhr, eingegangenes Material)
20. November 1956	Information Nr. 349/56 – Betrifft: Energieversorgung (2. Bericht)
21. November 1956	Information Nr. 350/56 – Betrifft: Lage in der Deutschen Demokratischen Republik (vom 20.11.1956, 8.00 Uhr, bis 21.11.1956, 8.00 Uhr, eingegangenes Material)
22. November 1956	Information Nr. 351/56 – Betrifft: Lage in der Deutschen Demokratischen Republik (Vom 20.11.1956, 8.00 Uhr, bis 22.11.1956, 8.00 Uhr, eingegangenes Material)
22. November 1956	**Information Nr. 352/56 – Betrifft: 56er- und 10er-Rat an der medizinischen und veterinärmedizinischen Fakultät der Humboldt-Universität Berlin** 273

23. November 1956	Information Nr. 353/56 – Betrifft: Lage in der Deutschen Demokratischen Republik (vom 22.11.1956, 8.00 Uhr, bis 23.11.1956, 8.00 Uhr, eingegangenes Material)	
[Ohne Datum]	Information Nr. 354/56 – Betrifft: Internationale Polizeiausstellung in Essen	
23. November 1956	Information Nr. 355/56 – Betrifft: Übersicht über die Lage in der Braunkohlenindustrie	
25. November 1956	Information Nr. 357/56 – Betrifft: Lage in der Deutschen Demokratischen Republik (vom 24.11.1956, 8.00 Uhr, bis 25.11.1956, 8.00 Uhr, eingegangenes Material)	
26. November 1956	Information Nr. 358/56 – Betrifft: Lage in der Deutschen Demokratischen Republik (vom 24.11.1956, um 8.00 Uhr, bis 26.11.1956, um 8.00 Uhr, eingegangenes Material)	
26. November 1956	Information Nr. 359/56 – Betrifft: Neue Hetzschriften	
26. November 1956	Information Nr. 360/56 – Betrifft: Gruppenbildung an der Humboldt-Universität Berlin	
26. November 1956	Information Nr. 361/56 – Betrifft: »Rat der 56« (Ergänzung zur Information Nr. 352/56 vom 22.11.1956)	
27. November 1956	Information Nr. 362/56 – Betrifft: Lage in der Deutschen Demokratischen Republik (26.11., 8.00 Uhr, bis 27.11.1956, 5.00 Uhr, eingegangenes Material)	
27. November 1956	Information Nr. 364/56 – Betrifft: Stimmung zu Prämienfragen (8. Bericht)	
28. November 1956	Information Nr. 365/56 – Betrifft: Lage in der Deutschen Demokratischen Republik (27.11., 8.00 Uhr, bis 28.11.1956, 5.00 Uhr, eingegangenes Material)	
29. November 1956	Information Nr. 366/56 – Betrifft: Lage in der Deutschen Demokratischen Republik (28.11., 8.00 Uhr, bis 29.11., 8.00 Uhr, eingegangenes Material)	
30. November 1956	Information Nr. 367/56 – Betrifft: Lage in der Deutschen Demokratischen Republik (vom 29.11.1956, 8.00 Uhr, bis 30.11.1956, 8.00 Uhr, eingegangenes Material)	
30. November 1956	Information Nr. 368/56 – Betrifft: Pläne und Absichten des Gegners an der Demarkationslinie	
30. November 1956	Information – Betrifft: Feindtätigkeit im Gebiet der DDR vom 1. bis 31. Oktober 1956 [Information Nr. M134/56]	

Dezember 1956

1. Dezember 1956	Information Nr. 369/56 – Betrifft: Lage in der Deutschen Demokratischen Republik (vom 30.11.1956, 8.00 Uhr, bis 1.12.1956, 8.00 Uhr, eingegangenes Material)	
4. Dezember 1956	Information Nr. 371/56 – Betrifft: Meinungen zur Bildung von Arbeiterkomitees in den Betrieben [1. Bericht]	
5. Dezember 1956	Information Nr. 373/56 – Betrifft: Rückkehr von Republikflüchtigen in die DDR	
5. Dezember 1956	Information Nr. 374/56 – Betrifft: Arbeitsniederlegungen	
6. Dezember 1956	**Information Nr. 372/56 – Betrifft: Republikfluchten im Monat Oktober 1956**	276
6. Dezember 1956	Information Nr. 375/56 – Betrifft: Unzufriedenheit über die Auszahlung von Weihnachtszuwendungen und die Einarbeitung des 24. und 31. Dezember 1956	
6. Dezember 1956	Information Nr. 376/56 – Betrifft: Schwierigkeiten in der Versorgung	

7. Dezember 1956	Informationsdienst Nr. 21 zur Beurteilung der Situation in der DDR	
7. Dezember 1956	Information Nr. 377/56 – Betrifft: Ergänzungsmeldung zur Arbeitsniederlegung im Karl-Marx-Werk Magdeburg	
8. Dezember 1956	**Information Nr. 378/56 – Betrifft: Stimmung der Bevölkerung zu den Ereignissen in Ungarn**	288
10. Dezember 1956	Information Nr. 379/56 – Betrifft: Stand der Versorgung (Meldungen vom 4.12.1956)	
11. Dezember 1956	Information Nr. 380/56 – Betrifft: Unfall auf [dem] Bahnhof Halle	
13. Dezember 1956	Information Nr. 381/56 – Betrifft: Neue Methode des Gegners	
14. Dezember 1956	Information Nr. 383/56 – Betrifft: Gasversorgung im VEB Glühlampenwerk Oberweißbach, [Kreis] Neuhaus, [Bezirk] Suhl	
15. Dezember 1956	Information Nr. 382/56 – Betrifft: Feindtätigkeit im Gebiet der DDR im Monat November 1956	
18. Dezember 1956	Information Nr. 384/56 – Betrifft: Zwei Eisenbahnunglücke mit Personenschaden	
18. Dezember 1956	Information Nr. 385/56 – Betrifft: Materiallage in den Betrieben der Deutschen Reichsbahn (Diese Information enthält Material bis zum 1.12.1956)	
18. Dezember 1956	Information Nr. 386/56 – Betrifft: Diskussionen an der Universität Jena	
18. Dezember 1956	Information Nr. 387/56 – Betrifft: VdgB-Wahlen	
19. Dezember 1956	Information Nr. 388/56 – Betrifft: Meinungen zur Bildung von Arbeiterkomitees (2. Bericht)	
20. Dezember 1956	Information Nr. 389/56 – Betrifft: Berichtigung	
20. Dezember 1956	Information Nr. 390/56 – Betrifft: Stimmung zu Prämienfragen (8. Bericht)	
20. Dezember 1956	Information Nr. 391/56 – Betrifft: Arbeitsniederlegung	
21. Dezember 1956	Informationsdienst Nr. 22 zur Beurteilung der Situation in der DDR	
22. Dezember 1956	Information Nr. 392/56 – Betrifft: Bericht über die Lage in der Braunkohlen- und Steinkohlenindustrie der DDR und die Versorgung der Volkseigenen Industrie, örtlichen Wirtschaft und Bevölkerung der DDR mit Kohle	
22. Dezember 1956	Information Nr. 393/56 – Betrifft: Fernseh-Interview »Goldenbogen – Schomburg« am 13. Dezember 1956	
27. Dezember 1956	**Information Nr. 394/56 – Betrifft: Karl-Marx-Universität Leipzig**	293
28. Dezember 1956	Information Nr. 396/56 – Betrifft: Leitung des VEB Leuna-Werkes »Walter Ulbricht«	
28. Dezember 1956	Information Nr. 397/56 – Betrifft: Festnahmen an der Technischen Hochschule für Chemie in Halle-Merseburg	